Law School

로스쿨 민사소송법의 정석

판례총정리

(2022. 3. 31. 선고 기준)

변호사 정연석 著

standard rule of civil procedure code

PRECEDENT

정독
DEEP READING

머리말

2022년, 로소정『판례총정리』교재의 탄생

로스쿨·변호사시험 강의 8년차, 예상을 크게 뛰어넘는 사랑을 받았고 저 역시도 휴식이란 걸 모른 채 달려온, 결코 8년 같지 않은 8년이었습니다. 강사로서 **'로스쿨 및 변호사시험 민사법'의 영역이라 부를 수 있는 '모든' 강의(35~40개)의 개설이 완성**된 것도 이미 수년이 지났고, 그 과정에서 **저자직강(著者直講) 실현을 위한 모든 민사법 교재**도 대부분 완성되었습니다.

그럼에도 올해 2022년에는 여러 가지 면에서 예년과는 다른 의미를 가지는 해입니다. 그중에서도 그간 없었던 저자의 집필 교재 5권, **「민법 – 로스쿨 선택형의 정석 기출문제 완전분석(필통북스)」, 「민사소송법 – 로스쿨 선택형의 정석 기출문제 완전분석(필통북스)」, 「로스쿨 민법의 정석 – 판례총정리(정독)」, 「로스쿨 민사소송법의 정석 – 판례총정리(정독)」, 「로스쿨 민사소송법의 정석 – The Basic(정독)」**이 출간되는 것은 마지막 빈 곳을 채워주는 것으로서 그 의미가 가장 컸습니다. 부족한 능력을 가졌음에도 강의와 교재의 영역을 쉼 없이 확장하는 열정에 당위성을 부여해주신 수강생 및 독자 여러분께 깊은 감사의 말씀을 올립니다.

본서는 **변호사시험 베스트 수험서 「로스쿨 민사소송법의 정석(이하 '로소정')」**의 훌륭한 **보완재**로서의 **판례집**으로서 2022년 3월 31일까지 선고된 민사소송법 판례 831개가 실려 있습니다. 과거 2019년에도 「로소정 판례모음집」이라는 교재가 있었으나 해당 교재는 저자의 '민사법연구회'에서 로소정의 순서에 맞춰 단순하게 모아둔 판례들에 대해 저자가 감수하는 수준이었다면, 본서는 저자가 직접 판례를 선정하여 원문을 발췌하고 그 키워드 표시와 각주 설명까지 저자 스스로 빠짐없이 작업한 교재로서, 2019년의 판례집과는 아예 본질적으로 다른 교재입니다.

본서가 로소정으로 학습할 때 필수적으로 병행해야 할 교재는 아니지만, 수험생 스스로의 필요에 따라 본서를 잘 활용한다면 다음과 같은 커다란 **장점 내지 특징**이 있는 교재입니다. 역으로 말하면, 다음과 같은 **효과**가 꼭 필요한 분에게는 본서가 훌륭한 제 역할을 할 것입니다.

첫째, 학습자의 판례 검색 수고를 덜어줍니다.

로소정 뿐 아니라 통상적인 민사소송법 교과서나 수험서를 볼 때도 **학습자의 판례검색 행위는 생략할 수 없는 부분**입니다. 즉, 2,000페이지가 넘는 두꺼운 교재라고 하여도 판례의 '온전한' 내용을 모두 싣고 있는 교재는 존재하지 않으며 결국은 필요한 부분만 발췌 또는 요약하는 것이 모든 교재의 숙명입니다. 본서는 이처럼 학습자가 필수적으로 들여야 할 판례검색의 수고를 대부분 덜어줄 것입니다. 특히 **로소정과는 그 체계·목차·순서가 거의 90% 이상 일치**하기 때문에 가까이 두고 필요할 때마다 찾아본다면 **공부시간을 크게 줄여주고 매우 효율적인 학습이 가능**할 것입니다.

둘째, 판례의 완전문장(full sentence) 확인 효과가 있습니다.

로소정은 교재의 분량을 줄이면서도 800개가 넘는 민사소송법 판례를 **최상위권 답안작성에 필요한 '모든' 핵심 키워드가 담긴 '사안-결론-논거'라는 효율구조에 맞춰 서술**한다는 목표를 실현한 교재이다 보니 완전문장(full sentence)의 형태가 아니고, 그렇다면 학습자가 경우에 따라 **중요한 일부 판례의 완전문장을 보고 싶다는 생각**이 들 수 있는데, 본서는 이 부분을 충족시키는 교재입니다. 물론 교재 머리말이나 강의에서 늘 말씀드린 것처럼, 로소정에 대한 **완전이해**(full understanding)는 사실 판례의 완전문장을 보는 것보다는 저의 **'강의'를 수강**하는 것이 더 좋은 방법입니다. 즉, 완전문장을 일일이 찾아보는 것보다, 강의를 통한 확실한 이해와 키워드 암기가 효율 측면에서 훨씬 더 중요합니다. 그럼에도, 그와는 별개로 학습자의 성향이나 학습의 상황에 따라 판례의 완전문장에 대한 욕구는 충분히 존재할 수 있고, 경우에 따라 매우 필요한 것일 수도 있을 것입니다.

셋째, 로소정과는 또 다른(another) 학습효과가 있습니다.

본서는 로소정과 달리 대법원 판례의 원문을 실은 뒤 **'각주'**를 통해 수험에 필요한 **해당 판결의 법률적 의미, 또 다른 판결요지, 이유에 나타난 법리나 사실관계, 유사·대조 판례와의 비교** 등을 나름 상세히 소개하는 구조를 가지고 있습니다. 즉, 로소정이 **압축과 효율**을 추구했다면 본서는 **판례학습의 온전성**을 추구한 것이어서 집필의 관점이 다소 다르며, 학습자로서는 본서를 통해 로소정에서 얻을 수 없었던 추가 효과를 생각보다 많이 얻을 수 있을 것입니다.

넷째, 완전문장 속 '키워드' 표시 등을 통해 최대 효율을 추구했습니다.

본서는 판례의 원문을 완전문장으로 읽는 과정에서 자칫 수험에 있어 비효율에 빠질 위험을 막기 위해 **판례 이해에 필수적이거나 모범답안에 옮겨야 할 키워드를 진한 견명조로 표시**하였습니다. 취지상 결국 **견명조 부분은 로소정 요약 키워드와 거의 일치하거나 유사**할 것이어서, 이 부분도 학습효율을 크게 높여줄 것입니다.

한편 본서는 완전문장으로서 로소정과 비슷한 정도의 요약을 한 것은 전혀 아니지만, 전혀 필요 없는 부분이라면 나름의 **생략과 요약**(가령 **법령명**의 경우 최초에 '가등기담보 등에 관한 법률'이라는 명칭이 나온 뒤에 연이은 판례에서는 '가담법'으로 줄여 쓰거나, **반복되는 특정 법리**를 기본으로 하고 거기서 파생되는 법리의 여러 판례들이 연이어 나올 경우에는 뒤의 판례 시작을 '위와 같은 법리는'과 같이 쓰는 등)을 하였습니다. 그밖에 해당 판례에서 원용한 **특별법 규정**이 있다면 찾는 수고를 덜어주기 위해 각주에 해당 규정을 상세히 소개하는 등 **학습효율**을 위해 나름 세세하게 신경 쓴 부분이 적지 않습니다. 특히 **민사소송법은 2002년 개정 신법**을 기점으로 용어와 법 규정의 숫자가 많이 바뀌었으므로, 과거의 판례를 소개할 때는 학습의 편의를 위해 가능하면 **현행 법령 규정에 맞도록 수정**을 하였습니다.

본서는 『**로스쿨 민사소송법의 정석 – The Basic(이하 '로소정 베이직')**』**의 대법원 판례 부분을 발췌한 교재**로 볼 수 있기 때문에, 로소정 베이직의 소지자들은 본서를 구매할 실익이 거의 없다는 점을 밝혀둡니다.

즉, 쉽게 말하면 **로스쿨 저학년**의 경우 「**로소정 베이직**」 한 권으로 충분하고, 로스쿨 고학년이나 **수험생**의 경우에는 강의 수강을 전제로 한다면 「**로소정**」 한 권으로 충분하지만, 위에서 설명한 특징이나 장점이 판례학습에 필요한 수험생은 검색용 교재로 **본서**를 추가하여 큰 효과를 볼 수 있다는 것입니다. 이는 수험생들 중 민사소송법 교수 저 교과서나 로소정 베이직을 보지 못한 부분을 채워주는 역할도 할 것입니다.

그 외에 본서는 **민사소송법 판례 스터디용 교재**의 역할을 수행할 수도 있습니다. 특히 로소정이나 로소정 베이직을 주교재로 삼은 스터디원들이라면, 본서의 키워드 쓰기 등의 스터디를 통해 큰 효과를 누릴 수 있을 것입니다.

본서가 나오기까지 도와주신 많은 분들에게 **깊은 감사의 말씀**을 올립니다. 또한 제가 항상 커다란 감사의 마음을 가지는 로스쿨생, 변호사시험 수험생 여러분에게 본서가 훌륭한 역할을 해낼 수 있기를 기대합니다.

2022. 8.

변호사 정연석 드림

메가로이어스
정연석 변호사

차 례

Part 1 총론, 소송의 주체

Part 2 제1심 소송절차

Part 4 병합소송

제5편 병합소송 / 제1장 병합청구소송

제2장 다수당사자소송

Part 5 상소, 재심

제6편 상소심절차

제7편 재심절차

Part 1
총론, 소송의 주체

01

서론

대법원 2012. 12. 27. 선고 2011다96932 판결 [구상금]

가사소송법 제2조 제1항 제2호 나. **마류사건** 제1호는 민법 제826조에 따른 부부의 부양에 관한 처분을, 같은 법 제2조 제1항 제2호 나. **마류사건** 제8호는 민법 제976조부터 제978조까지의 규정에 따른 부양에 관한 처분을 각각 별개의 **가사비송사건**으로 규정하고 있다. 따라서 부부간의 부양의무를 이행하지 않은 **부부의 일방에 대한 상대방의 부양료 청구**는 위 마류사건 제1호의 가사비송사건에 해당하고, 친족간의 부양의무를 이행하지 않은 **친족의 일방에 대한 상대방의 부양료 청구**는 위 마류사건 제8호의 가사비송사건에 해당한다 할 것이나, 부부간의 **부양의무를 이행하지 않은 부부의 일방에 대하여 상대방의 친족이 구하는 부양료의 상환청구**는 같은 법 제2조 제1항 제2호 나. 마류사건의 어디에도 해당하지 아니하여 이를 가사비송사건으로 가정법원의 전속관할에 속하는 것이라고 할 수는 없고, 이는 **민사소송사건**에 해당한다고 봄이 타당하다.

대법원 2021. 8. 19. 선고 2018다207830 판결 [경계확정 등]

토지경계확정의 소는 인접한 토지의 경계가 사실상 불분명하여 다툼이 있는 경우 재판으로 그 경계를 확정해 줄 것을 구하는 소로서, 토지소유권의 범위의 확인을 목적으로 하는 소와는 달리, 인접한 토지의 **경계가 불분명**하여 그 소유자들 사이에 **다툼**이 있다는 것만으로 **권리보호이익**이 인정된다. 여기서 '인접한 토지의 경계가 사실상 불분명하여 다툼이 있는 경우'에는 지적도를 작성하면서 기점을 잘못 선택하는 등 기술적인 착오로 지적도상 경계가 진실한 경계선과 다르게 잘못 작성되었다고 인접토지 소유자 사이에 다툼이 있는 경우를 포함한다.
토지경계확정의 소가 제기되면 **법원은 당사자 쌍방이 주장하는 경계선에 구속되지 않고 어떠한 형식으로든 스스로 진실하다고 인정되는 바에 따라 경계를 확정해야** 한다. 따라서 토지경계확정의 소에서는 특별한 사정이 없는 한 원고가 주장하는 경계가 인정되지 않더라도 **청구의 전부 또는 일부를 기각할 수 없다.**

대법원 1993. 12. 7. 선고 93다27819 판결 [공유물분할]

재판에 의하여 **공유물을 분할**하는 경우에는 법원은 **현물로 분할**하는 것이 **원칙**이고, 현물로 분할할 수 없거나 현물로 분할을 하게 되면 현저히 그 가액이 감손될 염려가 있는 때에 비로소 물건의 **경매**를 명하여 **대금분할**을 할 수 있는 것이므로, 위와 같은 사정이 없는 한 법원은 각 공유자의 지분비율에 따라 공유물을 현물 그대로 수개의 물건으로 분할하고 분할된 물건에 대하여 각 공유자의 단독소유권을 인정하는 판결을 하여야 하는 것이고, 그 **분할의 방법은 당사자가 구하는 방법에 구애받지 아니하고 법원의 재량에 따라** 공유관계나 그 객체인 물건의 제반 상황에 따라 공유자의 지분비율에 따른 **합리적인 분할을 하면 되는 것**이고, 여기에서 공유지분비율에 따른다 함은 지분에 따른 가액비율에 따름을 의미한다.

« 신의성실의 원칙 »

1. 소송형태 부당형성

대법원 2011. 9. 29.자 2011마62 결정 [이송]

민사소송의 당사자와 소송관계인은 신의에 따라 성실하게 소송을 수행하여야 하고(민사소송법 제1조 제1항), 민사소송의 일방 당사자가 다른 청구에 관하여 **관할만을 발생시킬 목적으로 본래 제소할 의사 없는 청구를 병합한 것이 명백**한 경우에는 **관할선택권의 남용**으로서 **신의칙에 위배**되어 허용될 수 없으므로, 그와 같은 경우에는 **관련재판적**에 관한 **제25조의 규정을 적용할 수 없다**.

변호사 甲과 乙사찰이, 소송위임계약으로 인하여 생기는 일체 소송은 전주지방법원을 관할 법원으로 하기로 합의하였는데, 甲이 乙사찰을 상대로 소송위임계약에 따른 성공보수금 지급 청구 소송을 제기하면서 **乙사찰의 대표단체인 丙재단을 공동피고로 추가**하여 **丙재단의 주소지**를 관할하는 서울중앙지방법원에 **소를 제기**한 사안에서, **乙사찰**은 종단에 등록을 마친 사찰로서 **독자적인 권리능력과 당사자능력**을 가지고, 乙사찰의 甲에 대한 소송위임약정에 따른 성공보수금 채무에 관하여 丙재단이 당연히 연대채무를 부담하게 되는 것은 아니며, **법률전문가인 甲으로서는 이러한 점을 잘 알고 있었다고 보아야** 할 것인데, 甲이 위 소송을 제기하면서 丙재단을 공동피고로 추가한 것은 실제로는 丙 재단을 상대로 성공보수금을 청구할 의도는 없으면서도 단지 丙재단의 주소지를 관할하는 서울중앙지방법원에 관할권을 생기게 하기 위함이라고 할 것이고, 따라서 甲의 위와 같은 행위는 **관할선택권의 남용**으로서 **신의칙에 위반**하여 허용될 수 없으므로 관련재판적에 관한 제25조는 적용이 배제되어 서울중앙지방법원에는 甲의 乙사찰에 대한 청구에 관하여 **관할권이 인정되지 않는다**고 한 사례.

2. 선행행위와 모순되는 거동

대법원 2005. 12. 23. 선고 2004다55698 판결 [소유권이전등기]

매매계약의 무효 또는 해제를 원인으로 한 **매매대금반환청구에 대한 인낙조서의 기판력**은 그 매매대금반환청구권의 존부에 관하여만 발생할 뿐, 그 전제가 되는 **선결적 법률관계인 매매계약의 무효 또는 해제에까지 발생하는 것은 아니므로** 소유권이전등기청구권의 존부를 소송물로 하는 후소는 전소에서 확정된 법률관계와 정반대의 모순되는 사항을 소송물로 하는 것이라 할 수 없으며, 기판력이 발생하지 않는 전소와 후소의 소송물의 각 전제가 되는 법률관계가 매매계약의 유효 또는 무효로 서로 모순된다고 하여 전소에서의 인낙조서의 기판력이 후소에 미친다고 할 수 없다.[1]

---

1 "원고가 매매계약의 무효 또는 해제를 주장하면서 그 **매매대금의 반환을 구하는 소**를 제기하고 그 **소송 계속 중**에 **이중의 이득을 얻으려는 목적**으로 매매계약이 유효함을 주장하여 그 **이행을 구하는 별도의 소를 제기**한 경우라든지, 원고와 피고 사이에 매매계약을 무효 또는 해제로 하기로 하는 합의가 있었거나, 원고가 피고에게 매매계약에 기한 소유권이전등기청구를 하지 않는다는 신뢰를 부여하는 행위를 하였고 피고가 이를 신뢰할 정당한 이유가 있음에도 이를 위반하여 매매계약의 이행

대법원 1995. 1. 24. 선고 93다25875 판결 [소유권이전등기]

원심에서 피고의 **추완항소**를 받아들여 심리 결과 본안판단에서 피고의 **항소가 이유 없다고 기각**하자 추완항소를 신청했던 피고 자신이 이제 **상고이유에서 그 부적법을 스스로 주장**하는 것은 **허용될 수 없다**.

3. 소권의 실효

대법원 1996. 7. 30. 선고 94다51840 판결 [소유권이전등기]

실효의 원칙이라 함은 권리자가 장기간에 걸쳐 그 권리를 행사하지 아니함에 따라 그 의무자인 상대방이 더 이상 권리자가 권리를 행사하지 아니할 것으로 **신뢰할 만한 정당한 기대**를 가지게 된 경우에 새삼스럽게 권리자가 그 권리를 행사하는 것은 법질서 전체를 지배하는 **신의성실의 원칙**에 위반되어 허용되지 아니한다는 것을 의미하고, **항소권**과 같은 **소송법상의 권리**에 대하여도 이러한 원칙은 **적용**될 수 있다.

父가 사위판결을 받아 소유권을 넘겨간 것을 알고도 **4년간 아무런 법적 조치를 위하지 않던 子**가 父의 그 **부동산 처분 사실**을 듣고 **항소를 제기**한 경우, 자의 **항소권이 실효된 것으로 본 원심 판결을 파기**한 사례.[2]

을 구하는 소를 제기한 경우 등, 특별한 사정이 있는 때에는, 그러한 원고의 **소 제기는 신의칙에 위반**되는 것으로 허용될 수 없을 것이지만, 이 사건과 같이 원고가 매매계약의 무효 또는 해제를 이유로 전소를 제기한 상태에서 매매계약에 따른 소유권이전등기의 이행을 구하는 이 사건 **소를 제기하였다는 것만으로 원고에게 이중의 이득을 얻으려고 하는 목적이 있었다고 볼 수 없고**, 또 피고에게 원고가 향후 이 사건 소를 제기하지 않는다는 신뢰를 부여하였다고 보기 어렵다. 원심의 사실인정에 의하더라도 원고가 전소와 이 사건 소를 함께 유지하게 된 것은 **원고가 전소를 취하하였으나 피고가 이에 부동의**함으로 말미암아 소 취하의 효력이 발생하지 아니하였기 때문이고, 또 **피고가 이 사건의 제1심에서 패소한 이후에 그 동안의 태도를 바꾸어 원고의 전소 청구를 인낙**함으로써 전소의 사건이 종결되었다는 것이다. 결국, **원고가 전소와 이 사건 소에서 모두 승소하여 이중으로 이득을 볼 수 있게 된 사정은, 피고가 전소의 취하에 부동의하여 취하의 효력발생을 저지하고 있다가 갑자기 그 청구를 인낙하는, 매우 이례적 행위를 함으로써 발생한 것**이지, 원고의 행위가 원인이 된 것이라 할 수 없으므로, 이러한 사정만으로는 피고의 전소 청구인낙 후 원고가 이 사건 소를 유지하는 것이 **신의칙에 반하는 것이라고 볼 수 없으며**, 원고가 전소와 이 사건 소에서 모두 승소하여 이중의 이득을 보는 불합리는 **전소의 인낙조서의 집행을 불허**하는 등의 방법에 의하여 제거되는 것이 마땅한 것이지, 그러한 사정 때문에 원고의 이 사건 청구가 배척될 수는 없다."

2 결국 대법원은 이러한 경우에 子의 항소권이 실효로 소멸한 것은 아니라고 판시하였음. "그런데 원심이 인정한 사실에 의하더라도 피고는 이 사건 제1심판결이 있음을 알게 된 당시 원고에게 이의를 제기하고 법률사무소에 그 구제방법을 문의하였으나 소송비용도 없고 다른 사람도 아닌 아버지인 원고의 이름으로 해 두었으니 설마 다른 사람에게 팔겠느냐 하는 생각에서 별다른 조치 없이 일단 피고가 살고 있는 미국으로 출국하였다는 것으로, 그 후 4년 남짓 동안 이 사건 제1심판결에 대한 항소나 원고에 대한 형사고소 등을 거론한 바 없었다 하여 원고의 입장에서 피고가 더 이상 위 판결에 대한 항소권을 행사하지 않으리라는 정당한 기대를 가지게 되었다고 단정할 수는 없고, 원고 보조참가인이 원고를 이 사건 부동산의 진정한 권리자라고 믿고 원고로부터 이를 매수한 사정이 인정된다 하여 달리 보기는 어렵다고 할 것이다."

4. 소권의 남용

대법원 1996. 3. 8. 선고 95다46319 판결 [손해배상(기)]

원고 주장과 같이 위 종전소송에서의 청구가 일부청구라 하여도 이 사건 소송이 위 **종전소송의 사실심에 계속 중에 제기**되었음이 기록상 명백한 이상, 원고는 위 종전소송에서 **청구취지의 확장으로 용이하게** 이 사건 소송의 청구를 할 수 있었는데도 **별소로 잔부청구**인 이 사건 청구를 하는 것은 **소권남용**에 해당되어 **부적법**한 것으로 **각하**를 면하지 못할 것이므로 원심과 같은 결론에 이르게 된다.

5. 신의칙의 조사, 위반의 효과

재판권

1. 인적 범위

대법원 1998. 12. 17. 선고 97다39216 전원합의체 판결 [해고무효확인]

국제관습법에 의하면 국가의 주권적 행위는 다른 국가의 재판권으로부터 면제되는 것이 원칙이라 할 것이나, 국가의 사법적(私法的) 행위까지 다른 국가의 재판권으로부터 면제된다는 것이 오늘날의 국제법이나 국제관례라고 할 수 없다.

우리나라의 영토 내에서 행하여진 외국의 사법적 행위가 **주권적 활동**에 속하는 것이거나 이와 **밀접한 관련**이 있어서 이에 대한 재판권의 행사가 외국의 주권적 활동에 대한 **부당한 간섭**이 될 우려가 있다는 등의 **특별한 사정이 없는 한, 외국의 사법적(私法的) 행위**에 대하여는 **당해 국가를 피고로** 하여 **우리나라의 법원이 재판권을 행사할 수 있다**.

대법원 2011. 12. 13. 선고 2009다16766 판결 [추심금]

피압류채권이 **외국의 사법적 행위를 원인으로 하여 발생**한 것이고 그 사법적 행위에 대하여 **해당 국가를 피고로** 하여 우리나라 법원이 **재판권을 행사할 수 있다고 하더라도, 피압류채권의 당사자가 아닌 집행채권자**가 **해당 국가를 제3채무자로** 한 **압류 및 추심명령을 신청**하는 경우, 우리나라 법원은, **해당 국가가** 국제협약, 중재합의, 서면계약, 법정에서 진술 등의 방법으로 사법적 행위로 부담하는 국가의 채무에 대하여 압류 기타 우리나라 법원에 의하여 명하여지는 **강제집행의 대상이 될 수 있다는 점**에 대하여 **명시적으로 동의**하였거나, 우리나라 내에 그 채무의 지급을 위한 재산을 따로 할당해 두는 등 우리나라 법원의 압류 등 강제조치에 대하여 **재판권 면제 주장을 포기**한 것으로 볼 수 있는 경우 등에 **한하여 해당 국가를 제3채무자로** 하는 **채권압류 및 추심명령을 발령할 재판권**을 가진다고 볼 것이다. 그리고 이와 같이 우리나라 법원이 외국을 제3채무자로 하는 **추심명령에 대하여 재판권을 행사할 수 있는 경우에는** 그 추심명령에 기하여 외국을 피고로 하는 **추심금 소송에 대하여도 역시 재판권을 행사할 수 있다**고 할 것이고, **반면** 추심명령에 대한 재판권이 **인정되지 않는 경우**에는 추심금 소송에 대한 재판권 **역시 인정되지 않는다**고 보아야 한다.

대한민국에 거주하면서 **주한미군사령부에서 근무하는 甲의 채권자** 乙이 **우리나라 법원에서 제3채무자를 미합중국으로** 하여 **甲이 미합중국에 대하여 가지는 퇴직금과 임금 등에 대하여 채권압류 및 추심명령**을 받은 후 **추심금의 지급을 구한 사안**에서, 乙과 미합중국 사이에는 아무런 사법적 계약관계가 없어 乙이 미합중국을 상대로 제기한 추심금 소송에 대하여 우리나라 법원이 당연히 재판권을 행사할 수 있는 것은 아니고, 乙이 甲에게 가지는 채권은 '대한민국과 아메리카합중국 간의 상호방위조약 제4조에 의한 시설과 구역 및 대한민국에서의 합중국군대의 지위에 관한 협정(이하 '한미행정협정'이라 한다)' 제23조 제5항 및 제6항에서 규정하는 고용인의 불법한 작위 또는 부작위로 인하여 발생한 청구권이 아닐 뿐만 아니라 甲은 한미행정협정 제23조 제6항에서 적용 배제사유로 규정하고 있는 대한민국에 거주하는 자이어서 乙이 甲에게 가지는 채권은 한미행정협정 제23조 제5항 또는 제6항에서 규정하는 청구권에 해당하지 않으므로, 한미행정협정 제23조 제5항 또는 제6항에 따른 청구권의 실행 절차에 관한 규정인 '협정 제23조 비형사재판절차에 관한 합동위원회 합의사항 제1호'는 乙이 甲에게 가지는 채권의 만족을 위한 강제집행에는 적용되지 않으며, **미합중국이** 고용원인 甲에게 부담하는 **임금 등 채무에 대하여 압류 기타 우리나라 법원에 의하여 명하여지는 강제집행의 대상이 될 수 있다는 점**에 대하여 **명시적으로 동의**하였다거나, 우리나라 내에 그 채무의 지급을 위하여 재산을 따로 할당해 두는 등 우리나라 법원의 압류 등 강제조치에 대하여 **재판권 면제 주장을 포기**하였다고 볼 **아무런 자료가 없으므로** 결국 **우리나라 법원은 미합중국을 제3채무자로 한 채권압류 및 추심명령을 발령할 재판권을 가지지 못하고,** 따라서 **위 채권압류 및 추심명령은 재판권이 없는 법원이 발령한 것으로 무효**이고, 우리나라 법원은 **추심금 소송에 대하여도 재판권이 인정되지 않는다**고 한 사례.

2. 물적 범위 (=국제재판관할권)

대법원 **2019**. 6. 13. 선고 2016다33752 판결 [대여금]

국제사법 제2조 제1항은 "법원은 당사자 또는 분쟁이 된 사안이 대한민국과 실질적 관련이 있는 경우에 국제재판관할권을 가진다. 이 경우 법원은 실질적 관련의 유무를 판단함에 있어 국제재판관할 배분의 이념에 부합하는 합리적인 원칙에 따라야 한다."라고 정하고 있다. 여기에서 **'실질적 관련'**은 **대한민국 법원이 재판관할권**을 행사하는 것을 **정당화할 정도**로 **당사자 또는 분쟁이 된 사안과 관련성**이 있는 것을 뜻한다. 이를 판단할 때에는 당사자의 **공평**, 재판의 **적정**, **신속과 경제** 등 **국제재판관할 배분의 이념**에 부합하는 **합리적인 원칙**에 따라야 한다. 구체적으로는 당사자의 공평, 편의, 예측가능성과 같은 개인적인 이익뿐만 아니라, 재판의 적정, 신속, 효율, 판결의 실효성과 같은 법원이나 국가의 이익도 함께 고려하여야 한다. 이처럼 다양한 국제재판관할의 이익 중 어떠한 이익을 보호할 필요가 있을지는 개별 사건에서 실질적 관련성 유무를 합리적으로 판단하여 결정하여야 한다.

국제사법 제2조 제2항은 "법원은 국내법의 관할 규정을 참작하여 국제재판관할권의 유무를 판단하되, 제1항의 규정의 취지에 비추어 국제재판관할의 특수성을 충분히 고려하여야 한다."라고 정하여 제1항에서 정한 실질적 관련성을 판단하는 구체적 기준 또는 방법으로 **국내법의 관할 규정**을 제시한다. 따라서 민사소송법 관할 규정은 **국제재판관할권을 판단하는 데 가장 중요한 판단 기준**으로 작용한다. **다만** 이러한 관할 규정은 국내적 관점에서 마련된 재판적에 관한 규정이므로 국제재판관할권을 판단할 때에는 국제재판관할의 특수성을 고려하여 국제재판관할 배분의 이념에 부합하도록 **수정**하여 적용해야 하는 경우도 있다.

민사소송법 제3조 본문은 "사람의 보통재판적은 그의 주소에 따라 정한다."라고 정한다. 따라서 당사자의 생활 근거가 되는 곳, 즉 생활관계의 중심적 장소가 토지관할권의 가장 일반적·보편적 발생근거라고 할 수 있다. **민사소송법 제2조**는 "소는 피고의 보통재판적이 있는 곳의 법원이 관할한다."라고 정하고 있는데, 원고에게 피고의 주소지 법원에 소를 제기하도록 하는 것이 관할 배분에서 당사자의 공평에 부합하기 때문이다. **국제재판관할에서도 피고의 주소지는 생활관계의 중심적 장소로서 중요한 고려요소**이다.

국제재판관할에서 특별관할을 고려하는 것은 분쟁이 된 사안과 실질적 관련이 있는 국가의 관할권을 인정하기 위한 것이다. **민사소송법 제11조**는 "대한민국에 주소가 없는 사람 또는 주소를 알 수 없는 사람에 대하여 재산권에 관한 소를 제기하는 경우에는 청구의 목적 또는 담보의 목적이나 압류할 수 있는 피고의 재산이 있는 곳의 법원에 제기할 수 있다."라고 정한다. 원고가 **소를 제기할 당시 피고의 재산이 대한민국에 있는 경우** 대한민국 법원에 피고를 상대로 소를 제기하여 승소판결을 얻으면 바로 집행하여 재판의 실효를 거둘 수 있다. 이와 같이 피고의 재산이 대한민국에 있다면 당사자의 권리구제나 판결의 실효성 측면에서 **대한민국 법원의 국제재판관할권을 인정**할 수 있다. **그러나** 그 재산이 우연히 대한민국에 있는 경우까지 무조건 국제재판관할권을 인정하는 것은 피고에게 현저한 불이익이 발생할 수 있다. 따라서 **원고의 청구가 피고의 재산과 직접적인 관련이 없는 경우**에는 그 재산이 대한민국에 있게 된 경위, 재산의 가액, 원고의 권리구제 필요성과 판결의 실효성 등을 **고려하여 국제재판관할권을 판단해야** 한다.

예측가능성은 피고와 법정지 사이에 상당한 관련이 있어서 법정지 법원에 소가 제기되는 것에 대하여 **합리적으로 예견할 수 있었는지를 기준으로** 판단해야 한다. 피고가 **대한민국에서 생활기반**을 가지고 있거나 **재산을 취득하여 경제활동을 할 때**에는 **대한민국 법원에 피고를 상대로 재산에 관한 소가 제기되리라는 점을 쉽게 예측**할 수 있다.

국제재판관할권은 배타적인 것이 아니라 병존할 수도 있다. 지리, 언어, 통신의 편의 측면에서 다른 나라 법원이 대한민국 법원보다 더 편리하다는 것만으로 대한민국 법원의 재판관할권을 쉽게 부정할 수는 없다.[3]

---

3 "갑은 중화인민공화국(이하 '중국'이라 한다) 국적으로 중국에서 사채업에 종사하다가 대한민국에서 영업을 하려고 입국한 사람이고, 을 등은 중국 국적의 부부로 중국에서 부동산개발사업을 영위하다가 대한민국에 거주지를 마련한 사람들인데, 갑이 **과거 중국에서** 을 등에게 **빌려준 대여금의 반환을 구하는 소**를 대한민국 법원에 제기한 사안에서, 을 등이 **대한민국에 있는 부동산과 차량을 구입하여 소유·사용**하고, 위 소 제기 당시 **대한민국에 생활의 근거를 두고 자녀를 양육하면서 취득한 부동산에서 실제로 거주해 온 사실** 등과 같도 위 소 제기 무렵 대한민국에 입국하여 변론 당시까지 **상당한 기간을 대한민국에서 거주하면서 향후 대한민국에서 영업활동을 수행할 계획을 가지고 있는 사실** 등을 종합하면 갑과 을 등이 모두 위 소 제기 당시 대한민국에 **실질적인 생활 기반**을 형성하였다고 볼 수 있는 점, 을 등은 중국을 떠난 뒤 대한민국에 생활 기반을 마련하고 재산을 취득하였으므로 갑이 자신들을 상대로 대한민국 법원에 위 소를 제기할 것을 예상하지 못했다고 보기 어렵고, 을 등이 대한민국에 부동산과 차량 등 재산을 소유하고 있어 갑이 이를 가압류한 상황에서 **청구의 실효성 있는 집행을 위해서** 대한민국 법원에 소를 제기할 실익이 있는 점, 중국 국적인 갑이 중국 국적인 을 등을 상대로 스스로 대한민국 법원에 재판을 받겠다는 의사를 명백히 표시하여 재판을 청구하고 있고, 을 등도 대한민국에서 소송대리인을 선임하여 응소하였으며, 상당한 기간 대한민국 법원에서 본안에 관한 실질적인 변론과 심리가 이루어졌는데, 위 사건의 요증사실은 대부분 계약서나 계좌이체 내역 등의 서증을 통해 증명이 가능하고 반드시 중국 현지에 대한 조사가 필요하다고 보기 어렵고, 대한민국에서 소송을 하는 것이 을 등에게 현저히 불리하다고 볼 수 없는 반면, 위 사건에 관하여 대한민국 법원의 국제재판관할을 부인하여 중국 법원에서 다시 심리해야 한다면 **소송경제**에 심각하게 반하는 결과가 초래되는 점, **위 사건에 관한 법률관계의 준거법이 중국법이라 하더라도 국제재판관할과 준거법은 서로 다른 이념에 의해 지배되는 것**이므로 그러한 사정만으로 위 소와 대한민국 법원의 실질적 관련성을 부정할 수는 없는 점 등에 비추어 위 소는 대한민국과 실질적 관련성이 있으므로 **대한민국 법원이 국제재판관할권을 가진다**고 본 원심판단이 정당하다고 한 사례."

대법원 2021. 3. 25. 선고 2018다230588 판결 [물품대금]

민사소송법 제2조는 "소는 **피고의 보통재판적**이 있는 곳의 법원이 관할한다."라고 정하고 있고, **민사소송법 제5조 제1항** 전문은 "법인, 그 밖의 사단 또는 재단의 보통재판적은 이들의 **주된 사무소 또는 영업소**가 있는 곳에 따라 정한다."라고 정하고 있다. 이는 원고에게 피고의 주된 사무소 또는 영업소가 있는 법원에 소를 제기하도록 하는 것이 관할 배분에서 당사자의 공평에 부합하기 때문이므로, **국제재판관할에서도 피고의 주된 사무소가 있는 곳**은 영업관계의 중심적 장소로서 **중요한 고려요소**가 된다.

대법원 2013. 7. 12. 선고 2006다17539 판결 [손해배상(기)]

물품을 제조·판매하는 제조업자에 대한 **제조물책임소송**에서 **손해발생지 법원에 국제재판관할권이 있는지를 판단**하는 경우에는 **제조업자가** 손해발생지에서 사고가 발생하여 그 지역의 법원에 제소될 것임을 **합리적으로 예견할 수 있을 정도**로 **제조업자**와 **손해발생지** 사이에 **실질적 관련성**이 있는지를 고려하여야 한다.[4]

3. 재판권의 조사, 위반의 효과

4 "원심은, 선정자들은 제2차 베트남전쟁(이하 '베트남전'이라 한다) 동안 우리나라 군대의 구성원으로 베트남에 파병되어 복무한 베트남전 참전군인들 또는 그 유족들로서 모두 국내에 거주하는 우리나라 국민인 점, 선정자들은 **베트남전 동안 복무지역에 살포된 고엽제에 노출**되어 **귀국한 후 우리나라에서 질병이 발생**하였다고 주장하며 그 당시 **고엽제를 제조·판매한 피고들을 상대로 제조물책임**을 묻는 이 사건 소를 제기한 점, **피고들은 우리나라 군인들이 베트남전에 참전하는 사실을 알고 있었으므로** 베트남에서 살포된 고엽제에 노출된 우리나라 군인들이 **귀국한 후 질병이 발생할 경우 우리나라에서 피고들을 상대로 제조물책임을 묻는 소를 제기할 수 있음을 충분히 예견할 수 있었던 점**, 베트남전 참전군인들의 베트남전 복무 및 그 발생 질병에 관한 자료들이 모두 우리나라에 있고 피고들이 우리말로 번역하여야 한다고 주장하는 외국 자료의 분량에 비하여 월등히 많으며, 손해액 산정에 필요한 자료 또한 우리나라에서 수집하는 것이 편리한 점, 우리나라는 베트남전 참전국가로서 참전 중의 행위로 발생한 우리나라 군대 구성원의 질병에 관한 분쟁에 관하여 정당한 이익이 있는 점 등 여러 사정을 참작하여, 분쟁이 된 사안의 손해발생지 겸 당사자의 생활근거지인 우리나라는 **이 사건의 사안 및 당사자와 실질적 관련성**이 있으므로, **우리나라 법원**은 이 사건 소에 관하여 **국제재판관할권을 가진다**고 판단하였다. 앞서 본 법리와 기록에 비추어 살펴보면, 원심의 위와 같은 판단은 정당하다."

∝ 관할 ∝

1. 서론

2. 사물관할

대법원 1992. 5. 12. 선고 92다2066 판결 [화해금등]

지방법원 본원 합의부가 **지방법원 단독판사의 판결**에 대한 항소사건을 **제2심(항소심)으로 심판하는 도중**에 지방법원 **합의부의 관할에 속하는 소송이 새로 추가**되거나 그러한 소송으로 **청구가 변경되었다고 하더라도,**[5] **심급관할은 제1심 법원의 존재에 의하여 결정되는 전속관할**이어서 **이미 정하여진 항소심의 관할에는 영향이 없는 것**이므로, 추가되거나 변경된 청구에 대하여도 그대로 심판할 수 있다.

대법원 2022. 1. 27. 선고 2021다219161 판결 [부당이득금반환]

행정사건 제1심판결에 대한 항소사건은 **고등법원**이 심판해야 하고(법원조직법 제28조 제1호), 원고가 고의나 중대한 과실 없이 행정소송으로 제기하여야 할 사건을 민사소송으로 잘못 제기하고 단독판사가 제1심판결을 선고한 경우에도 그에 대한 항소사건은 고등법원의 전속관할이다.

대법원 1986. 5. 27. 선고 86다137 판결 [노임]

소액사건심판법의 적용을 받는 **소액사건인지의 여부**는 **제소한 때를 표준으로** 하여 정하여지는 것이므로 소액사건으로 제소되어 소액사건심판법에 따라 심리하여야 할 수개의 소액사건을 법원이 **병합심리하게 되어 그 소가의 합산액이 소액사건의 범위를 넘게 된다 하더라도** 이미 결정된 **소액사건임에 변동이 생기는 것은 아니다.**

3. 토지관할

대법원 2002. 5. 10.자 2002마1156 결정 [이송]

채권자가 사해행위의 취소와 함께 수익자 또는 전득자로부터 책임재산의 회복을 구하는 **사해행위취소의 소를 제기**한 경우 그 **취소의 효과는 채권자와 수익자 또는 전득자 사이의 관계에서만 생기는 것**이므로, 수익자 또는 전득자가 사해행위의 취소로 인한 원상회복 또는 이에 갈음하는 가액배상을 하여야 할 의무를 부담한다고 하더라도 이는 채권자에 대한 관계에서 생기는 법률효과에 불과하고 채무자와 사이에서 그 취소로 인한 법률관계가 형성되는 것은 아닐 뿐만 아니라, 이 경우 채권자의 **주된 목적**은 사해행위의 취소 그 자체보다는 일탈한 **책임재산의 회복**에 있는 것이므로, 사해행위취소의 소에 있어서의 **의무이행지**는 **'취소의 대상인 법률행위의 의무이행지'가 아니**라 **'취소로 인하여 형성되는 법률관계에 있어서의 의무이행지'**라고 보아야 한다.
부동산등기의 신청에 협조할 의무의 이행지는 성질상 등기지의 특별재판적에 관한 **제19조**에 규

5 현행법령으로 말하자면, 항소심에서의 청구취지 확장으로 소가가 2억 원 혹은 5억 원을 초과하게 된 경우를 생각해볼 수 있음

정된 '등기할 공무소 소재지'라고 할 것이므로, 원고가 사해행위취소의 소의 채권자라고 하더라도 사해행위취소에 따른 **원상회복**으로서의 **소유권이전등기 말소등기의무의 이행지**는 그 **등기관서 소재지**라고 볼 것이지, **원고의 주소지를 그 의무이행지로 볼 수는 없다**.

대법원 2020. 2. 27. 선고 2019다284186 판결 [손해배상(기)]

2015. 12. 1. 법률 제13521호로 **개정된 민사소송법 제24조 제2항, 제3항**은 특허권, 실용신안권, 디자인권, 상표권, 품종보호권(이하 **'특허권 등'**이라 한다) 등의 지식재산권에 관한 소를 제기하는 경우에는 제2조부터 제23조까지의 규정에 따른 관할법원 소재지를 관할하는 고등법원이 있는 곳의 지방법원(서울고등법원이 있는 곳의 경우 서울중앙지방법원)의 전속관할로 하되, 그 지방법원이 서울중앙지방법원이 아닌 경우 서울중앙지방법원에도 소를 제기할 수 있다고 규정하고 있다. 위 개정 규정은 **부칙(2015. 12. 1.) 제1조, 제2조**에 의하여 그 **시행일인 2016. 1. 1. 이후 최초로 소장이 접수된 사건부터 적용**된다.
한편 2015. 12. 1. 법률 제13522호로 **개정된 법원조직법** 제28조, 제28조의4 제2호, 제32조 제2항은 **특허권 등**의 지식재산권에 관한 민사사건의 **항소사건**을 고등법원 및 지방법원 합의부의 심판대상에서 제외하고 **특허법원이 심판**한다고 규정하고 있다. 위 개정 규정은 부칙(2015. 12. 1.) 제1조, 제2조에 의하여 **2016. 1. 1.부터 시행하되** 그 **시행일 전에 소송계속 중**인 특허권 등의 지식재산권에 관한 민사사건에 대하여 위 **시행일 이후에 제1심판결이 선고된 경우에도 적용**된다.
기록에 의하면, 이 사건은 상표권 침해를 청구원인으로 하는 손해배상청구 사건으로서 제24조 제2항이 규정하는 특허권 등의 지식재산권에 관한 소에 해당하는데, 위 개정 법원조직법 **시행일 이후인 2017. 7. 12. 소가 제기되어 2018. 6. 21. 제1심판결이 선고**되었음을 알 수 있다. 따라서 이에 대한 **항소사건**은 위 개정 법원조직법에 따라 **특허법원의 전속관할**에 속한다.[6]

4. 합의관할(29조)

대법원 1977. 11. 9.자 77마284 결정 [이송신청각하결정에대한재항고]

당사자 중 "**일방이 지정하는 법원**을 관할 법원으로 한다."는 내용의 **관할**에 관한 **합의**는 피소자의 권리를 부당하게 침해하고 공평의 원칙에 어긋나는 결과가 되어 **무효**이다.

대법원 2008. 3. 13. 선고 2006다68209 판결 [양수금]

당사자들이 **법정 관할법원에 속하는 여러 관할법원 중 어느 하나를 관할법원으로 하기로 약정**한 경우, 그와 같은 약정은 그 약정이 이루어진 국가 내에서 재판이 이루어질 경우를 예상하여 **그 국가 내에서의 전속적 관할법원을 정하는 취지**의 합의라고 해석될 수 있다.[7]

---

6 위 판결은 원심이 특허법원이 아닌 서울중앙지방법원임에도 위 항소사건의 실체 판단을 하여 전속관할에 관한 법리 오해 잘못이 있다면서 상고이유 판단을 생략한 채 원심판결을 **파기**하고 항소심 관할법원인 특허법원에 **이송**하는 **판결**을 하였음

7 일본국에 거주하던 채권자와 채무자가 일본국에서 일본국 통화를 **대차하면서 작성한 차용증**에 채무자들의 일본 내 주소를 기재하고 차용금액 등을 기재하였는데, 위 증서는 당시 문구점에서 판매하던 것으로서 **분쟁 발생시 채권자의 주소지 법원을 제1심 관할법원으로 한다는 문구가 부동문자**로 인쇄되어 있던 사안에서, 위 문구는 **예문이 아니고 법정 관할법원 중 하나인 일본국 내 채권자 주소지 법원을 관할법원으로 하기로 하는 전속적 관할합의에 해당**한다고 한 사례

대법원 1994. 5. 26.자 94마536 결정 [소송이송]

관할의 합의의 효력은 부동산에 관한 **물권의 특정승계인**에게는 **미치지 않는다**고 새겨야 할 것인바, 부동산 양수인이 근저당권 부담부의 소유권을 취득한 특정승계인에 불과하다면(근저당권 부담부의 **부동산의 취득자가 그 근저당권의 채무자 또는 근저당권설정자의 지위를 당연히 승계한다고 볼 수는 없다**),[8] **근저당권설정자와 근저당권자 사이**에 이루어진 **관할합의의 효력**은 **부동산 양수인에게 미치지 않는다.**

대법원 2006. 3. 2.자 2005마902 결정 [이송결정에대한재항고]

관할의 합의는 **소송법상의 행위**로서 **합의 당사자 및 그 일반승계인을 제외**한 **제3자에게 그 효력이 미치지 않는 것이 원칙**이지만, 관할에 관한 당사자의 합의로 관할이 변경된다는 것을 실체법적으로 보면, **권리행사의 조건**으로서 그 권리관계에 불가분적으로 부착된 **실체적 이해의 변경**이라 할 수 있으므로, **지명채권**과 같이 그 **권리관계의 내용을 당사자가 자유롭게 정할 수 있는 경우에는**, 당해 권리관계의 특정승계인은 그와 같이 변경된 권리관계를 승계한 것이라고 할 것이어서, **관할합의**의 효력은 **특정승계인에게도 미친다.**

대법원 1997. 9. 9. 선고 96다20093 판결 [손해배상(기)]

대한민국 법원의 관할을 배제하고 **외국의 법원을 관할법원**으로 하는 **전속적인 국제관할의 합의**가 **유효**하기 위하여는, 당해 사건이 **대한민국 법원의 전속관할에 속하지 아니하고,** 지정된 **외국법원이 그 외국법상 당해 사건에 대하여 관할권을 가져야** 하는 외에, 당해 **사건이 그 외국법원에 대하여 합리적인 관련성**을 가질 것이 요구된다고 할 것이고, 한편 전속적인 관할 합의가 현저하게 불합리하고 불공정한 경우에는 그 관할 합의는 **공서양속**에 반하는 법률행위에 해당하는 점에서도 무효이다.

대법원 2008. 3. 13. 선고 2006다68209 판결 [양수금]

당사자들이 **법정 관할법원에 속하는 여러 관할법원 중 어느 하나를 관할법원으로 하기로 약정**한 경우, 그와 같은 약정은 그 약정이 이루어진 국가 내에서 재판이 이루어질 경우를 예상하여 **그 국가 내에서의 전속적 관할법원을 정하는 취지**의 합의라고 해석될 수 있지만, 특별한 사정이 없는 한 **다른 국가의 재판관할권을 완전히 배제하거나 다른 국가에서의 전속적인 관할법원까지 정하는 합의를 한 것으로 볼 수는 없다.** 따라서 채권양도 등의 사유로 외국적 요소가 있는 법률관계에 해당하게 된 때에는 **다른 국가의 재판관할권이 성립**할 수 있고, **이 경우에는 위 약정의 효력이 미치지 아니하므로 관할법원은 그 국가의 소송법에 따라 정하여진다**고 봄이 상당하다.[9]

---

8 제3취득자는 채무자도 아니고 저당권설정자의 지위도 승계하지 않으며, 이는 '물권법정주의'와도 관련됨

9 **일본국에 거주하던 채권자와 채무자**가 돈을 대차하면서 **채권자 주소지** 법원을 제1심 관할법원으로 하는 **전속적 관할합의**를 하였는데, **그 후 위 채권이 국내에 주소를 둔 내국인에게 양도**되어 **외국적 요소**가 있는 법률관계가 된 경우, 위 **관할합의의 효력이 이에 미치지 아니하여 대한민국 법원에 재판관할권이 있다**고 한 사례.

5. 변론관할(30조)

대법원 1980. 9. 26.자 80마403 결정 [이송결정에대한재항고]

제30조 소정의 **응소관할**이 생기려면 **피고의 본안에 관한 변론**이나 준비절차에서의 **진술**은 **현실적인 것이어야** 하므로 피고의 불출석에 의하여 답변서 등이 법률상 **진술 간주**되는 경우는 이에 **포함되지 아니한다.**

대법원 1991. 3. 27. 선고 91다1783 판결 [임대료등,소유권이전등기]

항소심에서 피고가 반소장을 진술한 데 대하여 원고가 **"반소기각 답변"을 한 것만으로는** 제382조 제2항(현행 **제412조 제2항**) 소정의 **"이의없이 반소의 본안에 관하여 변론을 한 때"에 해당한다고 볼 수 없다.**[10]

6. 관할권의 조사, 위반의 효과

대법원 2004. 7. 14.자 2004무20 결정 [과징금등고지처분취소]

관할권은 법원이 사건에 관하여 재판권을 행사할 권한으로서 청구의 당부에 관하여 **본안판결**을 할 수 있는 **전제요건**을 이루는 것이므로 법원은 우선 사건에 관하여 **관할권의 유무를 확인한 후에 본안심리에 들어가야** 하는 것이고, **관할의 원인이 동시에 본안의 내용과 관련**이 있는 때에는 원고의 **청구원인사실을 기초로 하여 관할권의 유무를 판단**할 것이지, **본안의 심리를 한 후에 관할의 유무를 결정할 것은 아니다.**[11]

---

10 30조와 412조 2항 모두 '본안에 대하여(관하여) 변론'이라는 표현이 동일한 점 때문인지 위 판결을 근거로 '청구기각만 구하고 청구원인 답변을 미룬 경우의 변론관할 발생 여부'에 관한 판례의 태도를 부정설로 해석하는 견해가 대부분이나, 위 판결은 30조가 아닌 412조 2항에 관한 것이어서 그와 같은 해석에는 의문이 있음(私見). 수험생으로서는 위 판결이 412조 2항 사안이라는 점, 그럼에도 30조 해당 쟁점이 출제될 경우 위 판례를 참조로나마 반드시 기재해야 한다는 점을 숙지해야 함
제412조(반소의 제기) ① 반소는 상대방의 심급의 이익을 해할 우려가 없는 경우 또는 상대방의 동의를 받은 경우에 제기할 수 있다. ② 상대방이 이의를 제기하지 아니하고 반소의 본안에 관하여 변론을 한 때에는 반소제기에 동의한 것으로 본다.

11 주식회사의 부당지원행위 과징금의 체납에 대한 가산금 독촉 처분의 취소를 구하는 청구원인이라면 이는 동시에 서울고등법원 전속관할(현행 독점규제 및 공정거래에 관한 법률 제100조)의 원인사실이기도 함 → 해당 처분이 내부 절차 거치지 않은 공정거래위원장 단독 처분이라는 이유(본안판단)로 제1심 법원의 이송결정을 취소한 서울고등법원의 결정은 위법함

이송

1. 서론

대법원 1992. 4. 15.자 92마146 결정 [항소장각하]

항소제기기간의 준수 여부는 **항소장이 제1심 법원에 접수된 때를 기준으로** 하여 판단하여야 하며 비록 항소장이 항소제기기간 내에 제1심 법원 이외의 법원에 제출되었다 하더라도 항소제기의 효력이 있는 것은 아니다.

대법원 1981. 10. 13. 선고 81누230 판결 [행정처분(면직처분)무효확인]

상고장이 대법원에 바로 제출되었다가 다시 원심법원에 송부된 경우에는 **상고장이 원심법원에 접수된 때를 기준**하여 **상고 제기기간 준수 여부를 따져야** 한다.

대법원 2008. 5. 22.자 2008그90 결정 [집행에관한이의]

특별항고만이 허용되는 재판의 불복에 대하여는 **당사자가 특히 특별항고라는 표시와 항고법원을 대법원으로 표시하지 아니하였다고 하더라도** 그 항고장을 **접수한 법원으로서는 이를 특별항고로 보아 소송기록을 대법원에 송부하여야** 하고,[12] **항고법원이 항고심으로서 재판하였더라도 이는 결국 권한 없는 법원의 재판**에 귀착된다.

대법원 1984. 2. 28. 선고 83다카1981 전원합의체 판결 [소유권이전등기말소]

항소심에서 본안판결을 한 경우에는 제1심판결에 대하여 재심의 소를 제기하지 못하므로 그 경우 항소심판결이 아닌 **제1심 판결에 대하여 제1심법원에 제기된 재심의 소**는 재심대상이 아닌 판결을 대상으로 한 것으로서 **재심의 소송요건을 결여**한 부적합한 소송이며 단순히 재심의 관할을 위반한 소송이라고 볼 수는 없으나, 항소심에서 본안판결을 한 사건에 관하여 제기된 재심의 소가 제1심판결을 대상으로 한 것인가 또는 항소심판결을 대상으로 한 것인가의 여부는 재심소장에 기재된 재심을 할 판결의 표시만 가지고 판단할 것이 아니라 **재심의 이유에 기재된 주장내용**(재심사유가 항소심 판결에 관한 것인지 여부)을 살펴보고 **재심을 제기한 당사자의 의사를 참작**하여 판단할 것이다.

재심의 소가 **재심제기기간 내에 제1심법원에 제기**되었으나 **재심사유 등에 비추어 항소심판결을 대상으로 한 것이라 인정**되어 위 소를 **항소심법원에 이송**한 경우에 있어서[13] 재심제기기간의 준수여부는 제36조 제1항의 규정에 비추어 제1심법원에 제기된 때를 기준으로 할 것이지 **항소법원에 이송된 때를 기준으로 할 것은 아니다.**

12 이는 이송이 아닌 기록송부 대상임

13 재심관할법원은 재심대상판결을 한 법원이 전속관할이며, 이를 위반하여 재심을 '소'를 제기한 경우에는 기록 송부가 아닌 '이송'을 하여야 함

2. 관할위반 이송(34조 1항)

대법원 1993. 12. 6.자 93마524 전원합의체 결정 [소송이송]

당사자가 관할위반을 이유로 한 이송신청을 한 경우에도 이는 **단지 법원의 직권발동을 촉구하는 의미**밖에 없는 것이고, 따라서 **법원은** 이 이송신청에 대하여는 **재판을 할 필요가 없고**, 설사 법원이 이 이송신청을 **거부하는 재판을 하였다고 하여도 항고가 허용될 수 없으므로** 항고심에서는 이를 **각하**하여야 한다.

위 **항고심에서** 항고를 **각하하지 아니하고** 항고이유의 당부에 관한 판단을 하여 **기각하는 결정을 하였다고 하여도** 이 항고기각결정은 항고인에게 불이익을 주는 것이 아니므로 이 항고심결정에 대하여 재항고를 할 아무런 이익이 없는 것이어서 이에 대한 **재항고는 부적법**한 것이다.

대법원 2018. 1. 19.자 2017마1332 결정 [대여장비및미납시청료반환]

수소법원의 **재판관할권** 유무는 법원의 **직권조사사항**으로서 법원이 그 관할에 속하지 아니함을 인정한 때에는 **제34조 제1항**에 의하여 **직권**으로 **이송결정**을 하는 것이고, **소송당사자에게 관할위반을 이유로 하는 이송신청권이 있는 것은 아니다.** 따라서 당사자가 관할위반을 이유로 한 이송신청을 한 경우에도 이는 **단지 법원의 직권발동을 촉구하는 의미**밖에 없다.

한편 법원이 **당사자의 신청**에 따른 **직권발동**으로 **이송결정**을 한 경우에는 **즉시항고가 허용**되지만(제39조), 위와 같이 당사자에게 이송신청권이 인정되지 않는 이상 **항고심에서** 당초의 **이송결정이 취소**되었다 하더라도 이에 대한 **신청인의 재항고는 허용되지 않는다.**[14]

대법원 2004. 4. 28.자 2004스19 결정 [법원사무관등의처분에대한이의]

제442조는 "항고법원·고등법원 또는 **항소법원의 결정** 및 명령에 대하여는 재판에 영향을 미친 헌법·법률·명령 또는 규칙의 위반을 이유로 드는 때에만 **재항고**할 수 있다."고 규정하고 있으므로, **항소법원의 결정**에 대하여는 **대법원에 재항고**하는 방법으로 다투어야만 한다.

항소법원인 지방법원 합의부의 법원사무관 등이 한 처분에 대한 이의신청을 기각한 법원의 결정에 대하여 제기된 항고는 **재항고**로 보아야 함에도 불구하고 기록이 대법원이 아닌 고등법원에 송부되자 **고등법원이 이를 항고사건으로 심리하여 기각**한 경우, 위 결정은 **권한 없는 법원이 한 것**에 귀착되므로 **취소되어야** 한다고 한 사례.

대법원 2008. 5. 22.자 2008그90 결정 [집행에관한이의]

민사집행법 제15조 제1항은 **집행절차에 관한 집행법원의 재판**에 대하여는 **특별한 규정이 있어야만 즉시항고**를 할 수 있다고 규정하고 있는데, 같은 법 **제17조 제1항**은 집행절차를 취소하는 결정, 집행절차를 취소한 집행관의 처분에 대한 이의신청을 기각·각하하는 결정 또는 집행관에게 집행절차의 취소를 명하는 결정에 대하여는 즉시항고를 할 수 있다고 규정하고 있으므로, **집행에 관한 이의신청에 대한 재판**이 이에 해당하는 경우에는 **즉시항고**를 제기할 수 있지만, **그 밖의 경우**에는 **이의신청에 대한 재판**에 대하여 **즉시항고를 제기할 수 없고**, 민사집행법 제23조 제1항에 의하여 준용되는 **민사소송법 제449조의 특별항고로서만 불복**할 수 있다.[15]

---

14 재항고는 각하될 것임

15 제449조(특별항고) ① 불복할 수 없는 결정이나 명령에 대하여는 재판에 영향을 미친 헌법위반이 있거나, 재판의 전제가 된 명령·규칙·처분의 헌법 또는 법률의 위반여부에 대한 판단이 부당하다는 것을 이유로 하는

그리고 **특별항고만이 허용되는 재판의 불복**에 대하여는 **당사자가 특히 특별항고라는 표시와 항고법원을 대법원으로 표시하지 아니하였다고 하더라도** 그 **항고장을 접수한 법원으로서는** 이를 **특별항고로 보아 소송기록을 대법원에 송부하여야** 하고, **항고법원이 항고심으로서 재판하였더라도** 이는 결국 **권한 없는 법원의 재판**에 귀착된다.

3. 심판편의 이송(35조, 34조 2·3항, 36조)

대법원 2010. 3. 22.자 2010마215 결정 [이송결정에대한이의] [공2010상,857]

제35조에서 말하는 **'현저한 손해'**라 함은, **주로 피고(상대방) 측**의 소송수행상의 부담을 의미하는 것이기는 하지만 **원고 측의 손해도 도외시하여서는 아니 된다** 할 것이고, 피고(상대방) 측이 소송을 수행하는 데 많은 비용과 시간이 소요된다는 사정만으로는 위 법 제35조에서 말하는 현저한 손해 또는 소송의 지연을 가져올 사유가 된다고 단정할 수 없다.
수형자가 국가를 상대로 손해배상을 청구한 사안에서, 대한민국이 수형자의 관리주체로서 부담하는 '**수형자의 민사소송**을 위한 **장거리 호송**에 소요되는 상당한 **인적·물적 비용**'은 **행정적인 부담**이지 **소송상대방으로서 부담하는 것이 아니어서**, 제35조에서 말하는 '현저한 손해 또는 지연을 피하기 위하여 **이송이 필요한 사정'에 해당되지 않는다**고 본 사례.

4. 이송의 효과

가. 구속력(38조)

대법원 1995. 5. 15.자 94마1059 결정 [채권압류및전부명령]

집행법원인 원심법원의 **항고장 각하명령**은 채권압류 및 전부명령을 1차적인 처분으로 한 원심법원이 그 채권압류 및 전부명령의 당부에 관하여 항고법원의 재판을 대신하여 판단하는 2차적인 처분이 아니라, 위 **채권압류 및 전부명령의 당부와는 무관**하게 채무자가 이에 불복하여 제출한 즉시항고장에 **필요적 기재사항**이 기재되어 있는지 여부, 소정의 **인지**가 첩부되어 있는지 여부나 **즉시항고 기간 내**에 항고가 제기되었는지 여부 등에 관하여 **자기 몫으로 판단하는 1차적인 처분**으로서, 그에 대한 불복방법인 **즉시항고**는 **성질상 최초의 항고**이다.[16]

때에만 대법원에 특별항고를 할 수 있다. ② 제1항의 항고는 재판이 고지된 날부터 1주 이내에 하여야 한다. ③ 제2항의 기간은 불변기간으로 한다.

16 강제집행절차에도 소송절차의 민소법 제443조(현행법령 규정으로 모두 수정함, 이하 동일) 적용, 항소심에는 제399조 준용 → 채권압류 및 전부명령의 채무자가 채권압류 및 전부명령에 불복하여 즉시항고 하면 원심법원인 집행법원은 그 항고장이 제443조, 제397조 제2항에 위배된 경우 및 인지 붙이지 않은 경우 상당한 기간 정하여 보정 명해도 보정하지 않은 때 및 항고기간 경과가 명백한 때에는 항고장 각하 명령 내려야(제399조 제1, 2항), 그 각하명령에 대하여는 즉시항고로 불복 가능(제399조 제3항)
제443조(항소 및 상고의 절차규정준용) ① 항고법원의 소송절차에는 제1장의 규정을 준용한다. ② 재항고와 이에 관한 소송절차에는 제2장의 규정을 준용한다.

이송결정의 기속력은 당사자에게 이송결정에 대한 **불복방법**으로 즉시항고가 마련되어 있는 점이나 **이송의 반복에 의한 소송지연**을 피하여야 할 공익적 요청은 전속관할을 위배하여 이송한 경우라고 하여도 예외일 수 없는 점에 비추어 볼 때, 당사자가 이송결정에 대하여 즉시항고를 하지 아니하여 확정된 이상 원칙적으로 **전속관할의 규정을 위배하여 이송**한 경우에도 **미친다.**
심급관할을 위배하여 이송한 경우에 이송결정의 기속력이 이송받은 상급심 법원에도 미친다고 한다면 당사자의 **심급의 이익을 박탈**하여 부당할 뿐만 아니라, **이송을 받은 법원이 법률심**인 대법원인 경우에는 직권조사사항을 제외하고는 새로운 소송자료의 수집과 사실확정이 불가능한 관계로 당사자의 사실에 관한 **주장, 입증의 기회가 박탈**되는 불합리가 생기므로, **심급관할을 위배한 이송결정의 기속력**은 **이송받은 상급심 법원에는 미치지 않는다**고 보아야 하나, 한편 그 기속력이 이송받은 하급심 법원에도 미치지 않는다고 한다면 사건이 하급심과 상급심 법원 간에 반복하여 전전이송되는 불합리한 결과를 초래하게 될 가능성이 있어 **이송결정의 기속력을 인정한 취지**에 반하는 것일 뿐더러 **민사소송의 심급의 구조상** 상급심의 이송결정은 특별한 사정이 없는 한 하급심을 구속하게 되는바 이와 같은 법리에도 반하게 되므로, **심급관할을 위배한 이송결정의 기속력**은 **이송받은 하급심 법원에는 미친다**고 보아야 한다.[17]

나. 소송계속 이전(40조 1항)

대법원 1984. 2. 28. 선고 83다카1981 전원합의체 판결 [소유권이전등기말소]

재심의 소가 **재심제기기간 내에 제1심법원에 제기**되었으나 **재심사유 등에 비추어 항소심판결을 대상으로 한 것이라 인정**되어 위 소를 **항소심법원에 이송**한 경우에 있어서[18] 재심제기기간의 준수여부는 제36조 제1항의 규정에 비추어 제1심법원에 제기된 때를 기준으로 할 것이지 **항소법원에 이송된 때를 기준으로 할 것은 아니다.**

대법원 2007. 11. 30. 선고 2007다54610 판결 [구상금]

대법원은, 이송결정이 확정된 때에는 소송은 처음부터 이송받은 법원에 계속된 것으로 보므로

제399조(원심재판장등의 항소장심사권) ① 항소장이 제397조제2항의 규정에 어긋난 경우와 항소장에 법률의 규정에 따른 인지를 붙이지 아니한 경우에는 원심재판장은 항소인에게 상당한 기간을 정하여 그 기간 이내에 흠을 보정하도록 명하여야 한다. 원심재판장은 법원사무관등으로 하여금 위 보정명령을 하게 할 수 있다. ② 항소인이 제1항의 기간 이내에 흠을 보정하지 아니한 때와, 항소기간을 넘긴 것이 분명한 때에는 원심재판장은 명령으로 항소장을 각하하여야 한다. ③ 제2항의 명령에 대하여는 즉시항고를 할 수 있다.

제397조(항소의 방식, 항소장의 기재사항) ① 항소는 항소장을 제1심 법원에 제출함으로써 한다. ② 항소장에는 다음 각호의 사항을 적어야 한다. 1. 당사자와 법정대리인 2. 제1심 판결의 표시와 그 판결에 대한 항소의 취지

17 압류 및 전부명령의 채무자(재항고인)가 압류·전부명령에 불복하여 항고 제기 → 원심법원인 집행법원은 그 항고의 성질을 즉시항고로 보고 고지일로부터 1주일의 즉시항고기간 도과하였다며 항고장 각하명령(실제로는 '결정' 형식으로 한 잘못이 있었음) → 재항고인이 항고장 각하에 불복하여 광주지방법원을 항고법원으로 표시한 즉시항고 제기 → 항고법원인 광주지방법원은 위 즉시항고가 항고법원 관할이 아니라며 대법원에 이송 → 대법원은 항고법원인 광주지방법원 합의부에 다시 이송결정

18 재심관할법원은 재심대상판결을 한 법원이 전속관할이며, 이를 위반하여 재심의 '소'를 제기한 경우에는 기록 송부가 아닌 '이송'을 하여야 함

(**제40조 제1항**) 소송을 이송한 경우에 있어서 **법률상 기간의 준수 여부**는 소송이 이송된 때가 아니라 이송한 법원에 **소가 제기된 때를 기준으로** 하여야 한다고 판시한 바 있고(대법원 1984. 2. 28. 선고 83다카1981 전원합의체판결), 한편 **제265조**는 소제기에 따른 시효중단 및 법률상 기간 준수의 효력발생시기에 관하여 동일하게 규정하고 있으므로 소송이 이송된 경우 법률상 기간 준수 여부의 판단 기준시기에 관하여 위 판결이 취하고 있는 견해는 **소멸시효의 중단**에 관하여도 **그대로 적용**되어야 할 것이다.

다. 소송기록 송부

« 제척, 기피, 회피 »

1. 제척(41조 이하)

대법원 2010. 5. 13. 선고 2009다102254 판결 [총회무효확인]

제41조 제1호에서 "법관 또는 그 배우자나 배우자이었던 사람이 사건의 당사자가 되거나, 사건의 당사자와 공동권리자·공동의무자 또는 상환의무자의 관계에 있는 때"를 제척사유의 하나로 규정하고 있다. 여기서 말하는 사건의 당사자와 **공동권리자·공동의무자**의 관계라 함은 **소송의 목적이 된 권리관계**에 관하여 **공통되는 법률상 이해관계**가 있어 **재판의 공정성을 의심할 만한 사정**이 존재하는 지위에 있는 관계를 의미하는 것으로 해석할 것이다.

한편, 종중은 종중 소유 재산의 관리방법과 종중 대표자를 비롯한 임원의 선임, 기타 목적사업의 수행을 위하여 성문의 종중 규약을 제정할 수 있고, 종중에 종중 규약이 존재하는 경우에 종중원의 총유로 귀속되는 종중 소유 재산의 사용수익은 종중 규약에 따르고 그 관리·처분도 종중 규약 내지 종중 규약이 정하는 바에 따라 개최된 종중 총회의 결의에 의하며, 종중 임원의 선임권 등 신분상 권리의무 관계에 대하여도 종중 규약에서 정하는 바에 따르게 된다. 따라서 종중의 **종중원**들은 **종중원의 재산상·신분상 권리의무 관계에 직접적인 영향을 미치는 종중 규약을 개정한 종중 총회 결의의 효력 유무**에 관하여 **공통되는 법률상 이해관계**가 있다고 할 것이다.[19]

---

19 "피고 종중은 … 피고 종중의 회장 등 그 임원을 선출하고, 피고 종중 규약을 개정하는 결의(이하 '이 사건 결의'라고 한다)를 하였으며, 피고 종중의 종중원인 원고들은 이 사건 결의에 소집권한 없는 자의 소집으로 개최된 위법 등이 존재한다는 이유로 이 사건 결의에 대한 무효확인을 구하는 이 사건 소를 제기하였는데, **원심을 담당한 재판부를 구성한 심△△ 판사는 원고들과 마찬가지로 피고 종중의 종중원**인 사실을 알 수 있다. … 피고 종중의 종중원인 심△△ 판사는 이 사건 당사자인 원고들과 마찬가지로 피고 종중 규약의 내용에 따라 피고 종중 소유 재산, 기타 권리의무 관계에 직접적인 영향을 받을 수 있는 지위에 있는데, 원고들은 이 사건 소를 통하여 피고 종중 규약을 개정한 이 사건 결의의 무효를 주장하였고, 원고들 주장의 무효사유 인정 여부에 따라 원고들뿐만 아니라 심△△ 판사의 종중에 대한 법률관계에 적용될 이 사건 결의에 따른 피고 종중 규약의 효력이 부인될 수 있다. 따라서 **심△△ 판사는 이 사건 소의 목적이 된 이 사건 결의의 무효 여부에 관하여 원**

대법원 2000. 8. 18. 선고 2000재다87 판결 [소유권이전등기]

재심사건에 있어서 그 **재심의 대상으로 삼고 있는 원재판**은 제41조 제5호의 **'전심재판'에 해당한 다고 할 수 없고,** 따라서 재심대상 재판에 관여한 법관이 당해 재심사건의 재판에 관여하였다 하더라도 이는 제451조 제1항 제2호 소정의 "법률상 그 재판에 관여하지 못할 법관이 관여한 때"에 해당한다고 할 수 없다.

대법원 1991. 12. 27.자 91마631 결정 [법관제척결정]

본안사건의 재판장에 대한 **기피신청사건의 재판에 관여**한 법관이 다시 위 **본안사건**에 관여한다 하더라도 이는 제41조 제5호 소정의 **전심재판관여에는 해당하지 아니한다**.

대법원 1997. 6. 13. 선고 96다56115 판결 [손해배상(기)]

법관의 제척원인이 되는 **전심관여**라 함은 **최종변론**과 **판결의 합의**에 관여하거나 종국판결과 더불어 상급심의 판단을 받는 **중간적인 재판에 관여**함을 말하는 것이고 **최종변론 전의 변론**이나 **증거조사 또는 기일지정과 같은 소송지휘상의 재판** 등에 관여한 경우는 **포함되지 않는다**.

2. 기피(43조 이하)

대법원 2019. 1. 4.자 2018스563 결정 [기피]

헌법은 국민의 공정한 재판을 받을 권리를 보장하고 있고, 모든 법관은 헌법과 법률이 정한 바에 따라 공정하게 심판할 것으로 기대된다. 그러나 개별·구체적 재판의 공정성 및 공정성에 대한 신뢰를 제대로 담보하기 어려운 사정이 있을 수 있다. 이러한 경우 법관과 개별 사건과의 관계로 인하여 발생할 수 있는 재판의 불공정성에 대한 의심을 해소하여 당사자로 하여금 재판이 편파적이지 않고 공정하게 진행되리라는 신뢰를 갖게 함으로써 구체적인 재판의 공정성을 보장할 필요가 있다.

이를 위하여 민사소송법은 제척 제도 외에도 **기피 제도**를 마련하여 제43조 제1항에서 "당사자는 법관에게 **공정한 재판을 기대하기 어려운 사정**이 있는 때에는 기피신청을 할 수 있다."라고 규정하고 있다. 기피 제도의 위와 같은 목적과 관련 규정의 내용에 비추어 보면, '법관에게 공정한 재판을 기대하기 어려운 사정이 있는 때'라 함은 **우리 사회의 평균적인 일반인의 관점**에서 볼 때, 법관과 사건과의 관계, 즉 법관과 당사자 사이의 특수한 사적 관계 또는 법관과 해당 사건 사이의 특별한 이해관계 등으로 인하여 **법관이 불공정한 재판을 할 수 있다는 의심을 할 만한 객관적인 사정**이 있고, 그러한 의심이 단순한 주관적 우려나 추측을 넘어 **합리적인 것이라고 인정**될 만한 때를 말한다. 그러므로 평균적 일반인으로서의 당사자의 관점에서 위와 같은 의심을 가질 만한 객관적인 사정이 있는 때에는 **실제로 법관에게 편파성이 존재하지 아니하거나** 헌법과 법률이 정한 바에 따라 **공정한 재판을 할 수 있는 경우에도 기피가 인정**될 수 있다.

고들과 공통되는 법률상 이해관계를 가진다고 볼 수 있어 제41조 제1호 소정의 당사자와 공동권리자·공동의무자의 관계에 있는 자에 해당한다고 할 것이다. 그렇다면, 민사소송법이 정한 **제척사유**가 있는 판사가 재판에 관여한 원심판결은 제424조 제1항 **제2호**가 정한 법률에 따라 판결에 **관여할 수 없는 판사가 판결에 관여한 때**에 해당하는 **위법**이 있다."

3. 제척·기피의 방식과 절차

대법원 1966. 5. 24. 선고 66다517 판결 [손해배상]

변론종결 후 기피신청을 받은 법관이 **소송절차를 정지하지 않고 종국판결을 선고**하였다 하더라도 **위법일 것은 없다.**

대법원 1993. 9. 27.자 93마1184 결정 [법관기피]

법관에 대한 **기피신청**에도 불구하고 본안사건 담당법원이 **제44조 단서에 의하여 종국판결을 선고**한 경우 그 담당법관을 그 사건의 심리재판에서 배제하고자 하는 기피신청의 목적은 사라지는 것이므로 **기피신청에 대한 재판을 할 이익이 없게** 된다.

대법원 1978. 10. 31. 선고 78다1242 판결 [소유권이전등기말소]

기피신청을 당한 법관이 그 기피신청에 대한 재판이 **확정되기 전**에 한 **판결**은 효력은 **그 후 그 기피신청이 이유 없는 것**으로서 **배척**되고 그 결정이 **확정**되는 때에는 **유효한 것으로** 된다.[20]

대법원 2010. 2. 11. 선고 2009다78467 판결 [건물명도등·채무부존재확인등]

기피신청에 대한 **각하결정 전에** 이루어진 변론기일의 진행 및 위 **각하결정이 당사자에게 고지되기 전에** 이루어진 **변론기일의 진행**은 모두 **제48조**의 규정을 **위반**하여 쌍방불출석의 효과를 발생시킨 **절차상 흠결**이 있고, 특별한 사정이 없는 이상 **그 후** 위 기피신청을 **각하**하는 **결정**이 **확정**되었다는 **사정만으로** 제48조의 규정을 위반하여 **쌍방불출석의 효과**를 발생시킨 **절차 위반의 흠결**이 **치유된다고 할 수 없다.**[21]

4. 회피(49조)

20 "법관기피신청사건 기록에 의하면 원고가 위 판사에 대한 그 주장의 **법관기피신청서가 원심법원에 접수된 날짜는 이 사건이 원심에서 변론종결된 이후인 같은 달 12. 14:00로 보이므로** 위 법관기피신청은 이 사건 원심변론종결 이후에 제기된 것으로 볼 수밖에 없는데, 제44조의 규정에 의하면 법관에 대한 기피신청이 있으면 그 재판이 확정될 때까지 소송절차를 정지하여야 하나(본문) 예외적으로 종국 판결의 선고만은 할 수 있으므로(단서 참조), 위 법관기피신청이 있은 후에 종국 판결인 원판결의 **선고만**을 한 원심의 조치가 반드시 위법하다고 볼 수 없을 뿐만 아니라(당원 66다517 판결 참조), **가사** 원심의 원판결 선고가 **제44조 단서의 경우에 해당하지 아니하여 위법한 것이라 하더라도** 기피신청을 당한 법관이 그 기피신청에 대한 재판이 확정되기 전에 한 판결은 그 후 그 **기피신청이 이유 없는 것으로서 배척되고 그 결정이 확정되는 때에는 유효한 것으로 된다 할 것**인바, 앞서 본 사건기록에 의하면 원고의 위 법관기피신청은 이유 없는 것으로서 **기각결정**이 되었고 그 결정이 이미 1978. 7. 18 **확정**되었음이 분명하므로 **원판결은 유효한 것으로 되었다 할 것**이어서 원판결은 어느 모로 보나 정당하고 상고논지는 이유 없다."

21 78다1242 판결은 가정적 판단에서나마 '치유 긍정설'을 취하였으나 약 30여 년이 지난 후 2009다78467 판결에서는 '치유 부정설' 내지 '절충설'을 취한 것으로 평가됨

제2장 당사자

제1절 당사자의 확정

당사자확정

대법원 1996. 3. 22. 선고 94다61243 판결 [호적재편재등]

당사자는 **소장에 기재된 표시 및 청구의 내용과 원인 사실을 종합하여 확정하여야** 하는 것이며, 당사자표시 변경은 당사자로 표시된 자의 동일성이 인정되는 범위 내에서 그 표시만을 변경하는 경우에 한하여 허용된다.

대법원 1969. 12. 9. 선고 69다1230 판결 [소유권이전등기말소]

이미 사망한 자를 사망한 것을 모르고 **피고로 하여 제소**하였을 경우 **사실상의 피고**는 사망자의 **상속인**이고 다만 그 **표시를 그릇한 것에 불과**하다고 해석함이 타당하다.

대법원 2011. 3. 10. 선고 2010다99040 판결 [구상금]

채무자 甲의 乙 은행에 대한 채무를 대위변제한 보증인 丙이 채무자 甲의 **사망사실을 알면서도 그를 피고로 기재하여 소를 제기**한 경우 채무자 甲의 **상속인이 실질적인 피고**이고 **다만 소장의 표시에 잘못**이 있었던 것에 불과하므로, 보증인 丙은 채무자 甲의 **상속인으로 피고의 표시를 정정할 수 있고**, 따라서 **당초 소장을 제출한 때에 소멸시효중단의 효력이 생긴다.**

대법원 2009. 10. 15. 선고 2009다49964 판결 [상속채무금]

원고가 피고의 **사망 사실을 모르고 사망자를 피고로 표시하여 소를 제기**한 경우에, 청구의 내용과 원인사실, 당해 소송을 통하여 분쟁을 실질적으로 해결하려는 원고의 소제기 목적 내지는 사망 사실을 안 이후 원고의 피고표시정정신청 등 여러 사정을 종합하여 볼 때에, **실질적인 피고**는 당사자능력이 없어 소송당사자가 될 수 없는 사망자가 아니라 **처음부터 사망자의 상속자**이고 다만 그 표시에 잘못이 있는 것에 지나지 않는다고 인정되면 사망자의 상속인으로 피고의 **표시를 정정**할 수 있다 할 것인바, 상속개시 이후 상속의 포기를 통한 상속채무의 순차적 승계 및 그에 따른 상속채무자 확정의 곤란성 등 상속제도의 특성에 비추어 위의 법리는 채권자가 채무자의 사망 이후 그 **1순위 상속인의 상속포기 사실을 알지 못하고 1순위 상속인을 상대로 소를 제기한 경우에도** 채권자가 의도한 실질적 피고의 동일성에 관한 위 전제요건이 충족되는 한 **마찬가지로 적용**이 된다.
변경 전후 당사자의 동일성이 인정됨을 전제로 진정한 당사자를 확정하는 표시정정의 대상으로서의 성질을 지니는 이상 비록 소송에서 피고의 표시를 바꾸면서 **피고경정의 방법을 취하였다 해도 피고 표시정정으로서의 법적 성질 및 효과**는 잃지 않는다고 보아야 할 것이다. 따라서 진정한 당사자로 확정되는 피고들이 상속한 대여금채무는 그 **소멸시효기간이 지나기 전의 소의 제기로써 시효의 진행이 중단된** 것으로 보아야 할 것이다.

대법원 2006. 7. 4.자 2005마425 결정 [구상금]

그리고 이 경우에 **실질적인 피고**로 해석되는 사망자의 상속인은 **실제로 상속을 하는 사람**을 가리키고, **상속을 포기한 자는 상속개시 시부터 상속인이 아니었던 것**과 같은 지위에 놓이게 되므로 **제1순위 상속인이라도 상속을 포기한 경우**에는 이에 해당하지 아니하며, **후순위 상속인**이라도 선순위 상속인의 상속포기 등으로 실제로 상속인이 되는 경우에는 이에 해당한다.

대법원 1996. 10. 11. 선고 96다3852 판결 [당선공고절차이행등]

당사자는 소장에 기재된 표시 및 청구의 내용과 원인사실을 합리적으로 해석하여 확정하여야 하고, 확정된 당사자와의 **동일성**이 인정되는 범위 내에서라면 **항소심에서도 당사자의 표시정정을 허용하여야** 한다.

원고가 피고를 정확히 표시하지 못하고 **당사자능력이 없는 자**를 피고로 잘못 표시하였다면, 당사자 표시정정신청을 받은 법원으로서는 당사자를 확정한 연후에 원고가 정정신청한 당사자 표시가 확정된 당사자의 올바른 표시이며 동일성이 인정되는지의 여부를 살피고, 그 확정된 당사자로 피고의 표시를 정정하도록 하는 조치를 취하여야 한다.

대법원 1991. 6. 14. 선고 91다8333 판결 [손해배상(기)]

당사자표시변경은 당사자로 표시된 자와 동일성이 인정되는 범위 내에서 그 표시만을 변경하는 경우에 한하여 허용되는 것이므로 **원고 갑을 제외한 나머지 원고들을 상고인으로 표시한 상고장을 제출하였다가 원고 갑을 상고인으로 추가하는 내용으로 한 당사자표시정정**은 종래의 당사자에 **새로운 당사자를 추가**하는 것으로서 **허용될 수 없고**, 이는 추가된 당사자에 관한 새로운 상소제기로 보아야 한다.

대법원 1974. 7. 16. 선고 73다1190 판결 [소유권이전등기말소]

사망자를 피고로 하여 제소한 제1심에서 **원고가 상속인으로 당사자표시정정**을 함에 있어서 **일부 상속인을 누락**시킨 탓으로 그 누락된 상속인이 피고로 되지 않은 채 제1심판결이 선고된 경우에 원고는 **항소심**에서 그 **누락된 상속인을 다시 피고로 정정추가할 수 없다**.

대법원 2012. 6. 14. 선고 2010다105310 판결 [공유물분할]

공유물분할청구의 소는 분할을 청구하는 공유자가 원고가 되어 다른 공유자 전부를 공동피고로 하여야 하는 **필수적 공동소송**으로서 공유자 전원에 대하여 **판결이 합일적으로 확정되어야** 하므로, 공동소송인 중 1인에 소송요건의 흠이 있으면 전 소송이 부적법하게 된다.

민사소송에서 소송당사자의 존재나 당사자능력은 소송요건에 해당하고, **이미 사망한 자를 상대로 한 소의 제기**는 **소송요건을 갖추지 않은 것**으로서 **부적법**하며, **상고심**에 이르러서는 **당사자표시정정의 방법으로 그 흠결을 보정할 수 없다**.

대법원 1974. 10. 8. 선고 74다834 판결 [근저당권설정등기말소등]

1심에서 **사망자를 상대로 한 제소라 하여 각하한 판결**에 대하여 **항소심이 당사자표시 정정**을 한 경우에는 **1심판결을 취소**하고 **환송**을 해야 한다.[22]

22 위 판결을 근거로 단순히 '사망자를 상속인으로 표시정정하는 것은 항소심에서도 허용된다'는 지문이 옳은 것으로 출제되기도 하는데, 해당 판결이 1심에서 '각하판결'이라는 유효한 판결이 나온 점

대법원 1996. 10. 11. 선고 96다3852 판결 [당선공고절차이행등]

당사자는 소장에 기재된 표시 및 청구의 내용과 원인사실을 합리적으로 해석하여 확정하여야 하고, 확정된 당사자와의 **동일성**이 인정되는 범위 내에서라면 **항소심에서도 당사자의 표시정정을 허용하여야** 한다.

원고가 피고를 정확히 표시하지 못하고 **당사자능력이 없는 자를 피고로 잘못 표시**하였다면, 당사자 표시정정신청을 받은 법원으로서는 당사자를 확정한 연후에 원고가 정정신청한 당사자 표시가 확정된 당사자의 올바른 표시이며 **동일성이 인정**되는지의 여부를 살피고, 그 확정된 당사자로 **피고의 표시를 정정하도록 하는 조치를 취하여야** 한다.[23]

대법원 2002. 3. 29. 선고 2001다83258 판결 [소유권이전등기]

지방자치단체의 하부 행정구역에 불과하여 **민사소송법상 당사자능력이 없는 읍**을 상대로 한 채권자대위소송에서 정당한 당사자능력자로 **당사자 표시를 정정케 하는 조치**를 취함이 없이 피대위채권의 존부 또는 본안에 관하여 판단한 원심판결을 파기한 사례.

대법원 2011. 7. 28. 선고 2010다97044 판결 [손해배상(기)]

소장에는 **사단법인 한국장애인부모회**(이하 **'중앙회'**라 한다)가 원고로 기재되어 있었으나 제1심은 변론준비절차에서 **사단법인 한국장애인부모회 전라북도지회**(이하 **'전북지회'**라 한다)가 정관을 가지고 있다는 점 등을 확인한 다음 원고대리인에게 석명권을 행사하였고, 원고가 중앙회를 전북지회로 정정하는 **당사자표시정정신청**을 하고 제1심이 이를 적법하게 받아들였다면, 이 사건의 **원고**는 소장의 일부 기재에도 불구하고 **전북지회로 확정**되었다.

대법원 1998. 1. 23. 선고 96다41496 판결 [근저당권설정등기말소]

일반적으로 **당사자표시정정신청**을 하는 경우에도 **실질적으로 당사자가 변경되는 것은 허용할 수 없고** 필요적 공동소송이 아닌 사건에서 소송 도중에 당사자를 추가하는 것 역시 허용될 수 없으므로, **회사의 대표이사가 개인 명의로 소를 제기**한 후 **회사를 당사자로 추가하고** 그 개인 명의의 **소를 취하**함으로써 **당사자의 변경**을 가져오는 **당사자추가신청은 부적법**한 것이다.

대법원 1996. 3. 22. 선고 94다61243 판결 [호적재편재등]

종회의 대표자로서 소송을 제기한 자가[24] 그 **종회 자체로 당사자표시 변경신청**을 한 경우, 그 소

과 1심으로 '환송'한 점을 고려한다면 그와 같이 일반화하기에는 무리가 있고(私見), 통상적으로는 상속인의 심급의 이익을 고려하여 '항소심에서의 표시정정'을 불허한다고 보는 것이 타당함

23 "원심이 확정한 바와 같이 **순천향교 수습위원회**는 순천향교 내의 유림 분규로 인하여 전교의 임명추천기관인 유림총회가 전교의 임명추천을 하지 못하므로 성균관장이 향교직제 등 관계 규정에 따라 순천향교 수습위원회를 구성하여 유림총회의 권한을 대행하게 한 것으로서 성균관 또는 **순천향교의 내부기관에 불과**하고 **당사자능력도 없다면**, 원고는 위와 같은 사실관계나 법리를 잘못 이해함으로써 위 피고를 정확히 표시하지 못하고 **당사자능력이 없는 자를 피고로 잘못 표시한 것**이라고 보아야 할 것이므로, 원심으로서는 위 당사자를 확정한 연후에 **원고가 정정신청한** '순천향교재산'이 그 확정된 당사자의 올바른 표시이며(이 사건에서 **'순천향교'가 올바른 표시**로 보인다) **동일성**이 인정되는지의 여부를 살피고, 그 확정된 당사자로 피고의 **표시를 정정하도록 하는 조치를 취하였어야** 할 것이다."

24 '종회가 소를 제기하는데 그 대표자로서 소를 제기했다'는 의미가 아니고, '종회의 대표자인 사람으

의 원고는 **자연인**인 대표자 개인이고 그와 **종회** 사이에 **동일성이 인정된다고 할 수 없어** 그 **당사자표시 정정신청은 허용될 수 없다.**

대법원 2008. 6. 12. 선고 2008다11276 판결 [공사대금]

당사자표시정정은 원칙적으로 당사자의 동일성이 인정되는 범위에서만 허용되는 것이므로 회사의 **대표이사였던 사람이 개인 명의로 제기한 소송**에서 그 개인을 **회사로 당사자표시정정**을 하는 것은 **부적법**하다.

대법원 1996. 12. 20. 선고 95다26773 판결 [손해배상(기)]

제1심에서의 당사자 표시 변경이 당사자 표시정정에 해당하는 것으로서, 제1심이 소송당사자를 제대로 확정하여 판결하였음에도 불구하고, **항소심이 제1심에서의 당사자 표시 변경이 임의적 당사자 변경에 해당하여 허용될 수 없는 것이라고 잘못 판단**하여 **소송당사자 아닌 자를 소송당사자로 취급하여 변론을 진행시키고 판결을 선고**한 경우, **진정한 소송당사자에 대하여는 항소심 판결이 아직 선고되지 않았다**고 할 것이고, 진정한 소송당사자와 사이의 사건은 **아직 항소심에서 변론도 진행되지 않은 채 계속 중**이라고 할 것이므로 **진정한 소송당사자**는 **상고를 제기할 것이 아니라 항소심에 그 사건에 대한 변론기일지정신청**을 하여 소송을 다시 진행함이 상당하며, **항소심**이 선고한 **판결**은 진정한 소송당사자에 대한 관계에 있어서는 적법한 **상고 대상이 되지 아니한다.**[25]

대법원 2008. 6. 12. 선고 2008다11276 판결 [공사대금]

제1심법원이 제1차 변론준비기일에서 **부적법한 당사자표시정정신청을 받아들이고 피고도 이에 명시적으로 동의**하여 제1심 제1차 변론기일부터 정정된 원고인 회사와 피고 사이에 본안에 관한 **변론이 진행**된 다음 **제1심 및 원심**에서 **본안판결이 선고**되었다면, 당사자표시정정신청이 부적법하다고 하여 그 후에 진행된 변론과 그에 터잡은 판결을 모두 부적법하거나 무효라고 하는 것은 **소송절차의 안정**을 해칠 뿐만 아니라 **그 후에 새삼스럽게 이를 문제삼는 것**은 **소송경제**나 신

로서 그 개인인 자신을 원고로 소를 제기했다'는 의미임

25 "원심은 '대한예수교장로회 순천순광교회'가 그 대표자를 김철호로 하여 피고를 상대로 이 사건 소를 제기하고 소송을 진행하던 중 제1심 7차 변론기일에 이르러 위 김철호는 그가 '대한예수교장로회 순천순광교회'의 대표자로 이 사건 소송을 수행하는 것이 아니고 위 교회 교인들의 선정당사자로서 이 사건 소송을 수행하고 있다고 진술하였으나 … 위와 같이 원고를 '대한예수교장로회 순천순광교회'에서 선정당사자 김철호로 변경함은 임의적으로 당사자를 변경하는 것으로서 허용될 수 없다고 판단한 후 위 김철호를 원고(선정당사자)로 한 제1심판결을 취소하고 '대한예수교장로회 순천순광교회'를 원고로 하여 그 청구를 기각하는 판결을 선고하였다. … 이 사건 소는 김철호 등 83명이 김철호를 선정당사자로 선정하여 제기한 것으로 보아야 할 것이고, 제1심이 이 사건 원고의 표시를 '대한예수교장로회 **순천순광교회** 대표자 담임목사 김철호'에서 '원고**(선정당사자) 김철호**'로 변경한 것은 당사자의 **동일성이 인정**되는 범위 내에서의 **당사자 표시정정**에 지나지 않는다고 할 것임에도 불구하고 **원심이** 이 사건의 원고를 '대한예수교장로회 순천순광교회'로 보고 '선정당사자 김철호'로 변경하는 것은 **임의적 당사자 변경에 해당하여 허용될 수 없다는 전제 아래** '대한예수교장로회 **순천순광교회**'에게 항소장부본을 송달한 후 그를 **원고로 취급하여** 변론을 진행하여 **판결을 선고**한 것은 **소송당사자 아닌 자를 소송당사자로** 보고 소송을 진행하여 판결을 한 것이므로 이 사건 **원고에 대하여는 항소심 판결이 아직 선고되지 않았다고 할 것**이고 …"

의칙 등에 비추어 **허용될 수 없다.**

대법원 2001. 11. 13. 선고 99두2017 판결 [청구이의]

소송에 있어서 당사자가 누구인가는 당사자능력, 당사자적격 등에 관한 문제와 직결되는 중요한 사항이므로, 사건을 심리·판결하는 **법원으로서는 직권으로 소송당사자가 누구인가를 확정**하여 심리를 진행하여야 하는 것이며, 이때 당사자가 누구인가는 소장에 기재된 표시 및 청구의 내용과 원인 사실 등 소장의 전취지를 합리적으로 해석하여 확정하여야 할 것이고, **소장에 표시된 원고에게 당사자능력이 인정되지 않는 경우**에는 소장의 전취지를 합리적으로 해석한 결과 인정되는 **올바른 당사자능력자로 그 표시를 정정하는 것은 허용**되며, 소장에 표시된 당사자가 잘못된 경우에 **당사자표시를 정정케 하는 조치**를 취함이 없이 **바로 소를 각하할 수는 없다.**

대법원 2011. 1. 27. 선고 2008다27615 판결 [소유권이전말소등기]

소송당사자가 누구인가는 소장에 기재된 표시 및 청구의 내용과 원인사실 등 소장의 전 취지를 합리적으로 해석하여 확정하여야 하고, 비록 **소장의 당사자 표시가 착오로 잘못 기재**되었음에도 소송 계속 중 **당사자표시정정이 이루어지지 않아 잘못 기재된 당사자를 표시한 본안판결이 선고·확정**된 경우라 하더라도 그 **확정판결을 당연무효라고 볼 수 없을뿐더러**, 그 **확정판결의 효력은** 잘못 기재된 당사자와 **동일성**이 인정되는 범위 내에서 위와 같이 **적법하게 확정된 당사자에 대하여 미친다**고 보아야 한다.[26]

2. 성명모용소송

대법원 1964. 3. 31. 선고 63다656 판결 [화해무효]

당사자의 **이름을 모용**하고 이루어진 결정이 확정된 경우에는 적법하게 소송관계의 기회가 부여되지 아니한 것이 될 것으로서 본조 제1항 제3호에서 **소송대리권의 흠결**을 사유로 하여 **재심**의 소를 제기할 수 있다

대법원 1964. 11. 17. 선고 64다328 판결 [가옥명도]

제3자가 피고를 참칭, 모용하여 소송을 진행한 끝에 판결이 선고되었다면 피모용자인 피고는 그 소송에 있어서 **적법히 대리되지 않는 타인에 의하여 소송절차가 진행**됨으로 말미암아 결국 소송 관여의 기회를 얻지 못하였다 할 것이니 피고는 **상소** 또는 **재심**의 소를 제기하여 그 판결의 취소를 구할 수 있다.[27]

대법원 1995. 5. 9. 선고 94다41010 판결 [소유권이전등기말소]

제소자가 **상대방의 주소를 허위로 기재**함으로써 그 **허위주소로 소송서류가 송달**되어 그로 인하

---

26 임야 소유자이던 원고가 매도증서에 자신의 성명 원고(박종宣)를 소외 1(박종宜)로 잘못 기재한 사안으로서 사망자가 아닌 단순한 오기를 표시정정으로 바로잡지 못한 채 판결이 확정된 것이므로 그 확정판결의 효력이 동일성 있는 원고에게 미친다고 보았음

27 성명모용소송의 판결문이 송달되면 항소기간이 진행하므로 '항소기간 경과 후'에는 '재심'과 '추후보완항소'만이 가능한데, 본 판결은 '항소기간 경과 여부'에 따라 '상소' 또는 '재심'인 점을 설시한 것임

여 **상대방 아닌 다른 사람이 그 서류를 받아 의제자백**의 형식으로 제소자 승소의 판결이 선고되고 그 **판결정본 역시 허위의 주소로 보내어져 송달된 것으로** 처리된 경우에는 상대방에 대한 판결의 **송달은 부적법하여 무효**이므로 상대방은 **아직도 판결정본의 송달을 받지 않은 상태**에 있어 이에 대하여 **상소를 제기**할 수 있을 뿐만 아니라, 위 사위판결에 기하여 부동산에 관한 소유권이전등기나 말소등기가 경료된 경우에는 별소로서 그 등기의 말소를 구할 수도 있다.

3. 법인격부인

대법원 1995. 5. 12. 선고 93다44531 판결 [승계집행문부여]

갑 회사와 을 회사가 기업의 형태·내용이 실질적으로 동일하고, 갑 회사는 을 회사의 채무를 면탈할 목적으로 설립된 것으로서 갑 회사가 을 회사의 채권자에 대하여 을 회사와는 별개의 법인격을 가지는 회사라는 주장을 하는 것이 신의성실의 원칙에 반하거나 **법인격을 남용**하는 것으로 **인정되는 경우에도,** 권리관계의 공권적인 확정 및 그 신속·확실한 실현을 도모하기 위하여 **절차의 명확·안정**을 중시하는 **소송절차** 및 **강제집행절차**에 있어서는 그 절차의 성격상 **을 회사에 대한 판결의 기판력 및 집행력**의 범위를 **갑 회사에까지 확장하는 것은 허용되지 아니한다.**

« 사망한 사람을 당사자로 한 소송 »

1. 소제기 전 사망

가. 소제기 전 원고가 이미 사망

대법원 2016. 4. 29. 선고 2014다210449 판결 [손해배상(기)]

당사자가 사망하더라도 소송대리인의 **소송대리권은 소멸하지 아니하므로(제95조 제1호)**, 당사자가 소송대리인에게 **소송위임을 한 다음 소 제기 전에 사망**하였는데 **소송대리인이 당사자가 사망한 것을 모르고 당사자를 원고로 표시하여 소를 제기**하였다면 소의 제기는 **적법**하고, **시효중단 등 소 제기의 효력**은 **상속인들에게 귀속**된다. 이 경우 **제233조 제1항이 유추적용**되어[28] 사망한 사람의 **상속인**들은 소송절차를 **수계하여야** 한다.

당사자가 사망하였으나 **소송대리인이 있는 경우**에는 소송절차가 **중단되지 아니**하고(제238조, 제233조 제1항), **소송대리인**은 **상속인들 전원을 위하여 소송을 수행**하게 되며, **판결은 상속인들 전원에 대하여 효력**이 있다. 이 경우 **심급대리**의 원칙상 **판결정본이 소송대리인에게 송달되면** 소송절차가 **중단**되므로 항소는 소송수계절차를 밟은 다음에 제기하는 것이 원칙이다. 다만 **제1심 소송대리인**이 **상소제기**에 관한 **특별수권**이 있어 **상소를 제기**하였다면 **상소제기 시부터** 소송

28 엄밀히 '소송계속 중 사망'으로 볼 수는 없으므로 '유추적용'을 하였음(私見)

절차가 **중단**되므로 **항소심에서 소송수계**절차를 거치면 된다.

소송절차 **중단 중**에 제기된 **상소**는 **부적법**하지만 **상소심법원에 수계신청**을 하여 **하자를 치유**시킬 수 있으므로, **상속인들에게서 항소심소송을 위임받은 소송대리인**이 **소송수계절차를 취하지 아니한 채 사망한 당사자 명의로 항소장 및 항소이유서를 제출**하였더라도, **상속인들이 항소심에서 수계신청**을 하고 소송대리인의 소송행위를 적법한 것으로 **추인**하면 **하자는 치유**되고, 추인은 **묵시적**으로도 가능하다.

대법원 2015. 8. 13. 선고 2015다209002 판결 [손해배상(기)]

소 제기 당시 이미 사망한 당사자와 **상속인**이 **공동원고로 표시**된 손해배상청구의 **소가 제기**된 경우, 이미 **사망한 당사자 명의로 제기된 소 부분**은 부적법하여 **각하되어야** 할 것일 뿐이고, 소의 제기로써 상속인이 자기 고유의 손해배상청구권뿐만 아니라 이미 사망한 당사자의 손해배상청구권에 대한 **자신의 상속분에 대해서까지 함께 권리를 행사한 것으로 볼 수는 없다.**

나. 소제기 전 피고가 이미 사망(소 제기 후 소송계속 전 사망 포함)

대법원 1969. 12. 9. 선고 69다1230 판결 [소유권이전등기말소]

이미 사망한 자를 사망한 것을 모르고 **피고로 하여 제소**하였을 경우 **사실상의 피고**는 사망자의 **상속인**이고 다만 그 **표시를 그릇한 것에 불과**하다고 해석함이 타당하다.

대법원 2015. 1. 29. 선고 2014다34041 판결 [대여금]

사망자를 피고로 하는 소제기는 원고와 피고의 **대립당사자 구조**를 요구하는 민사소송법상의 **기본원칙이 무시**된 부적법한 것으로서 **실질적 소송관계가 이루어질 수 없으므로,** 그와 같은 상태에서 **제1심판결이 선고**되었다 할지라도 **판결은 당연무효**이며, 판결에 대한 사망자인 피고의 **상속인**들에 의한 **항소**나 **소송수계신청**은 **부적법**하다. 이러한 법리는 **소제기 후 소장부본이 송달되기 전에 피고가 사망한 경우**에도 **마찬가지**로 적용된다.[29]

대법원 2014. 2. 27. 선고 2013다94312 판결 [양수금]

그런데 **이미 사망한 자를 피고로 하여 제기된 소**는 **부적법**하여 이를 **간과**한 채 **본안 판단**에 나아간 **판결은 당연무효**로서 **그 효력이 상속인에게 미치지 않고,** 채권자의 이러한 제소는 **권리자의 의무자에 대한 권리행사에 해당하지 않으므로,** 상속인을 피고로 하는 **당사자표시정정이 이루어진 경우와 같은 특별한 사정이 없는 한,** 거기에는 **애초부터 시효중단 효력이 없어** 민법 제170조 제2항이 적용되지 않는다고 봄이 타당하고, 법원이 이를 간과하여 본안에 나아가 판결을 내린 경우에도 마찬가지라고 보아야 한다.

대법원 1991. 3. 29.자 89그9 결정 [결정경정]

사망한 자를 채무자로 한 가압류신청은 **부적법**하고 위 신청에 따른 **가압류결정이 있었다 하여도 그 결정은 당연무효**라고 할 것이며, **그 효력이 상속인에게 미친다고 할 수는 없는 것**이므로 채무자 표시를 상속인으로 할 것을 이미 사망한 피상속인으로 잘못 표시하였다는 사유는 결정에 명

29 결국 판례는 '대립당사자구조'에 대해 소송계속 발생 시점까지 유지될 것을 요하는 것임

백한 오류가 있는 것이라고 할 수 없고 따라서 **결정을 경정할 사유에 해당한다 할 수 없다.**[30]

대법원 2006. 8. 24. 선고 2004다26287 판결 [채무부존재확인등·구상금]

사망한 사람을 피신청인으로 한 가압류신청은 **부적법**하고 그 신청에 따른 **가압류결정이 내려졌다고 하여도** 그 결정은 **당연 무효**로서 그 효력이 **상속인에게 미치지 않으며,** 이러한 당연 무효의 가압류는 민법 제168조 제1호에 정한 **소멸시효의 중단사유에 해당하지 않는다.**

대법원 2004. 12. 10. 선고 2004다38921 판결 [가등기말소등·소유권말소등기]

보전처분명령이 결정으로 이루어지는 경우에는 당사자대립주의는 통상의 판결절차에서와 같이 전면적이고 완전한 형태로 나타나지 않다가 보전처분에 대한 이의나 불복신청의 절차에서 비로소 분명한 형태로 나타나게 된다고 하더라도 보전소송도 민사소송절차의 일환으로서 대립당사자의 존재를 전제로 하는 것이므로, **이미 사망한 자를 채무자로 한 처분금지가처분신청**은 **부적법**하고 그 신청에 따른 **처분금지가처분결정이 있었다고 하여도 그 결정은 당연무효로서 그 효력이 상속인에게 미치지 아니한다.**

대법원 1993. 7. 27. 선고 92다48017 판결 [가처분취소]

당사자 쌍방을 소환하여 심문절차를 거치거나 변론절차를 거침이 없이 채권자 일방만의 신청에 의하여 바로 내려진 처분금지가처분결정은 **신청 당시 채무자가 생존하고 있었던 이상** 그 **결정 직전에 채무자가 사망함으로 인하여 사망한 자를 채무자로 하여 내려졌다고 하더라도** 이를 **당연무효라고 할 수 없다.**[31]

대법원 2017. 5. 17. 선고 2016다274188 판결 [전부금]

사망자를 피고로 하는 소 제기는 원고와 피고의 대립당사자 구조를 요구하는 민사소송법의 기본원칙에 반하는 것으로서 실질적 소송관계가 성립할 수 없어 **부적법**하므로, 그러한 상태에서 제1심판결이 선고되었다 할지라도 **판결**은 **당연무효**이다. **피고가 소 제기 당시에는 생존하였으나 그 후 소장부본이 송달되기 전에 사망한 경우에도 마찬가지**이다.
이러한 법리는 사망자를 채무자로 한 지급명령에 대해서도 적용된다. **사망자를 채무자로 하여 지급명령을 신청**하거나 **지급명령 신청 후 정본이 송달되기 전에 채무자가 사망**한 경우에는 **지급명령은 효력이 없다. 설령 지급명령이 상속인에게 송달되는 등으로 형식적으로 확정된 것 같은 외형이 생겼다고 하더라도** 사망자를 상대로 한 **지급명령이 상속인에 대하여 유효하게 된다고 할 수는 없다.** 그리고 회생절차폐지결정이 확정되어 효력이 발생하면 관리인의 권한은 소멸하므로, **관리인을 채무자로 한 지급명령의 발령 후 정본의 송달 전에 회생절차폐지결정이 확정된 경우**에도 채무자가 사망한 경우와 **마찬가지**로 보아야 한다.

---

30 결정 경정도 할 수 없고 결국 상속인에 대한 시효중단 효력이 발생할 여지가 없음

31 가압류나 가처분의 '신청' 당시에 채무자가 사망하지 않은 이상 그 '결정' 전에 사망한 경우에도 사망 상태로 내려진 가압류·가처분결정은 유효하고 또 시효중단 효력이 있다는 판결로서, 시효중단 효력은 상속인에 대해 미칠 것임. 이는 후술하는 것처럼 지급명령의 경우에는 그 결정문의 송달 전에 채무자가 사망한 경우에도 무효로 보는 것과 구별해야 함

대법원 2002. 4. 26. 선고 2000다30578 판결 [가처분이의]

이미 사망한 자를 채무자로 한 **처분금지가처분신청**은 **부적법**하고 그 신청에 따른 **처분금지가처분결정**이 있었다고 하여도 그 결정은 **당연무효**로서 그 효력이 **상속인에게 미치지 않는다**고 할 것이므로, 채무자의 **상속인**은 일반승계인으로서 무효인 그 가처분결정에 의하여 생긴 **외관을 제거하기 위한 방편**으로 **가처분결정에 대한 이의신청**으로써 그 **취소를 구할 수 있다.**
부동산소유권이전등기청구권 보전을 위한 가처분의 **본안소송에서 승소한 채권자**가 그 **확정판결에 기하여 소유권이전등기를 경료**하게 되면 **가처분의 목적이 달성**되어 그 가처분은 이해관계인의 신청에 따라 **집행법원의 촉탁으로 말소될 운명**에 있는 것이므로, 특별한 사정이 없는 한 가처분에 대한 이의로 그 결정의 **취소를 구할 이익이 없다.**

대법원 1992. 7. 14. 선고 92다2455 판결 [토지소유권이전등기말소]

실종선고의 효력이 발생하기 전에는 실종기간이 만료된 실종자라 하여도 소송상 당사자능력을 상실하는 것은 아니므로 **실종선고 확정 전**에는 **실종기간이 만료된 실종자를 상대로** 하여 **제기된 소도 적법**하고 실종자를 당사자로 하여 **선고된 판결도 유효**하며 그 **판결이 확정되면 기판력도 발생**한다고 할 것이고, 이처럼 판결이 유효하게 확정되어 기판력이 발생한 경우에는 그 판결이 해제조건부로 선고되었다는 등의 특별한 사정이 없는 한 그 효력이 유지되어 당사자로서는 그 판결이 재심이나 추완항소 등에 의하여 취소되지 않는 한 그 기판력에 반하는 주장을 할 수 없는 것이 원칙이라 할 것이며, 비록 **실종자를 당사자로 한 판결이 확정된 후에 실종선고가 확정되어 그 사망간주의 시점이 소 제기 전으로 소급하는 경우에도 위 판결 자체가 소급하여 당사자능력이 없는 사망한 사람을 상대로 한 판결로서 무효가 된다고는 볼 수 없다.**
실종자에 대하여 공시송달의 방법으로 소송서류가 송달된 끝에 **실종자를 피고로 하는 판결이 확정된 경우**에는 **실종자의 상속인**으로서는 **실종선고 확정 후**에 **실종자의 소송수계인**으로서 위 확정판결에 대하여 **소송행위의 추완에 의한 상소**를 하는 것이 가능하다.

2. 소송계속 뒤 변론종결 전 사망(후술)

3. 변론종결 후 판결정본 송달 전 사망

대법원 2007. 12. 14. 선고 2007다52997 판결 [소유권이전등기]

제396조에 의하면 **항소기간**은 **판결의 송달을 받은 날로부터 진행**되는 것이고, 다만 판결송달 전에도 항소를 제기할 수 있을 따름이므로, 패소 당사자가 **판결송달 전에 판결이 선고된 사실을 알았다고 하여** 그 안 날로부터 **항소기간이 진행하는 것은 아니다.** 그리고 항소제기기간은 **불변기간**이고, 이에 관한 규정은 성질상 **강행규정**이므로 그 기간 계산의 기산점이 되는 위 **판결정본의 부적법한 송달의 하자**는 이에 대한 피고의 **책문권의 포기나 상실로 인하여 치유될 수 없다.**
원고가 망인을 상대로 제기한 소송은 위 망인의 사망으로 중단되었고, 다만 **판결의 선고**는 소송절차가 **중단된 중에도 할 수 있으므로** 위 법원이 이 사건 재심대상판결을 **선고**한 것은 **적법**하다고 할 것이나, **그 소송절차는 그 판결선고와 동시에 중단**되었으므로 위 **망인에 대하여 판결정본을 공시송달**한 것은 **효력이 없고,**[32] 위 망인의 **상속인**이 그 소송절차를 **수계하여 위 판결의 정본**

32 공시송달이라서 무효인 것이 아니라 사망자에 대한 송달은 어떤 방식의 송달이든 송달 자체가 무효임

을 송달받기 전까지는 그에 대한 **항소제기기간이 진행될 수도 없으며**, 이는 위 망인의 **상속인들** 인 피고들이 위 **판결의 존재를 알고 있었다거나** 위 소송에 대한 **수계신청을 하였다는 등의 사정이 있다고** 하여 **달리 볼 것은 아니라고 할 것**이다.[33]

4. 판결정본 송달 후 사망

제2절 당사자의 자격

당사자능력

1. 당사자의 자격 개관

2. 당사자능력 서론

3. 비법인사단

대법원 1992. 7. 10. 선고 92다2431 판결 [약속어음금]

민법상의 조합과 법인격은 없으나 사단성이 인정되는 비법인사단을 구별함에 있어서는 일반적으로 그 단체성의 강약을 기준으로 판단하여야 하는바, **조합**은 2인 이상이 상호간에 금전 기타 재산 또는 노무를 출자하여 공동사업을 경영할 것을 약정하는 계약관계에 의하여 성립하므로(민법 제703조) **어느 정도 단체성**에서 오는 제약을 받게 되는 것이지만 **구성원의 개인성이 강하게 드러나는 인적 결합체**인 데 비하여 **비법인사단**은 구성원의 **개인성과는 별개로** 권리의무의 주체가 될 수 있는 **독자적 존재로서의 단체적 조직**을 가지는 특성이 있다 하겠는데 민법상 조합의 명칭을 가지고 있는 단체라 하더라도 고유의 **목적**을 가지고 사단적 성격을 가지는 **규약**을 만들어 이에 근거하여 의사결정기관 및 집행기관인 대표자를 두는 등의 **조직**을 갖추고 있고, 기관의 의결이나 업무집행방법이 **다수결**의 원칙에 의하여 행해지며, 구성원의 가입, 탈퇴 등으로 인한 변경에 관계없이 **단체** 그 자체가 존속되고, 그 조직에 의하여 대표의 방법, 총회나 이사회 등의 운영, 자본의 구성, 재산의 관리 기타 단체로서의 주요사항이 **확정**되어 있는 경우에는 **비법인사단으로서의 실체**를 가진다고 할 것이다.

33 위 판결의 원심은, 상속인들이 판결의 존재를 알면서 소송수계신청을 함으로써 중단이 해소되고 그 때부터 항소기간이 진행된다고 보아 판결이 확정되었으니 그에 대한 재심의 소가 적법하다고 판단하였으나, 대법원은 위와 같은 이유에서 판결이 확정되지 않았으므로 재심대상판결이 될 수 없다고 판시한 사례임

대법원 1994. 10. 11. 선고 94다19792 판결 [소유권이전등기말소등]

종중은 공동선조의 분묘수호와 제사 및 종중원 상호간의 친목 등을 목적으로 하는 **자연발생적**인 종족단체로서 **특별한 조직행위를 필요로 하는 것이 아니며**, 공동선조를 누구로 하느냐에 따라 종중 안에 무수한 소종중이 있을수 있으므로, 어느 종중을 특정하고 그 실체를 파악함에 있어서는 그 종중의 **공동선조**가 누구인가가 가장 중요한 기준이 된다.

대법원 2005. 9. 15. 선고 2004다44971 전원합의체 판결 [소유권말소등기]

민법 제276조 제1항은 "**총유물**의 관리 및 처분은 사원총회의 결의에 의한다.", 같은 조 제2항은 "각 사원은 정관 기타의 규약에 좇아 총유물을 사용·수익할 수 있다."라고 규정하고 있을 뿐 공유나 합유의 경우처럼 **보존행위**는 그 구성원 **각자가 할 수 있다는** 민법 제265조 단서 또는 제272조 단서와 같은 **규정을 두고 있지 아니한바**, 이는 법인 아닌 사단의 소유형태인 총유가 공유나 합유에 비하여 **단체성**이 강하고 구성원 개인들의 총유재산에 대한 지분권이 인정되지 아니하는 데에서 나온 당연한 귀결이라고 할 것이므로 **총유재산에 관한 소송**은 **법인 아닌 사단이 그 명의로** 사원총회의 결의를 거쳐 하거나 또는 그 **구성원 전원이 당사자가 되어 필수적 공동소송의 형태로** 할 수 있을 뿐 그 사단의 **구성원**은 설령 그가 사단의 **대표자**라거나 **사원총회의 결의**를 거쳤다 하더라도 그 **소송의 당사자가 될 수 없고**, 이러한 법리는 총유재산의 **보존행위**로서 소를 제기하는 경우에도 **마찬가지**라 할 것이다.

대법원 1991. 8. 27. 선고 91다16525 판결 [토지소유권이전등기말소등기]

종중은 **공동선조의 분묘수호와 제사** 그리고 **종중원 상호간의 친목** 등을 **목적**으로 하는 **자연발생적인 관습상의 종족집단체**로서 특별한 **조직행위**를 필요로 하거나 **성문의 규약**을 **필요로 하는 것이 아니고** 그 **공동선조의 후손은 성년이 되면**[34] **당연히 그 구성원(종원)이 되는 것**이며, 종중의 규약이나 관습에 따라 선출된 **대표자** 등에 의하여 대표되는 정도로 **조직**을 갖추고 **지속적인 활동**을 하고 있다면 **비법인사단**으로서의 **단체성**이 인정되는 것이다.

대법원 2005. 7. 21. 선고 2002다13850 전원합의체판결 [종중회원확인등]

종중 구성원의 자격을 성년 남자만으로 제한하는 종래의 관습법은 이제 더 이상 법적 효력을 가질 수 없게 되었다. 종중이란 공동선조의 분묘수호와 제사 및 종원 상호간의 친목 등을 목적으로 하여 구성되는 자연발생적인 종족집단이므로, 종중의 이러한 목적과 본질에 비추어 볼 때 **공동선조와 성과 본을 같이 하는 후손은 성별의 구별 없이 성년이 되면 당연히 그 구성원이 된다**고 보는 것이 **조리**에 합당하다.

대법원 2010. 4. 29. 선고 2010다1166 판결 [소유권이전등기]

종중에 유사한 비법인사단은 반드시 총회를 열어 성문화된 규약을 만들고 정식의 조직체계를 갖추어야만 비로소 단체로서 성립하는 것이 아니라, 실질적으로 **공동의 목적**을 달성하기 위하여 **공동의 재산**을 형성하고 **일을 주도하는 사람**을 중심으로 **계속적으로 사회적인 활동**을 하여 온 경우에는 이미 그 무렵부터 **단체로서의 실체**가 존재한다고 보아야 한다.

---

34 위 판결은 '후손 중 성년 이상의 남성'이라고 되어 있었으나 이어지는 2002다13850 전원합의체 판결로 변경된 부분의 취지를 반영하여 기재하였음

대법원 2020. 10. 15. 선고 2020다232846 판결 [총회결의무효확인등]

당사자능력은 소송요건에 관한 것으로서 그 청구의 당부와는 별개의 문제인 것이며, 소송요건은 사실심의 변론종결 시에 갖추어져 있으면 되는 것이므로, **고유 의미의 종중** 또는 종중 유사의 권리능력 없는 단체(이하 '**종중 유사단체**'라고 한다)가 **비법인사단으로서의 실체**를 갖추고 당사자로서의 능력이 있는지 여부는 사실심인 원심의 **변론종결 시를 기준으로** 하여 그 존부를 판단하여야 한다.

대법원 2020. 12. 24. 선고 2015다222920 판결 [건물철거 등]

사찰이란 불교교의를 선포하고 불교의식을 행하기 위한 시설을 갖춘 승려, 신도의 조직인 단체로서 독립한 사찰로서의 실체를 가지기 위해서는 **물적 요소**인 불당 등의 사찰재산이 있고, **인적 요소**인 주지를 비롯한 승려와 상당수의 신도가 존재하며, 단체로서의 **규약**을 가지고 사찰이 그 자체 생명력을 가지고 **사회적 활동**을 할 것을 필요로 한다.

법인격 없는 사단이나 재단으로서 권리의무의 주체가 되는 독립한 **사찰**은 **독자적**으로 존속할 수도 있지만 종교적 이념이나 교리 또는 종교적 이해관계를 같이하는 사람과 단체로 구성된 **상위 종단에 소속**되어 존속하기도 하는데, **사찰의 종단소속관계는 사법상 계약의 영역**으로서 사찰이 특정 종단에 소속하려면 이에 관한 사찰과 특정 종단 사이의 합의가 전제되어야 한다. 또한 사찰이 특정 종단과 종단소속에 관한 합의를 하게 되면 그때부터는 그 종단의 소속 사찰이 되어 종단의 종헌이나 종법을 사찰의 자치법규로 삼아 따라야 하고 사찰의 주지임면권도 종단에 귀속되는 등 사찰 자체의 지위나 권한에 중대한 변화를 가져오게 되므로 어느 사찰이 특정 종단에 가입하거나 **소속 종단을 변경**하기 위해서는 **사찰 자체의 자율적인 의사결정**이 기본적인 전제가 되어야 한다. 한편 사찰의 자율적인 의사결정 방법은 사찰의 법적 성격이 법인격 없는 사단인지 아니면 법인격 없는 재단인지에 따라 달라질 수 있겠지만 적어도 사찰 자체의 **규약**에서 정하는 방법에 따라야 할 것이다.[35]

---

35 "어느 종단에 소속하는지 불분명한 사찰이 구 불교재산관리법(1987. 11. 28. 법률 제3974호 전통사찰보존법 부칙 제2조로 폐지, 이하 같다)에 따라 특정 종단의 소속임을 밝히면서 사찰 등록신청을 하였고 관할관청의 요건흠결 심사를 거쳐 등록이 되었다면 특별한 사정이 없는 한 특정 종단의 소속 사찰로 인정할 수 있다. 구 불교재산관리법에 따라 등록신청을 하는 사찰이 관할관청에 소속 종단에 관한 사항을 제출하는 것은 해당 사찰이 **자율적인 의사결정**을 거쳐 자신이 속하기로 한 특정 종단과 종단소속관계의 합의를 하였음을 대외적으로 밝히는 의사표시로 볼 수 있기 때문이다. 그렇지만 사찰이 권리의무의 주체로 되는 데 구 불교재산관리법에 따른 관할관청에의 **등록이 반드시 그 요건이 되는 것은 아니고**, 구 불교재산관리법에 따른 관할관청에의 등록 자체로 인하여 사찰의 민사상 권리 또는 법률관계에 변동을 가져오거나 사찰의 실체를 좌우하는 것도 아니다. 어느 사찰이 특정 종단에 소속되었다는 내용으로 관할관청에 등록되었더라도 사찰이 자율적인 의사결정을 거쳐 등록 내용대로 종단과 종단소속관계를 합의한 것이 아니라고 볼만한 사정이 다수 밝혀진 경우에는 사찰의 자율적인 의사에 따라 결정한 종단소속관계가 무엇인지를 정확히 파악하여 이를 인정하여야 하고, 구 불교재산관리법에 따른 관할관청에의 등록 내용만으로 그 사찰의 종단소속관계를 섣불리 단정하여서는 안 된다."

4. 당사자능력의 조사, 흠결의 효과

5. 민법상 조합의 소송수행방안

대법원 1984. 2. 14. 선고 83다카1815 판결 [소유권이전등기등]

임의적 소송신탁은 탈법적인 방법에 의한 것이 아닌 한 극히 제한적인 경우에 **합리적인 필요**가 있다고 인정될 수 있는 것인바, **민법상의 조합**에 있어서 조합규약이나 조합결의에 의하여 자기 이름으로 조합재산을 관리하고 대외적 업무를 집행할 권한을 수여받은 **업무집행 조합원**은 **조합재산에 관한 소송**에 관하여 **조합원으로부터 임의적 소송신탁을 받아 자기 이름으로** 소송을 수행하는 것이 허용된다고 할 것이다.

« 당사자적격 »

1. 당사자적격 서론

2. 이행의 소와 당사자적격

가. 원칙

대법원 1989. 7. 25. 선고 88다카26499 판결

급부의 소에 있어서는 원고의 **청구 자체로서 당사자적격이 판가름**되고 그 판단은 **청구의 당부의 판단에 흡수**되는 것이므로 **자기의 급부청구권을 주장하는 자가 정당한 원고**이고 **의무자로 주장된 자가 정당한 피고**이다.

대법원 2005. 10. 7. 선고 2003다44387 판결

이행의 소에서 **당사자적격**은 소송물인 **이행청구권이 자신에게 있음을 주장하는 자에게** 있는 것이고, **실제로 이행청구권이 존재하는지 여부는 본안심리를 거쳐서 판명**되어야 할 사항이다.

나. 예외

대법원 1995. 5. 26. 선고 95다7550 판결 [원인무효에의한근저당권설정등기말소등]

근저당권의 양도에 의한 부기등기는 기존의 근저당권설정등기에 의한 **권리의 승계를 등기부상 명시하는 것뿐**으로, 그 등기에 의하여 **새로운 권리가 생기는 것이 아닌 만큼** 근저당권설정등기의 **말소등기청구는 양수인만을 상대로** 하면 족하고, **양도인은** 그 말소등기청구에 있어서 **피고적격이 없다.**

대법원 2000. 4. 11. 선고 99다23888 판결 [채권양수금]

채권에 대한 **압류 및 추심명령**이 있으면 제3채무자에 대한 **이행의 소는 추심채권자만**이 제기할 수 있고 **채무자**는 피압류채권에 대한 이행소송을 제기할 **당사자적격을 상실**한다.

대법원 2009. 11. 12. 선고 2009다48879 판결 [양수금]

채권에 대한 압류 및 추심명령이 있으면 제3채무자에 대한 이행의 소는 추심채권자만이 제기할 수 있고 채무자는 피압류채권에 대한 이행소송을 제기할 당사자적격을 상실한다. **그러나** 채권자는 **현금화절차가 끝나기 전까지 압류명령의 신청을 취하**할 수 있고, 이 경우 **채권자의 추심권도 당연히 소멸**하게 되며, **추심금청구소송을 제기하여 확정판결을 받은 경우라도** 그 집행에 의한 변제를 받기 전에 압류명령의 신청을 취하하여 추심권이 소멸하면 **추심권능과 소송수행권이 모두 채무자에게 복귀**하며, 이는 국가가 국세징수법에 의한 체납처분으로 채무자의 제3채무자에 대한 채권을 압류하였다가 압류를 해제한 경우에도 마찬가지이다.

대법원 1969. 3. 18. 선고 68다1617 판결 [저당권회복등기]

불법하게 말소된 것을 이유로 한 **근저당권설정등기 회복등기청구**는 그 **등기말소 당시의 소유자를 상대로** 하여야 한다.

대법원 1994. 2. 25. 선고 93다39225 판결 [소유권이전등기말소]

등기의무자, 즉 **등기부상의 형식상 그 등기에 의하여 권리를 상실하거나 기타 불이익을 받을 자(등기명의인이거나 그 포괄승계인)**가 **아닌 자를 상대로 한 등기의 말소절차이행**을 구하는 소는 **당사자적격이 없는 자**를 상대로 한 **부적법**한 소이다.

대법원 1990. 5. 8. 선고 90다684 판결 [소유권이전등기말소]

등기부상 진실한 소유자의 소유권에 방해가 되는 **불실등기**가 존재하는 경우에 그 **등기명의인이 허무인**인 때에는 소유자는 그와 같은 허무인 명의로 **등기행위를 한 자에 대하여** 소유권에 기한 방해배제로서 등기행위자를 표상하는 **허무인 명의등기의 말소를 구할 수 있다**.

대법원 2019. 5. 30. 선고 2015다47105 판결 [소유권이전등기말소등기등]

등기명의인 **표시변경(경정)의 등기**는 등기명의인의 동일성이 유지되는 범위 내에서 등기부상의 표시를 실제와 합치시키기 위하여 행하여지는 것에 불과할 뿐 어떠한 **권리변동을 가져오는 것이 아니므로** 등기가 잘못된 경우에도 등기명의인은 다시 소정의 서면을 갖추어 경정등기를 하면 되는 것이고 따라서 거기에는 **등기의무자의 관념이 있을 수 없다**.

대법원 2015. 12. 10. 선고 2014다87878 판결 [대여금등]

부동산등기법 제52조 단서 제5호는 "등기상 이해관계 있는 제3자의 승낙이 없는 경우에는 권리의 변경이나 경정의 등기를 부기등기로 할 수 없다."라고 규정하고 있는데, 이때 **등기상 이해관계 있는 제3자**란 기존 등기에 권리변경등기나 경정**등기를 허용함으로써 손해를 입게 될 위험성이 있는 등기명의인**을 의미하고, 손해를 입게 될 위험성은 **등기의 형식에 의하여 판단**하며 실질적으로 손해를 입을 염려가 있는지는 고려의 대상이 되지 아니한다.

따라서 **등기명의인이 아닌 사람은 권리변경등기나 경정등기에 관하여 등기상 이해관계 있는 제**

3자에 해당하지 않음이 명백하고, 권리변경등기나 경정등기를 부기등기로 하기 위하여 등기명의인이 아닌 사람의 승낙을 받아야 할 필요는 없으므로, 등기명의인이 아닌 사람을 상대로 권리변경등기나 경정등기에 대한 **승낙의 의사표시를 청구하는 소는 당사자적격이 없는 사람을 상대로 한 부적법**한 소이다.[36]

대법원 2004. 2. 27. 선고 2003다35567 판결 [근저당권설정등기말소등]

말소회복등기와 양립할 수 없는 등기는 **회복의 전제**로서 **말소의 대상**이 될 뿐이고, 그 등기명의인은 **부동산등기법 제59조**[37] **소정의 등기상 이해관계 있는 제3자라고 볼 수 없으므로** 그 등기명의인을 상대로 말소회복등기에 대한 **승낙의 의사표시를 구하는 청구는 당사자적격이 없는 자에 대한 청구로서 부적법**하다.

말소회복등기절차에 있어서 등기상 이해관계 있는 제3자가 있어 그의 승낙이 필요한 경우라고 하더라도, 그 제3자가 등기권리자에 대한 관계에 있어 그 **승낙을 하여야 할 실체법상의 의무**가 있는 경우가 아니면, 그 승낙요구에 응하여야 할 이유가 없다.[38]

대법원 2019. 5. 16. 선고 2015다253573 판결 [소유권말소등기]

부동산 강제경매개시결정 기입등기는 채권자나 채무자가 직접 등기공무원에게 이를 신청하여 행할 수는 없고 **반드시 법원의 촉탁**에 의하여 행하여지는데, 이와 같이 **당사자가 신청할 수 없는 강제경매개시결정 기입등기**가 **법원의 촉탁에 의하여 말소된 경우**에는 그 **회복등기도 법원의 촉탁에 의하여 행하여져야** 하므로, 이 경우 강제경매 신청채권자가 말소된 강제경매개시결정 기입등기의 **회복등기절차의 이행을 소구할 이익은 없고**, 다만 강제경매개시결정 기입등기가 **말소될 당시 그 부동산에 관하여 소유권이전등기를 경료하고 있는 사람**은 법원이 강제경매개시결정 기입등기의 **회복을 촉탁함에 있어서 등기상 이해관계가 있는 제3자**에 해당하므로, **강제경매 신청채권자로서는 그 사람을 상대로 하여 법원의 촉탁에 의한 강제경매개시결정 기입등기의 회복절차에 대한 승낙청구의 소를 제기**할 수는 있다.[39]

---

36 변경등기청구 혹은 경정등기청구는 소의 이익이 없어서 존재하지 않는 소송이지만, 변경·경정등기에 대한 승낙을 구하는 소는 허용되므로 주의(다만 사안은 피고적격이 없어서 각하됨)

37 현행법 규정으로 수정함(본서는 다른 판결에서도 이러한 원칙을 따랐음)

38 지상권·저당권등기가 있던 B가 소유자 A의 기망으로 각 설정계약을 해지하고 등기 말소 → 기망을 이유로 민법 110조 1항에 의해 설정계약 '해지'를 취소하고 ① 소유자 A를 상대로 말소회복등기 청구, ② 말소된 후 지상권·저당권 등기를 새로 마친 C를 상대로 위 회복등기에 대한 승낙청구 → 승낙청구 중 C가 지상권자로서(as) 지상권 등기회복에 관하여(about) 승낙 구한 것은 "각하" ∵ 회복등기와 양립할 수 없어 말소 대상일 뿐 회복등기에 등기상 이해관계 있는 제3자 아님, 그러나 나머지 승낙청구인 저당권자로서(as) 저당권·지상권 등기회복에 관하여(about), 지상권자로서(as) 저당권 등기회복에 관하여(about) 각 승낙을 구한 것은 적법 → 다만 C가 기망 사실에 선의라면(C의 악의를 입증하지 못하는 한) 민법 110조 3항 선의의 제3자로 보호되어 실체법상 승낙의무 없어서 "기각"

만일 사안과 달리 C가 기망에 악의였다거나 애초 기망에 의한 해지로 말소한 것이 아니라 단순히 등기 "위조"로 말소했다면 위 나머지 승낙청구는 "인용" ∵ C는 실체법상 승낙을 할 의무 있음

39 갑 명의로 소유권보존등기가 되어 있던 부동산 지분에 관하여 위조된 갑과 을 명의의 매매예약계약서로 매매예약을 원인으로 하는 을 명의의 지분전부이전청구권가등기가 마쳐진 상태에서 병이 갑의 채권자로서 강제경매개시신청을 하여 위 지분에 관한 강제경매개시결정 기입등기가 마쳐졌는데, 그

3. 확인의 소와 당사자적격

대법원 1982. 9. 14. 선고 80다2425 전원합의체 판결 [임시주주총회결의무효확인]

주주총회결의 취소와 결의무효확인판결은 **대세적 효력**이 있으므로 그와 같은 소송의 **피고가 될 수 있는 자**는 그 성질상 **회사로 한정**된다. 주식회사의 이사회결의는 회사의 의사결정이고 회사는 그 결의의 효력에 관한 분쟁의 실질적인 주체라 할 것이므로 그 효력을 다투는 사람이 **회사를 상대로 하여 그 결의의 무효확인을 소구할 수 있다** 할 것이나, 그 이사회결의에 참여한 이사들은 그 이사회의 구성원에 불과하므로 특별한 사정이 없는 한 **이사 개인을 상대로 하여 그 결의의 무효확인을 소구할 이익은 없다.**

대법원 1972. 1. 31. 선고 71다2351 판결 [직무집행정지등가처분]

임시의 지위를 정하는 가처분인 청산인 **직무집행 정지 및 직무대행자 선임 가처분**에 있어서는 신청인의 주장 자체에 의하여 신청인과 저촉되는 지위에 있는 **청산인을 피신청인으로 하여야** 하고, **회사는 피신청인의 적격이 없다.**

4. 제3자 소송담당

대법원 1984. 2. 14. 선고 83다카1815 판결 [소유권이전등기등]

임의적 소송신탁은 탈법적인 방법에 의한 것이 아닌 한 **극히 제한적인 경우**에 **합리적인 필요**가 있다고 인정될 수 있는 것인바, **민법상의 조합**에 있어서 조합규약이나 조합결의에 의하여 자기 이름으로 **조합재산을 관리**하고 **대외적 업무를 집행할 권한**을 수여받은 **업무집행 조합원**은 **조합재산에 관한 소송**에 관하여 **조합원으로부터 임의적 소송신탁**을 받아 **자기 이름으로 소송을 수행하는 것이 허용**된다고 할 것이다.

대법원 1975. 5. 13. 선고 74다1664 전원합의체 판결 [소유권이전등기말소]

채권자가 **채권자대위권**을 행사하는 방법으로 제3채무자를 상대로 소송을 제기하고 **판결**을 받은

후 을이 갑으로부터 위 지분을 매수하면서 무효인 위 가등기를 유용하기로 합의하여 위 지분에 관하여 가등기에 기한 본등기로서 매매를 원인으로 한 을 명의의 지분전부이전등기가 마쳐지고 강제경매개시결정 기입등기가 가등기에 의하여 보전되는 권리를 침해하는 등기로서 직권 말소되자, 병이 을을 상대로 강제경매개시결정 기입등기의 말소회복등기에 대한 승낙의 의사표시를 구한 사안 → 병이 무효인 가등기의 유용합의가 있기 전에 강제경매개시결정을 통해 위 지분을 압류하여 등기부상 이해관계를 가지게 되었으므로 을은 병에게 가등기의 유용합의로써 대항할 수 없고, 이에 따라 강제경매개시결정 기입등기는 가등기의 순위보전의 효력에 반하지 아니하여 직권으로 말소될 것이 아닌데도 원인 없이 말소되었으므로 강제경매개시결정 기입등기의 말소등기는 무효이며, 말소회복이 될 강제경매개시결정 기입등기와 본등기는 양립 가능하여 을은 강제경매개시결정 기입등기의 말소회복등기에 관하여 등기상 이해관계 있는 제3자로서 승낙의 의사표시를 할 의무가 있는데도, 말소회복이 될 강제경매개시결정 기입등기와 본등기는 양립할 수 없어 본등기를 먼저 말소하지 않는 한 강제경매개시결정 기입등기의 말소회복등기를 할 수 없으므로 병이 가등기 및 본등기 명의자인 을을 상대로 한 승낙청구는 당사자적격이 없는 사람에 대한 청구로서 부적법하다고 판단한 원심판결에는 말소회복등기에서 등기상 이해관계 있는 제3자의 승낙의무에 관한 법리오해의 잘못이 있다고 한 사례

경우에는 **어떠한 사유로 인하였든 적어도 채무자가 채권자 대위권에 의한 소송이 제기된 사실을 알았을 경우**에는 그 **판결의 효력은 채무자에게 미친다.**

5. 당사자적격의 조사, 흠결의 효과

« 소송능력 »

1. 소송능력 서론

2. 보정, 일시적 소송행위, 추인

3. 소송능력의 조사, 흠결의 효과

4. 기타

« 변론능력 »

대법원 2000. 10. 18.자 2000마2999 결정 [소각하]

제134조 제1항, 제2항, 제4항의 각 규정에 의하면 당사자 또는 대리인이 법원의 **변호사 선임명령을 받고도 신기일까지 변호사를 선임하지 아니한 때**에는 소가 **각하**될 수 있고, 그러한 경우 당사자는 경제적·시간적으로 많은 불이익을 입게 되므로 이러한 점을 고려하여 같은 조 제3항의 규정에 의하면 특별히 당사자 본인이 아닌 **대리인에게 진술을 금하고 변호사의 선임을 명하였을 때**에는 실질적으로 변호사 선임권한을 가진 **본인에게 그 취지를 통지**하여 그로 하여금 변호사 선임 여부를 결정할 수 있는 기회를 부여하도록 하고 있다고 보여지므로 그러한 **통지가 없는 경우**에는 변호사를 선임하지 아니하였다 하여도 소를 **각하할 수는 없다.**

선정당사자는 비록 그 소송의 **당사자**이기는 하지만 선정행위의 본질이 임의적 소송신탁에 불과하여 다른 선정자들과의 내부적 관계에서는 소송수행권을 위임받은 **소송대리인과 유사한 측면**이 있고, 나아가 선정당사자가 법원의 선임명령에 따라 변호사를 선임하기 위하여는 선정자들의 의견을 고려하지 않을 수 없는 현실적 사정을 감안하면, **선정당사자에게 변론을 금함과 아울러 변호사 선임명령을 한 경우**에도 **제134조 제3항의 규정을 유추**하여 실질적으로 변호사 선임권한을 가진 **선정자들에게 법원이 그 취지를 통지**하거나 다른 적당한 방법으로 이를 알려주어야 하고, **그러한 조치 없이는** 변호사의 선임이 이루어지지 아니하였다 하여 **곧바로 소를 각하할 수는 없다**고 봄이 상당하다.

제3절 소송상 대리인

제1관 법정대리인

« 법정대리인 »

1. 대리인 개념 구별

2. 실체법상 법정대리인

3. 소송법상 특별대리인(62조)

대법원 1984. 5. 30.자 84스12 결정 [특별대리인선임]

신분상의 법률행위는 본인의 의사결정을 존중하여 대리를 허용하지 않으나 **인지청구의 소송**에 있어서 **상대방이 의사무능력자**이기 때문에 법정대리인이 대리하지 않는 한 소송을 할 수 없는 경우에는 **법정대리인의 대리를 인정하여야** 할 것이며, 이 같은 경우에 **법정대리인이 없거나 대리권을 행할 수 없는 때**에는 당사자는 **제62조**[40]**의 규정에 의해 특별대리인을 신청**할 수 있다 할 것이다.

대법원 1974. 12. 10. 선고 74다428 판결 [소유권이전등기말소]

새로이 선임된 대표이사가 주식회사의 적법한 대표자의 자격이 없으니 당초의 대표이사가 **상법 제386조, 제389조 제3항**에 의하여 적법한 대표이사가 새로 선임되어 취임할 때까지 회사의 대표이사의 권리의무를 지므로 당해 회사는 **제62조, 제64조**에 의한 "대표자가 없거나 대표자가 대표권을 행사할 수 없는 경우"에 해당하지 않아 **특별대리인을 선임할 수 없다**.

대법원 2015. 4. 9. 선고 2013다89372 판결 [대여금]

도시 및 주거환경정비법에 따른 조합의 **이사가 자기를 위하여 조합을 상대로 소를 제기**하는 경우 그 소송에 관하여는 **감사가 조합을 대표**하므로(도시 및 주거환경정비법 제22조 제4항), 조합에 감사가 있는 때에는 조합장이 없거나 조합장이 대표권을 행사할 수 없는 사정이 있더라도 조

40 현행법 규정으로 수정하였으며 이하 동일

합은 특별한 사정이 없는 한 **제64조, 제62조**에 정한 '법인의 대표자가 없거나 대표자가 대표권을 행사할 수 없는 경우'에 **해당하지 아니하여 특별대리인을 선임할 수 없다.** 나아가 수소법원이 이를 간과하고 **특별대리인을 선임하였더라도** 특별대리인은 이사가 제기한 소에 관하여 조합을 **대표할 권한이 없다.**[41]

4. 법정대리인(법인·비법인 대표자)의 지위, 권한

5. 법정대리권의 소멸 통지(63조)

대법원 1998. 2. 19. 선고 95다52710 전원합의체 판결 [종중대표자확인]

제64조, 제63조 제1항[42]의 취지는 법인(법인 아닌 사단도 포함, 이하 같다) 대표자의 대표권이 소멸하였다고 하더라도 **당사자가 그 대표권의 소멸 사실을 알았는지의 여부, 모른 데에 과실이 있었는지의 여부를 불문**하고 그 사실의 **통지 유무**에 의하여 대표권의 소멸 여부를 **획일적으로 처리**함으로써 **소송절차의 안정과 명확**을 기하기 위함에 있으므로, 법인 대표자의 대표권이 소멸된 경우에도 그 **통지가 있을 때까지는** 다른 특별한 사정이 없는 한 소송절차상으로는 그 **대표권이 소멸되지 아니한 것으로 보아야** 하므로, 대표권 소멸 사실의 통지가 없는 상태에서 구 대표자가 한 **소취하는 유효**하고,[43] 상대방이 그 대표권 소멸 사실을 알고 있었다고 하여 이를 달리 볼 것은 아니다.

대법원 2008. 4. 18.자 2008마392 결정 [항소장각하명령에대한이의]

소송대리인이 **사임서를 법원에 제출**하였다 하더라도 **상대방에게 그 사실을 통지하지 않은 이상** 소송절차의 안정과 명확을 기하기 위하여 그 대리인의 **대리권은 여전히 존속**한다.[44]

6. 법인·비법인의 대표자(64조, 준법정대리인)

대법원 1990. 5. 11. 선고 89다카15199 판결 [회사설립무효]

피고 회사의 **이사인 원고가 피고 회사에 대하여 소를 제기함에 있어서 상법 제394조**에 의하여

41 도정법 제22조 제4항은 상법 제394조와 같은 취지이므로, 이사가 주식회사를 상대로 한 소송에서도 주식회사는 특별대리인 선임 ✕ ∵ 감사가 주식회사를 대표하므로 → 대법원도 이를 전제로 판시하고 있음

상법 제394조(이사와 회사간의 소에 관한 대표) ① 회사가 이사에 대하여 또는 이사가 회사에 대하여 소를 제기하는 경우에 감사는 그 소에 관하여 회사를 대표한다. 회사가 제403조제1항 또는 제406조의2제1항의 청구를 받은 경우에도 또한 같다.

42 현행 법령으로 수정하였고 이하 동일

43 물론 법원에 알려졌다면 소취하이므로 무효(무권대리)가 될 것임

44 "기록에 의하면 재항고인이 소송대리인의 사임서 제출 사실을 상대방에게 통지하였다고 볼 만한 자료가 없으므로 소송대리인에 대한 판결서의 송달은 적법하다고 할 것이고, 원심이 위와 같이 판결서가 송달된 날부터 2주 이내에 항소제기가 없었음을 이유로 항소장을 각하한 것은 정당하다." → 법원에 사임서는 제출되었으므로 만일 그 소송대리인이 취하 등을 하였다면 효력이 없을 것임

그 소에 관하여 회사를 대표할 권한이 있는 **감사를 대표자로 표시하지 아니하고 대표이사를 피고 회사의 대표자로 표시한 소장을 법원에 제출**하고, 법원도 이 점을 간과하여 피고 회사의 **대표이사에게 소장의 부본을 송달**한 채, 피고 회사의 **대표이사로부터 소송대리권을 위임받은 변호사들에 의하여 소송이 수행**되었다면, 이 사건 소에 관하여는 피고 회사를 대표할 권한이 대표이사에게 없기 때문에 소장이 피고에게 적법유효하게 송달되었다고 볼 수 없음은 물론 피고 회사의 대표이사가 피고를 대표하여 한 소송행위나 피고 회사의 대표이사에 대하여 원고가 한 **소송행위는 모두 무효**이다.

전항과 같은 경우에도 원고가 스스로, 또는 법원의 **보정명령**에 따라, **소장에 표시된 피고 회사의 대표자를** 이 사건 소에 관하여 피고 회사를 대표할 권한이 있는 **감사로 표시하여 소장을 정정**함으로써 그 **흠결을 보정**할 수 있고[45] 이 경우 법원은 원고의 보정에 따라 피고 회사의 **감사에게 다시 소장의 부본을 송달하여야** 되고, 소장의 송달에 의하여 소송계속의 효과가 발생하게 됨에 따라, 피고 회사의 감사가 위와 같이 무효인 종전의 소송행위를 추인하는지의 여부와는 관계없이 **법원과 원고·피고의 3자간에 소송법률관계가 유효하게 성립**한다고 보아야 할 것이다.

전항과 같은 피고 회사 대표자의 **대표권에 관한 흠결의 보정**은 **속심제**를 채택한 우리 민사소송법의 구조와 민사소송의 이념 및 **제418조** 등에 비추어 보면 항소심에서도 할 수 있는 것이다.

대법원 1993. 3. 12. 선고 92다48789 판결 [소유권이전등기말소등기]

종중 대표자의 선임은 종중의 규약이나 관례에 따르되, 그러한 것이 없을 때에는 종장 또는 문장이 종원 중 성년 이상의 남자를 소집하여 과반수 결의로 선출하는 게 일반 관례이고, 평소에 종장 또는 문장이 선임되어 있지 아니할 때에는 종원 중 연고항존자가 문장이 되어 종회를 소집하여야 하므로 이러한 **소집권한이 없는 자가 소집한 종회의 결의는 부적법하여 효력이 없다.**

종중의 대표자에게 **적법한 대표권한**이 있는지 여부가 의심스러울 때에는 법원은 이를 **직권으로도 조사**할 수 있다.

종중의 대표자를 자처하면서 소송을 제기한 자에게 적법한 **대표권이 없다는 사실이 밝혀지면** 법원은 이 사유를 들어 소를 **각하**하면 족하고 종중에 대표자 **표시정정을 촉구할 의무가 없다.**[46]

대법원 2016. 7. 7. 선고 2013다76871 판결 [소유권이전등기절차이행]

적법한 **대표자 자격이 없는** 비법인사단의 대표자가 한 **소송행위**는 후에 **대표자 자격을 적법하게 취득한 대표자**가 소송행위를 **추인**하면 행위 시에 **소급하여 효력**을 가지게 되고, 이러한 추인은 **상고심에서도 할 수 있다.**

대법원 2018. 7. 24. 선고 2018다227087 판결 [보상금지급청구]

위 법리는 비법인사단의 **총유재산에 관한 소송이 사원총회의 결의 없이 제기된 경우**에도 마찬가지이다.

---

45 그 근거는 64조, 59조 전단으로 볼 수 있음(위 판결은 참조조문에 현행 254조 재판장의 소장심사권을 기재하고 있으나, 사안은 대표자를 아예 기재하지 않은 것이 아니라 대표권이 없는 대표이사로 기재하여 이를 감사로 표시정정 하는 사안이므로 59조가 적절함)

46 종중 대표를 선임한 종중총회결의의 효력 여부가 쟁점인 사건으로서 대표권 유무가 주 쟁점으로서 충분히 심리되었으므로 심리 결과 대표권이 없다면 법원이 바로 각하판결을 하여도 위법이 없음

제2관 임의대리인

임의대리인(소송대리인)

1. 법률상 소송대리인(87조)

2. 소송위임에 의한 소송대리인(= 협의의 소송대리인)

3. 소송대리권의 범위

대법원 2007. 2. 8. 선고 2006다67893 판결 [소유권이전등기말소등]

항소의 제기에 관하여 **특별수권을 받지 아니한** 1심 소송대리인이 제기한 항소는 **무권대리인**에 의해 제기된 것으로서 **위법**하다 할 것이나, 그 당사자의 **적법한 소송대리인이 항소심에서 본안에 관하여 변론**하였다면 이로써 그 **항소제기 행위를 추인**하였다고 할 것이므로 그 항소는 당사자가 **적법**하게 제기한 것으로 된다.

대법원 1994. 3. 8. 선고 93다52105 판결 [청구이의]

소송상 화해나 청구의 **포기**에 관한 **특별수권**이 되어 있다면 특별한 사정이 없는 한 그러한 소송행위에 대한 수권만이 아니라 그러한 소송행위의 전제가 되는 **당해 소송물인 권리의 처분이나 포기에 대한 권한도 수여**되어 있다고 봄이 상당하다.

– 심급대리원칙(90조 2항 3호 참조)

대법원 1996. 4. 4.자 96마148 결정 [소송비용액확정]

소송대리권의 범위는 특별한 사정이 없는 한 **당해 심급에 한정**되므로, 상고심에서 항소심으로 파기환송된 사건이 다시 상고되었을 경우에는 항소심에서의 소송대리인은 그 소송대리권을 상실하게 되고, 이 때 환송 전의 상고심에서의 소송대리인의 대리권이 그 사건이 다시 상고심에 계속되면서 부활하게 되는 것은 아니라고 할 것이어서, 새로운 상고심은 변호사보수의소송비용산입에관한규칙의 적용에 있어서는 환송 전의 상고심과는 별개의 심급으로 보아야 한다.

대법원 1985. 5. 28. 선고 84후102 판결 [실용신안무효]

소송대리인 **甲이 대법원의 파기환송 전 항고심의 소송대리인**이었고, 대법원의 파기환송판결에 의하여 사건이 **동 항고심에 다시 계속하게** 되었다면 **위 甲에게 한** 특허청장 명의의 환송번호 및 심판관지정통지서의 **송달은 적법**하다.

대법원 2016. 7. 7. 선고 2014다1447 판결 [성공보수금]

수임인은 위임사무를 완료하여야 보수를 청구할 수 있는 것이 원칙이다(민법 제686조 제2항 참조). **항소심 사건의 소송대리인**인 변호사 또는 법무법인, 법무법인(유한), 법무조합(이하 '변호사 등'이라 한다)의 **위임사무**는 특별한 약정이 없는 한 **항소심판결이 송달된 때에 종료**되므로, 변호사 등은 항소심판결이 송달되어 위임사무가 종료되면 원칙적으로 그에 따른 **보수를 청구**할 수 있다.

그러나 항소심판결이 상고심에서 파기되고 사건이 환송되는 경우에는 사건을 환송받은 항소심 법원이 환송 전의 절차를 속행하여야 하고 **환송 전 항소심에서의 소송대리인인 변호사 등의 소송대리권이 부활**하므로, 환송 후 사건을 위임사무의 범위에서 제외하기로 약정하였다는 등의 특별한 사정이 없는 한 변호사 등은 **환송 후 항소심 사건의 소송사무까지 처리하여야만 비로소 위임사무의 종료에 따른 보수를 청구**할 수 있다.

대법원 1996. 4. 4.자 96마148 결정 [소송비용액확정]

소송대리권의 범위는 특별한 사정이 없는 한 **당해 심급에 한정**되므로, **상고심에서 항소심으로 파기환송된 사건이 다시 상고**되었을 경우에는 **항소심에서의 소송대리인은 그 소송대리권을 상실**하게 되고, 이때 **환송 전의 상고심에서의 소송대리인의 대리권**이 그 사건이 **다시 상고심에 계속되면서 부활하게 되는 것은 아니라고 할 것**이어서, **새로운 상고심**은 변호사보수의소송비용산입에관한규칙의 적용에 있어서는 환송 전의 상고심과는 **별개의 심급**으로 보아야 한다.

4. 소송대리인의 지위

대법원 2011. 9. 29.자 2011마1335 결정 [손해배상(기)]

민사소송의 당사자는 제396조 제1항에 의하여 판결정본이 송달된 날부터 2주 이내에 항소를 제기하여야 한다. 한편 당사자에게 **여러 소송대리인**이 있는 때에는 **제93조**에 의하여 **각자가 당사자를 대리**하게 되므로, 여러 사람이 공동으로 대리권을 행사하는 경우 그중 한 사람에게 송달을 하도록 한 **제180조가 적용될 여지가 없어** 법원으로서는 판결정본을 송달함에 있어 **여러 소송대리인에게 각각 송달을 하여야** 하지만, 그와 같은 경우에도 소송대리인 모두 당사자 본인을 위하여 소송서류를 송달받을 지위에 있으므로 당사자에 대한 판결정본 송달의 효력은 결국 소송대리인 중 1인에게 최초로 판결정본이 송달되었을 때 발생한다. 따라서 당사자에게 여러 소송대리인이 있는 경우 **항소기간은 소송대리인 중 1인에게 최초로 판결정본이 송달되었을 때부터 기산된다**.

5. 소송대리권의 소멸

대법원 2008. 4. 18.자 2008마392 결정 [항소장각하명령에대한이의]

소송대리인이 **사임서를 법원에 제출**하였다 하더라도 **상대방에게 그 사실을 통지하지 않은 이상** 소송절차의 안정과 명확을 기하기 위하여 그 대리인의 **대리권은 여전히 존속**한다.[47]

47 "기록에 의하면 재항고인이 소송대리인의 사임서 제출 사실을 상대방에게 통지하였다고 볼 만한 자료가 없으므로 소송대리인에 대한 판결서의 송달은 적법하다고 할 것이고, 원심이 위와 같이 판결서가 송달된 날부터 2주 이내에 항소제기가 없었음을 이유로 항소장을 각하한 것은 정당하다." → 법원에 사임서는 제출되었으므로 만일 그 소송대리인이 취하 등을 하였다면 효력이 없을 것임

제3관 무권대리인

무권대리인

1. 의의

2. 대리권의 조사, 흠결(=무권대리)의 효과

대법원 1999. 2. 24. 선고 97다38930 판결 [손해배상(기)]

소송대리권의 존부는 법원의 **직권탐지사항**으로서, 이에 대하여는 **자백간주**[48]**에 관한 규정이 적용될 여지가 없다.**[49]

대법원 2009. 12. 10. 선고 2009다22846 판결 [부동산소유권확인]

법인이 당사자인 사건에 있어서 그 법인의 대표자에게 적법한 **대표권이 있는지** 여부는 **소송 요건**에 관한 것으로서 법원의 **직권조사사항**이므로, 법원으로서는 그 판단의 기초 자료인 사실과 증거를 **직권으로 탐지할 의무까지는 없다 하더라도, 이미 제출된 자료들**에 의하여 그 대표권의 적법성에 **의심이 갈 만한 사정이 엿보인다면 상대방이 이를 구체적으로 지적하여 다투지 않더라도** 이에 관하여 **심리·조사할 의무가 있다** 할 것이고, 이는 당사자가 **비법인사단**인 경우에도 마찬가지라 할 것이다.[50]

대법원 1997. 3. 14. 선고 96다25227 판결 [소유권이전등기]

적법한 대표자 자격이 없는 비법인사단의 대표자가 한 소송행위는 **후에 대표자 자격을 적법하게 취득한 대표자가 그 소송행위를 추인**하면 행위시에 **소급하여 효력**을 갖게 되고, 이러한 추인은 **상고심에서도** 할 수 있다.[51]

대법원 2007. 2. 8. 선고 2006다67893 판결 [소유권이전등기말소등]

항소의 제기에 관하여 **특별수권을 받지 아니한** 1심 소송대리인이 제기한 항소는 **무권대리인**에

48 의제자백이라는 용어를 현재의 용어로 변경하였음

49 대법원은 법인·비법인의 '대표권'에 관하여는 직권탐지사항이 아니라고 하면서도 '소송대리권'에 관하여는 직권탐지사항이라고 판시하여, 대표권과 대리권을 거의 동일한 법적 의미로 통용하는 민사소송법의 관점에서는 논란이 있음 → 그러나 대표권이든 대리권이든 직권조사사항으로서 그 존부에 관하여는 자백·자백간주의 대상이 될 수 없다는 점에서는 동일함(상세히는 후술)

50 교회가 당사자인 소송에서 그 교회의 대표자로 표시된 사람이 단지 전도목사 또는 무임목사에 불과하여 교회를 대표할 적법한 권한이 없음에도 이에 관해 제대로 심리하지 않고 그 사람에게 대표권이 있음을 전제로 본안 판단을 한 원심판결을 파기하여 환송한 사례

51 종중 대표자 자격 없는 자가 제1, 2심에서 소송행위를 하고 상고심에서 적법하게 종중 대표자로 선임된 후 자신의 이때까지의 소송행위를 추인했다면 그의 소송행위는 모두 행위시에 소급하여 효력 O → 항소심이 대표권 없음을 이유로 각하한 판결은 위법하여 파기

의해 제기된 것으로서 **위법**하다 할 것이나, 그 당사자의 **적법한 소송대리인이 항소심에서 본안에 관하여 변론**하였다면 이로써 그 **항소제기 행위를 추인**하였다고 할 것이므로 그 항소는 당사자가 **적법**하게 제기한 것으로 된다.

대법원 2008. 8. 21. 선고 2007다79480 판결 [대표이사선임결의무효확인]

무권대리인이 행한 소송행위의 추인은 특별한 사정이 없는 한 **소송행위의 전체**를 대상으로 하여야 하고, 그 중 **일부의 소송행위만을 추인하는 것은 허용되지 아니한다.**[52]

대법원 1973. 7. 24. 선고 69다60 판결 [소유권이전등기말소]

무권대리인이 행한 소송행위의 추인은 소송행위의 **전체를 일괄하여 하여야 하는 것이나** 무권대리인이 변호사에게 위임하여 소를 제기하여서 **승소하고 상대방의 항소로 소송이 2심에 계속 중 그 소를 취하**한 일련의 소송행위 중 **소취하 행위만을 제외하고 나머지 소송행위를 추인**함은 **소송의 혼란을 일으킬 우려없고 소송경제상으로도 적절**하여 그 추인은 **유효**하다.

3. 쌍방대리 금지

대법원 1965. 3. 16. 선고 64다1691 판결 [토지인도]

독립당사자참가에 있어서는 **원고, 피고, 참가인이 서로 대립**되는 지위에 있으므로 동일인이 그 중 **양 당사자를 대리함은 허용되는 것이 아니다.**

대법원 1969. 12. 9. 선고 69다1578 판결 [건물명도]

승계참가에서 **원고가 참가인에 대한 가옥양도 사실을 인정**하고 탈퇴 신고까지 하였으되 피고의 동의가 없으므로 원고로 남아 있을 뿐이라면, 원고와 참가인이 서로 이해 대립되는 관계에 있다 할 수 없으므로, **원고 소송대리인**인 변호사가 **참가인의 소송행위를 대리**하였다고 하여 **쌍방대리 금지에 관한 법조에 저촉된다고 할 수 없다.**[53]

대법원 2003. 11. 28. 선고 2003다41791 판결 [부당이득금반환]

변호사법 제31조 제1호에서 당사자의 **일방으로부터 상의를 받아 그 수임을 승낙한 사건의 상대방이 위임하는 사건**의 경우에 변호사의 직무행위를 금지하는 이유는, 변호사가 그와 같은 사건에 관하여 직무를 행하는 것은 먼저 그 변호사를 신뢰하여 상의를 하고 사건을 위임한 당사자 일방의 신뢰를 배반하게 되고, 변호사의 품위를 실추시키게 되는 것이므로 그와 같은 사건에 있어서는 변호사가 직무를 집행할 수 없도록 금지한 것이므로, 변호사법 제31조 제1호가 적용되기 위해서는 그 변호사가 관여한 사건이 일방 당사자와 그 상대방 사이에 있어서 동일하여야 하는데, 여기서 **사건이 동일한지**의 여부는 그 **기초가 된 분쟁의 실체가 동일한지**의 여부에 의하여 결

52 무권대리인의 소송행위 중 상고제기 행위만 추인하고 그 밖의 소송행위는 추인하지 않는다는 것은 불허된다는 사안으로서, 한편 위 판결은 "일단 추인거절 의사표시 있은 이상 무권대리행위는 확정적으로 무효가 되었으므로 그 후에는 다시 추인할 수 없다."는 민법의 법리를 소송절차에도 적용하였음(이유 중)

53 해당 판결의 이유 중 설시의 문구를 다소 간명하게 수정하였음

정되어야 하는 것이므로 상반되는 이익의 범위에 따라서 개별적으로 판단되어야 하는 것이고, **소송물이 동일한지 여부나 민사사건과 형사사건 사이와 같이 그 절차가 같은 성질의 것인지 여부는 관계가 없다.**

대법원 2003. 5. 30. 선고 2003다15556 판결 [채무부존재확인]

변호사법 제31조 제1호에서는 변호사는 당사자 일방으로부터 상의를 받아 그 수임을 승낙한 사건의 상대방이 위임하는 사건에 관하여는 그 직무를 행할 수 없다고 규정하고 있고, 위 규정의 입법 취지 등에 비추어 볼 때 **동일한 변호사**가 **형사사건**에서 **피고인**을 위한 변호인으로 선임되어 변호활동을 하는 등 직무를 수행하였다가 나중에 **실질적으로 동일한 쟁점**을 포함하고 있는 **민사사건**에서 위 형사사건의 **피해자**에 해당하는 상대방 당사자를 위한 소송대리인으로서 소송행위를 하는 등 직무를 수행하는 것 역시 마찬가지로 **금지**되는 것으로 볼 것이며, 이러한 규정은 같은 법 제57조의 규정에 의하여 **법무법인에 관하여도 준용**된다고 할 것이므로, 법무법인의 구성원 변호사가 형사사건의 변호인으로 선임된 그 법무법인의 업무담당변호사로 지정되어 그 직무를 수행한 바 있었음에도, 그 이후 제기된 같은 쟁점의 민사사건에서 이번에는 위 형사사건의 피해자측에 해당하는 상대방 당사자를 위한 소송대리인으로서 직무를 수행하는 것도 금지되는 것임은 물론이고, 위 **법무법인이 해산된 이후라도 변호사 개인의 지위에서 그와 같은 민사사건을 수임하는 것 역시 마찬가지로 금지**되는 것이라고 풀이할 것이며, 비록 민사사건에서 직접적으로 업무를 담당한 변호사가 먼저 진행된 형사사건에서 피고인을 위한 **직접적인 변론에 관여를 한 바 없었다고 하더라도** 달리 볼 것은 아니라고 할 것이니, 이러한 행위들은 모두 변호사법 제31조 제1호의 수임제한규정을 위반한 것이다.

대법원 2003. 5. 30. 선고 2003다15556 판결 [채무부존재확인]

변호사법 제31조 제1호의 규정에 위반한 변호사의 소송행위에 대하여는 **상대방** 당사자가 법원에 대하여 **이의를 제기**하는 경우 그 소송행위는 **무효**이고 그러한 이의를 받은 법원으로서는 그러한 변호사의 소송관여를 더 이상 허용하여서는 아니 될 것이지만, 다만 **상대방** 당사자가 그와 같은 사실을 **알았거나 알 수 있었음에도** 불구하고 **사실심 변론종결시까지 아무런 이의를 제기하지 아니하였다면** 그 소송행위는 소송법상 **완전한 효력**이 생긴다.

4. 표현대리

대법원 1994. 2. 22. 선고 93다42047 판결 [청구이의]

공정증서가 채무명의로서 집행력을 가질 수 있도록 하는 **집행인낙 표시**는 **공증인에 대한 소송행위**로서 이러한 소송행위에는 **민법상의 표현대리 규정이 적용 또는 준용될 수 없다.**

5. 변호사대리원칙 위반의 효과

Part 2
제1심 소송절차

02

제3편 제1심의 소송절차

제1장 소송의 개시

제2절 소송요건

제1관 총설

소송요건

1. 소의 의의와 종류

대법원 2008. 12. 11. 선고 2007다69162 판결 [임대료반환]

채권자가 민법 제406조 제1항에 따라 사해행위의 취소와 원상회복을 청구하는 경우 사해행위의 취소만을 먼저 청구한 다음 원상회복을 나중에 청구할 수 있으나, 원상회복의 전제가 되는 **사해행위의 취소가 없는 이상 원상회복청구권은 인정되지 않으므로** 사해행위의 취소를 구함이 없이 **원상회복만을 구할 수는 없다.**[1]

2. 소송요건

대법원 1997. 7. 25. 선고 96다39301 판결 [손해배상(기)]

제소단계에서의 **소송대리인의 대리권 존부**는 **소송요건**으로서 법원의 **직권조사사항**이다. 직권조사사항에 관하여도 그 사실의 존부가 불명한 경우에는 입증책임의 원칙이 적용되어야 할 것인바, **본안판결을 받는다는 것 자체가 원고에게 유리**하다는 점에 비추어 직권조사사항인 소송요건에 대한 **입증책임은 원고에게** 있다.

대법원 2009. 3. 26. 선고 2007다63102 판결 [사해행위취소]

채권자취소권의 행사에 있어서 제척기간의 기산점인 채권자가 "취소원인을 안 날"이라 함은 채무자가 채권자를 해함을 알면서 사해행위를 하였다는 사실을 알게 된 날을 의미한다. 이는 단순히 채무자가 재산의 처분행위를 한 사실을 아는 것만으로는 부족하고, 구체적인 사해행위의 존재를 알고 나아가 채무자에게 사해의 의사가 있었다는 사실까지 알 것을 요한다. 한편 그 **제척기간의 도과**에 관한 **입증책임**은 채권자취소소송의 상대방에게 있다.

---

1 결국 기각판결이라는 취지임

3. 소송요건 조사의 개시, 조사의 방법

대법원 2008. 9. 25. 선고 2007다60417 판결 [손해배상(기)]

당사자적격에 관한 사항은 **소송요건**에 관한 것으로서 **사실심의 변론종결시를 기준**으로 **법원이 이를 직권으로 조사하여 판단하여야** 하고, 비록 당사자가 사실심 변론종결시까지 이에 관하여 주장하지 아니하였다고 하더라도 **상고심에서 새로이 이를 주장, 입증할 수 있다**고 할 것이다.

대법원 2009. 4. 23. 선고 2009다3234 판결 [근저당권말소]

채권자대위소송에서 대위에 의하여 보전될 채권자의 채무자에 대한 권리(**피보전채권**)가 존재하는지 여부는 **소송요건**으로서 법원의 **직권조사사항**이므로, 법원으로서는 그 판단의 기초자료인 사실과 증거를 **직권으로 탐지할 의무까지는 없다 하더라도**, 법원에 **현출된 모든 소송자료**를 통하여 살펴보아 피보전채권의 존부에 관하여 **의심할 만한 사정이 발견**되면 **직권으로 추가적인 심리·조사**를 통하여 그 존재 여부를 **확인하여야 할 의무**가 있다.

대법원 2009. 12. 10. 선고 2009다22846 판결 [부동산소유권확인]

법인이 당사자인 사건에 있어서 그 법인의 대표자에게 적법한 **대표권이 있는지** 여부는 **소송 요건**에 관한 것으로서 법원의 **직권조사사항**이므로, 법원으로서는 그 판단의 기초 자료인 사실과 증거를 **직권으로 탐지할 의무까지는 없다 하더라도, 이미 제출된 자료들**에 의하여 그 대표권의 적법성에 **의심이 갈 만한 사정이 엿보인다면 상대방이 이를 구체적으로 지적하여 다투지 않더라도** 이에 관하여 **심리·조사할 의무가 있다** 할 것이고, 이는 당사자가 **비법인사단**인 경우에도 마찬가지라 할 것이다.[2]

대법원 1971. 2. 23. 선고 70다44 판결 [소유권이전등기말소]

법인 아닌 사단 또는 재단의 존재 여부 그 대표자의 자격에 관한 사항은 **소송당사자능력** 또는 **소송능력**에 관한 사항으로서 **직권조사사항**이고 소송당사자의 자백에 구애되지 않는다.[3]

대법원 1999. 2. 24. 선고 97다38930 판결 [손해배상(기)]

소송대리권의 존부는 법원의 **직권탐지사항**으로서, 이에 대하여는 **자백간주에 관한 규정이 적용될 여지가 없다.**[4]

---

2 교회가 당사자인 소송에서 그 교회의 대표자로 표시된 사람이 단지 전도목사 또는 무임목사에 불과하여 교회를 대표할 적법한 권한이 없음에도 이에 관해 제대로 심리하지 않고 그 사람에게 대표권이 있음을 전제로 본안 판단을 한 원심판결을 파기하여 환송한 사례

3 법인 아닌 사단·재단의 실체 존재 여부는 '당사자능력'의 문제이고, 대표자의 자격 문제는 '대표권'의 문제로 볼 수 있음(판시처럼 소송능력의 문제는 아니고 誤記로 보임)

4 대법원은 법인·비법인의 '대표권'에 관하여는 직권탐지사항이 아니라고 하면서도 '소송대리권'에 관하여는 직권탐지사항이라고 판시하여, 대표권과 대리권을 거의 동일한 법적 의미로 통용하는 민사소송법의 관점에서는 논란이 있음 → 그러나 대표권이든 대리권이든 직권조사사항으로서 그 존부에 관하여는 자백·자백간주의 대상이 될 수 없다는 점에서는 동일함(상세히는 후술)

대법원 1976. 7. 13. 선고 76다983 판결 [퇴직금]

사실인 관습은 일반생활에 있어서의 일종의 경험칙에 속한다 할 것이고 경험칙은 일종의 법칙인 것이므로 **법관은 어떠한 경험칙의 유무를 판단함에 있어서는 당사자의 주장이나 입증에 구애됨이 없이 스스로 직권에 의하여 판단할 수 있다.**

대법원 1990. 4. 10. 선고 89다카20252 판결 [집행판결]

우리나라 법률상으로는 준거법으로서의 외국법의 적용 및 조사에 관하여 특별한 규정을 두고 있지 아니하나 **외국법은 법률이어서 법원이 권한으로 그 내용을 조사하여야** 하고, 그 방법에 있어서 **법원이 합리적이라고 판단하는 방법에 의하여 조사하면 충분**하고, 반드시 감정인의 감정이나 전문가의 증언 또는 국내외 공무소, 학교 등에 감정을 촉탁하거나 사실조회를 하는 등의 방법만에 의하여야 할 필요는 없다.

대법원 1983. 6. 14. 선고 80다3231 판결 [분묘이장]

법령과 같은 효력을 갖는 **관습법**은 **당사자의 주장 입증을 기다림이 없이 법원이 직권으로 이를 확정하여야** 하고 **사실인 관습**은 그 **존재를 당사자가 주장 입증하여야** 하나, 관습은 그 존부 자체도 명확하지 않을 뿐만 아니라 그 관습이 사회의 법적 확신이나 법적 인식에 의하여 법적 규범으로까지 승인되었는지의 여부를 가리기는 더욱 어려운 일이므로, **법원이 이를 알 수 없는 경우 결국은 당사자가 이를 주장·입증할 필요**가 있다.[5]

대법원 2013. 11. 28. 선고 2011다80449 판결 [낙찰자지위확인등]

특정한 권리나 법률관계에 관하여 분쟁이 있어도 제소하지 아니하기로 합의(이하 '부제소 합의'라고 한다)한 경우 이에 위배되어 제기된 소는 **권리보호의 이익**이 없고, 또한 당사자와 소송관계인은 신의에 따라 성실하게 소송을 수행하여야 한다는 **신의성실의 원칙**(제1조 제2항)에도 어긋나는 것이므로, 소가 **부제소 합의**에 **위배**되어 제기된 경우 **법원은 직권으로 소의 적법 여부를 판단**할 수 있다.[6]

대법원 1980. 1. 29. 선고 79다2066 판결 [소유권이전등기말소]

불항소 합의의 유무는 **항소의 적법요건**에 관한 것으로서 **법원의 직권조사사항**이다.

대법원 2011. 5. 13. 선고 2009다94384 판결 [소유권말소등기]

전소 확정판결의 존부는 **당사자 주장이 없더라도 법원이 직권으로 조사하여 판단**하지 않으면 안되고, 더 나아가 당사자가 확정판결의 존재를 사실심 변론종결 시까지 주장하지 아니하였더라도 **상고심에서 새로이 주장·증명할 수 있다.**[7]

---

5 관습법은 직권조사사항이자 직권탐지사항임에도 불구하고, 현실적으로 법원이 알 수 없는 경우라면 소송 현실에서는 당사자가 주장·입증할 필요성이 있을 수 있다는 정도의 매우 현실적 표현 정도로 해석됨

6 해당 판결은 부제소합의가 중대한 소송법상 효과를 발생시키는 점, 당사자에 대한 석명의무가 있다는 점 등도 판시하였음(후술)

7 '전소 확정판결의 존부'는 직권조사사항이지만, 그중 전소 '승소' 확정판결의 존부만이 소송요건의 문제이며, '패소' 확정판결의 존부는 소송요건의 문제는 아님(모순금지설)

4. 소송요건 심리의 선순위성

대법원 1990. 12. 11. 선고 88다카4727 판결 [소유권이전등기]

채권자대위소송에 있어서 대위에 의하여 보전될 **채권자의 채무자에 대한 권리가 인정되지 아니할 경우**에는 채권자 스스로 원고가 되어 채무자의 제3채무자에 대한 권리를 행사할 당사자적격이 없게 되므로 그 대위소송을 **부적법**하여 **각하**할 수밖에 없다.[8]

대법원 2011. 7. 28. 선고 2010다97044 판결 [손해배상(기)]

비법인사단의 대표자 甲에게 적법한 대표권이 있는지가 문제된 사안에서, 비법인사단의 대표자라 하여 당사자표시정정신청을 한 甲에게 **대표할 권한이 있는지에 관하여 다툼이 있다면** 원심으로서는 甲이 비법인사단의 **적법한 대표자였는지를 밝혀 보았어야** 함에도 甲을 대표자로 인정한 다음 더 나아가 **본안에 대한 판단까지 하였으니**, 이러한 원심판결에는 비법인사단의 대표권 및 직권조사사항에 관한 법리를 오해함으로써 판결에 영향을 미친 위법이 있다.

비법인사단이 총유재산에 관한 소송을 제기할 때에는 정관에 다른 정함이 있다는 등의 특별한 사정이 없는 한 **사원총회 결의**를 거쳐야 하는 것이므로, 비법인사단이 이러한 사원총회 결의 없이 그 명의로 제기한 소송은 **소송요건이 흠결**된 것으로서 부적법하다.[9]

대법원 2007. 7. 26. 선고 2006다64573 판결 [소유권이전등기]

총유재산에 관한 소송은 비법인사단이 그 명의로 사원총회의 결의를 거쳐 하거나 또는 그 구성원 전원이 당사자가 되어 필수적 공동소송의 형태로 할 수 있을 뿐이며, 비법인사단이 **사원총회의 결의 없이 제기**한 소송은 **소제기에 관한 특별수권을 결하여 부적법**하다.

5. 소송요건의 조사, 흠결의 효과

대법원 2017. 8. 18. 선고 2016두52064 판결 [기타(일반행정)]

당사자적격, 권리보호이익 등 소송요건은 **직권조사사항**으로서 **당사자가 주장하지 아니하더라도 법원이 직권으로 조사하여 판단하여야** 하고, **사실심 변론종결 이후에 소송요건이 흠결되거나 그 흠결이 치유**된 경우 **상고심에서도 이를 참작하여야** 한다.

---

8 이런 경우 피대위권리가 없다(기각사유)고 하더라도 각하판결을 하여야

9 비법인사단이 사원총회 결의를 거치지 않고 그 명의로 소송을 제기한 사안에서 직권으로 소제기에 관하여 총회 결의가 있었는지 심리·조사로 밝혔어야 하는데 심리 없이 본안 판단한 경우 위법하다는 판결 → 총회 결의 여부는 넓은 의미에서는 대표권 제한을 위반한 것이어서 대표권의 문제로 볼 수도 있지만, 엄밀히는 '특별수권'의 흠결 문제로 보아야 할 것이며(私見), 이어지는 판결도 그와 같이 보고 있음

《 공통적 소의 이익 (권리보호자격) 》

0. 개념

1. 소구할 수 있는 구체적 권리·법률관계

대법원 1994. 6. 14. 선고 93다36967 판결 [토지대장상주소보정]

토지대장상의 소유 명의자의 주소를 기입하라는 청구의 소는 그 청구취지가 특정되어 있다고 볼 수 없고, **구체적인 권리 또는 법률관계에 관한 쟁송이라고 할 수 없어** 민사소송으로 구할 수 있는 것이 아니므로 **부적법**하다.

대법원 1998. 6. 26. 선고 97다48937 판결 [소유자명의변경이행]

무허가건물대장이 건물의 물권 변동을 공시하는 법률상의 등록원부가 아니라고 하더라도 그 **건물주 명의 기재의 말소를 구하는 청구**가 **일률적으로 법률상 소의 이익이 없다고 볼 것은 아니고 개별적 사건에 있어 구체적 사정을 고려**하여 이를 판단하여야 한다.[10]

대법원 2003. 10. 24. 선고 2003다13260 판결 [근저당권변경등기]

부동산등기부의 사항란에 기재된 **근저당권설정등기의 접수일자는 등기**가 접수된 날을 나타내는 **하나의 사실기재에 불과**하고 **권리에 관한 기재가 아니므로** 그 **접수일자의 변경을 구하는 것은 구체적인 권리 또는 법률관계에 관한 쟁송이라 할 수 없고**, 또 등기의 접수일자는 실체적 권리관계와 무관한 것으로서 그 변경에 **등기권리자와 등기의무자의 관념이 있을 수 없어** 이행청구의 대상이 될 수도 없으므로, **소의 이익이 없어 부적법**하다.

대법원 1992. 8. 18. 선고 92다13875 판결 [대한민국상이군경회정관효력정지가처분]

국가유공자등 단체설립에 관한 법률의 위임에 의하여 제정된 **대한민국 상이군경회의 정관**이 위 군경회의 조직, 활동 등 단체법적 법률관계를 규율하는 내용의 것이라면 위 정관은 사단법인인 위 군경회의 **기관과 구성원에 대하여 구속력**을 가지는 법규범(**자치법규**)과 다름없다 할 것이므로, 위 **정관 전부 또는 그 일부 규정의 무효확인**을 구하는 것은 결국 **일반적, 추상적 법규의 효력을 다투는 것**일 뿐 **구체적 권리 또는 법률관계를 대상으로 하는 것이 아님이 명백**하므로, 이를 **독립한 소로써 구할 수는 없다.**

대법원 2007. 12. 27. 선고 2006다60229 판결 [건축주명의변경절차이행]

건축공사가 완료되고 소유권보존등기까지 마쳐진 건물의 경우에는 이미 허가된 내용에 따른 건

10 무허가건물 정비 보상금 지급 조례가 무허가건물대장에 등재될 경우 철거보상금 지급하도록 규정한 경우 건물 신축자를 대위하여 대장상 건물주 명의 말소청구 O

축이 더 이상 있을 수 없어 건축주명의변경이 필요 없을 뿐 아니라, **건축허가서**는 허가된 건물에 관한 **실체적 권리의 득실변경의 공시방법이 아니며 추정력도 없어** 건축주명의를 변경한다고 하더라도 그 건물의 **실체적 권리관계에 아무런 영향을 미치는 것이 아니므로** 위와 같은 건물에 관해서는 **건축주명의의 변경을 청구할 소의 이익이 없다**고 할 것이나, 건축허가에 관한 건축주명의의 변경은 **미완성의 건물**에 대하여 **건축공사를 계속**하거나 건축공사를 완료한 후 부동산등기법 등에 따른 **소유권보존등기**를 하는 데에 **필요한 것**이므로 건축 중인 건물을 **양수한 자**가 양도인을 상대로 **건축주명의변경절차의 이행을 구하는 소는 소의 이익이 있다**고 할 것이다

2. 법률상·계약상 소제기 금지사유 없을 것

대법원 1999. 3. 26. 선고 98다63988 판결 [소유권이전등기]

소극적 소송요건의 하나인 **부제소 합의**는 합의 **당사자가 처분할 권리** 있는 범위 내의 것으로서 **특정한 법률관계**에 한정될 때 허용되며, 그 **합의 시에 예상할 수 있는 상황**에 관한 것이어야 **유효**하다.

대법원 2010. 7. 15. 선고 2009다50308 판결 [부당이득금반환]

매매계약과 같은 **쌍무계약**이 급부와 반대급부와의 불균형으로 말미암아 민법 제104조에서 정하는 **'불공정한 법률행위'에 해당하여 무효**라고 한다면, 그 계약으로 인하여 불이익을 입는 당사자로 하여금 위와 같은 **불공정성을 소송 등 사법적 구제수단을 통하여 주장하지 못하도록 하는 부제소합의 역시** 다른 특별한 사정이 없는 한 **무효**이다.

3. 다른 특별구제절차 없을 것

대법원 1982. 12. 14. 선고 80다1872 판결 [소유권이전등기]

법원의 가처분결정에 기하여 그 **가처분집행의 방법**으로 이루어진 **처분금지가처분등기**는 **집행법원의 가처분결정의 취소나 집행취소의 방법에 의해서만 말소**될 수 있는 것이어서 처분금지**가처분등기의 말소**를[11] **소구할 수는 없는 것**이다.

대법원 1998. 11. 27. 선고 97다41103 판결 [소유권이전등기말소]

원인무효인 소유권이전등기 명의인을 채무자로 한 **가압류등기**와 그에 **터잡은 경매신청기입등기**가 경료된 경우, 그 부동산의 **소유자는** 원인무효인 소유권이전등기의 말소를 위하여 **이해관계에 있는 제3자인 가압류채권자를 상대로** 하여 **원인무효 등기의 말소에 대한 승낙을 청구**할 수 있고, 그 **승낙**이나 이에 **갈음하는 재판**이 있으면 등기공무원은 신청에 따른 원인무효 등기를 말소하면서 **직권으로 가압류등기와 경매신청기입등기를 말소하여야** 할 것인바, 소유자가 원인무효인 소유권이전등기의 말소와 함께 **가압류등기 등의 말소를 구하는 경우**, 그 청구의 취지는 소유권이전등기의 **말소에 대한 승낙을 구하는 것으로 해석할 여지**가 있다.[12]

---

11 판결요지는 '이행'으로 되어 있으나 '말소'의 오기(誤記)로 보여 수정하였음

12 가압류등기 말소를 구하면 각하 사유이지만, 법원으로서는 바로 각하할 것이 아니라 승낙을 구하는 취지인지 석명해야 한다는 판례

대법원 1994. 10. 21. 선고 94다17109 판결 [가등기말소등]

가등기이전의 부기등기는 기존의 **주등기인 가등기에 종속되어 주등기와 일체**를 이루는 것이어서 **피담보채무가 소멸**된 경우에는 **주등기인 가등기의 말소만** 구하면 되고 그 **부기등기는** 별도로 말소를 구하지 않더라도 **주등기의 말소에 따라 직권으로 말소**된다.

대법원 2005. 6. 10. 선고 2002다15412 판결 [근저당권말소]

근저당권이전의 부기등기가 기존의 **주등기인 근저당권설정등기에 종속되어 주등기와 일체**를 이룬 경우에는 **부기등기만의 말소를 따로 인정할 아무런 실익이 없지만, 근저당권의 이전원인만이 무효로 되거나 취소 또는 해제**된 경우, 즉 근저당권의 주등기 자체는 유효한 것을 전제로 이와는 별도로 근저당권이전의 **부기등기에 한하여 무효사유**가 있다는 이유로 부기등기만의 효력을 다투는 경우에는 그 **부기등기의 말소를 소구할 필요**가 있으므로 **예외적으로 소의 이익**이 있다.

대법원 1995. 5. 26. 선고 95다6878 판결 [가등기말소회복]

가등기에 기한 소유권이전의 본등기가 경료됨으로써 **등기공무원이 직권으로 가등기 후에 경료된 제3자의 등기를 말소**한 경우 그 후에 그 **가등기에 기한 본등기가 원인무효 등의 사유로 말소된 때**에는 결국 그 제3자의 등기는 말소하지 아니할 것을 말소한 결과가 되므로 **등기공무원은 직권으로 그 말소등기의 회복등기를 하여야** 하는 것이고, 따라서 **그 회복등기를 소구할 이익이 없다.**

4. 동일청구에 대한 승소확정판결이 없을 것

대법원 1998. 5. 15. 선고 97다57658 판결 [소유권이전등기등]

소송물이 동일한 경우라도 **판결 내용이 특정되지 아니하여 집행을 할 수 없는 경우**에는 **다시 소송을 제기할 권리보호의 이익**이 있다.

대법원 2018. 7. 19. 선고 2018다22008 전원합의체 판결 [구상금]

확정된 승소판결에는 **기판력**이 있으므로, 승소 확정판결을 받은 당사자가 그 상대방을 상대로 다시 승소 확정판결의 전소와 **동일한 청구의 소를 제기**하는 경우 그 후소는 **권리보호의 이익이 없어 부적법**하다. **하지만 예외적으로** 확정판결에 의한 채권의 **소멸시효기간인 10년의 경과가 임박한 경우**에는 그 **시효중단을 위한 소는 소의 이익**이 있다.

나아가 이러한 경우에 후소의 판결이 전소의 승소 확정판결의 내용에 저촉되어서는 아니 되므로, **후소 법원으로서는 그 확정된 권리를 주장할 수 있는 모든 요건이 구비되어 있는지 여부에 관하여 다시 심리할 수 없다.**

대법원은 종래 확정판결에 의한 채권의 소멸시효기간인 10년의 경과가 임박한 경우에는 그 시효중단을 위한 재소는 소의 이익이 있다는 법리를 유지하여 왔다. 이러한 법리는 현재에도 여전히 타당하다. **다른 시효중단사유**인 압류·가압류나 승인 등의 경우 이를 **1회로 제한하고 있지 않음**에도 유독 재판상 청구의 경우만 1회로 제한되어야 한다고 보아야 할 합리적인 근거가 없다. 또한 확정판결에 의한 채무라 하더라도 채무자가 **파산이나 회생제도**를 통해 이로부터 전부 또는 일부 벗어날 수 있는 이상, 채권자에게는 시효중단을 위한 재소를 허용하는 것이 균형에 맞다.

대법원 2019. 1. 17. 선고 2018다24349 판결 [손해배상및매매대금반환]

확정된 승소판결에는 기판력이 있으므로 승소 확정판결을 받은 당사자가 전소의 상대방을 상대로 다시 **승소 확정판결의 전소와 동일한 청구의 소를 제기**하는 경우, 특별한 사정이 없는 한 후소는 권리보호의 이익이 없어 부적법하다. 하지만 **예외적으로** 확정판결에 의한 채권의 **소멸시효기간인 10년의 경과가 임박**한 경우에는 그 **시효중단을 위한 소는 소의 이익**이 있다.
이는 승소판결이 확정된 후 그 채권의 소멸시효기간인 10년의 경과가 임박하지 않은 상태에서 굳이 다시 동일한 소를 제기하는 것은 확정판결의 기판력에 비추어 권리보호의 이익을 인정할 수 없으나, 그 기간의 경과가 임박한 경우에는 시효중단을 위한 필요성이 있으므로 후소를 제기할 소의 이익을 인정하는 것이다.
한편 시효중단을 위한 후소의 판결은 전소의 승소 확정판결의 내용에 저촉되어서는 아니 되므로, **후소 법원으로서는 그 확정된 권리를 주장할 수 있는 모든 요건이 구비되어 있는지에 관하여 다시 심리할 수 없으나**, 위 후소 판결의 기판력은 후소의 변론종결 시를 기준으로 발생하므로, **전소의 변론종결 후에 발생한 변제, 상계, 면제 등과 같은 채권소멸사유**는 **후소의 심리대상**이 된다. 따라서 **채무자인 피고는 후소 절차에서 위와 같은 사유를 들어 항변할 수 있고 심리 결과 그 주장이 인정되면 법원은 원고의 청구를 기각하여야** 한다. 이는 채권의 소멸사유 중 하나인 **소멸시효 완성의 경우에도 마찬가지**이다.
이처럼 판결이 확정된 채권의 소멸시효기간의 경과가 임박하였는지 여부에 따라 시효중단을 위한 후소의 권리보호이익을 달리 보는 취지와 채권의 소멸시효 완성이 갖는 효과 등을 고려해 보면, 시효중단을 위한 후소를 심리하는 법원으로서는 **전소 판결이 확정된 후 소멸시효가 중단된 적이 있어 그 중단사유가 종료한 때로부터 새로이 진행된 소멸시효기간의 경과가 임박하지 않아 시효중단을 위한 재소의 이익을 인정할 수 없다는 등의 특별한 사정이 없는 한**, 후소가 **전소 판결이 확정된 후 10년이 지나 제기되었다 하더라도 곧바로 소의 이익이 없다고 하여 소를 각하해서는 아니 되고**, 채무자인 피고의 항변에 따라 원고의 채권이 소멸시효 완성으로 소멸하였는지에 관한 **본안판단을 하여야** 한다.

대법원 2018. 10. 18. 선고 2015다232316 전원합의체 판결 [소멸시효연장을위한 대여금반환청구의소]

종래 대법원은 **시효중단사유**로서 재판상의 청구에 관하여 반드시 권리 자체의 **이행청구**나 **확인청구**로 **제한하지 않을** 뿐만 아니라, 권리자가 재판상 그 권리를 주장하여 권리 위에 잠자는 것이 아님을 표명한 것으로 볼 수 있는 때에는 **널리 시효중단사유로서 재판상의 청구에 해당**하는 것으로 해석하여 왔다. 이와 같은 법리는 이미 승소 확정판결을 받은 채권자가 그 **판결상 채권의 시효중단을 위해 후소를 제기하는 경우에도 동일**하게 적용되므로, 채권자가 전소로 이행청구를 하여 승소 확정판결을 받은 후 그 채권의 시효중단을 위한 후소를 제기하는 경우, 후소의 형태로서 항상 전소와 동일한 이행청구만이 시효중단사유인 '재판상의 청구'에 해당한다고 볼 수는 없다.
시효중단을 위한 이행소송은 다양한 문제를 야기한다. 그와 같은 문제들의 근본적인 원인은 시효중단을 위한 후소의 형태로 전소와 소송물이 동일한 이행소송이 제기되면서 채권자가 실제로 **의도하지도 않은 청구권의 존부에 관한 실체 심리를 진행**하는 데에 있다. 채무자는 그와 같은 후소에서 전소 판결에 대한 **청구이의사유를 조기에 제출하도록 강요**되고 **법원은 불필요한 심리**를 해야 한다. 채무자는 **이중집행의 위험**에 노출되고, 실질적인 **채권의 관리·보전비용을 추가로 부담**하게 되며 그 금액도 매우 많은 편이다. 채권자 또한 자신이 제기한 후소의 적법성이 **10년의 경**

과가 임박하였는지 여부라는 불명확한 기준에 의해 좌우되는 불안정한 지위에 놓이게 된다.[13]
위와 같은 종래 실무의 문제점을 해결하기 위해서, 시효중단을 위한 후소로서 이행소송 외에 전소 판결로 확정된 채권의 시효를 중단시키기 위한 조치, 즉 **'재판상의 청구'가 있다는 점에 대하여만 확인을 구하는 형태의 '새로운 방식의 확인소송'이 허용**되고, 채권자는 두 가지 형태의 소송 중 자신의 상황과 필요에 보다 적합한 것을 **선택**하여 제기할 수 있다고 보아야 한다.

대법원 2020. 3. 2. 선고 2017두41771 판결 [조세채권존재확인]

조세는 국가존립의 기초인 재정의 근간으로서, 세법은 공권력 행사의 주체인 과세관청에 부과권이나 우선권 및 자력집행권 등 세액의 납부와 징수를 위한 상당한 권한을 부여하여 공익성과 공공성을 담보하고 있다. 따라서 **조세채권자는** 세법이 부여한 부과권 및 자력집행권 등에 기하여 조세채권을 실현할 수 있어 **특별한 사정이 없는 한 납세자를 상대로 소를 제기할 이익을 인정하기 어렵다.**
다만 납세의무자가 무자력이거나 소재불명이어서 체납처분 등의 자력집행권을 행사할 수 없는 등 구 국세기본법(2013. 1. 1. 법률 제11604호로 개정되기 전의 것) 제28조 제1항이 규정한 사유들에 의해서는 **조세채권의 소멸시효 중단이 불가능**하고 조세채권자가 조세채권의 징수를 위하여 **가능한 모든 조치를 충실히 취하여 왔음에도 조세채권이 실현되지 않은 채 소멸시효기간의 경과가 임박하는 등의 특별한 사정**이 있는 경우에는, 그 **시효중단을 위한 재판상 청구는 예외적으로 소의 이익이 있다**고 봄이 타당하다.
국가 등 과세주체가 당해 **확정된 조세채권의 소멸시효 중단을 위하여 납세의무자를 상대로 제기한 조세채권존재확인의 소**는 **공법상 당사자소송**에 해당한다.

5. 신의칙 위반 소제기 아닐 것

대법원 1984. 10. 23. 선고 84다카855 판결 [부당이득금]

별소에서 피고의 점유사실을 부인하고 피고의 취득시효주장을 다투던 원고가 본소에서 피고의 불법점유를 원인으로 부당이득금반환 청구를 함에 이르렀다 하여도 별소에서 원고가 시효취득 요건사실을 부인하고 반증을 제출한 것은 상대방의 시효취득주장에 대한 방어방법으로서의 진술 및 입증에 불과한 것이며, 그 소송에서 피고가 패소한 것은 피고가 그 주장사실에 대한 입증을 다하지 못한데 기인한 것이고, 또 별소에서는 피고가 이건 부동산을 1959. 3. 13부터 20년간 소유의 의사로 평온, 공연하게 점유함으로써 시효취득하였는지 여부가 그 쟁점임에 반해서 본소에서는 피고가 이건 부동산을 1972. 1. 1부터 1981. 12. 31까지 점유하고 있었는지 여부가 쟁점으로서 **두 소송의 쟁점이 서로 다른 것이라면** 본 소송이 **신의칙에 반하는 것으로서 권리보호의 이익이 없는 부적법한 것**이라고 **할 수 없다.**

13 위 판결에 따르면 새로운 방식의 확인소송은 전소확정판결 이후 시효기간 10년의 임박 여부와 상관없이 제기할 수 있고, 재판상 청구의 극히 예외적인 상황이 오지 않는 한 적법하고 인용될 것임(私見)

이행의 소 (권리보호이익)

1. 이행의 소와 권리보호이익

2. 강제집행 실행 불가능 또는 현저히 곤란

대법원 2016. 9. 30. 선고 2016다200552 판결 [사내근로복지기금출연청구]

판결절차는 분쟁의 관념적 해결절차로서 **강제집행절차와는 별도로 독자적인 존재 의의**를 갖는 것이므로 **집행이 가능한지는 이행의 소의 이익을 부정하는 절대적인 사유가 될 수 없더라도, 이행을 구하는 아무런 실익이 없어 법률상 이익이 부정되는 경우까지 소의 이익이 인정된다고 볼 수는 없다.** 특히 의사의 진술을 명하는 판결은 확정과 동시에 그러한 의사를 진술한 것으로 간주되므로(민사집행법 제263조 제1항), 의사의 진술이 간주됨으로써 어떤 법적 효과를 가지는 경우에는 소로써 구할 이익이 있지만 그러한 **의사의 진술이 있더라도 아무런 법적 효과가 발생하지 아니할 경우에는 소로써 청구할 법률상 이익이 있다고 할 수 없다.**

대법원 2022. 1. 27. 선고 2018다259565 판결 [영업권양도]

이행의 소는 **원칙적**으로 **원고가 이행청구권의 존재를 주장하는 것으로서 권리보호의 이익이 인정**되고, 이행판결을 받아도 **집행이 사실상 불가능하거나 현저히 곤란하다는 사정만으로 그 이익이 부정되는 것은 아니다.** 제3자를 위한 계약에서 제3자는 채무자(낙약자)에 대하여 계약의 이익을 받을 의사를 표시한 때에 채무자에게 직접 이행을 청구할 수 있는 권리를 취득하고(민법 제539조), 요약자는 제3자를 위한 계약의 당사자로서 원칙적으로 제3자의 권리와는 별도로 낙약자에 대하여 제3자에게 급부를 이행할 것을 요구할 수 있는 권리를 가진다. 이때 **낙약자가 요약자의 이행청구에 응하지 아니하면** 특별한 사정이 없는 한 **요약자는 낙약자에 대하여 제3자에게 급부를 이행할 것을 소로써 구할 이익이 있다.**[14]

대법원 1993. 7. 13. 선고 93다20955 판결 [소유권이전등기말소]

순차적으로 소유권이전등기가 경료된 경우 **후순위등기의 말소등기절차 이행청구가 패소확정**됨으로써 직접적으로는 그 **전순위등기의 말소등기의 실행이 불가능하게 되었다 하더라도** 그 전순위등기의 **말소를 구할 소의 이익**이 없다 할 수 없다.[15]

---

14 공중위생관리법 관련 규정 등을 종합하면 영업자 지위승계신고 과정에서 제출되는 '지위승계 증명서류'는 단순한 영업승계 사실 증명 서류만이 아닌 양도인의 폐업신고 의사표시 갈음하는 서면 성격도 함께 가지므로, 양수인의 영업자 지위승계신고 과정에 양도인 폐업신고 의사표시 관련 양도인의 협력 필요 → 원심이 '청구취지 승소판결 있더라도 관할관청에그에 따른 영업자 지위승계신고 이뤄질 수 없음을 이유로 권리보호이익 부정'한 것은 위법하다고 본 사례

15 등기 말소 집행은 불가능하지만 중간 등기명의자에 대한 말소청구가 권리보호이익이 없다는 이유로 '각하'되지는 않는다는 의미 → 다만 이 경우 만일 최종 등기명의자에 대해 패소확정된 사유가 가령 최종 명의자의 등기부 취득시효 완성(소유권 취득)이었고, 이 사실을 중간 명의자가 말소소송에 제출한다면 청구가 '기각'될 수는 있는데, 이는 소의 이익(적법성)과는 별개 문제임

대법원 2002. 4. 26. 선고 2001다59033 판결 [청구이의]

일반적으로 **채권에 대한 가압류**가 있더라도 이는 채무자가 제3채무자로부터 **현실로 급부를 추심하는 것만을 금지하는 것일 뿐 채무자는 제3채무자를 상대로 그 이행을 구하는 소송을 제기**할 수 있고 **법원은 가압류가 되어 있음을 이유로 이를 배척할 수는 없는 것**이 원칙이다. 왜냐하면 채무자로서는 제3채무자에 대한 그의 채권이 가압류되어 있다 하더라도 **집행권원**을[16] 취득할 필요가 있고 또는 **시효를 중단**할 필요도 있는 경우도 있을 것이며 또한 소송 계속 중에 가압류가 행하여진 경우에 이를 이유로 청구가 배척된다면 **장차 가압류가 취소된 후 다시 소를 제기하여야 하는 불편함**이 있는데 반하여 제3채무자로서는 이행을 명하는 판결이 있더라도 **집행단계에서 이를 저지**하면 될 것이기 때문이다.

대법원 2002. 4. 26. 선고 2001다59033 판결 [청구이의]

수표에 대한 지급금지가처분결정이 있더라도 이는 제3채무자가 가처분채무자에게 **현실로 수표금을 지급하는 것만을 금지**하는 것이므로 **가처분채무자나 그로부터 수표를 양수한 제3취득자가 수표발행인인 제3채무자를 상대로 그 이행을 구하는 소송을 제기**할 수 있고, **법원은 가처분이 되어 있음을 이유로 이를 배척할 수 없다** 할 것이다.

대법원 1992. 11. 10. 선고 92다4680 전원합의체판결 [소유권이전등기말소]

일반적으로 채권에 대한 가압류가 있더라도 이는 채무자가 제3채무자로부터 현실로 급부를 추심하는 것만을 금지하는 것이므로 채무자는 제3채무자를 상대로 그 이행을 구하는 소송을 제기할 수 있고, 법원은 가압류가 되어 있음을 이유로 이를 배척할 수 없는 것이 원칙이나, **소유권이전등기를 명하는 판결**은 **의사의 진술**을 명하는 판결로서 이것이 **확정되면 채무자는 일방적으로 이전등기를 신청**할 수 있고 **제3채무자는 이를 저지할 방법이 없으므로** 이와 같은 경우에는 **가압류의 해제를 조건으로** 하지 아니하는 한 법원은 이를 **인용**하여서는 안되고, 제3채무자가 임의로 이전등기의무를 이행하고자 한다면 민사집행법 제244조에 의하여[17] 정하여진 보관인에게 권리이전을 하여야 할 것이고, 이 경우 보관인은 채무자의 법정대리인의 지위에서 이를 수령하여 채무자 명의로 소유권이전등기를 마치면 된다.

대법원 1999. 6. 11. 선고 98다22963 판결 [손해배상(기)]

소유권이전등기청구권에 대한 **가압류**가 있으면 그 변제금지의 효력에 의하여 제3채무자는 채무자에게 임의로 이전등기를 이행하여서는 아니되는 것이나, 그와 같은 가압류는 채권에 대한 것이지 **등기청구권의 목적물인 부동산에 대한 것이 아니고**, 채무자와 제3채무자에게 **결정을 송달**

16 채무명의라고 기재된 것을 요즘의 표현에 맞게 집행권원으로 수정함

17 당시는 '민사소송법 제577조'였으나 법령 개정으로 바뀐 현행 민사집행법 제244조로 수정하였음
민사집행법 제244조(부동산청구권에 대한 압류) ① 부동산에 관한 인도청구권의 압류에 대하여는 그 부동산 소재지의 지방법원은 채권자 또는 제3채무자의 신청에 의하여 보관인을 정하고 제3채무자에 대하여 그 부동산을 보관인에게 인도할 것을 명하여야 한다. ② 부동산에 관한 권리이전청구권의 압류에 대하여는 그 부동산소재지의 지방법원은 채권자 또는 제3채무자의 신청에 의하여 보관인을 정하고 제3채무자에 대하여 그 부동산에 관한 채무자명의의 권리이전등기절차를 보관인에게 이행할 것을 명하여야 한다. ③ 제2항의 경우에 보관인은 채무자명의의 권리이전등기신청에 관하여 채무자의 대리인이 된다. ④ 채권자는 제3채무자에 대하여 제1항 또는 제2항의 명령의 이행을 구하기 위하여 법원에 추심명령을 신청할 수 있다.

하는 외에 현행법상 등기부에 이를 공시하는 방법이 없는 것으로서 **당해 채권자와 채무자 및 제3채무자 사이에만 효력**을 가지며, 제3자에 대하여는 가압류의 변제금지의 효력을 주장할 수 없으므로 **소유권이전등기청구권의 가압류**는 청구권의 목적물인 **부동산 자체의 처분을 금지하는 대물적 효력은 없다** 할 것이고, **제3채무자나 채무자로부터 이전등기를 경료한 제3자에 대하여는 취득한 등기가 원인무효라고 주장하여 말소를 청구할 수는 없는 것**이므로, **제3채무자가 가압류결정을 무시하고 이전등기를 이행**하고 **채무자가 다시 제3자에게 이전등기를 경료**하여 준 결과 **채권자에게 손해**를 입힌 때에는 **불법행위**를 구성하고 그에 따른 배상책임을 지게 된다고 할 것인데, 소유권이전등기를 명하는 판결은 의사의 진술을 명하는 판결로서 이것이 확정되면 채무자는 일방적으로 이전등기를 신청할 수 있고 제3채무자는 이를 저지할 방법이 없으므로, 소유권이전등기청구권이 가압류된 경우에는 변제금지의 효력이 미치고 있는 **제3채무자로서는 일반채권이 가압류된 경우와는 달리** 채무자 또는 그 채무자를 대위한 자로부터 제기된 **소유권이전등기 청구소송에 응소하여 그 소유권이전등기청구권이 가압류된 사실을 주장하고 자신이 송달받은 가압류결정을 제출하는 방법으로 입증하여야 할 의무가 있다**고 할 것이고, 만일 제3채무자가 **고의 또는 과실로 위 소유권이전등기 청구소송에 응소하지 아니한 결과 의제자백에 의한 판결**이 선고되어 확정됨에 따라 **채무자에게 소유권이전등기가 경료되고 다시 제3자에게 처분된 결과 채권자가 손해**를 입었다면, 이러한 경우는 제3채무자가 채무자에게 임의로 소유권이전등기를 경료하여 준 것과 마찬가지로 **불법행위**를 구성한다고 보아야 한다.[18]

3. 목적 실현되었거나 실익 없는 경우

대법원 2003. 1. 10. 선고 2002다57904 판결 [근저당권말소]

근저당권설정등기의 말소등기절차의 이행을 구하는 **소송 도중**에 그 **근저당권설정등기가 경락을 원인으로 하여 말소된 경우**에는 더 이상 근저당권설정등기의 **말소를 구할 법률상 이익이 없다.** 원고가 말소등기절차의 이행을 구하고 있는 근저당권설정등기는 **상고심 계속 중에 낙찰을 원인으로 하여 말소**되었으므로 **근저당설정등기의 말소를 구할 법률상의 이익이 없게** 되었고, 따라서 상고심 계속 중에 소의 이익이 없게 되어 부적법하게 되었다는 이유로 원심판결을 파기하고 소를 각하한 사례.[19]

18 '소유권이전등기청구권의 가압류 사실'은 당연히 본안의 항변 문제로서 법원의 직권조사사항이 아닌 것이며 이는 위 판결의 이유 중에 "그리고 소유권이전등기청구권이 가압류되어 있다는 사정은 피고측의 항변사유에 해당하는 것이고 직권조사사항은 아닌 만큼, 소유권이전등기 청구소송의 소장에 그와 같은 가압류의 존재 사실이 기재되어 있다고 하더라도 이는 선행자백에 불과하여 피고가 응소하여 그 부분을 원용하는 경우에 비로소 고려될 수 있는 것이므로, 피고가 답변서를 제출하지 아니하고 변론기일에 출석하지도 아니하여 그 사건의 원고가 주장하는 소유권이전등기청구권의 요건 사실에 관하여 의제자백의 효과가 발생한 이상 법원으로서는 전부승소의 판결을 할 것이지 단순히 가압류사실을 알게 되었다고 하더라도 가압류가 해제될 것을 조건으로 한 판결을 할 수는 없는 것이다."라고 설시한 부분에 비추어 봐도 명백함 → 위 경우에 제3채무자인 피고가 답변서를 제출하지 않았다면 법원은 무변론 원고전부승소판결 가능(이와 달리 직권조사사항으로 보아 무변론 원고승소판결이 불허된다고 본 모의시험은 출제 오류임)

19 그러나 근저당권설정계약의 사해행위취소소송 계속 중 근저당권설정등기가 경락으로 말소되었더라도 수익자로 하여금 근저당권자로서 배당받도록 하는 것이 민법 제406조 제1항 취지에 반하므로 채

대법원 1994. 6. 10. 선고 93다24810 판결 [약정금]

건물이 멸실된 경우에 멸실된 건물에 대한 **등기용지는 폐쇄될 운명**에 있으므로, 그 건물에 관하여 경료된 소유권이전등기가 원인무효로 될 사정이 있다 하여도 그 건물의 **종전의 소유자로서는 등기부상의 소유명의자에게 그 말소등기를 소구할 이익이 없다.**

대법원 1992. 3. 31. 선고 91다39184 판결 [토지소유권이전등기말소]

소유권보존등기가 되었던 **종전건물의 소유자가 이를 헐어 내고 건물을 신축한 경우**에 있어 **종전건물에 대한 멸실등기를 하고 새 건물에 대한 소유권보존등기를 하기 위하여 종전건물에 대한 소유권보존등기에 터잡아 마쳐진 원인무효의 소유권이전등기 등의 말소를 청구할 소의 이익이 있다.**[20]

대법원 2017. 12. 5. 선고 2017다237339 판결 [소유권말소등기]

취득시효 완성 후 제3자 앞으로 경료된 소유권이전등기가 원인무효인 경우 취득시효 완성을 원인으로 한 소유권이전등기청구권을 가진 자는 취득시효 완성 당시의 소유자를 대위하여 제3자 명의 등기의 말소를 구할 수 있다. 한편 **취득시효 완성을 원인으로 하는 소유권이전등기청구권을 피보전권리로 하는 부동산처분금지가처분 등기**가 마쳐진 후에 가처분채권자가 가처분채무자를 상대로 가처분의 피보전권리에 기한 소유권이전등기를 청구함과 아울러 가처분 등기 후 **가처분채무자로부터 소유권이전등기를 넘겨받은 제3자를 상대로 가처분채무자와 제3자 사이의 법률행위가 원인무효라는 사유를 들어 가처분채무자를 대위하여 제3자 명의 소유권이전등기의 말소를 청구**하는 경우, 가처분채권자가 채무자를 상대로 본안의 승소판결을 받아 확정되면 가처분에 저촉되는 처분행위의 효력을 부정할 수 있다고 하여, 그러한 사정만으로 위와 같은 제3자에 대한 청구가 **소의 이익**이 없어 부적법하다고 볼 수는 없다. **가처분채권자가 대위 행사하는 가처분채무자의 위 제3자에 대한 말소청구권은 가처분 자체의 효력과는 관련이 없을 뿐만 아니라, 가처분은 실체법상의 권리관계와 무관하게 효력이 상실될 수도 있어,** 가처분채권자의 입장에서는 **가처분의 효력을 원용하는 외에 별도로 가처분채무자를 대위하여 제3자 명의 등기의 말소를 구할 실익도 있기 때문**이다.

4. 일부청구

대법원 1989. 6. 27. 선고 87다카2478 판결 [손해배상(산)]

불법행위의 피해자가 **일부청구임을 명시하여 그 손해의 일부만을 청구**한 경우 그에 대한 판결의 **기판력**은 청구의 인용 여부에 관계없이 **청구의 범위에 한하여 미치고 잔부청구에는 미치지 않는다.**

권자는 근저당권설정계약의 취소를 구할 이익이 있다는 판례와 구별해야(97다8687 판결, 후술)

20 폐쇄등기는 현재 등기로서 효력 없고 새로운 등기사항 기록도 불가하여 폐쇄등기에 관한 등기의 말소를 구할 소의 이익은 ✕ → 그러나 현재의 등기기록에 옮겨 기록될 등기의 말소를 구할 소의 이익은 O

« 장래이행의 소 »

1. 장래이행의 소와 권리보호이익

대법원 1997. 11. 11. 선고 95누4902 판결 [환지예정지지정처분취소·손해배상]

장래에 발생할 청구권 또는 조건부 청구권에 관한 장래이행의 소가 적법하려면 그 **청구권 발생의 기초가 되는 법률상·사실상 관계가 변론종결 당시 존재**하고 **그러한 상태가 계속될 것이 예상되어야** 하며 또한 **미리 청구할 필요**가 있어야만 한다.

대법원 2000. 8. 22. 선고 2000다25576 판결 [구상금등]

장래의 이행을 청구하는 소는 **미리 청구할 필요**가 있는 경우에 한하여 제기할 수 있는바, 여기서 미리 청구할 필요가 있는 경우라 함은 이행기가 도래하지 않았거나 조건 미성취의 청구권에 있어서는 **채무자가 미리부터 채무의 존재를 다투기 때문에 이행기가 도래되거나 조건이 성취되었을 때에 임의의 이행을 기대할 수 없는 경우**를 말하고, 이행기에 이르거나 조건이 성취될 때에 채무자의 무자력으로 말미암아 **집행이 곤란해진다던가 또는 이행불능에 빠질 사정이 있다는 것만으로는 미리 청구할 필요가 있다고 할 수 없다.**[21]

2. 장래이행의 소가 문제되는 경우

대법원 1992. 8. 18. 선고 90다9452 판결 [예탁금반환,채권확인등]

채권을 양수하기는 하였으나 아직 양도인에 의한 통지 또는 채무자의 승낙이라는 대항요건을 갖추지 못하였다면 채권양수인은 현재는 채무자와 사이에 아무런 법률관계가 없어 채무자에 대하여 아무런 권리주장을 할 수 없기 때문에 채무자에 대하여 **채권양도인으로부터 양도통지를 받은 다음 채무를 이행하라는 청구는 장래이행의 소**로서의 요건을 갖추지 못하여 **부적법**하다.

대법원 1991. 12. 24. 선고 90다12243 전원합의체 판결

규제지역 내에 있는 토지에 대하여 체결된 매매계약이 처음부터 허가를 배제하거나 잠탈하는 내용의 계약이 아니라 **허가를 전제로 한 계약**이라고 보여지므로 원심이 원고의 청구 중 피고에 대하여 **토지거래허가신청절차의 이행을 구하는 부분을 인용**한 것은 정당하지만, **허가가 있을 것을 조건으로 하여 소유권이전등기절차의 이행을 구하는 부분**에 있어서는 위와 같이 **허가받기 전의 상태에서는 아무런 효력이 없어 권리의 이전 또는 설정에 관한 어떠한 이행청구도 할 수 없는 것이므로** 원심이 이 부분 청구까지도 **인용한 것은** 같은 법상의 토지거래허가와 거래계약의 효력에 관한 법리를 오해하여 판결에 영향을 미친 **위법을 저지른 것**이라 하여 이를 파기한 사례[22]

---

21 집행곤란 등은 가압류·가처분 등 보전처분의 사유

22 "국토이용관리법상의 규제구역 내의 '토지등의 거래계약'허가에 관한 관계규정의 내용과 그 입법취지에 비추어 볼 때 토지의 소유권 등 권리를 이전 또는 설정하는 내용의 거래계약은 관할 관청의 허가를 받아야만 그 효력이 발생하고 **허가를 받기 전에는 물권적 효력은 물론 채권적 효력도 발생**

대법원 1998. 7. 24. 선고 96다27988 판결 [소유권이전등기등]

학교법인이 감독청의 허가 없이 기본재산인 부동산에 관한 매매계약을 체결하는 한편 그 부동산에서 운영하던 학교를 **당국의 인가를 받아 신축교사로 이전하고 준공검사까지 마친 경우**, 위 매매계약이 감독청의 허가 없이 체결되어 아직은 효력이 없다고 하더라도 위 매매계약에 기한 **소유권이전등기절차이행청구권의 기초가 되는 법률관계는 이미 존재**한다고 볼 수 있고 **장차 감독청의 허가에 따라 그 청구권이 발생할 개연성** 또한 충분하므로, 매수인으로서는 미리 그 청구를 할 필요가 있는 한, **감독청의 허가를 조건으로 그 부동산에 관한 소유권이전등기절차의 이행을 청구할 수 있다.**

대법원 1994. 12. 9. 선고 94다42402 판결 [소유권이전등기]

농지개혁법 제19조 제2항 소정의 **소재지 관서의 증명이 농지매매의 효력발생요건**이라는 취지가 매매로 인한 **소유권이전의 효과를 발생할 수 없다는 것일 뿐** 농지매매 당사자 사이에 **채권계약으로서의 효력까지 발생하지 못한다는 것은 아니라고** 할지라도, 소재지 관서의 증명을 얻지 아니한 채 체결된 농지의 매매계약을 원인으로 하여 매수인이 매도인을 상대로 현재의 이행의 소로 무조건의 소유권이전등기절차의 이행을 청구하는 경우에는 적어도 사실심의 변론이 종결될 때까지는 소재지 관서의 증명을 얻어야만 인용될 수 있는 것이다. 이 경우 매수인은, 그 필요가 있는 한, **장래 이행의 소**로 **농지매매증명이 발급되는 것을 조건으로 미리 농지에 관한 소유권이전등기절차의 이행을 청구할 수는 있는 것**이다.

대법원 1987. 9. 22. 선고 86다카2151 판결 [손해배상]

장래의 이행을 명하는 판결을 하기 위하여는 채무의 이행기가 장래에 도래하는 것뿐만 아니라 **의무불이행사유가 그때까지 존속한다는 것을 변론종결당시에 확정적으로 예정할 수 있는 것이어야** 하며 이러한 **책임기간이 불확실**하여 변론종결당시에 확정적으로 예정할 수 없는 경우에는 **장래의 이행을 명하는 판결을 할 수 없다.**[23]

하지 아니하여 무효라고 보아야 할 것인바, 다만 허가를 받기 전의 거래계약이 처음부터 허가를 배제하거나 잠탈하는 내용의 계약일 경우에는 확정적으로 무효로서 유효화될 여지가 없으나 이와 달리 허가받을 것을 전제로 한 거래계약(허가를 배제하거나 잠탈하는 내용의 계약이 아닌 계약은 여기에 해당하는 것으로 본다)일 경우에는 허가를 받을 때까지는 법률상 미완성의 법률행위로서 소유권 등 권리의 이전 또는 설정에 관한 거래의 효력이 전혀 발생하지 않음은 위의 확정적 무효의 경우와 다를 바 없지만, 일단 **허가를 받으면 그 계약은 소급하여 유효한 계약**이 되고 이와 달리 불허가가 된 때에는 무효로 확정되므로 허가를 받기까지는 **유동적 무효**의 상태에 있다고 보는 것이 타당하므로 허가받을 것을 전제로 한 거래계약은 **허가받기 전의 상태에서는 거래계약의 채권적 효력도 전혀 발생하지 않으므로 권리의 이전 또는 설정에 관한 어떠한 내용의 이행청구도 할 수 없으나** 일단 허가를 받으면 그 계약은 소급해서 유효화되므로 허가 후에 새로이 거래계약을 체결할 필요는 없다."

23 "이 사건의 경우 이행을 명한 1990년까지라는 장래의 기간한정은 의무불이행의 사유가 그때까지 계속하여 존속한다는 보장이 성립되지 않는 불확실한 시점임을 부인할 수 없다. 그 시기 이전에 피고가 이 사건 토지를 수용하거나 도로폐쇄조치를 하여 점유사용을 그칠 수도 있고 원고가 위 토지를 계속하여 소유하지 못할 수도 있기 때문이다. 이는 가옥명도의 판결을 하면서 그 명도할 때까지 임료상당의 손해배상을 아울러 명하는 경우에 판결의 시점에서 볼 때 명도 시기가 불확정하기는 하나 장차 명도라는 사실의 실현을 예정할 수 있어 장래의 이행을 명할 수 있는 것과 그 이치가 다른 것

대법원 1991. 10. 8. 선고 91다17139 판결 [토지사용료]

토지 소유자가 市를 상대로 **"市가 위 토지를 매수할 때까지"로 기간을 정한 장래의 차임 상당 부당이득반환청구**는 장차 시가 위 토지를 매수하거나 수용하게 될는지 또는 그 시점이 언제 도래할지 불확실할 뿐만 아니라 시가 매수하거나 수용하지 아니하고 도로폐쇄조치를 하여 점유사용을 그칠 수도 있고 소유자가 위 토지를 계속하여 소유하지 못할 수도 있는 것이어서 **위 장래의 기간 한정은 의무불이행의 사유가 그 때까지 계속하여 존속한다는 보장이 성립되지 아니하는 불확실한 시점**이라 아니할 수 없을 것이므로 이에 대한 **장래의 이행을 명할 수는 없다.**

대법원 2020. 5. 21. 선고 2018다287522 전원합의체 판결 [부당이득금]

원심판결 중 **토지 인도 청구 부분이 파기되어야 하는 이상** 원고의 **부당이득금 반환 청구 중 아직 확정적으로 발생하지 않은 원심 변론종결일 다음날부터 토지 인도완료일까지 금원 지급을 명한 부분도 함께 파기되어야** 한다.[24]

대법원 2002. 6. 14. 선고 2000다37517 판결 [건물철거등]

피고의 계쟁 토지에 대한 **점유는 동시이행항변권 또는 유치권의 행사에 따른 것이어서 적법**한 것이기는 하나 피고가 토지를 그 **본래의 목적에 따라 사용·수익함으로써 실질적인 이득을 얻고 있다는 이유로 임료 상당의 금원의 부당이득을 명**하고 있는 경우, 피고가 원고에게 토지를 인도하지 아니하더라도 원심이 **이행을 명한 '인도하는 날'이전에 토지의 사용·수익을 종료할 수도 있기 때문에 의무불이행사유가 '인도하는 날까지' 존속한다는 것을 변론종결 당시에 확정적으로 예정할 수 없는 경우에 해당**한다 할 것이어서 그때까지 이행할 것을 명하는 판결을 할 수 없다고 한 사례[25]

대법원 2019. 2. 14. 선고 2015다244432 판결 [사용료]

사실심의 재판 실무에서 장래의 부당이득금의 계속적·반복적 지급을 명하는 판결의 주문에 '원고의 소유권 상실일까지'라는 표시가 광범위하게 사용되고 있다. 그러나 **'원고의 소유권 상실일까지'라는 기재는 이행판결의 주문 표시로서 바람직하지 않다.** 그 이유는 다음과 같다.
① '원고의 소유권 상실일까지'라는 기재는 집행문 부여기관, 집행문 부여 명령권자, 집행기관의 조사·판단에 맡길 수 없고, 수소법원이 판단해야 할 사항인 소유권 변동 여부를 수소법원이 아닌 다른 기관의 판단에 맡기는 형태의 주문이다.

이다. 원심은 이 점에서 장래 이행의 소에 관한 법리를 오해한 위법이 있는 것이다."

24 공유토지의 소수지분권자가 공유토지를 독점적으로 점유하는 소수지분권자를 상대로 토지인도 청구를 할 수 없다는 전원합의체 판결(변경)로서, 인도청구가 불허되는 상황으로 바뀌면서 '토지 인도완료일까지'라는 차임 상당 부당이득반환의 종기 역시 불확실한 시점으로 되었고, 이에 따라 변론종결일 다음날부터의 장래이행 청구 부분이 부적법하게 되어 토지인도 청구와 함께 파기됨 → 이러한 경우에는 '건물 철거완료일'이나 '수목 수거완료일'까지로 청구해야 타당하고, 실제로 위 판결의 환송 후 항소심에서 원고의 청구취지 변경에 따라 그와 같이 판결이 선고되어 확정되었음("선내 'ㄱ' 부분 6,342㎡ 지상에 식재된 소나무 기타 일체의 시설물의 수거완료일까지 월 194,750원의 비율로 계산한 돈을 지급하라.")

25 결국 피고의 점유가 동시이행항변권·유치권에 기한 것으로서 '적법한' 점유인 경우에는 '토지 인도완료일까지'가 아닌 '사용·수익 종료일까지'로 종기를 설정하여야 함

② '원고의 소유권 상실일까지'라는 기재는 확정된 이행판결의 집행력에 영향을 미칠 수 없는 무의미한 기재이다.
③ '원고의 소유권 상실일'은 장래의 부당이득반환의무의 '임의 이행' 여부와는 직접적인 관련이 없으므로, 이를 기재하지 않더라도 장래의 이행을 명하는 판결에 관한 법리에 어긋나지 않는다.

대법원 2018. 7. 26. 선고 2018다227551 판결 [건물인도 등]

갑이 을에게서 건물을 임차하였다가 임대차계약상 의무 위반 등을 주장하면서 임차보증금 반환 등을 구하는 소를 제기하여 **조정이 성립**하였는데, 갑이 조정 성립을 전후하여 건물에서 퇴거하면서 을이 아닌 병에게 건물의 열쇠를 건네주어 건물을 점유·사용케 하였고, 이에 **을이 갑을 상대로 조정 성립 다음 날부터 건물 인도 완료일까지 부당이득 또는 손해배상의 지급을 구한 사안**에서, **갑이 을이 아닌 병에게 건물의 열쇠를 건네주어 점유·사용케 함으로써 을은 건물을 인도받지 못하여 차임에 해당하는 손해**를 입고 있는데, **병이 갑의 양해를 얻어 건물을 점유한 이래 건물 인도를 거부**하고 있고 **갑이 여전히 을에게 건물에 대한 인도의무를 부담**하고 있는 이상, **갑의 불법행위로 인한 을의 손해는 건물을 인도받을 때까지 계속해서 발생할 것이 확정적으로 예정**되어 있다고 볼 여지가 있는데도, 병이 건물을 직접 점유하고 있어 갑의 의사와 관계없이 을의 손해 발생이 중단될 수도 있으므로 을의 손해가 계속 발생할 것이 확정적으로 예정되어 있지 않다는 이유로 원심 변론종결 다음 날부터 건물 인도 완료일까지 부당이득 또는 손해배상의 지급을 구하는 부분은 장래의 이행을 명하는 판결을 하기 위한 요건을 갖추지 못한 것으로서 **부적법하다고 본 원심판단에 법리오해의 잘못**이 있다고 한 사례.

대법원 1992. 7. 10. 선고 92다15376 판결 [가등기에기한본등기,가등기말소]

채권담보의 목적으로 부동산에 관하여 **가등기**가 경료된 경우 **채무자는 자신의 채무를 먼저 변제하여야만 비로소 그 가등기의 말소를 구할 수 있는 것**이기는 하지만, **채권자가 그 가등기가 채무담보의 목적으로 된 것임을 다툰다든지 피담보채무의 액수를 다투기 때문에 장차 채무자가 채무를 변제하더라도 채권자가 그 가등기의 말소에 협력할 것으로 기대되지 않는 경우**에는 **피담보채무의 변제를 조건으로 가등기를 말소할 것을 미리 청구할 필요가 있다** 할 것이다.

대법원 1982. 11. 23. 선고 81다393 판결 [근저당권설정등기말소등기]

원고들의 이 사건 **채무부존재확인청구**는 부동산에 의하여 담보되는 차용금채무에 대하여 원고들이 자인하는 금액을 제외한 나머지 채무의 부존재확인을 구하는 것인바, 이 같은 소극적 확인소송에 있어서 그 부존재확인을 구하는 목적인 법률관계가 **가분**하고 또 **분량적으로 그 일부만이 존재**하는 경우에는 그 청구전부를 기각할 것이 아니고 그 존재하는 법률관계의 부분에 대하여 **일부 패소의 판결**을 하여야 한다.
원고들의 이 사건 **근저당권설정등기의 말소등기절차이행청구**는 **피담보채무 중 잔존채무를 변제하는 것을 조건으로** 하여 그 담보로 경료된 위 등기의 말소등기절차이행을 구하는 것이나, 그 청구 중에는 구체적인 **잔존채무액이 원고 주장의 금액을 초과하는 경우에 그 확정된 잔존채무의 변제를 조건으로 위 등기의 말소등기절차이행을 구하는 취지가 포함**되어 있는 것으로 해석하여야 할 것이므로 이와 같은 경우에는 법원은 원고들 **청구의 일부를 배척**하여 그 **확정된 채무의 변제를 조건으로 그 등기의 말소절차이행을 명해야** 할 것이다.[26]

26 해당 판결은 변제 조건 선이행 말소청구를 일부 인용하면서 원고가 병합한 피담보채무부존재확인

대법원 1993. 11. 9. 선고 92다43128 판결 [손해배상(기)]

일반적으로 채무자가 채무의 이행기 도래 전부터 채무의 존재를 다투기 때문에 이행기가 도래하거나 조건이 성취되었을 때에 임의의 이행을 기대할 수 없는 경우에는 장래이행의 소로써 미리 청구할 필요가 인정되는데, **양도인측이 계약이 무효가 되었다고 주장하여 양수인으로부터 받은 매매대금을 변제공탁**하였다면 양도인측이 양도 부동산에 관한 **소유권이전의무의 존재를 다투고 있는 것**이므로 **양수인으로서는** 위 의무의 **이행기 도래 전에도 그 의무의 이행을 미리 청구할 필요가 있다**고 보아야 한다.

대법원 2019. 8. 29. 선고 2019다215272 판결 [구상금]

확정판결은 주문에 포함한 것에 대하여 기판력이 있고, 변론종결 시를 기준으로 이행기가 장래에 도래하는 청구권이더라도 미리 청구할 필요가 있는 경우에는 장래이행의 소를 제기할 수 있다. 따라서 이행판결의 **주문에서 변론종결 이후 기간까지의 급부의무의 이행을 명한 이상 그 확정판결의 기판력은 주문에 포함된 기간까지의 청구권의 존부에 대하여 미친다.**[27]

« 확인의 소 (권리보호이익) »

1. 확인의 소와 권리보호이익

대법원 2020. 1. 16. 선고 2019다247385 판결 [청구이의의소등]

확인의 소는 **원고의 권리 또는 법률상의 지위에 현존하는 불안·위험**이 있고, **확인판결을 받는 것이 그 분쟁을 근본적으로 해결하는 가장 유효·적절한 수단**일 때에 허용된다. 그리고 확인의 이익 등 소송요건은 **직권조사사항**으로서 당사자가 주장하지 않더라도 법원이 직권으로 조사하여 판단하여야 하고, **사실심 변론종결 이후**에 **소송요건이 흠결되거나 그 흠결이 치유**된 경우 **상고심에서도 이를 참작하여야** 한다.

청구도 일부 인용하였으므로, 변제 조건 선이행 말소청구가 적법할 경우 그 피담보채무부존재확인 청구도 적법하다고 본 것으로 해석되고 있음

27 위 판결은 승소확정판결이 있으나 시효기간이 임박하여 허용되는 시효중단을 위한 재소와 관련하여 "승소판결이 확정된 후 소송촉진 등에 관한 특례법(이하 '소송촉진법'이라고 한다)의 변경으로 소송촉진법에서 정한 지연손해금 이율이 달라졌다고 하더라도 그로 인하여 선행 승소확정판결의 효력이 달라지는 것은 아니고, 확정된 선행판결과 달리 변경된 소송촉진법상의 이율을 적용하여 선행판결과 다른 금액을 원고의 채권액으로 인정할 수 있는 것도 아니다."는 점도 판시하였음

2. 청구적격(대상적격)

대법원 2005. 4. 29. 선고 2005다9463 판결 [분양계약변경무효확인등]

확인의 소는 반드시 당사자 간의 법률관계에 한하지 아니하고, **당사자의 일방과 제3자 사이** 또는 **제3자 상호간의 법률관계**도 그 대상이 될 수 있지만, 그 법률관계의 확인이 **확인의 이익**이[28] 있기 위하여는 그 법률관계에 따라 **제소자의 권리 또는 법적 지위에 현존하는 위험·불안**이 야기되어야 하고, 그 **위험·불안을 제거하기 위하여 그 법률관계를 확인의 대상으로 한 확인판결에 의하여 즉시로 확정할 필요**가 있고, 또한 **그것이 가장 유효·적절한 수단**이 되어야 한다.

대법원 2004. 3. 25. 선고 2002다20742 판결 [매매대금등]

근저당권자가 근저당권의 피담보채무의 확정을 위하여 스스로 물상보증인을 상대로 확인의 소를 제기하는 것이 부적법하다고 볼 것은 아니며, **물상보증인이 근저당권자의 채권에 대하여 다투고 있을 경우 그 분쟁을 종국적으로 종식시키는 유일한 방법**은 **근저당권의 피담보채권의 존부에 관한 확인의 소**라고 할 것이므로, **근저당권자가 물상보증인을 상대로 제기한 확인의 소는 확인의 이익이 있어 적법**하다.[29]

대법원 1976. 4. 27. 선고 73다1306 판결 [소유권이전등기말소]

채권자대위의 대상이 된 채무자의 권리가 제3자로부터 방해를 받아 그에 관해서 제3자와 채무자 간에 분쟁이 생긴 경우에는 **채권자의 채무자에 대한 채권도 그 내용에 실질적인 영향을 받아 불안정한 상태**에 놓이게 되므로 **채권자는 그의 불안정상태를 제거하고 그를 보전**하기 위하여 **채무자를 대위해서 제3자에 대하여 채무자의 권리의 확인**과 그 방해의 제거를 구할 수 있고 필요하다면 그 권리관계의 확인을 위하여 제3자를 상대로 소를 제기할 수 있다.

대법원 1971. 12. 28. 선고 71다1116 판결 [소유권확인]

피고가 위 소외인들에 대한 위 임야의 소유권을 부인하고 오히려 자기의 소유권을 주장하면서 그 **등기회복을 방해하였다 하여도** 피고의 위 행위가 곧 위 **소외인들에 대한 원고의 그 소유권이전등기청구권을 부인 방해 내지 침해한 것이 아니고** 따라서 원고가 이로 인하여 **직접적인 위협을 받고 있는 것도 아니므로** 이를 전제로 한 **원고의 본소확인 청구**는 그 주장 자체에 있어 **확인의 이익이 없다.**[30]

대법원 2013. 8. 23. 선고 2012다17585 판결 [채무부존재확인]

확인의 소에서 **확인의 대상은 현재의 권리 또는 법률관계일 것을 요하므로** 특별한 사정이 없는 한 **과거의 권리 또는 법률관계의 존부확인은 인정되지 아니하는바**, 근저당권의 **피담보채무에 관한 부존재확인의 소**는 **근저당권이 말소되면** 과거의 권리 또는 법률관계의 존부에 관한 것으로서

---

28 '확인의 이익'은 넓은 의미에서 확인의 소에서의 권리보호이익 전체를 포괄하기도 하고, 후술하는 것처럼 좁은 의미의 확인의 이익을 의미하기도 하여 용어가 혼용되고 있음

29 피고인 물상보증인은 피담보채권의 채무자가 아니지만 확인의 이익을 인정함

30 매도인 명의 소유권이전등기가 있었으나 등기부가 멸실된 경우 매수인의 대위에 의한 확인청구의 확인의 이익을 부정한 판례임

확인의 이익이 없게 된다.

대법원 1982. 9. 14. 선고 80다2425 전원합의체 판결 [임시주주총회결의무효확인]

임원선임의 임시주주총회결의와 이사회결의의 무효확인이나 부존재확인의 소에 있어서 동 주주총회나 이사회결의에 의하여 **임원으로 선임되었다는 피고나 소외인들이 모두 그 직을 사임하여 그 사임등기까지 경료되고 그 후 새로운 임원이 선임**되었다면 특별한 사정이 없는 한 동 **임시주주총회 결의와 이사회 결의의 부존재확인이나 무효확인을 구할 법률상 이익이 없다.**

대법원 1995. 3. 28. 선고 94므1447 판결 [사실상혼인관계존재확인]

일반적으로 과거의 법률관계는 확인의 소의 대상이 될 수 없으나, 혼인, 입양과 같은 신분관계나 **회사의 설립, 주주총회의 결의무효, 취소와 같은 사단적 관계, 행정처분과 같은 행정관계**와 같이 **그것을 전제로 하여 수많은 법률관계가 발생**하고 그에 관하여 일일이 개별적으로 확인을 구하는 번잡한 절차를 반복하는 것보다 **과거의 법률관계 그 자체의 확인을 구하는 편이 관련된 분쟁을 일거에 해결하는 유효 적절한 수단일 수 있는 경우**에는 **예외적으로 확인의 이익**이 인정된다.
사실혼관계에 있던 당사자 **일방이 사망**하였더라도, **현재적 또는 잠재적 법적 분쟁을 일거에 해결하는 유효 적절한 수단**이 될 수 있는 한, 그 **사실혼관계존부확인청구에는 확인의 이익**이 인정되고, 이러한 경우 친생자관계존부확인청구에 관한 **민법 제865조**와 인지청구에 관한 **민법 제863조**의 규정을 **유추적용**하여, **생존 당사자**는 그 **사망을 안 날로부터 2년**[31] **내에 검사를 상대로 과거의 사실혼관계에 대한 존부확인청구**를 할 수 있다고 보아야 한다.

대법원 1995. 11. 14. 선고 95므694 판결 [사실상혼인관계존재확인]

사실혼 배우자의 일방이 사망한 경우 **생존하는 당사자가 혼인신고를 하기 위한 목적으로서는 사망자와의 과거의 사실혼관계 존재확인을 구할 소의 이익이 있다고는 할 수 없고,** 이러한 과거의 사실혼관계가 생존하는 당사자와 사망자와 제3자 사이의 현재적 또는 잠재적 분쟁의 전제가 되어 있어 그 존부확인청구가 이들 수많은 분쟁을 일거에 해결하는 유효 적절한 수단일 수 있는 경우에는 확인의 이익이 인정될 수 있는 것이지만, 그러한 유효 적절한 수단이라고 할 수 없는 경우에는 확인의 이익이 부정되어야 한다.

대법원 1978. 7. 11. 선고 78므7 판결 [혼인무효확인]

협의이혼으로 혼인관계가 해소된 경우에도 **과거의 혼인관계의 무효확인**을 구할 **정당한 법률상의 이익**이 있다.

대법원 2018. 5. 30. 선고 2014다9632 판결 [대기처분무효확인]

확인의 소는 현재의 권리 또는 법률상 지위에 관한 위험이나 불안을 제거하기 위하여 허용되지만, **과거의 법률관계**도 **현재의 권리 또는 법률상 지위에 영향**을 미치고 있고 **현재의 권리 또는 법률상 지위에 대한 위험이나 불안을 제거하기 위하여 법률관계에 관한 확인판결을 받는 것이 유효·적절한 수단**이라고 인정될 때에는 **확인의 이익이 있다.**[32]

---

31 위 판결 당시에는 1년이었으나 현행법 규정에 맞추어 2년으로 수정하였음

32 갑 주식회사의 포상징계규정은 징계의 한 종류로 '대기'를 열거하며 대기처분 받은 뒤 6개월 지나도 보직 부여받지 못한 경우 자동해임된다고 규정 → 을이 대기처분 받은 후 기간 만료하며 보직 미부

대법원 1966. 3. 15. 선고 66다17 판결 [계약무효확인]

매매계약의 무효확인을 청구한 경우에 그 **매매계약 관계의 부존재확인을 구하는 것인가를 석명 심리**함이 없이, 확인의 이익이 없다 하여 소를 각하함은 심리미진의 위법이 있다.[33]

대법원 1982. 10. 26. 선고 81다108 판결 [계약해제확인]

매매계약해제의 효과로서 이미 이행한 것의 **반환을 구하는 이행의 소를 제기할 수 있을지라도** 그 **기본되는 매매계약의 존부에 대하여 다툼**이 있어 **즉시 확정의 이익**이 있는 때에는 **계약이 해제되었음의 확인을 구할 수도 있는 것**이므로 매매계약이 해제됨으로써 **현재의 법률관계가 존재하지 않는다는 취지의 소는 확인의 이익**이 있다.

대법원 2020. 8. 20. 선고 2018다249148 판결 [이사및감사지위확인]

갑 주식회사의 주주들이 법원의 허가를 받아 개최한 주주총회에서 을이 감사로 선임되었는데도 **갑 회사가 감사 임용계약의 체결을 거부**하자, **을이 갑 회사를 상대로 감사 지위의 확인을 구하는 소를 제기**하여, 소를 제기할 당시는 물론 대법원이 을의 청구를 받아들이는 취지의 환송판결을 할 당시에도 을의 감사로서 임기가 남아 있었는데, **환송 후 원심의 심리 도중 을의 임기가 만료되어 후임 감사가 선임된 사안**에서, 을의 임기가 만료되고 후임 감사가 선임됨으로써 을의 감사 지위 확인 청구가 **과거의 법률관계에 대한 확인을 구하는 것이 되었으나**, 과거의 법률관계라고 할지라도 **현재의 권리 또는 법률상 지위에 영향**을 미치고 이에 대한 **위험이나 불안을 제거**하기 위하여 그 법률관계에 관한 **확인판결을 받는 것이 유효·적절한 수단**이라고 인정될 때에는 **확인을 구할 이익**이 있으므로, 을에게 현재의 권리 또는 법률상 지위에 대한 위험이나 불안을 제거하기 위해 과거의 법률관계에 대한 확인을 구할 이익이나 필요성이 있는지를 **석명하고 이에 관한 의견을 진술하게 하거나 청구취지를 변경할 수 있는 기회를 주어야** 하는데도, 종전의 감사 지위 확인 청구가 과거의 법률관계에 대한 확인을 구하는 것이 되었다는 등의 이유만으로 확인의 이익이 없다고 보아 을의 청구를 부적법 각하한 원심판결에는 확인소송에서 확인의 이익 및 석명의무의 범위에 관한 법리오해의 잘못이 있다고 한 사례.

3. 확인의 이익(권리보호이익)

대법원 1982. 6. 8. 선고 81다636 판결 [종중결의부존재,종중결의무효확인]

확인의 소에 있어서 **확인의 이익**은 소송물인 법률관계의 존부가 당사자간에 불명확하여 **그 관계가 즉시 확정됨으로써 원고의 권리 또는 법률적 지위에 현존하는 위험이나 불안정이 제거될 수 있는 경우**에 존재한다. 그러므로, **확정판결에 종중 대표권의 흠결을 간과한 잘못**이 있다면 바로 그 사유를 들어 **재심의 소를 제기**할 수 있으니 동 재심사유를 확정짓기 위하여 하는 **종중결의 부**

여 이유로 자동해임되자 대기처분 무효확인 청구하는 것은 확인의 이익 O ∵ 대기처분 적법 여부가 자동해임처분 사유에도 직접 영향 주므로 을로서는 자동해임처분과 별개로 대기처분의 무효 여부에 관한 확인판결 받음으로써 유효·적절하게 자신의 현재의 권리나 법률상 지위에 대한 위험·불안 제거할 수 있음

33 매매계약의 효력 여부는 과거의 법률관계일 수 있지만 매매계약으로 생겨난 '법률관계'의 존부는 현재의 법률관계를 해결하는 것일 수도 있다는 취지

존재 내지 무효확인의 소에는 소의 이익이 없다.

대법원 2005. 12. 22. 선고 2003다55059 판결 [질권확인]

확인의 소는 원고의 법적 지위가 불안·위험할 때에 그 **불안·위험을 제거함에 확인판결로 판단하는 것이 가장 유효·적절한 수단인 경우에 인정**된다.

대법원 2016. 3. 10. 선고 2013다99409 판결 [유치권부존재확인]

민사집행법 제268조에 의하여 담보권의 실행을 위한 경매절차에 준용되는 같은 법 제91조 제5항에 의하면 유치권자는 경락인에 대하여 피담보채권의 변제를 청구할 수는 없지만 자신의 피담보채권이 변제될 때까지 유치목적물인 부동산의 인도를 거절할 수 있어 경매절차의 입찰인들은 낙찰 후 유치권자로부터 경매목적물을 쉽게 인도받을 수 없다는 점을 고려하여 입찰하게 되고 그에 따라 경매목적 부동산이 그만큼 낮은 가격에 낙찰될 우려가 있다. 이와 같이 **저가낙찰로 인해 경매를 신청한 근저당권자의 배당액이 줄어들거나** 경매목적물 가액과 비교하여 **거액의 유치권 신고로 매각 자체가 불가능하게 될 위험**은 경매절차에서 **근저당권자의 법률상 지위를 불안정**하게 하는 것이므로 위 불안을 제거하는 근저당권자의 이익을 **단순한 사실상·경제상의 이익이라고 볼 수는 없다.** 따라서 **근저당권자는 유치권 신고를 한 사람을 상대로 유치권 전부의 부존재뿐만 아니라 경매절차에서 유치권을 내세워 대항할 수 있는 범위를 초과하는 유치권의 부존재 확인을 구할 법률상 이익**이 있고, 심리 결과 유치권 신고를 한 사람이 유치권의 **피담보채권으로 주장하는 금액의 일부만이 경매절차에서 유치권으로 대항할 수 있는 것으로 인정**되는 경우에는 법원은 특별한 사정이 없는 한 **그 유치권 부분에 대하여 일부패소의 판결**을 하여야 한다.

소극적 확인소송에서는 **원고가 먼저 청구를 특정하여 채무발생원인 사실을 부정하는 주장**을 하면 채권자인 **피고는 권리관계의 요건사실에 관하여 주장·증명책임**을 부담하므로, 유치권 부존재 확인소송에서 **유치권의 요건사실인 유치권의 목적물과 견련관계 있는 채권의 존재에 대해서는 피고가 주장·증명하여야** 한다.

대법원 2020. 1. 16. 선고 2019다247385 판결 [청구이의의소등]

근저당권자에게 담보목적물에 관하여 각 **유치권의 부존재 확인을 구할 법률상 이익**이 있다고 보는 것은 경매절차에서 유치권이 주장됨으로써 낮은 가격에 입찰이 이루어져 근저당권자의 배당액이 줄어들 위험이 있다는 데에 근거가 있고, 이는 **소유자가** 그 소유의 부동산에 관한 경매절차에서 **유치권의 부존재 확인을 구하는 경우에도 마찬가지**이다. 위와 같이 경매절차에서 유치권이 주장되었으나 **소유부동산 또는 담보목적물이 매각**되어 그 소유권이 이전되어 **소유권을 상실하거나 근저당권이 소멸**하였다면, **소유자와 근저당권자는 유치권의 부존재 확인을 구할 법률상 이익이 없다.**

경매절차에서 유치권이 주장되지 아니한 경우에는, 담보목적물이 매각되어 그 소유권이 이전됨으로써 **근저당권이 소멸하였더라도 채권자는 유치권의 존재를 알지 못한 매수인으로부터 민법 제575조, 제578조 제1항, 제2항에 의한 담보책임을 추급당할 우려**가 있고, 위와 같은 위험은 채권자의 **법률상 지위를 불안정**하게 하는 것이므로, 채권자인 근저당권자로서는 위 불안을 제거하기 위하여 **유치권 부존재 확인을 구할 법률상 이익**이 있다. 반면 **채무자가 아닌 소유자는 위 각 규정에 의한 담보책임을 부담하지 아니하므로, 유치권의 부존재 확인을 구할 법률상 이익이**

없다.[34]

대법원 2017. 10. 31. 선고 2015다65042 판결 [근저당권말소등]

확인의 소에는 권리보호요건으로서 확인의 이익이 있어야 하고, 확인의 이익은 원고의 권리 또는 법률상의 지위에 현존하는 불안·위험이 있고 확인판결을 받는 것이 불안·위험을 제거하는 가장 유효·적절한 수단일 때에 인정된다.

지상권은 용익물권으로서 담보물권이 아니므로 피담보채무라는 것이 존재할 수 없다. 근저당권 등 담보권 설정의 당사자들이 담보로 제공된 토지에 추후 용익권이 설정되거나 건물 또는 공작물이 축조·설치되는 등으로 토지의 **담보가치가 줄어드는 것을 막기 위하여 담보권과 아울러 설정하는 지상권을 이른바 담보지상권**이라고 하는데, 이는 당사자의 약정에 따라 담보권의 존속과 지상권의 존속이 서로 연계되어 있을 뿐이고, **이러한 경우에도 지상권의 피담보채무가 존재하는 것은 아니다.** 따라서 지상권설정등기에 관한 피담보채무의 범위 확인을 구하는 청구는 원고의 **권리 또는 법률상의 지위에 관한 청구라고 보기 어려우므로, 확인의 이익이 없어 부적법**하다.

대법원 2009. 1. 15. 선고 2008다74130 판결 [종중대표자선임무효확인등]

권리관계에 대하여 당사자 사이에 **아무런 다툼이 없어 법적 불안이 없으면 원칙적으로 확인의 이익이 없다**고 할 것이나, **피고가 권리관계를 다투어 원고가 확인의 소를 제기**하였고 당해 소송에서 피고가 권리관계를 다툰 바 있다면 특별한 사정이 없는 한 **항소심에 이르러 피고가 권리관계를 다투지 않는다는 사유만으로 확인의 이익이 없다고 할 수 없다.**

대법원 2017. 6. 29. 선고 2014다30803 판결 [약정금]

확인의 소는 원고의 **권리 또는 법률상의 지위에 현존하는 불안·위험**이 있고, 확인판결을 받는 것이 **분쟁을 근본적으로 해결하는 가장 유효·적절한 수단**일 때에 허용된다.

갑 소유의 부동산에 관하여 **을 명의의 소유권이전등기청구권가등기가 마쳐진 후** 위 부동산에 관하여 **가압류등기를 마친 병 주식회사**가 위 **가등기가 담보목적 가등기인지 확인을 구한 사안**에서, 부동산등기법 제92조 제1항에 따라 병 회사의 위 가압류등기가 **직권으로 말소되는지가 위 가등기가 순위보전을 위한 가등기인지 담보가등기인지에 따라 결정되는 것이 아니므로,** 병 회사의 법률상 지위에 **현존하는 불안·위험이 존재한다고 볼 수 없고,** 만약 위 가등기가 **담보가등기임에도 을이 청산절차를 거치지 않은 채 본등기를 마친다면, 병 회사로서는 갑을 대위하여 본등기의 말소를 구할 수 있고 그에 따라 위 가압류등기도 회복시킬 수 있을 것이므로,** 담보가등기라는 확인의 판결을 받는 것 외에 **달리 구제수단이 없다고 보기 어려운데도,** 병 회사의 청구가 확인의 이익이 있다고 본 원심판단에 법리오해의 잘못이 있다고 한 사례

대법원 1995. 7. 25. 선고 95다14817 판결 [소유권확인]

국가를 상대로 한 토지소유권확인 청구는 그 **토지가 미등기**이고 **토지대장이나 임야대장상에 등**

---

34 위 판결에서 대법원은 '채무자 아닌 소유자'라고 표현하며 담보책임을 부담할 여지가 없는 것처럼 판시하고 있으나, '채무자 아닌 소유자'는 물상보증인과 제3취득자로 나눠볼 수 있고, 이 중 물상보증인의 경우에는 경매에서 담보책임을 부담하는 '채무자' 개념에 포함된다는 물상보증인설이 대법원 판례로 확립되어 있으므로(87다카2641 판결 참조), 위와 같은 표현은 담보책임을 질 여지가 없는 '제3취득자'에 한정된다고 해석하는 것이 타당함(私見). 실제로 위 판결에서 원고 주식회사 원당중공업은 이미 근저당권이 설정된 부동산의 소유권을 취득한 제3취득자였던 사안이었음

록명의자가 없거나 등록명의자가 누구인지 알 수 없을 때와 그 밖에 **국가가 등기 또는 등록명의자인 제3자의 소유를 부인하면서 계속 국가 소유를 주장**하는 등 **특별한 사정**이 있는 경우에 한하여 그 **확인의 이익**이 있다.

대법원 2010. 7. 8. 선고 2010다21757 판결 [부동산소유권보존등기말소등]

어느 토지에 관하여 **등기부나 토지대장 또는 임야대장상 소유자로 등기 또는 등록되어 있는 자가 있는 경우**에는 그 명의자를 상대로 한 소송에서 당해 부동산이 보존등기신청인의 소유임을 확인하는 내용의 확정판결을 받으면 소유권보존등기를 신청할 수 있는 것이므로, **그 명의자를 상대로 한 소유권확인청구에 확인의 이익이 있는 것이 원칙**이지만, **토지대장 또는 임야대장의 소유자에 관한 기재의 권리추정력이 인정되지 아니하는 경우**에는 **국가를 상대로 소유권확인청구**를 할 수 밖에 없다.
1975. 12. 31. 법률 제2801호로 전문 개정된 **지적법이 시행되기 이전에 소관청이 아무런 법적 근거 없이 행정의 편의를 위하여 임의로 복구한 구 토지대장**에 소유자 이름이 기재되어 있다고 하더라도 그 소유자에 관한 사항에는 그 **권리추정력이 인정되지 않는다.**

대법원 2019. 5. 16. 선고 2018다242246 판결 [소유권이전등기]

국가를 상대로 한 토지소유권확인청구는 토지가 미등기이고 토지대장이나 임야대장상에 등록명의자가 없거나 등록명의자가 누구인지 알 수 없을 때와 그 밖에 국가가 등기 또는 등록명의자인 제3자의 소유를 부인하면서 계속 국가소유를 주장하는 등 **특별한 사정이 있는 경우에 한하여 확인의 이익**이 있다. 공간정보의 구축 및 관리 등에 관한 법률 제87조 제4호에 의하면 채권자는 자기의 채권을 보전하기 위하여 채무자인 토지소유자가 위 법에 따라 하여야 하는 신청을 대위할 수 있으나, 같은 법 제84조에 따른 지적공부의 등록사항 정정은 대위하여 신청할 수 없다. **토지대장상의 소유자 표시 중 주소 기재의 일부가 누락된 경우**는 **등록명의자가 누구인지 알 수 없는 경우에 해당**하여 **토지대장에 의하여 소유권보존등기를 신청할 수 없고**, 토지대장상 토지소유자의 **채권자는 토지소유자를 대위하여 토지대장상 등록사항을 정정할 수 없으므로, 토지대장상 토지소유자의 채권자는 소유권보존등기의 신청을 위하여 토지소유자를 대위하여 국가를 상대로 소유권확인을 구할 이익이 있다**고 보아야 한다.

대법원 2009. 10. 15. 선고 2009다48633 판결 [소유권확인]

소유권보존등기는 토지대장등본 또는 임야대장등본에 의하여 자기 또는 피상속인이 토지대장 또는 임야대장에 소유자로서 등록되어 있는 것을 증명하는 자(부동산등기법 제130조 제1호), 판결에 의하여 자기의 소유권을 증명하는 자(같은 조 제2호), 수용으로 소유권을 취득한 자(같은 조 제3호)가 **신청**할 수 있는데, 대장(토지대장, 임야대장)등본에 의하여 자기 또는 피상속인이 대장에 소유자로서 등록되어 있는 것을 증명하는 자는 **대장에 최초의 소유자로 등록되어 있는 자 및 그 자를 포괄승계한 자**이며, **대장상 소유권이전등록**을 받았다 하더라도 물권변동에 관한 형식주의를 취하고 있는 **현행 민법상 소유권을 취득했다고 할 수 없고**, 따라서 대장상 소유권이전등록을 받은 자는 **자기 앞으로 바로 보존등기를 신청할 수는 없으며, 대장상 최초의 소유명의인 앞으로 보존등기를 한 다음 이전등기를 하여야** 한다.
미등기 토지에 관한 **토지대장에 소유권을 이전받은 자는 등재**되어 있으나 **최초의 소유자는 등재되어 있지 않은 경우**, 위 **토지대장상 소유권이전등록을 받은 자**에게 **국가를 상대로 토지소유권**

확인청구를 할 확인의 이익이 있다고 본 사례.[35]

대법원 1995. 6. 9. 선고 94다13480 판결 [소유권확인]

국가가 미등기 토지를 20년간 점유하여 취득시효가 완성된 경우, 그 **미등기 토지의 소유자**로서는 국가에게 이를 원인으로 하여 **소유권이전등기절차를 이행하여 줄 의무를 부담**하고 있는 관계로 국가에 대하여 그 소유권을 행사할 지위에 있다고 보기 어렵고, 또 그가 **소유권확인판결을 받는다고 하여 이러한 지위에 변동이 생기는 것도 아니라고 할 것**이므로, 이와 같은 사정하에서는 그 소유자가 굳이 국가를 상대로 토지에 대한 **소유권의 확인을 구하는 것은 무용, 무의미**하다고 볼 수밖에 없어 **확인판결을 받을 법률상 이익이 있다고 할 수 없다.**

대법원 1999. 5. 28. 선고 99다2188 판결 [소유권확인등]

확인의 소는 분쟁 당사자 사이에 현재의 권리 또는 법률관계에 관하여 즉시 확정할 이익이 있는 경우에 허용되는 것이므로, 소유권을 다투고 있지 않은 국가를 상대로 소유권확인을 구하기 위하여는 그 판결을 받음으로써 원고의 법률상 지위의 불안을 제거함에 실효성이 있다고 할 수 있는 특별한 사정이 있어야 할 것인바, **건물**의 경우 **가옥대장이나 건축물관리대장의 비치·관리업무는 당해 지방자치단체의 고유사무**로서 **국가사무라고 할 수도 없는 데다가** 이 사건 **아파트의 소유권에 관하여 국가가 이를 특별히 다투고 있지도 아니한 이 사건**에 있어서, **국가는 그 소유권 귀속에 관한 직접 분쟁의 당사자가 아니어서 이를 확인해 주어야 할 지위에 있지 않다** 할 것이고, 또한 이 사건 아파트에 관하여 국가를 상대로 한 **소유권확인판결을 받는다고 하더라도** 그 판결은 부동산등기법 제65조 제2호에[36] 해당하는 판결이라고 볼 수 없어 이를 근거로 **소유권보존등기를 신청할 수도 없다**고 할 것이다

대법원 2016. 5. 24. 선고 2012다87898 판결 [소유권확인]

토지의 일부에 대한 소유권의 귀속에 관하여 다툼이 있는 경우에 **적극적으로 그 부분에 대한 자기의 소유권확인을 구하지 아니하고 소극적으로 상대방 소유권의 부존재 확인을 구하는 것은, 원고에게 내세울 소유권이 없더라도 피고의 소유권이 부인되면 그로써 원고의 법적 지위의 불안이 제거되어 분쟁이 해결될 수 있는 경우가 아닌 한** 소유권의 귀속에 관한 **분쟁을 근본적으로 해결하는 즉시확정의 방법이 되지 못하며**, 또한 그러한 판결만으로는 토지의 일부에 대한 자기의 소유권이 확인되지 아니하여 소유권자로서 지적도의 경계에 대한 정정을 신청할 수도 없으므로, **확인의 이익이 없다.**

대법원 2004. 3. 12. 선고 2003다49092 판결 [공사대금]

일반적으로 채권은 채무자로부터 급부를 받는 권능이기 때문에 소송상으로도 채권자는 통상 채무자에 대하여 채권의 존재를 주장하고 그 급부를 구하면 되는 것이지만, 만약 하나의 채권에 관하여 **2인 이상이 서로 채권자라고 주장하고 있는 경우**에 있어서는 그 채권의 귀속에 관한 분쟁

35 위 판결은 이러한 경우가 "대장에 등록명의자가 없거나 등록명의자가 누구인지 알 수 없는 때에 해당"한다고 판시하였음

36 판결 당시 부동산등기법 제131조 제2호였으나 현행에 맞추어 수정함
부동산등기법 제65조(소유권보존등기의 신청인) 미등기의 토지 또는 건물에 관한 소유권보존등기는 다음 각 호의 어느 하나에 해당하는 자가 신청할 수 있다. 2. 확정판결에 의하여 자기의 소유권을 증명하는 자

은 채무자와의 사이에 생기는 것이 아니라 스스로 채권자라고 주장하는 사람들 사이에 발생하는 것으로서 참칭채권자가 채무자로부터 변제를 받아버리게 되면 진정한 채권자는 그 때문에 자기의 권리가 침해될 우려가 있어 그 참칭채권자와의 사이에서 그 채권의 귀속에 관하여 즉시 확정을 받을 필요가 있고, 또 그들 사이의 분쟁을 해결하기 위하여는 그 채권의 귀속에 관한 확인판결을 받는 것이 가장 유효 적절한 권리구제 수단으로 용인되어야 할 것이므로 스스로 **채권자라고 주장하는 어느 한쪽이 상대방에 대하여 그 채권이 자기에게 속한다는 채권의 귀속에 관한 확인을 구하는 청구는 그 확인의 이익이 있다.**

자기의 권리 또는 법률상의 지위를 부인하는 상대방이 자기 주장과는 양립할 수 없는 제3자에 대한 권리 또는 법률관계를 주장한다고 하여 **상대방 주장의 그 제3자에 대한 권리 또는 법률관계가 부존재한다는 것만의 확인을 구하는 것**은, 설령 그 확인의 소에서 승소판결을 받는다고 하더라도 그 판결로 인하여 상대방에 대한 관계에서 자기의 권리가 확정되는 것도 아니고 그 판결의 효력이 제3자에게 미치는 것도 아니어서 그와 같은 부존재확인의 소는 자기의 권리 또는 법률적 지위에 현존하는 **불안·위험을 해소시키기 위한 유효 적절한 수단이 될 수 없으므로 확인의 이익이 없다.**

압류 및 전부명령을 받은 양 당사자 중 어느 한쪽이 상대방에 대하여 제3채무자의 상대방에 대한 전부금채무 부존재확인을 구하는 소는 확인의 이익이 없어 부적법하다고 한 사례

대법원 2014. 4. 10. 선고 2010다84932 판결 [유치권부존재확인]

확인의 소는 확인판결을 받는 것이 원고의 법적 지위에 대한 불안과 위험을 제거하는 데 가장 유효·적절한 수단인 경우에 인정되는바, 이 사건과 같이 **원고 소유의 이 사건 점포를 피고가 점유하고 있는 경우**에는 이 사건 **점포의 인도를 구하는 것**이 원고의 소유권에 대한 불안과 위험을 유효하고 적절하게 제거하는 **직접적인 수단**이 되므로 이와 별도로 피고를 상대로 이 사건 점포에 대한 **유치권의 부존재확인을 구하는 것은 확인의 이익이 없어 부적법**하다.

대법원 1996. 11. 22. 선고 96다34009 판결 [배당금지급]

확인의 소는 반드시 소송 당사자간의 법률관계에 한하지 아니하고, 소송 **당사자 일방과 제3자 또는 제3자 상호간의 법률관계도 그 대상**이 될 수 있으나, 그러한 법률관계의 확인은 그 법률관계에 따라 **제소자의 권리 또는 법적 지위에 현존하는 위험·불안**이 야기되어 이를 **제거하기 위하여** 그 법률관계를 확인의 대상으로 한 **확인판결에 의하여 즉시로 확정할 필요**가 있고, 또한 그것이 **가장 유효·적절한 수단**이 되어야 **확인의 이익**이 있다.

가장 임차인의 배당요구가 받아 들여져 제1순위로 **허위의 임차보증금에 대한 배당**이 이루어졌으나 이해관계인들의 배당이의가 없어 그대로 **배당표가 확정**된 후 그 사실을 알게 된 후순위 진정 채권자에 의해 그 배당금지급청구권이 가압류되어 가장 임차인이 현실적으로 배당금을 추심하지 못한 경우, **배당을 받지 못한 후순위 진정 채권자로서는 배당금지급청구권을 부당이득한 가장 임차인을 상대로 그 부당이득 채권의**[37] **반환을 구하는 것**이 손실자로서의 권리 또는 지위의 **불안·위험을 근본적으로 해소할 수 있는 유효·적절한 방법**이므로,[38] 후순위 진정 채권자가 **가장 임차인을 상대로 배당금지급청구권 부존재확인을 구하는 것은 확인의 이익이 없다.**

37 '가장 임차인이 부당이득으로 취득한 채권'이라는 의미임

38 이 경우에는 피고가 부당이득 한 배당금지급채권의 양도 및 통지를 구하는 청구가 될 것임

대법원 2021. 6. 17. 선고 2018다257958 전원합의체판결 [채무부존재확인, 보험금]

확인의 소에서는 권리보호요건으로서 **확인의 이익**이 있어야 하고 확인의 이익은 원고의 **권리 또는 법률상의 지위에 현존하는 불안·위험**이 있고 그 **불안·위험을 제거하는 데** 피고를 상대로 **확인판결을 받는 것이 가장 유효적절한 수단**일 때에만 인정된다고 할 것이므로 원고의 권리 또는 법률관계를 다툼으로써 원고의 법률상 지위에 불안·위험을 초래할 염려가 있다면 확인의 이익이 있다. 그러므로 보험계약의 당사자 사이에 계약상 채무의 존부나 범위에 관하여 다툼이 있는 경우 그로 인한 **법적 불안을 제거**하기 위하여 **보험회사는 먼저 보험수익자를 상대로 소극적 확인의 소를 제기할 확인의 이익이 있다**고 할 것이다.[39]

대법원 2019. 5. 16. 선고 2016다240338 판결 [주주권확인]

갑이 을 주식회사를 상대로 자신이 주주명부상 주식의 소유자인데 **위조된 주식매매계약서에 의해 타인 앞으로 명의개서가 되었다며 주주권 확인을 구한 사안**에서, **갑이 을 회사를 상대로 직접 자신이 주주임을 증명하여 명의개서절차의 이행을 구할 수 있으므로, 갑이 을 회사를 상대로 주주권 확인을 구하는 것**은 갑의 권리 또는 법률상 지위에 현존하는 불안·위험을 제거하는 유효·적절한 수단이 아니거나 분쟁의 종국적 해결방법이 아니어서 **확인의 이익이 없다.**[40]

대법원 2013. 5. 9. 선고 2012다4381 판결 [채무부존재확인]

청구이의의 소는 집행권원이 가지는 집행력의 배제를 목적으로 하는 것으로서 청구이의의 소의 판결이 확정되더라도 당해 집행권원의 원인이 된 실체법상 권리관계에 관하여 기판력이 미치지 않으므로, 채무자가 채권자에 대하여 채무부담행위를 하고 그에 관하여 강제집행승낙문구가 기재된 공정증서를 작성하여 주었으나, 그 **공정증서에 관한 청구이의의 소를 제기하지 않고** 그 **공정증서의 작성원인이 된 채무에 관하여 채무부존재확인의 소를 제기**한 경우 **채무자의 목적이 오로지 공정증서의 집행력 배제에 있다고 할 수 없는 이상** 청구이의의 소를 제기할 수 있다는 사정만으로 채무부존재확인소송이 **확인의 이익이 없어 부적법하다고 볼 것은 아니다.**

대법원 2005. 7. 14. 선고 2004다36215 판결 [보험금채권존재확인]

교통사고 피해자들이 손해배상을 청구하지 아니하는 등의 사유로 보험금채권의 전제가 되는 **손해배상액이 확정되지 아니하여 불분명한 상태**이고, **피고는 보험계약이 적법히 해지되었다고 주장하여 보험금채권의 존재 자체를 다투면서** 교통사고 피해자들에게 치료비 지급을 거절하고 있으며, 원고는 교통사고로 교통사고처리특례법위반으로 입건되어 형사절차까지 진행되고 있음을 알 수 있는바, 이와 같은 사정이라면, **원고는 당장 피고에게 보험금 지급을 청구하는 소를 제기하기 어려운 상태**에 있어 원고가 그의 권리 또는 지위의 불안을 해소시키기 위하여는 보험금채권의 존재에 대하여 확인판결을 받는 이외에 다른 유효·적절한 수단이 있다고 볼 수 없으므로, **보험금채권의 존재 확인**을 구하는 원고의 이 사건 청구는 **확인의 이익이 있다.**

---

39 당시 〈반대의견〉은 보험의 공공성, 보험업에 대한 특별한 규제, 보험계약의 내용 및 그에 따른 당사자의 지위 등을 위 법리에 비추어 보면 보험계약자·피보험자·보험수익자 등(이하 '보험계약자 등')이 단순히 보험회사를 상대로 보험사고 여부나 보험금 범위를 다툰다는 사정만으로 보험회사의 법적 지위에 현존하는 불안·위험 없으므로 보험회사의 소극적 확인의 소는 확인의 이익 없다고 보았음

40 다만 갑은 그 위조된 명의개서를 마친 타인을 상대로는 주주지위확인 등을 구할 수 있을 것임

대법원 1982. 10. 26. 선고 81다108 판결 [계약해제확인]

매매계약해제의 효과로서 이미 이행한 것의 **반환을 구하는 이행의 소를 제기할 수 있을지라도** 그 **기본되는 매매계약의 존부에 대하여 다툼**이 있어 **즉시 확정의 이익**이 있는 때에는 **계약이 해제되었음의 확인을 구할 수도 있는 것**이므로 매매계약이 해제됨으로써 **현재의 법률관계가 존재하지 않는다는 취지의 소는 확인의 이익**이 있다.

대법원 2000. 4. 11. 선고 2000다5640 판결 [채무부존재확인등]

확인의 소는 원고의 권리 또는 법률상 지위에 현존하는 불안·위험이 있고 확인판결을 받는 것이 그 분쟁을 근본적으로 해결하는 가장 유효·적절한 수단일 때 허용되는바, 근저당권설정자가 근저당권설정계약에 기한 **피담보채무가 존재하지 아니함의 확인을 구함**과 함께 그 **근저당권설정등기의 말소를 구하는 경우**에 근저당권설정자로서는 피담보채무가 존재하지 않음을 이유로 근저당권설정등기의 **말소를 구하는 것이 분쟁을 유효·적절하게 해결하는 직접적인 수단**이 될 것이므로 별도로 근저당권설정계약에 기한 **피담보채무가 존재하지 아니함의 확인을 구하는 것은 확인의 이익이 있다고 할 수 없다.**

대법원 1982. 11. 23. 선고 81다393 판결 [근저당권설정등기말소등기]

원고들의 이 사건 **채무부존재확인청구**는 부동산에 의하여 담보되는 차용금채무에 대하여 원고들이 자인하는 금액을 제외한 나머지 채무의 부존재확인을 구하는 것인바, 이 같은 소극적 확인소송에 있어서 그 부존재확인을 구하는 목적인 법률관계가 **가분**하고 또 **분량적으로 그 일부만이 존재**하는 경우에는 그 청구전부를 기각할 것이 아니고 그 존재하는 법률관계의 부분에 대하여 **일부 패소의 판결**을 하여야 한다.

원고들의 이 사건 **근저당권설정등기의 말소등기절차이행청구**는 **피담보채무 중 잔존채무를 변제하는 것을 조건으로** 하여 그 담보로 경료된 위 등기의 말소등기절차이행을 구하는 것이나, 그 청구 중에는 구체적인 **잔존채무액이 원고 주장의 금액을 초과하는 경우에 그 확정된 잔존채무의 변제를 조건으로 위 등기의 말소등기절차이행을 구하는 취지가 포함**되어 있는 것으로 해석하여야 할 것이므로 이와 같은 경우에는 법원은 원고들 **청구의 일부를 배척**하여 그 **확정된 채무의 변제를 조건으로 그 등기의 말소절차이행을 명해야** 할 것이다.[41]

4. 증서의 진정 여부를 확인하는 소(250조)

대법원 1967. 3. 21. 선고 66다2154 판결 [문서확인]

증서진부확인의 소의 대상이 되는 서면은 **직접 법률관계를 증명하는 서면에 한한다** 할 것이므로 조합의 **대차대조표**나 **회계결산보고서**는 조합의 일정한 시기의 영업재산 상태를 증서진부확인의 소의 **대상이 될 수 없다.**

41 해당 판결은 변제 조건 선이행 말소청구를 일부 인용하면서 원고가 병합한 피담보채무부존재확인청구도 일부 인용하였으므로, 변제 조건 선이행 말소청구가 적법할 경우 그 피담보채무부존재확인청구도 적법하다고 본 것으로 해석되고 있음

대법원 2001. 12. 14. 선고 2001다53714 판결 [채무부존재확인]

납세의무자로 등록된 사업자가 재화 또는 용역을 공급하는 때에 공급받는 자에게 소정의 세금계산서를 교부하도록 되어 있는 부가가치세법 제16조의 규정에 비추어 볼 때 **세금계산서**는 일반적으로 부가가치세법에서 정한 사업자가 공급받는 자에게 재화 또는 용역을 공급한 **과거의 사실을 증명하기 위하여 작성되는 보고문서에 불과**하여 세금계산서에 의하여 직접 당사자 간의 현재의 법률관계의 존부 여부가 증명되는 것은 아니라 할 것이며, 따라서 그의 진부확인에 의하여 당사자 간의 법률관계상의 분쟁이 해결되는 데 도움이 될 것으로 판단되지 아니하므로 **세금계산서의 진부 확인을 구하는 소**는 증서진부확인의 소의 대상이 되지 아니하는 문서에 관하여 제기된 것으로 **확인의 이익도 없는 부적법**한 소라고 한 사례

대법원 1991. 12. 10. 선고 91다15317 판결 [사문서진부확인]

소로써 확인을 구하는 **서면의 진부가 확정되어도 서면이 증명하려는 권리관계 내지 법률적 지위의 불안이 제거될 수 없고, 그 법적 불안을 제거하기 위하여서는 당해 권리 또는 법률관계 자체의 확인을 구하여야 할 필요가 있는 경우**에 해당한다 할 것이므로, **즉시확정의 이익이 없어 부적법**하다고 한 사례.[42]

대법원 2007. 6. 14. 선고 2005다29290 판결 [증서진부확인·계약금]

임대차계약금으로 일정한 금원을 받았음을 증명하기 위하여 작성된 **영수증**은 특별한 사정이 없는 한 **임대차 등 법률관계의 성립 내지 존부를 직접 증명하는 서면이 아니므로 증서의 진정 여부를 확인하는 소의 대상이 될 수 없다.**

제250조에서 증서의 진정 여부를 확인하는 소를 허용하고 있는 이유는 법률관계를 증명하는 서면의 진정 여부가 확정되면 당사자가 그 서면의 진정 여부에 관하여 더 이상 다툴 수 없게 되는 결과, 법률관계에 관한 분쟁 그 자체가 해결되거나 적어도 분쟁 자체의 해결에 크게 도움이 된다는 데 있으므로, 증서의 진정 여부를 확인하는 소가 적법하기 위해서는 그 **서면에 대한 진정 여부의 확인을 구할 이익이 있어야** 한다.

어느 서면에 의하여 증명되어야 할 법률관계를 둘러싸고 이미 소가 제기되어 있는 경우에는 그 소송에서 분쟁을 해결하면 되므로 그와 **별도로 그 서면에 대한 진정 여부를 확인하는 소를 제기하는 것은 특별한 사정이 없는 한 확인의 이익이 없다.**[43]

---

42 기존 계약이 강박을 이유로 취소되었거나 새로운 합의에 의해 소멸되었다는 취지의 주장을 하고 있다면 기존 계약서의 진정 여부 확인 구할 이익 없다고 한 사례

43 위 판결은 만일 증서진부확인의 소를 제기한 '후'에 임대차보증금반환을 구하는 소를 제기한 것이라면, 그로 인하여 증서진부확인의 소가 부적법하게 되는 것은 아니라고 판시하였음

« 형성의 소 (권리보호이익) »

1. 서설

대법원 1993. 9. 14. 선고 92다35462 판결 [소유권이전등기]

기존 법률관계의 변동 형성의 효과를 발생함을 목적으로 하는 **형성의 소**는 **법률에 명문의 규정이 있는 경우에 한하여 인정**되는 것이고 법률상의 근거가 없는 경우에는 허용될 수 없다.

대법원 1996. 4. 23. 선고 95다54761 판결 [토지경계확정]

서로 인접한 토지의 경계선에 관하여 다툼이 있어서 **토지 경계확정의 소가 제기되면 법원은 당사자 쌍방이 주장하는 경계선에 구속되지 않고 스스로 진실하다고 인정되는 바에 따라 경계를 확정하여야** 하고, 소송 도중에 당사자 쌍방이 경계에 관하여 합의를 도출해냈다고 하더라도 원고가 그 소를 취하하지 않고 법원의 판결에 의하여 경계를 확정할 의사를 유지하고 있는 한, 법원은 그 합의에 구속되지 아니하고 진실한 경계를 확정하여야 하는 것이므로, **소송 도중에 진실한 경계에 관하여 당사자의 주장이 일치하게 되었다는 사실만으로 경계확정의 소가 권리보호의 이익이 없어 부적법하다고 할 수 없다.**

대법원 1995. 1. 12. 선고 94다30348 판결 [공유물분할등기등]

공유물분할은 협의분할을 원칙으로 하고 협의가 성립되지 아니한 때에는 재판상 분할을 청구할 수 있으므로 **공유자 사이에 이미 분할에 관한 협의가 성립된 경우에는** 일부 공유자가 분할에 따른 이전등기에 **협조하지 않거나 분할에 관하여 다툼이 있더라도** 그 분할된 부분에 대한 **소유권이전등기를 청구하든가 소유권확인을 구함은 별문제**이나 또다시 **소로써 그 분할을 청구하거나 이미 제기한 공유물분할의 소를 유지함은 허용되지 않는다.**

2. 형성의 소와 장래 이행의 소의 병합 가부

대법원 1971. 3. 31. 선고 71다8 판결 [소유권이전등기말소]

원고가 피고의 주소를 알면서 허위주소로 제소하여 공시송달의 방법으로 승소확정판결을 받았다는 이유로 피고가 제기한 **재심의 소**에서는 피고는 **확정판결의 취소를 구함과 동시에** 본소 청구기각을 구하는 외에 **원고에 대한 새로운 청구를 병합하는 것은 부적법**하다.

대법원 1997. 5. 28. 선고 96다41649 판결 [소유권이전등기]

피고들이 **재심대상판결의 취소**와 그 본소청구의 기각을 구하는 외에, 원고와 승계인을 상대로 재심대상판결에 의하여 경료된 원고 명의의 소유권이전등기와 그 후 승계인의 명의로 경료된 **소유권이전등기의 각 말소**를 구하는 청구를 병합하여 제기하고 있으나, 그와 같은 청구들은 **별소로 제기하여야** 할 것이고 **재심의 소에 병합하여 제기할 수 없다.**

대법원 1969. 12. 29. 선고 68다2425 판결 [공유물분할]

공유물분할청구소송의 **판결이 확정되기 전**에는 **분할물의 급부를 청구할 권리나 그 부분에 대한 소유권의 확인을 청구할 권리가 없다.**

3. 사해행위취소소송의 소의 이익

대법원 2003. 7. 11. 선고 2003다19558 판결 [구상금등]

어느 한 채권자가 **동일한 사해행위에 관하여 채권자취소 및 원상회복청구를 하여 승소판결을 받아 그 판결이 확정**되었다는 것만으로 **그 후에 제기된 다른 채권자의 동일한 청구가 권리보호의 이익이 없어지게 되는 것은 아니고,** 그에 기하여 **재산이나 가액의 회복을 마친 경우**에 비로소 **다른 채권자의 채권자취소 및 원상회복청구는 그와 중첩되는 범위 내에서 권리보호의 이익이 없게 된다.**

대법원 2008. 3. 27. 선고 2007다85157 판결 [사해신탁취소등]

채권자가 채무자의 부동산에 관한 사해행위를 이유로 수익자를 상대로 그 **사해행위의 취소 및 원상회복을 구하는 소송**을 제기하여 그 **소송계속 중** 위 **사해행위가 해제 또는 해지**되고 채권자가 그 사해행위의 취소에 의해 **복귀를 구하는 재산이 벌써 채무자에게 복귀한 경우**에는, 특별한 사정이 없는 한, 그 채권자취소소송은 **이미 그 목적이 실현되어 더 이상** 그 소에 의해 확보할 **권리보호의 이익이 없어지는 것**이고, 이는 그 목적재산인 부동산의 복귀가 그 이전등기의 말소 형식이 아니라 소유권이전등기의 형식을 취하였다고 하여 달라지는 것은 아니다.

대법원 1997. 10. 10. 선고 97다8687 판결 [구상금등]

채무자와 수익자 사이의 **근저당권설정계약이 사해행위**인 이상 그로 인한 **근저당권설정등기가 경락으로 인하여 말소되었다고 하더라도** 수익자로 하여금 근저당권자로서의 배당을 받도록 하는 것은 **민법 제406조 제1항의 취지**에 반하므로, **수익자에게 그와 같은 부당한 이득을 보유시키지 않기 위하여** 그 근저당권설정등기로 인하여 해를 입게 되는 **채권자는 근저당권설정계약의 취소를 구할 이익이 있다.**

수익자가 경매절차에서 채무자와의 사해행위로 취득한 근저당권에 기하여 **배당에 참가하여 배당표는 확정**되었으나 채권자의 배당금 **지급금지가처분으로 인하여 배당금을 현실적으로 지급받지 못한 경우**, 채권자취소권의 행사에 따른 **원상회복**의 방법은 수익자에게 바로 **배당금의 지급을 명할 것이 아니라** 수익자가 취득한 **배당금지급청구권을 채무자에게 반환하는 방법으로** 이루어져야 하고, 이는 결국 **배당금지급채권의 양도**와 그 **채권양도의 통지**를 배당금지급채권의 **채무자에게**[44] **하여 줄 것을 청구**하는 형태가 될 것이다.

대법원 2004. 1. 27. 선고 2003다6200 판결 [배당이의]

근저당권설정계약을 사해행위로서 취소하는 경우 **경매절차가 진행**되어 타인이 소유권을 취득하고 **근저당권설정등기가 말소**되었다면 원물반환이 불가능하므로 **가액배상의 방법**으로 원상회복을 명할 것인바, **이미 배당이 종료되어 수익자가 배당금을 수령**하였다면 수익자로 하여금 **배당**

44 여기서 채무자는 해당 경매법원(혹은 대한민국)으로 볼 수 있음

금을 반환하도록 명하여야 하고, **배당표가 확정**되었으나 채권자의 **배당금지급금지가처분으로 인하여 수익자가 배당금을 현실적으로 지급받지 못한 경우**에는 **배당금지급채권의 양도와 그 채권양도의 통지**를 명할 것이나, **채권자가 배당기일에 출석**하여 수익자의 배당 부분에 대하여 **이의**를 하였다면 그 채권자는 **사해행위취소의 소와 병합하여 원상회복으로서 배당이의의 소를 제기**할 수 있다고 할 것이고, 다만 이 경우 법원으로서는 배당이의의 소를 제기한 당해 채권자 이외의 다른 채권자의 존재를 고려할 필요 없이 그 채권자의 채권이 만족을 받지 못한 한도에서만 근저당권설정계약을 취소하고 그 한도에서만 수익자의 배당액을 삭제하여 당해 채권자의 배당액으로 경정하여야 한다.

대법원 2012. 11. 15. 선고 2012다65058 판결 [구상금]

채무자가 사해행위로 인한 근저당권 실행으로 경매절차가 진행 중인 부동산을 매각하고, 그 대금으로 근저당권자인 수익자에게 피담보채무를 변제함으로써 그 근저당권설정등기가 말소된 경우에 위와 같은 변제는 특별한 사정이 없는 한 **근저당권의 우선변제권 이행**으로 일반 채권자에 우선하여 된 것이라고 봄이 타당하므로, 근저당권이 실행되어 경매절차에서 근저당권설정등기가 말소된 경우와 마찬가지로 수익자로 하여금 근저당권 말소를 위한 변제 이익을 보유하게 하는 것은 부당하다. 따라서 이 경우에도 근저당권설정등기로 말미암아 해를 입게 되는 채권자는 원상회복을 위하여 **사해행위인 근저당권설정계약의 취소를 구할 이익이 있다.**[45]

대법원 2012. 6. 28. 선고 2010다71431 판결 [사해행위취소등]

신용보증기금이 甲 주식회사를 상대로 제기한 **사해행위취소소송에서 원물반환**으로 **근저당권설정등기의 말소**를 구하여 **승소판결이 확정**되었는데, **그 후** 해당 부동산이 관련 경매사건에서 담보권 실행을 위한 **경매절차**를 통하여 제3자에게 매각된 사안에서, 위와 같이 부동산이 담보권 실행을 위한 경매절차에 의하여 매각됨으로써 확정판결에 기한 甲 회사의 **근저당권설정등기 말소등기절차의무가 이행불능**된 경우, 신용보증기금은 **대상청구권 행사**로서 甲 회사가 말소될 근저당권설정등기에 기한 **근저당권자로서 지급받은 배당금의 반환을 청구**할 수 있다.[46]

대법원 2013. 4. 26. 선고 2011다37001 판결 [사해행위취소]

사해행위 취소의 소와 원상회복청구의 소는 서로 소송물과 쟁점을 달리하는 별개의 소로서 양자가 반드시 동시에 제기되어야 하는 것은 아니고 별개로 제기될 수 있으며, 전자의 소에서는 승소하더라도 후자의 소에서는 당사자가 제출한 공격·방어 방법 여하에 따라 패소할 수도 있고, 취소채권자가 사해행위 취소의 소를 제기하여 승소한 경우 그 취소의 효력은 민법 제407조에 의하여 모든 채권자의 이익을 위하여 미치고 이로써 그 소의 목적은 달성된다. 이에 비추어 보면, 채권자가 **원상회복청구의 소에서 패소할 것이 예상된다는 이유로** 그와 별개인 **사해행위 취소의 소에 대하여 소송요건을 갖추지 못한 것으로 보아 소의 이익을 부정할 수는 없다.**[47]

---

45 소위 임의환가를 통한 변제가 이뤄진 사건에서도 사해행위취소의 소의 이익은 있다는 판결이며, 이 경우 원상회복은 가액배상이 되어야 할 것임

46 원고는 배당금청구권의 채권양도를 구하다가 피고가 배당금을 수령하자 배당금반환청구로 청구취지변경 → 대상청구권으로서 허용 → 즉, 원물반환 승소확정판결 있는 사안에서 '가액배상'으로 배당금 구하면 옳지 않으나, 대상청구권 주장으로 선해 가능한 것임

47 위 판결은 피고 A(1순위근저당권자), 피고 B(2순위근저당권자)라는 두 수익자 중 경매에서 피고 A

대법원 2013. 5. 9. 선고 2011다75232 판결 [사해행위취소]

채무자가 **선순위 근저당권이 설정되어 있는 상태**에서 그 부동산을 **제3자에게 양도한 후** 선순위 **근저당권설정계약을 해지하고 근저당권설정등기를 말소**한 경우에, 비록 근저당권설정계약이 이미 해지되었지만 **그것이 사해행위에 해당하는지**에 따라 **후행 양도계약 당시 당해 부동산의 잔존 가치가 피담보채무액을 초과하는지 여부가 달라지고** 그 결과 **후행 양도계약에 대한 사해행위취소청구가 받아들여지는지 여부** 및 반환범위가[48] **달라지는 때**에는 **이미 해지된 근저당권설정계약이라 하더라도** 그에 대한 **사해행위취소청구를 할 수 있는 권리보호의 이익이 있다**고 보아야 한다. 이는 근저당권설정계약이 양도계약보다 나중에 해지된 경우뿐 아니라 근저당권설정계약의 해지를 원인으로 한 근저당권설정등기의 말소등기와 양도계약을 원인으로 한 소유권이전등기가 **같은 날 접수되어 함께 처리되고 그 원인일자가 동일한 경우에도 마찬가지**이다.

대법원 2018. 6. 28. 선고 2018다214319 판결 [사해행위취소]

저당권이 설정되어 있는 부동산이 사해행위로 양도된 경우에 사해행위는 부동산의 가액에서 저당권의 피담보채무액을 공제한 잔액의 범위 내에서만 성립한다고 보아야 하므로, **사해행위 후 변제 등에 의하여 저당권설정등기가 말소**되었다면 **부동산의 가액에서 저당권의 피담보채무액을 공제한 잔액의 한도에서 사해행위를 취소**하고 **가액의 배상**을 구할 수 있을 뿐이다. 한편 사해행위의 취소는 **취소소송의 당사자 사이에서 상대적으로 취소의 효력**이 있는 것으로 당사자 이외의 제3자는 다른 특별한 사정이 없는 이상 취소로 인하여 그 법률관계에 영향을 받지 아니한다. **저당권설정행위** 등이 사해행위에 해당하여 채권자가 저당권설정자를 상대로 제기한 **사해행위 취소소송**에서 채권자의 청구를 **인용하는 판결이 선고**되었다고 하더라도 이러한 사해행위 **취소판결의 효력은 해당 부동산의 소유권을 이전받은 자에게 미치지 아니하므로**, 저당권이 설정되어 있는 부동산이 사해행위로 양도된 경우 부동산의 가액에서 저당권의 피담보채무액을 **공제한 잔액의 한도에서** 양도행위를 사해행위로 **취소**하고 **가액의 배상**을 구할 수 있다는 앞서 본 법리는 **저당권설정행위 등이 사해행위로 인정되어 취소된 때에도 마찬가지로 적용**된다.

만 배당받고 피고 B는 전혀 배당받지 못한 채 근저당권등기가 말소된 사안 → 피고 B에 대한 원상회복은 패소 가능성 있지만, 사해행위취소는 소의 이익 O ∵ 피고 A의 저당권설정이 사해행위로 취소되면 피고 B가 추가배당 받을 수도 있으므로

48 여기서 '반환범위'가 달라진다고 한 표현은 '사해행위 성립범위'가 달라진다는 의미로 해석해야 함(私見, 위 본문의 비교·정리 내용 참조)

제3절 소송물

소송물이론

1. 서론

2. 소송물이론

3. 구이론에 따른 판례

대법원 1976. 10. 12. 선고 76다1313 판결 [손해배상]

불법행위로 말미암아 신체의 상해를 입었기 때문에 가해자에게 대하여 **손해배상**을 청구할 경우에 있어서는 그 **소송물**인 **손해**는 통상의 치료비 따위와 같은 **적극적 재산상 손해**와 일실수익 상실에 따르는 **소극적 재산상 손해** 및 정신적 고통에 따르는 **정신적 손해(위자료)**의 **3가지로 나누어진다**고 볼 수 있고 일실수익상실로 인한 소극적 재산상 손해로서는 예를 들면 일실노임, 일실상여금 또는 후급적 노임의 성질을 딴 일실퇴직금 따위가 모두 여기에 포함된다.

대법원 1994. 6. 28. 선고 94다3063 판결 [손해배상(자)]

상소는 자기에게 불이익한 재판에 대하여 유리하게 취소변경을 구하기 위하여 하는 것이므로 전부 승소한 판결에 대하여는 항소가 허용되지 않는 것이 원칙이나, 하나의 소송물에 관하여 형식상 전부 승소한 당사자의 상소이익의 부정은 절대적인 것이라고 할 수도 없는바, 원고가 **재산상 손해(소극적 손해)**에 대하여는 **형식상 전부 승소**하였으나 **위자료**에 대하여는 **일부 패소**하였고, 이에 대하여 **원고가 원고 패소부분에 불복하는 형식으로 항소를 제기**하여 사건 전부가 확정이 차단되고 소송물 전부가 항소심에 계속되게 된 경우에는, 더욱이 불법행위로 인한 손해배상에 있어 **재산상 손해나 위자료는 단일한 원인에 근거한 것인데 편의상 이를 별개의 소송물로 분류하고 있는 것에 지나지 아니한 것이므로** 이를 **실질적으로 파악**하여, **항소심에서** 위자료는 물론이고 **재산상 손해(소극적 손해)에 관하여도 청구의 확장을 허용**하는 것이 상당하다.[49]

대법원 1980. 11. 25. 선고 80다1671 판결 [손해배상]

불법행위로 인한 **적극적 손해의 배상을 명한 전 소송의 변론종결 후**에 **새로운 적극적 손해가 발생한 경우**에 그 소송의 **변론종결 당시 그 손해의 발생을 예견할 수 없었고 또 그 부분 청구를 포기하였다고 볼 수 없는 등 특별한 사정이 있다면** 전 소송에서 그 부분에 관한 청구가 **유보되어 있지 않다고 하더라도** 이는 **전 소송의 소송물과는 별개의 소송물**이므로 **전 소송의 기판력에 저촉되는 것이 아니다.**

49 피고가 재산적 손해에 대해 항소를 하지 않은 사안이어서, 손해 3분설에 따라 별개 소송물임을 강조한다면 재산적 손해를 전부승소한 원고로서는 재산적 손해에 대해서는 부대항소도 할 수 없는 상황이었음(상세는 후술)

대법원 2013. 9. 13. 선고 2013다45457 판결 [손해배상]

부당이득반환청구권과 **불법행위로 인한 손해배상청구권**은 **서로 실체법상 별개의 청구권**으로 존재하고 그 각 청구권에 기초하여 이행을 구하는 소는 **소송법적으로도 소송물을 달리**하므로, 채권자로서는 **어느 하나의 청구권**에 관한 소를 제기하여 **승소 확정판결을 받았다고 하더라도 아직 채권의 만족을 얻지 못한 경우**에는 다른 **나머지 청구권**에 관한 이행판결을 얻기 위하여 그에 관한 **이행의 소를 제기할 수 있다.** 그리고 채권자가 먼저 부당이득반환청구의 소를 제기하였을 경우 특별한 사정이 없는 한 손해 전부에 대하여 승소판결을 얻을 수 있었을 것임에도 우연히 **손해배상청구의 소를 먼저 제기하는 바람에 과실상계** 또는 공평의 원칙에 기한 책임제한 등의 법리에 따라 그 **승소액이 제한**되었다고 하여 그로써 **제한된 금액에 대한 부당이득반환청구권의 행사가 허용**되지 않는 것도 아니다.

대법원 1991. 3. 27. 선고 91다650 판결 [건물철거등,소유권이전등기말소등]

대지의 **불법점유로 인한 임료 상당의 손해배상청구소송**은 대지의 **임료에 상당하는 부당이득의 반환을 청구한 전소**와는 **청구원인이나 소송물이 다른 별개의 소**로서 전소의 **기판력에 저촉된다고 볼 수 없다.**

대법원 1988. 9. 27. 선고 87다카1637 판결 [가등기에기한본등기]

가등기에 기하여 본등기가 된 때에는 본등기의 순위가 가등기한 때로 소급함으로써 가등기 후 본등기 전에 이루어진 중간처분이 본등기보다 후순위로 되어 실효되는 것이므로 **가등기권자가 가등기된 목적물에 관하여 소유권이전등기**를 받고 있다 하더라도 가등기 후 그 소유권이전등기 전에 **중간처분이 있는 경우**에는 가등기권자는 그 순위보전을 위하여 **가등기에 기한 본등기청구를 할 이익이 있다.**

대법원 1970. 1. 27. 선고 69다1888 판결 [신탁해지에인한소유권이전등기]

본조 소정의 각 재심사유는 **개개의 재심사유가 독립**된 것으로서 어느 **한 가지 사유를 들어 재심의 소를 제기**하였다가 **패소판결이 확정**되었다고 하더라도 **다른 재심사유**가 있는 경우에는 그 재심사유로써 **다시 재심의 소를 제기할 수 있다**고 할 것이다.

대법원 2005. 4. 29. 선고 2004다40160 판결 [양수금]

금전채무불이행의 경우에 발생하는 **법정 지연손해금채권**은 그 원본채권의 일부가 아니라 전혀 별개의 채권으로 **원본채권과는 별개의 소송물**이고, **불이익변경**에 해당하는지 여부는 각 소송물별로 **원금과 지연손해금 부분을 각각 따로 비교하여 판단하여야** 할 것이다.

대법원 1980. 12. 9. 선고 79다634 전원합의체판결 [소유권이전등기]

명의신탁자는 명의수탁자에 대하여 **신탁해지**를 하고 **신탁관계의 종료** 그것만을 **이유로** 하여 소유 명의의 **이전등기절차의 이행을 청구**할 수 있음은 물론, 신탁해지를 원인으로 하고 **소유권에 기해서도** 그와 같은 청구를 할 수 있고(이 경우 **양 청구는 청구원인을 달리하는 별개의 소송**이다), 위와 같은 법리는 위 상호 명의신탁의 지위를 승계한 자와의 관계에 있어서도 마찬가지로 적용된다.[50]

---

50 유효한 명의신탁을 해지한 후, '신탁관계 종료'를 이유로 소이등을 구하여 본안 승소판결 선고 후 취

4. 판례의 구이론에 의해도 소송물이 1개인 경우

대법원 1982. 12. 14. 선고 82다카148 판결 [가옥명도,소유권이전등기말소]

동일 당사자 사이의 전후 두 개의 **소유권이전등기말소청구 사건**에 있어서의 **양 소송물**은 당해 등기의 **말소청구권**이고, 그 **동일성 식별의 표준**이 되는 **청구원인**, 즉 말소등기청구권의 발생원인은 당해 **등기원인의 무효**에 국한되므로 **전소의 변론종결 전까지 주장할 수 있었던 무효사유**는 그것이 **무권대리**행위, **불공정한 불법행위**이거나 또는 **통모허위 표시**에 의한 매매 무효를 이유로 하거나 간에 다 같이 청구원인인 **등기원인이 무효임을 뒷받침하는 이른바 독립된 공격방어방법에 불과**하여 **서로 별개의 청구원인을 구성하는 것이 아니므로** 기판력의 표준시인 전소의 변론종결 전에 발생한 사유로서 전소에서 주장하지 아니하여 패소한 경우라도 그 사유는 **전소의 확정판결의 기판력**에 의하여 **후소에서 주장하여 확정판결의 내용을 다툴 수 없다.**

대법원 1983. 3. 8. 선고 82다카1203 판결 [소유권이전등기말소]

담보목적으로 경료된 소유권이전등기의 **피담보채무를 변제하였음을 이유로 하여 말소**를 구하는 본소청구와 소유권이전등기가 **원인무효임을 이유로 하여 말소**를 구하는 전소 청구는 소송물이 동일하다고 볼 수 없으므로 전소에 대한 확정판결의 **기판력은 본소에 미치지 아니한다.**

대법원 1986. 9. 23. 선고 85다353 판결 [근저당권설정등기말소]

원고가 제1심에서 **사기에 의한 의사표시 취소**를 원인으로 한 근저당권설정등기의 말소청구와 함께 **피담보채무의 부존재**를 원인으로 한 **근저당권설정등기의 말소청구**를 하였다가 청구기각의 **본안판결**을 받은 후 **항소심에서** 위 기망을 원인으로 한 말소청구부분만을 유지하고 **피담보채무의 부존재**를 원인으로 한 **말소청구는 철회**하여 적법히 **취하**한 후 **다시 같은 청구를 추가**한 경우, 위 청구들은 각 그 청구원인을 달리하는 **별개의 독립된 소송물**로서 **선택적 병합관계**에 있다고 볼 것이고 동일한 소송물로서 그 공격방법만을 달리하는 것은 아니므로 위 피담보채무의 부존재를 원인으로 한 말소청구는 종국판결인 **제1심판결의 선고 후 취하되었다가 다시 제기된 것**이어서 **재소금지의 원칙에 어긋나는 부적법한 소**라 할 것이므로 주문에서 이 부분 소를 **각하**하는 판결을 하여야 한다.[51]

대법원 1993. 9. 14. 선고 92다1353 판결 [근저당권설정등기말소]

소유권에 기한 방해배제청구권의 행사로서 **말소등기청구**를 한 전소의 확정판결의 **기판력**은 **계약해제에 따른 원상회복**으로 **말소등기청구**를 하는 후소에 **미치지 않는다.**[52]

하했다가 다시 '소유권'에 기해 소이등을 구하더라도 267조 2항 재소금지 위반이 아니라는 사안

51 만약 이와 달리 사기 취소 원인 근저당권말소청구와 103조 위반(도박채무) 원인 근저당권말소청구의 두 가지 주장이었다면, 위와 같이 하더라도 재소금지 위반 아님 ∵ 사기 취소와 103조 위반은 모두 원인무효를 청구원인으로 하여 소송물이 같고 공격방법만 다르기 때문에 청구의 병합이 아니고, 그중 한 주장을 철회하더라도 이는 취하가 아니라 공격방법 철회에 불과하여 실기각하가 아닌 한 자유롭게 다시 주장할 수 있음

52 약정에 따른 채무불이행으로 계약해제를 하여 등기 말소를 구한다고 주장하면서 원인무효 등기라든지 대위라는 표현을 전혀 하지 않았다면, **소유권에 기한 방해배제청구권 행사로서 등기말소청구를 하는 것이 아니라** 약정의 계약당사자로서 그 **계약해제에 따른 계약상의 권리에 기하여 원상회복**

대법원 2008. 2. 29. 선고 2007다49960 판결 [부당이득금반환등]

부당이득반환청구에서 집행채무자가 집행채권 소멸의 원인으로 주장할 수 있는 사유가 여러 가지인 경우 이들은 **법률상의 원인 없는 사유**에 관하여 **공격방법이 다른 데 지나지 않으므로** 그 중 어느 사유를 주장하여 **패소의 확정판결**을 받은 경우에 다른 사유를 주장하여 다시 청구하는 것은 **기판력에 저촉**되어 허용될 수 없다.

대법원 2019. 1. 17. 선고 2018다244013 판결 [소유권이전등기]

계약해제의 효과로서 원상회복은 **부당이득에 관한 특별 규정의 성격**을 가지는 것이고, **채무불이행을 이유로 한 이 사건 매매계약 해제에 따른 원상회복으로서** 이미 지급한 매매대금 반환을 구하는 소송은 원심 판시와 같은 이유로 이 사건 **매매계약이 자동으로 해제 또는 실효되었음을 이유로** 이미 지급한 매매대금의 반환을 **부당이득반환으로서** 구하는 소송과 **소송물이 동일**하다. 따라서 원고의 예비적 청구를 기각하는 원심판결이 확정될 경우, 원고가 피고 2를 상대로 이 사건 매매계약이 이 사건 합의에 기해 자동으로 해제 또는 실효되었음을 이유로 이미 지급한 매매대금의 반환을 부당이득반환으로서 구하는 것은 위 확정판결의 **기판력에 저촉**되어 허용될 수 없다.[53]

대법원 1987. 3. 10. 선고 84다카2132 판결 [건물철거등]

특정토지에 대한 **소유권확인의 본안판결이 확정**되면 그에 대한 권리 또는 법률관계가 그대로 확정되는 것이므로 **변론종결 전에 그 확인원인이 되는 다른 사실**이 있었다 하더라도 그 **확정판결의 기판력은 거기까지도 미치는 것**이다.

5. 기타 소송물 논의

대법원 2001. 9. 20. 선고 99다37894 전원합의체 판결 [소유권이전등기]

진정한 등기명의의 회복을 위한 소유권이전등기청구는 이미 자기 앞으로 소유권을 표상하는 등기가 되어 있었거나 법률에 의하여 소유권을 취득한 자가 진정한 등기명의를 회복하기 위한 방법으로 현재의 등기명의인을 상대로 그 등기의 말소를 구하는 것에 갈음하여 허용되는 것인데, 말소등기에 갈음하여 허용되는 **진정명의회복을 원인으로 한 소유권이전등기청구권**과 **무효등기의 말소청구권**은 어느 것이나 진정한 소유자의 등기명의를 회복하기 위한 것으로서 **실질적으로 그 목적이 동일**하고, 두 청구권 모두 **소유권에 기한 방해배제청구권으로서 그 법적 근거와 성질이 동일**하므로, 비록 전자는 이전등기, 후자는 말소등기의 형식을 취하고 있다고 하더라도 그 **소송물은 실질상 동일한 것**으로 보아야 하고, 따라서 소유권이전등기말소청구소송에서 패소확정판결을 받았다면 그 **기판력**은 그 후 제기된 진정명의회복을 원인으로 한 소유권이전등기청구소

으로 말소등기청구를 하는 것이므로, 전소 확정판결의 기판력이 후소에 미칠 수 없다고 본 사안

53 위 판결은, 원고 주장으로 채무불이행에 따른 법정해제 뿐 아니라 합의에 의한 자동해제 주장도 되었다고 볼 여지가 있다면 원심법원으로서는 법정해제가 인정되지 않을 경우 합의에 따른 자동해제로 반환을 구하는 취지인지 의견 진술 기회를 부여하고 심리·판단했어야 하는데 그렇게 하지 않은 것은 적극적 석명의무 위반으로 위법하다고 보았음 → 동일한 소송물 내에서 공격방법의 차이에 불과하므로 석명의무가 문제되는 것이며 만일 소송물이 다르다면 다른 소송물로 청구하라는 석명의무가 문제될 리 없었을 것임(私見)

송에도 **미친다.**

대법원 1986. 12. 23. 선고 86다카536 판결 [손해배상]

불법행위의 피해자가 **일부청구임을 명시하여** 그 손해의 **일부만을 청구**한 경우 그 일부청구에 대한 판결의 **기판력은 잔부청구에 미치지 아니하는 것**이고, 그 경우 일부청구임을 명시하는 방법으로는 **반드시 전체 손해액을 특정하여** 그중 일부만을 청구하고 나머지 손해액에 대한 청구를 유보하는 취지임을 **밝혀야 할 필요는 없고** 일부청구하는 손해의 범위를 **잔부청구와 구별하여 그 심리의 범위를 특정할 수 있는 정도의 표시**를 하여 전체손해의 일부로서 우선 청구하고 있는 것임을 밝히는 것으로 **족하다.**

대법원 1994. 1. 14. 선고 93다43170 판결 [부당이득금반환]

상속재산에 대한 협의분할의 소급효에 의하여 **피상속인의 사망시부터 원고의 단독소유로** 되었는데 **원고가 이를 알지 못한 탓으로 전소에서 법정상속분만을 청구**하였다가 전소가 **항소심에 계속 중 별소로 법정상속분을 제외한 나머지 부분을 청구**한 경우 소송의 경과로 보아 원고가 전소의 사실심 변론종결시까지 전소가 **일부청구임을 명시하였다**고 한 사례.[54]

대법원 1993. 6. 25. 선고 92다33008 판결 [소유권이전등기]

가분채권의 일부에 대한 이행청구의 소를 제기하면서 나머지를 유보하고 **일부만을 청구한다는 취지를 명시하지 아니한 이상** 그 확정판결의 **기판력**은 청구하고 남은 **잔부청구에까지 미치는 것**이므로 그 나머지 부분을 별도로 다시 청구할 수 없다.
전소의 사실심 변론종결 당시까지 소유권이전을 소구할 수 있는 **공유지분의 범위를 정확히 알 수 없어** 결과적으로 전소에서 일부 공유지분에 관한 청구를 하지 못하게 되었다 할지라도 이를 일부청구임을 **명시한 경우와 마찬가지로 취급하여 전소의 확정판결의 기판력이 그 잔부청구에 미치지 않는다고 볼 수는 없다.**

대법원 2003. 5. 27. 선고 2001다13532 판결 [사해행위취소등]

채권자가 **사해행위의 취소를 청구**하면서 그 **보전하고자 하는 채권을 추가하거나 교환**하는 것은 그 사해행위취소권을 이유 있게 하는 **공격방법에 관한 주장을 변경하는 것일 뿐**이지 소송물 또는 청구 자체를 변경하는 것이 아니므로 **소의 변경이라 할 수 없다.**[55]

---

54 따라서 그 후 당원의 상고기각으로 확정된 전소의 제1심판결의 기판력은 나머지 부분인 이 사건 청구에 미치지 않는다.

55 제척기간 내에 소를 제기했다가 제척기간 경과 후에 피보전채권을 추가했더라도 제척기간을 도과한 것이 아니라는 판결

« 소의 제기 »

1. 소장의 필수적 기재사항(249조 1항, 64조)

대법원 2014. 3. 13. 선고 2011다111459 판결 [소유권이전등기절차이행]

민사소송에서 청구의 취지는 내용 및 범위를 명확히 알아볼 수 있도록 구체적으로 특정되어야 하고 **청구취지의 특정** 여부는 **직권조사사항**이므로, **청구취지가 특정되지 않은 경우**에는 법원은 **직권으로** 보정을 명하고 **보정명령**에 **응하지 않을 때**에는 **소를 각하**하여야 한다. 이 경우 **당사자가 부주의 또는 오해로 인하여 청구취지가 특정되지 아니한 것을 명백히 간과**한 채 본안에 관하여 공방을 하고 있는데도 **보정의 기회를 부여하지 아니한 채 당사자가 전혀 예상하지 못하였던 청구취지 불특정을 이유로 소를 각하**하는 것은 **석명의무를 다하지 아니하여** 심리를 제대로 하지 아니한 것으로서 **위법하다.**

2. 재판장 등의 소장심사(254조, 255조, 소장심사의 선순위성)

대법원 2012. 3. 27.자 2012그46 결정 [상고장보정명령에대한특별항고]

소장 또는 상소장에 관한 **재판장의 인지보정명령**은 민사소송법에서 일반적으로 항고의 대상으로 삼고 있는 **제439조** 소정의 **"소송절차**에 관한 **신청**을 **기각한 결정이나 명령"에 해당하지 아니하고,** 또 이에 대하여 **불복할 수 있음을 정하는 별도의 규정도 없으므로,** 그 명령에 대하여는 **이의신청이나 항고를 할 수 없다.** 뿐만 아니라 인지보정명령에 따른 **인지를 보정하지 아니하여** 소장이나 상소장이 각하되면 이 **각하명령에 대하여 즉시항고로 다툴 수 있으므로,** 인지보정명령은 소장 또는 상소장의 각하명령과 함께 상소심의 심판을 받는 중간적 재판의 성질을 가지는 것으로서 **제449조에서 특별항고의 대상으로 정하고 있는 "불복할 수 없는 명령"에도 해당하지 않는다**고 할 것이다.

대법원 2004. 11. 24.자 2004무54 결정 [검찰사무직국가공무원지위확인등]

제254조에 의한 소장심사의 대상이 되는 것은 소장에 필요적 기재 사항, 즉 청구취지 및 원인 등이 빠짐없이 기재되어 있는지의 여부에 있고, **소장에 일응 청구의 특정이 가능한 정도로 청구취지 및 원인이 기재되어 있다면** 비록 그것이 **불명확하여 파악하기 어렵다 하더라도** 그 후는 **석명권 행사의 문제**로서 제254조 제1항의 **소장심사의 대상이 되지는 않는다**고 할 것이고, 석명권 행사에 의하여도 원고의 **주장이 명확하게 되지 않는 경우**에는 비로소 원고의 청구를 **기각**할 수 있을 뿐이다.

대법원 2013. 9. 9.자 2013마1273 결정 [소장각하명령에대한즉시항고]

제254조에 의한 재판장의 소장심사권은 소장이 제249조 제1항의 규정에 어긋나거나 소장에 법

률의 규정에 따른 인지를 붙이지 아니하였을 경우에 재판장이 원고에 대하여 상당한 기간을 정하여 그 흠결의 보정을 명할 수 있고, 원고가 그 기간 내에 이를 보정하지 않을 때에 명령으로써 그 소장을 각하한다는 것일 뿐이므로, **소장에 일응 대표자의 표시가 되어 있는 이상** 설령 그 **표시에 잘못이 있다고 하더라도** 이를 정정 표시하라는 **보정명령을 하고 그에 대한 불응을 이유로 소장을 각하하는 것은 허용되지 아니한다.** 이러한 경우에는 오로지 **판결로써 소를 각하**할 수 있을 뿐이다.

대법원 1968. 7. 29.자 68사49 전원합의체결정 [항소장각하명령재항고기각결정에대한준재심]

재판장의 소장 심사권에 의하여 **소장 각하명령**이 있었을 경우에 있어서는 **즉시항고를 하고 그 흠결을 보정**하였을 경우라도 이를 **경정할 수 없다.**

대법원 2008. 8. 28.자 2008마1073 결정 [상고장각하명령에대한이의]

재항고인이 원심재판장의 **인지 보정명령에 따라 그 보정기간 안에** 수납은행에 **부족한 인지액을 납부한 이상** 이로써 **인지 보정의 효과가 발생**하여 위 명령에 따른 보정이 제대로 이행되었다고 할 것이고, 재항고인이 위 **납부서를 원심법원에 제출하지 아니하였다고 하여 그 보정의 효과를 부정할 수 없다.**

대법원 **2021**. 3. 11.자 2020마7755 결정 [상고장각하명령에 대한 재항고]

상소인이 **인지의 보정명령**에 따라 인지액에 해당하는 현금을 **수납은행에 납부하면서 잘못하여 인지로 납부하지 않고 송달료로 납부한 경우**에는 인지가 납부되었다고 할 수 없어 **인지 보정의 효과가 발생하지 않으나**, 그 경우에도 인지액에 해당하는 현금을 송달료로 잘못 납부한 상소인에게는 **다시 인지를 보정할 수 있는 기회를 부여함이 타당**하다. 원심 재판장은 인지 보정명령 이후 수납은행의 영수필확인서와 영수필통지서가 **보정기간 내에 제출되지 않았다고 하더라도 곧바로 상소장을 각하해서는 안 된다.** 인지액에 해당하는 현금이 송달료로 납부된 사실이 있는지를 관리은행 또는 수납은행에 전산 그 밖에 **적당한 방법으로 확인하고** 만일 그러한 사실이 확인되는 경우 상소인에게 인지를 보정하는 취지로 송달료를 납부한 것인지에 관하여 **석명을 구하고 다시 인지를 보정할 수 있는 기회를 부여해야** 한다. 이러한 보정의 기회를 부여하지 않은 채 상소장을 각하하는 것은 **석명의무**를 다하지 않아 심리를 제대로 하지 않은 것으로 위법하다.

대법원 **2020**. 6. 25. 선고 2019다292026 판결 [채무부존재확인, 손해배상]

소송대리권의 범위는 원칙적으로 **해당 심급에 한정**되지만, 소송대리인이 **상소 제기에 관한 특별한 권한을 따로 받았다면** 특별한 사정이 없는 한 상소장을 제출할 권한과 의무가 있으므로, **상소장에 인지를 붙이지 않은 흠**이 있다면 **소송대리인은 이를 보정할 수 있고 원심 재판장도 소송대리인에게 인지의 보정을 명할 수 있다.**

대법원 1995. 5. 3.자 95마337 결정 [항소장각하]

항소심 재판장이 **제402조**[56] **제1항, 제2항**에 의하여 항소인에게 상당한 기간을 정하여 그 기간

56 판결 당시의 법 규정이 개정되어 현행 규정에 맞추어 수정하였고 이하 동일함
제397조(항소의 방식, 항소장의 기재사항) ② 항소장에는 다음 각호의 사항을 적어야 한다. 1. 당사자와 법정대리인 2. 제1심 판결의 표시와 그 판결에 대한 항소의 취지

내에 흠결을 보정할 것을 명하고 항소인이 그 흠결을 **보정하지 않은 때**에는 **명령으로 항소장을 각하**하는 것은, **항소장이 제397조 제2항의 규정에 위배**되거나 항소장에 법률의 규정에 의한 **인지가 붙어 있지 아니한데도 제1심 재판장이 제399조 제1항에 의한 보정명령을 하지 아니한 때** 및 **항소장의 부본을 송달할 수 없는 때**에 한하는 것이고, **항소인에 대한 변론기일소환장이 송달불능**되었다고 하더라도, **피항소인에게 항소장 부본이 적법히 송달된 이상**[57] 항소인에 대한 변론기일소환장 등의 송달을 **공시송달로** 하여 변론기일을 실시함은 **별론으로** 하고, **항소심 재판장**이 **항소인에 대하여** 항소인 자신의 주소를 보정할 것을 명하고, 이에 따른 보정이 없다고 하여 **명령으로 항소장을 각하할 수는 없다.**

대법원 2020. 1. 30.자 2019마5599 결정 [소유권이전등기]

제397조 제2항은 항소장에 당사자와 법정대리인, 제1심판결의 표시와 그 판결에 대한 항소의 취지를 적도록 하고 있을 뿐이므로, 항소장에는 제1심판결의 변경을 구한다는 항소인의 의사가 나타나면 충분하고 **항소의 범위나 이유까지 기재되어야 하는 것은 아니다.** 따라서 **항소의 객관적, 주관적 범위**는 항소장에 기재된 **항소취지만을 기준으로 판단할 것은 아니고**, 항소취지와 함께 항소장에 기재된 사건명이나 사건번호, 당사자의 표시, 항소인이 취소를 구하는 제1심판결의 주문 내용 등을 **종합적으로 고려해서 판단해야** 한다.

항소심재판장은 항소장 부본을 송달할 수 없는 경우 항소인에게 상당한 기간을 정하여 그 기간 이내에 흠을 보정하도록 명해야 하고, 항소인이 이를 보정하지 않으면 항소장 각하명령을 해야 한다(제402조 제1항, 제2항 참조). 이러한 **항소심재판장의 항소장 각하명령**은 **항소장 송달 전까지만 가능**하다. 따라서 항소장이 피항소인에게 송달되어 **항소심법원과 당사자들 사이의 소송관계가 성립**하면 항소심재판장은 **더 이상 단독으로 항소장 각하명령을 할 수 없다.** 나아가 제79조에 의한 **독립당사자참가소송**은 동일한 권리관계에 관하여 원고, 피고, 참가인 사이의 다툼을 하나의 소송절차로 **한꺼번에 모순 없이 해결**하는 소송형태이므로, 위 세 당사자들에 대해서는 하나의 종국판결을 선고하여 **합일적으로 확정**될 결론을 내려야 하고, 이러한 본안판결에 대해 일

제399조(원심재판장등의 항소장심사권) ① 항소장이 제397조제2항의 규정에 어긋난 경우와 항소장에 법률의 규정에 따른 인지를 붙이지 아니한 경우에는 원심재판장은 항소인에게 상당한 기간을 정하여 그 기간 이내에 흠을 보정하도록 명하여야 한다. 원심재판장은 법원사무관등으로 하여금 위 보정명령을 하게 할 수 있다. ② 항소인이 제1항의 기간 이내에 흠을 보정하지 아니한 때와, 항소기간을 넘긴 것이 분명한 때에는 원심재판장은 명령으로 항소장을 각하하여야 한다. ③ 제2항의 명령에 대하여는 즉시항고를 할 수 있다.

제402조(항소심재판장등의 항소장심사권) ① 항소장이 제397조제2항의 규정에 어긋나거나 항소장에 법률의 규정에 따른 인지를 붙이지 아니하였음에도 원심재판장등이 제399조제1항의 규정에 의한 명령을 하지 아니한 경우, 또는 항소장의 부본을 송달할 수 없는 경우에는 항소심재판장은 항소인에게 상당한 기간을 정하여 그 기간 이내에 흠을 보정하도록 명하여야 한다. 항소심재판장은 법원사무관등으로 하여금 위 보정명령을 하게 할 수 있다. ② 항소인이 제1항의 기간 이내에 흠을 보정하지 아니한 때, 또는 제399조제2항의 규정에 따라 원심재판장이 항소장을 각하하지 아니한 때에는 항소심재판장은 명령으로 항소장을 각하하여야 한다. ③ 제2항의 명령에 대하여는 즉시항고를 할 수 있다.

57 1심의 '소장' 각하명령에 관한 대법원 판례는 없고 모두 2심의 '항소장' 각하명령에 관한 것으로서 '항소장 부본이 피항소인에게 송달'되기 전까지 가능한 것으로 보는데, 통상 '소송계속'이란 1심의 소장 부본이 피고에게 송달되는 시점으로 시작되므로, '소송계속시설'이라는 명칭이 '항소장' 각하명령까지 아우를 수 있는 용어인지 약간의 의문이 있음. 다만 항소심에서도 항소장 부본이 피항소인에게 송달되면 '항소심의 소송관계가 성립'한다고 보므로 포괄하여 명명한 것으로 이해할 것임(私見)

방이 항소한 경우 제1심판결 전체의 확정이 차단되고 사건 전부에 관하여 이심의 효력이 생긴다. 이처럼 항소심재판장이 단독으로 하는 항소장 각하명령에는 시기적 한계가 있고 독립당사자참가소송의 세 당사자들에 대하여는 합일적으로 확정될 결론을 내려야 하므로, 독립당사자참가소송의 제1심 본안판결에 대해 **일방이 항소**하고 **피항소인 중 1명에게 항소장이 적법하게 송달**되어 항소심법원과 당사자들 사이의 **소송관계가 일부라도 성립**한 것으로 볼 수 있다면, **항소심재판장은 더 이상 단독으로 항소장 각하명령을 할 수 없다.**

제5절 소제기 후의 조치

답변서제출, 무변론판결

1. 소장부본 송달(255조 1항)

2. 답변서제출의무(256조 1항)

3. 무변론판결(257조)

대법원 2017. 4. 26. 선고 2017다201033 판결 [대여금]

갑이 을의 언니인 병에게 돈을 대여하면서 그중 일부를 을 명의의 계좌로 송금하였다는 등의 이유로 **을은 병과 연대하여 위 대여금 일부를 지급할 의무가 있다고 주장하는 소를 제기**하였는데, **제1심은 을이 소장 부본을 송달받고도 답변서를 제출하지 아니하자, 변론 없이 갑의 주장은 그 자체로 이유 없다고 보아 갑의 청구를 기각하는 판결**을 선고하였고, 갑이 이에 불복하여 **항소**하면서 을에 대한 청구원인 사실을 불법행위로 인한 손해배상청구로 변경하자, 원심은 **발송송달의 방법으로 변론기일통지서를 송달한 후 을이 불출석한 상태에서 변론기일을 진행하여** 그 기일에 변론을 종결한 다음, **제150조 제3항, 제1항에 따라 을이 청구원인 사실을 자백한 것으로 보아** 불법행위로 인한 손해배상책임을 인정한 사안에서, **제1심이 무변론으로 갑의 청구를 기각함으로써 을이 변론에 참여하여 의견을 제시할 기회가 차단되어 사실상 심급의 이익을 박탈**당하는 결과가 된 사정에다가 **원심에서 변론기일통지서가 발송송달의 방법으로 송달되어 을이 원심 변론기일에 참여할 기회를 제대로 갖지 못한 사정**까지 감안하면, 원심으로서는 바로 을의 자백간주 판결을 할 것이 아니라 이에 앞서 제1심이 무변론판결을 선고하면서 갑의 청구를 기각한 연유는 무엇인지, 거기에 절차상 흠은 없는지, 소송 경과를 전체적으로 보아 을이 갑의 주장사실에 대하여 다툰 것으로 인정할 여지는 없는지 등을 심리하여 보고, 필요하다면 서면 등을 통하여 갑의 주장에 대한 을의 입장을 밝힐 것을 촉구하는 등 **석명권을 적절히 행사함으로써 진실을 밝혀 구체적 정의를 실현하려는 노력을 게을리하지 말았어야** 하는데도, 심리를 세밀히 하거나 적절한 소송지휘권을 행사하는 등의 방법으로 갑의 주장사실에 대한 을의 입장을 밝혀 보지도 아니한 채 **을이 변론기일에 출석하지 아니하자 곧바로 변론을 종결하고 제1심판결과 전혀 다른 결론의 판결을 선고한 원심의 조치**에는 석명권을 적정하게 행사하지 아니하여 필요한 심리를 다하지 아니하거나 자백간주의 법리를 오해한 **잘못**이 있다고 한 사례[58]

대법원 2020. 12. 10. 선고 2020다255085 판결 [사해행위취소]

제1심법원이 피고에게 소장의 부본을 송달하였을 때 피고가 원고의 청구를 다투는 경우에는 소장의 부본을 송달받은 날부터 30일 이내에 답변서를 제출하여야 하고(제256조 제1항), 법원은 피고가 답변서를 제출하지 아니한 때에는 청구의 원인이 된 사실을 자백한 것으로 보고 변론 없이 판결할 수 있으나(이하 '무변론판결'이라 한다), **판결이 선고되기까지 피고가 원고의 청구를 다투는 취지의 답변서를 제출한 경우**에는 **무변론판결을 할 수 없다**(제257조 제1항).
따라서 **제1심법원이 피고의 답변서 제출을 간과한 채 제257조 제1항에 따라 무변론판결**을 선고하였다면, 이러한 제1심판결의 절차는 **법률에 어긋난 경우**에 해당한다.
항소법원은 제1심판결의 절차가 법률에 어긋날 때에 제1심판결을 취소하여야 한다(제417조). 따라서 제1심법원이 피고의 답변서 제출을 간과한 채 제257조 제1항에 따라 무변론판결을 선고함으로써 제1심판결 절차가 법률에 어긋난 경우 **항소법원은 제417조에 의하여 제1심판결을 취소하여야** 한다. **다만** 항소법원이 제1심판결을 취소하는 경우 **반드시 사건을 제1심법원에 환송하여야 하는 것은 아니므로**, 사건을 환송하지 않고 **직접 다시 판결할 수 있다.**[59]

제7절 소제기의 효과

제1관 소송계속

제2관 중복소송금지

중복소송금지(259조)

1. 취지, 다른 제도와의 비교

58 위 판결은 이유 중에서 "**무변론판결은 원고의 청구를 인용할 경우에만 가능**하고, **원고의 청구가 이유 없음이 명백하더라도 변론 없이 하는 청구기각 판결은 인정되지 아니함**에도 제1심이 무변론으로 원고의 청구를 기각함으로써 피고가 변론에 참여하여 의견을 제시할 기회가 차단되었음을 부인할 수 없다."고 판시하여 **'무변론 원고청구기각판결'은 개념상 불허된다는 입장**을 밝힘

59 제1심이 답변서 제출을 간과하고 무변론판결을 선고하는 것은 피고의 심급의 이익을 해친 것으로 볼 여지가 있었음에도, **반드시 환송해야 하는 것은 아니고 자판도 가능하다고 판시한 점**을 주의해야 함

2. 요건

대법원 1995. 4. 14. 선고 94다29256 판결 [소유권이전등기말소]

원고가 소유권이전등기말소소송을 **제기하기 전에 이미** 원고의 채권자가 같은 피고를 상대로 채권자대위권에 의하여 원고를 **대위하여** 그 소송과 청구취지 및 청구원인을 같이하는 내용의 소송을 제기하여 **계속 중에 있다면,** 양 소송은 비록 그 **당사자는 다르다 할지라도 실질상으로는 동일소송**이므로, 원고가 제기한 소송은 제259조 소정의 이른바 **중복소송 금지규정에 저촉**되는 것이다.

대법원 1981. 7. 7. 선고 80다2751 판결 [소유권이전등기]

채권자가 채무자를 상대로 **제기한 소송이 계속 중** 제3자가 **채권자를 대위하여 같은 채무자를 상대로** 청구취지 및 원인을 같이하는 내용의 **소송을 제기**한 경우에는 양 소송은 **동일소송**이므로 후소는 **중복제소 금지규정에 저촉**된다.

대법원 1992. 11. 10. 선고 92다30016 판결 [소유권이전등기말소]

채권자대위권은 채무자가 제3채무자에 대한 권리를 행사하지 아니하는 경우에 한하여 채권자가 자기의 채권을 보전하기 위하여 행사할 수 있는 것이어서 채권자가 대위권을 행사할 당시는 **이미 채무자가 권리를 재판상 행사**하였을 때에는 **설사 패소의 본안판결**을 받았더라도 **채권자는 채무자를 대위하여** 채무자의 권리를 행사할 **당사자적격이 없다.**

대법원 1988. 9. 27. 선고 87다카1618 판결 [근저당권설정등기절차이행]

채권자를 **대위하여** 채무자를 상대로 **제기한 소송이 계속 중**인데 **제3자가** 채권자를 **대위하여** 같은 채무자를 상대로 청구취지 및 청구원인을 **같이하는 내용의 소송을 제기**하였다면 위 두 소송은 **비록 당사자는 다를지라도 실질상으로는 동일소송**이라 할 것이므로 후소는 제259조의 **중복제소 금지규정에 저촉**된다.

대법원 2016. 4. 12. 선고 2015다69372 판결 [소유권이전등기등]

채무자는 피고를 상대로 반소를 제기한 다음 피고와 상호 양보하여 민·형사상의 분쟁을 종료하기로 하는 내용의 이 사건 **합의**를 함으로써 피고에 대하여 소유권이전등기말소청구권을 **행사**하였다고 할 것이므로, 채무자가 이미 위 반소를 제기한 후에 원고가 채무자를 **대위**하여 피고를 상대로 동일한 권리를 행사하며 제기한 소는 **당사자적격을 흠결**하여 **부적법**하다고 할 것이다.

대법원 2018. 10. 25. 선고 2018다210539 판결 [공탁금출급권자확인]

비법인사단이 사원총회의 결의 없이 제기한 소는 소제기에 관한 **특별수권을 결하여 부적법**하고, 그 경우 소제기에 관한 **비법인사단의 의사결정이 있었다고 할 수 없다.** 따라서 비법인사단인 채무자 명의로 제3채무자를 상대로 한 소가 제기되었으나 사원총회의 결의 없이 총유재산에 관한 소가 제기되었다는 이유로 **각하판결**을 받고 그 판결이 **확정**된 경우에는 채무자가 스스로 제3채무자에 대한 **권리를 행사한 것으로 볼 수 없다.**

대법원 2003. 7. 11. 선고 2003다19558 판결 [구상금등]

채권자취소권의 요건을 갖춘 각 채권자는 **고유의 권리**로서 채무자의 재산처분 행위를 취소하고 그 원상회복을 구할 수 있는 것이므로 **각 채권자가 동시 또는 이시에 채권자취소 및 원상회복소송을 제기**한 경우 이들 소송이 **중복제소에 해당하는 것이 아닐** 뿐만 아니라, 어느 한 채권자가 **동일한 사해행위에 관하여 채권자취소 및 원상회복청구를 하여 승소판결을 받아 그 판결이 확정**되었다는 것만으로 **그 후에 제기된 다른 채권자의 동일한 청구가 권리보호의 이익이 없어지게 되는 것은 아니고**, 그에 기하여 **재산이나 가액의 회복을 마친 경우**에 비로소 **다른 채권자의 채권자취소 및 원상회복청구는 그와 중첩되는 범위 내에서 권리보호의 이익이 없게 된다.**

대법원 2012. 7. 5. 선고 2010다80503 판결 [양수금]

채권자가 **사해행위취소 및 원상회복청구**를 하면서 **보전하고자 하는 채권을 추가하거나 교환**하는 것은 사해행위취소권과 원상회복청구권을 이유 있게 하는 **공격방법에 관한 주장을 변경**하는 것일 뿐이지 **소송물 또는 청구 자체를 변경하는 것이 아니므로**, 채권자가 **보전하고자 하는 채권을 달리하여 동일한 법률행위의 취소 및 원상회복**을 구하는 **채권자취소의 소를 이중으로 제기**하는 경우 전소와 후소는 **소송물이 동일**하다고 보아야 하고, 이는 전소나 후소 중 어느 하나가 **승계참가신청**에 의하여 이루어진 경우에도 **마찬가지**이다.

대법원 2013. 12. 18. 선고 2013다202120 전원합의체판결 [추심금]

채무자가 제3채무자를 상대로 제기한 이행의 소가 이미 법원에 **계속되어 있는 상태**에서 **압류채권자가 제3채무자를 상대로 제기한 추심의 소**의 본안에 관하여 심리·판단한다고 하여, 제3채무자에게 불합리하게 과도한 이중 응소의 부담을 지우고 본안 심리가 중복되어 당사자와 법원의 **소송경제에 반한다거나 판결의 모순·저촉의 위험이 크다고 볼 수 없다.**

압류채권자는 채무자가 제3채무자를 상대로 제기한 이행의 소에 **제81조, 제79조에 따라 참가**할 수도 있으나, 채무자의 이행의 소가 **상고심에 계속 중인 경우에는 승계인의 소송참가가 허용되지 아니하므로** 압류채권자의 소송참가가 언제나 가능하지는 않으며, **압류채권자가** 채무자가 제기한 이행의 소에 **참가할 의무가 있는 것도 아니다.**

채무자가 제3채무자를 상대로 제기한 이행의 소가 법원에 계속되어 있는 경우에도 압류채권자는 제3채무자를 상대로 압류된 채권의 이행을 청구하는 추심의 소를 제기할 수 있고, 제3채무자를 상대로 **압류채권자가 제기한 추심의 소**는 채무자가 제기한 이행의 소에 대한 관계에서 제259조가 금지하는 **중복된 소제기에 해당하지 않는다**고 봄이 타당하다.[60]

대법원 2001. 4. 27. 선고 2000다4050 판결 [물품대금]

상계의 항변을 제출할 당시 이미 자동채권과 동일한 채권에 기한 소송을 별도로 제기하여 계속

60 당시 〈반대의견〉은 이미 법원에 계속되어 있는 전소가 소송요건 갖추지 못한 부적법한 소라고 하더라도 취하·각하 등으로 소송계속 소멸하지 않는 한 후소는 중복소송으로 금지되는 점, 채무자의 이행의 소와 압류채권자의 추심의 소는 비록 당사자는 달라도 실질적으로 동일한 사건인 점, 압류채권자는 채무자가 제기한 소에 제81조, 제79조에 따라 참가할 수 있는 길이 열려 있는 점, 상고심에 계속 중인 경우에도 상고심은 압류·추심명령으로 채무자 당사자적격 상실한 사정을 직권 조사하여 해당 부분을 파기하므로 압류채권자는 파기환송심에서 승계인으로 소송참가 하면 되는 점 등을 근거로, 추심의 소를 중복소송으로 보았음

중인 경우,[61] **사실심의 담당재판부로서는** 전소와 후소를 같은 기회에 심리·판단하기 위하여 **이부, 이송 또는 변론병합 등을 시도함으로써 기판력의 저촉·모순을 방지함과 아울러 소송경제를 도모함이 바람직**하였다고 할 것이나, **그렇다고 하여** 특별한 사정이 없는 한 별소로 계속 중인 채권을 자동채권으로 하는 소송상 **상계의 주장이 허용되지 않는다고 볼 수는 없다.**

대법원 2022. 2. 17. 선고 2021다275741 판결 [손해배상(기)]

위와 마찬가지로, 먼저 제기된 소송에서 **상계 항변을 제출한 다음 그 소송계속 중에 자동채권과 동일한 채권에 기한 소송을 별도의 소나 반소로 제기하는 것도 가능**하다.[62]

대법원 2001. 7. 24. 선고 2001다22246 판결 [근저당권말소]

채권자가 채무인수자를 상대로 제기한 **채무이행청구소송(전소)**과 채무인수자가 채권자를 상대로 제기한 원래 채무자의 채권자에 대한 **채무부존재확인소송(후소)**은 그 **청구취지와 청구원인이 서로 다르므로 중복제소에 해당하지 않는다.**
채무인수자를 상대로 한 채무이행청구소송이 계속중, 채무인수자가 별소로 그 채무의 부존재 확인을 구하는 것은 **소의 이익이 없다.**[63]

대법원 2007. 4. 13. 선고 2005다40709 판결 [대여금]

반소청구에 **본소청구의 기각을 구하는 것 이상의 적극적 내용이 포함되어 있지 않다면 반소청구로서의 이익이 없고,** 어떤 채권에 기한 **이행의 소에** 대하여 동일 채권에 관한 **채무부존재확인의 반소를 제기**하는 것은 그 청구의 내용이 실질적으로 본소청구의 기각을 구하는 데 그치는 것이므로 **부적법**하다.

대법원 1999. 6. 8. 선고 99다17401 판결 [채무부존재확인·손해배상(기)]

소송요건을 구비하여 적법하게 제기된 본소가 **그 후에 상대방이 제기한 반소로 인하여 소송요건에 흠결이 생겨 다시 부적법하게 되는 것은 아니므로,** 원고가 피고에 대하여 **손해배상채무의 부존재확인**을 구할 이익이 있어 본소로 그 확인을 구하였다면, 피고가 그 후에 그 손해배상채무의 **이행을 구하는 반소를 제기**하였다 하더라도 그러한 사정만으로 **본소청구에 대한 확인의 이익이 소멸하여 본소가 부적법하게 된다고 볼 수는 없다.**

---

61 별소선행형

62 상계항변선행형

63 위 판결은 "**원심이** 이 사건 소가 **중복제소에 해당한다고 판단한 것은 잘못**이다. **그러나** 이 사건 근저당권설정등기와 관련하여 원고가 이상준의 채무를 병존적으로 인수하였다고 하여 원고를 상대로 1억 원의 지급을 구하는 피고의 채권확정의 소가 이미 계속되어 있고, **원고는 그 소송에서 청구기각의 판결을 구함으로써** 피고가 원고나 이상준에 대하여 1억 원의 채권을 가지고 있지 아니함을 **다툴 수 있으므로,** 이와는 별도로 피고를 상대로 이상준의 원고에 대한 1억 원의 채무가 존재하지 아니한다는 확인을 구할 이익이 없다. 따라서 원고의 이 사건 **채무부존재확인의 소는 확인의 이익이 없어 부적법**하므로, 이 사건 **소를 각하한 원심의 결론은 결과적으로 옳고, 상고이유는 받아들일 수 없다.**"면서 **상고기각** 판결을 하였음

대법원 1985. 4. 9. 선고 84다552 판결 [손해배상]

전 소송에서 불법행위를 원인으로 치료비청구를 하면서 **일부만을 특정하여 청구**하고 그 이외의 부분은 별도소송으로 청구하겠다는 취지를 **명시적으로 유보**한 때에는 그 전 소송의 **소송물**은 그 **청구한 일부의 치료비에 한정**되는 것이고 전 소송에서 한 판결의 **기판력**은 유보한 **나머지 부분의 치료비에까지는 미치지 아니한다** 할 것이므로 **전 소송의 계속 중**에 동일한 불법행위를 원인으로 유보한 **나머지 치료비청구를 별도소송으로 제기**하였다 하더라도 **중복제소에 해당하지 아니한다.**

대법원 1996. 3. 8. 선고 95다46319 판결 [손해배상(기)]

원고 주장과 같이 위 종전소송에서의 청구가 **일부청구**라 하여도 이 사건 소송이 위 **종전소송의 사실심에 계속 중에 제기**되었음이 기록상 명백한 이상, 원고는 위 종전소송에서 **청구취지의 확장으로 용이하게** 이 사건 소송의 청구를 할 수 있었는데도 **별소로 잔부청구**인 이 사건 청구를 하는 것은 **소권남용**에 해당되어 **부적법**한 것으로 **각하**를 면하지 못할 것이므로 원심과 같은 결론에 이르게 된다.

대법원 1998. 2. 27. 선고 97다45532 판결 [소유권이전등기]

중복제소금지는 소송계속으로 인하여 당연히 발생하는 **소송요건**의 하나로서, 이미 동일한 사건에 관하여 전소가 제기되었다면 설령 그 **전소가 소송요건을 흠결하여 부적법하다고 할지라도 후소의 변론종결시까지 취하·각하 등에 의하여 소송계속이 소멸되지 아니하는 한 후소는 중복제소금지에 위배하여 각하**를 면치 못하게 되는바, 이와 같은 법리는 어느 채권자가 채무자를 대위하여 제3채무자를 상대로 제기한 **채권자대위소송이 법원에 계속 중 다른 채권자가 같은 채무자를 대위하여** 제3채무자를 피고로 하여 **동일한 소송물에 관하여 소송을 제기**한 경우에도 **적용**된다.[64]

3. 효과

대법원 1997. 1. 24. 선고 96다32706 판결 [원인무효로인한소유권이전등기말소]

기판력 있는 전소판결과 저촉되는 후소판결이 그대로 확정된 경우에도 전소판결의 기판력이 실효되는 것이 아니고 **재심의 소에 의하여 후소판결이 취소될 때까지 전소판결과 후소판결은 저촉되는 상태 그대로 기판력을 갖는 것**이고 또한 후소판결의 기판력이 전소판결의 기판력을 복멸시킬 수 있는 것도 아니어서, 기판력 있는 전소판결의 변론종결 후에 이와 저촉되는 후소판결이 확정되었다는 사정은 변론종결 후에 발생한 새로운 사유에 해당되지 않으므로, 그와 같은 사유를 들어 전소판결의 기판력이 미치는 자 사이에서 전소판결의 기판력이 미치지 않게 되었다고 할 수 없다.

대법원 1966. 2. 15 선고 65다2371 판결 [가옥철거등]

소유권을 원인으로 하는 이행의 소가 계속 중인 경우에도 소유권 유무 자체에 관하여 당사자

64 위 판결은 "이 사건 전소의 적법 및 당부를 심리하지 아니한 채 후소를 부적법하다고 본 원심 판단은 정당하다."고 보았음

사이에 분쟁이 있어 **즉시확정의 이익**이 있는 경우에는 그 **소유권확인의 소를 아울러 제기할 수 있다**.

대법원 **2018**. 10. 4.자 2017마6308 결정 [가처분이의]

보전처분 신청에 관하여도 중복된 소제기에 관한 **제259조의 규정이 준용**되어 **중복신청이 금지**된다. 이 경우 보전처분 신청이 중복신청에 해당하는지 여부는 후행 보전처분 신청의 **심리종결 시를 기준으로** 판단하여야 하고, 보전명령에 대한 **이의신청**이 제기된 경우에는 **이의소송의 심리종결 시**가 기준이 된다.

대법원 **2020**. 4. 29. 선고 2016후2317 판결 [등록무효(특)]

민사소송에서 중복제소금지는 소송요건에 관한 것으로서 사실심의 변론종결 시를 기준으로 판단하여야 하므로, 전소가 후소의 변론종결 시까지 취하·각하 등에 의하여 소송계속이 소멸되면 후소는 중복제소금지에 위반되지 않는다. 마찬가지로 **특허심판**에서 **중복심판청구 금지**는 심판청구의 적법요건으로, **심결 시를 기준**으로 **전심판의 심판계속이 소멸되면 후심판은 중복심판청구 금지에 위반되지 않는다**고 보아야 한다.

4. 국제적 중복소송 금지 여부

제3관 실체법상 효력

소멸시효 중단, 기간준수, 지연손해 인상

1. 소멸시효 중단[65] 및 기간준수

대법원 2011. 10. 13. 선고 2010다80930 판결 [소유권이전등기절차이행]

채권자대위권 행사의 효과는 채무자에게 귀속되는 것이므로 채권자대위소송의 제기로 인한 **소멸시효 중단의 효과 역시 채무자에게** 생긴다.

채권자 甲이 채무자 乙을 대위하여 丙을 상대로 부동산에 관하여 부당이득반환을 원인으로 한 소유권이전등기절차 이행을 구하는 소를 제기하였다가 피보전권리가 인정되지 않는다는 이유로 **소각하판결**을 선고받아 **확정**되었고, 그로부터 **3개월 남짓 경과**한 후에 **다른 채권자 丁이 乙을 대위하여** 丙을 상대로 같은 내용의 소를 제기하였다가 丙과 사이에 **피보전권리가 존재하지 않는다는 취지의 조정**이 성립되었는데, 또 **다른 채권자인 戊가 조정 성립일로부터 10여 일이 경과한 후에 乙을 대위하여** 丙을 상대로 같은 내용의 소를 다시 제기한 사안에서, 채무자 乙의 丙에 대

65 민법 과목에서 당연히 학습한 소멸시효 및 그 중단에 관한 많은 판례들은 본서에 생략하였음

한 위 부동산에 관한 부당이득반환을 원인으로 한 **소유권이전등기청구권의 소멸시효는 甲, 丁, 戊의 순차적인 채권자대위소송에 따라 최초의 재판상 청구인 甲의 채권자대위소송 제기로 중단**되었다.[66]

대법원 1985. 2. 13. 선고 84누649 판결 [상속세부과처분취소]

청구부분이 특정될 수 있는 경우에 있어서의 **일부 청구**는 청구를 하지 아니한 **나머지 부분에 대한 시효중단의 효력이 발생하지 아니한다고 할 것**이고 이 이치는 국가조세채권에 있어서도 달리 할 바 아니다.

대법원 1992. 12. 8. 선고 92다29924 판결 [손해배상(기)]

원고의 청구가 **장차 신체감정결과에 따라 청구금액을 확장할 것을 전제로 우선** 재산상 및 정신상 손해금 중 **일부를 청구한다는 뜻**이라면 채권의 일부에 대해서만 판결을 구하는 취지의 **일부 청구는 아님이 분명**하여 **소제기로 인한 시효중단의 효력은** 소장에서 주장한 손해배상채권의 **동일성의 범위 내에서 채권 전부에 대하여 미친다.**

대법원 2020. 2. 6. 선고 2019다223723 판결 [부당이득금]

하나의 채권 중 **일부에 관하여만 판결을 구한다는 취지를 명백히 하여 소송을 제기**한 경우에는 소제기에 의한 **소멸시효중단의 효력이 그 일부에 관하여만 발생**하고, 나머지 부분에는 발생하지 아니하나, 소장에서 청구의 대상으로 삼은 채권 중 일부만을 청구하면서 **소송의 진행경과에 따라 장차 청구금액을 확장할 뜻을 표시**하고 당해 소송이 종료될 때까지 **실제로 청구금액을 확장**한 경우에는 소제기 당시부터 채권 전부에 관하여 판결을 구한 것으로 해석되므로, 이러한 경우에는 **소제기 당시부터 채권 전부에 관하여 재판상 청구로 인한 시효중단의 효력**이 발생한다.
소장에서 청구의 대상으로 삼은 채권 중 일부만을 청구하면서 소송의 진행경과에 따라 장차 청구금액을 확장할 뜻을 표시하였으나 **당해 소송이 종료될 때까지 실제로 청구금액을 확장하지 않은 경우**에는 소송의 경과에 비추어 볼 때 채권 전부에 관하여 판결을 구한 것으로 볼 수 없으므로, **나머지 부분**에 대하여는 재판상 청구로 인한 **시효중단의 효력이 발생하지 아니한다.**
그러나 이와 같은 경우에도 소를 제기하면서 장차 청구금액을 확장할 뜻을 표시한 채권자로서는 장래에 나머지 부분을 청구할 의사를 가지고 있는 것이 일반적이라고 할 것이므로, 다른 특별한 사정이 없는 한 **당해 소송이 계속 중인 동안에는 나머지 부분에 대하여 권리를 행사하겠다는 의사가 표명**되어 **최고에 의해 권리를 행사하고 있는 상태가 지속**되고 있는 것으로 보아야 하고, 채권자는 **당해 소송이 종료된 때부터 6월 내에 민법 제174조에서 정한 조치**를 취함으로써 **나머지**

---

66 위 판결은, 대법원 2019. 3. 14. 선고 2018두56435 판결이 "1차 응소 후 소 각하되고 6개월 안에 2차 응소를 했더라도 다시 각하되면, 이미 1차 각하 시점으로부터 6개월이 넘은 이상 더 이상의 응소나 소제기를 통한 시효중단 효력은 있을 수 없다."는 취지로 판시한 것과 법리상 모순되는 것처럼 보일 수 있음. 위 판결의 경우 戊가 세 번째로 대위소송을 제기한 시점은 甲의 첫 번째 대위소송 각하로부터 6개월이 넘었음에도 최초 甲의 소제기 시에 시효중단 효력 인정하기 때문임. 이는 대위소송이라는 점에서 차이가 생긴 것으로, 위 판결의 원심판결(서울고법 2020나46307 판결)에서는, 두 번째인 丁의 대위소송 계속 중인 동안은 戊가 대위소송을 제기해봐야 중복소송으로 각하될 것이어서 그 기간에는 戊의 입장에서 권리 행사할 수 없는 객관적 장애사유가 있다고 판시하였음을 알 수 있음(즉, 丁의 소송 계속 중에는 시효가 진행되지 않는다는 의미)

부분에 대한 소멸시효를 중단시킬 수 있다.

2. 지연손해 인상

대법원 2021. 6. 3. 선고 2018다276768 판결 [채무부존재확인]

소송촉진 등에 관한 특례법(이하 '소송촉진법'이라 한다) 제3조는 금전채권자의 소 제기 후에도 상당한 이유 없이 채무를 이행하지 아니하는 채무자에게 지연이자에 관하여 불이익을 가함으로써 채무불이행 상태의 유지 및 소송의 불필요한 지연을 막고자 하는 것을 그 중요한 취지로 한다. 또한 소송촉진법 제3조의 문언상으로도 '금전채무의 전부 또는 일부의 이행을 명하는 판결을 선고할 경우'에 금전채무 불이행으로 인한 손해배상액 산정의 기준이 되는 법정이율에 관하여 정하고 있다(또한 같은 조 제2항도 '채무자에게 그 이행의무가 있음을 선언하는 사실심 판결이 선고'되는 것을 전제로 하여 규정한다). 따라서 금전채무에 관하여 채무자가 채권자를 상대로 **채무부존재확인소송을 제기**하였을 뿐 이에 대한 **채권자의 이행소송이 없는 경우**에는, 사실심의 심리 결과 채무의 존재가 일부 인정되어 이에 대한 **확인판결을 선고하더라도** 이는 금전채무의 전부 또는 일부의 **이행을 명하는 판결을 선고한 것은 아니므로**, 이 경우 **지연손해금 산정에 대하여 소송촉진법 제3조의 법정이율을 적용할 수 없다.**

제2장 변론

제2절 심리의 제원칙

« 처분권주의 »

1. 처분권주의의 의의

2. 채무부존재확인청구

대법원 1994. 1. 25. 선고 93다9422 판결 [채무부존재확인]

원고가 **상한을 표시하지 않고 일정액을 초과하는 채무의 부존재의 확인을 청구**하는 사건에 있어서 **일정액을 초과하는 채무의 존재가 인정되는 경우**에는, 특단의 사정이 없는 한, 법원은 그 청구의 **전부를 기각할 것이 아니라 존재하는 채무 부분에 대하여 일부패소의 판결**을 하여야 한다.[67]

67 이에 따르자면 결국 법원으로서는 전체 채무액의 구체적 액수를 심리하여 확정하여야 하고, 결론적으로 당사자가 상한을 명시한 경우와 동일하게 처리하게 됨

3. 인신사고 손해배상청구, 원금·이자·지연손해

대법원 2009. 6. 11. 선고 2009다12399 판결 [가옥명도등청구]

금전채무불이행의 경우에 발생하는 **원본채권**과 **지연손해금채권**은 **별개의 소송물**이므로, **불이익변경**에 해당하는지 여부는 **원금과 지연손해금 부분을 각각 따로 비교하여 판단하여야** 하는 것이고, 별개의 소송물을 **합산한 전체 금액을 기준으로 판단하여서는 아니 된다.**[68]

대법원 1989. 6. 13. 선고 88다카19231 판결 [약속어음금]

일건 기록에 의하면, 원고는 청구취지로서 1심에서는 **약속어음**으로서 금 8,000,000원 및 이에 대한 이 사건 소장 송달 다음날부터 완제일까지 **연 2할 5푼**의 비율에 의한 **지연손해금을 지급하라고 청구**하였고, 원심에 이르러는 **청구원인만을 대여금으로 추가변경**하였음이 명백함에도 불구하고 **원심판결** 이유에 의하면, 원심은 대여금청구를 인용하면서 **대여일부터 완제일까지 연 2할 5푼**의 **약정이자** 및 **지연손해금**을 **지급하라고 판시**함으로써 원고가 **청구하지 아니한 약정이자를 인정**하였음은 **당사자처분주의원칙에 위반**하였거나 석명의무를 게을리하였다는 비난을 면할 수 없으므로 이점을 지적하는 논지도 이유있다.

대법원 2017. 9. 26. 선고 2017다22407 판결 [청구이의]

당사자 일방이 **금전소비대차**가 있음을 **주장하면서 약정이율에 따른 이자의 지급을 구하는 경우**, 특별한 사정이 없는 한 대여금채권의 **변제기 이후의 기간에 대해서는 약정이율에 따른 지연손해금을 구하는 것으로 보아야** 하고, 여기에는 **약정이율이 인정되지 않는다고 하더라도 법정이율에 의한 지연손해금을 구하는 취지가 포함**되어 있다고 볼 수 있다. 이는 채무자가 금전소비대차계약 공정증서의 집행력을 배제하기 위하여 제기한 **청구이의의 소에서** 채권자가 금전대여와 함께 약정이율에 따른 지연손해금을 주장한 경우에도 **마찬가지**이다.[69]

4. 일부청구와 과실상계

대법원 1976. 6. 22. 선고 75다819 판결 [손해배상]

일개의 손해배상청구권중 **일부**가 소송상 **청구**되어 있는 경우에 **과실상계**를 함에 있어서는 **손해의 전액에서 과실비율에 의한 감액**을 하고 그 **잔액이 청구액을 초과하지 않을 경우에는 그 잔액을 인용**할 것이고 **잔액이 청구액을 초과할 경우에는 청구의 전액을 인용**하는 것으로 풀이하는 것이 **일부청구를 하는 당사자의 통상적 의사**라고 할 것이다.

---

68 피고만 항소했는데 제1심보다 지연손해금 인용 액수가 줄어들고 원본채권 인용 액수가 늘어난 경우 → 별개로 보아 지연손해금 부분은 취소·파기하고, 원본채권 증액 부분의 항소만 기각해야(불이익변경금지) → 단순히 원본이 증액되었다는 이유로 지연손해금까지 포함하여 전체적으로 항소 기각하면 위법함

69 판례는 대여금청구의 경우 원금에 더하여 '지연손해금'만 구했음에도 '약정이자' 지급을 명하면 처분권주의 위반으로 보면서도, 원금과 '약정이자'의 지급을 구할 경우 변제기 이후 기간에 대해서는 약정이율에 따른 '지연손해금'을 구하는 취지가 포함된 것으로 보아 함께 명하고 있으니 주의를 요함

대법원 1984. 3. 27. 선고 83다323 판결 [보증금반환]

원고가 피고에게 합계금 5,151,900원의 금전채권중 그 **일부**인 금 3,500,000원을 소송상 **청구**하는 경우에 이를 피고의 반대채권으로써 **상계**함에 있어서는 위 **금전채권 전액에서 상계를 하고 그 잔액이 청구액을 초과하지 아니할 경우에는 그 잔액을 인용**할 것이고 그 **잔액이 청구액을 초과할 경우에는 청구의 전액을 인용**하는 것으로 해석하는 것이 **일부 청구를 하는 당사자의 통상적인 의사**이고 원고의 청구액을 기초로 하여 피고의 반대채권으로 상계하여 그 잔액만을 인용한 원심판결은 상계에 관한 법리를 오해한 위법이 있다 할 것이다.

5. 단순이행청구 → 상환이행판결

대법원 1979. 10. 10. 선고 79다1508 판결 [소유권이전등기]

매매계약 체결과 대금완납을 청구원인으로 하여 **(무조건) 소유권이전등기를 구하는 청구취지**에는 대금 중 **미지급금이 있을 때**에는 위 **금원의 수령과 상환으로 소유권이전등기를 구하는 취지도 포함**되어 있다고 할 것이다.

대법원 1980. 2. 26. 선고 80다56 판결 [소유권이전등기]

매수인이 단순히 소유권이전등기청구만을 하고 매도인이 동시이행의 항변을 한 경우 법원이 대금수령과 상환으로 소유권이전등기절차를 이행할 것을 명하는 것은 그 청구 중에 대금지급과 상환으로 소유권이전등기를 받겠다는 취지가 포함된 경우에 한하므로 그 **청구가 반대급부 의무가 없다는 취지임이 분명한 경우에는 청구를 기각하여야** 한다.[70]

대법원 1995. 7. 11. 선고 94다34265 전원합의체판결 [건물명도등]

토지임대차 종료시 임대인의 **건물철거**와 그 **부지인도 청구**에는 **건물매수대금 지급과 동시에 건물명도를 구하는 청구가 포함되어 있다고 볼 수 없다.**

위 경우에 법원으로서는 임대인이 **종전의 청구를 계속 유지할 것인지**, 아니면 **대금지급과 상환으로 지상물의 명도를 청구할 의사가 있는 것인지(예비적으로라도)**를 **석명**하고 임대인이 그 석명에 응하여 소를 변경한 때에는 지상물 명도의 판결을 함으로써 **분쟁의 1회적 해결을 꾀하여야** 한다.

6. 현재이행청구 → 장래이행판결

대법원 1993. 4. 27. 선고 92다5249 판결 [근저당권말소]

근저당권이 담보하는 **피담보채권액의 범위**에 관하여 **당사자 사이에 다툼**이 있어 잔존 피담보채권이라고 주장하는 금원의 수령과 **상환으로**[71] 근저당권설정등기의 **말소를 구하는 경우**, 소송과

70 원고는 전소 패소확정판결을 받을 당시 '매매대금 감액으로 270만원은 지급의무가 없다'는 주장을 명백히 하여 단순기각판결이 나온 것이었는데, 위 판결은 후소로서 전소의 단순기각판결이 타당하다는 전제 하에 이번에는 원고가 전소 사실심 변론종결 후에 피고에게 270만원을 변제하였음을 이유로 소유권이전등기를 구하는 것이어서 전소의 기판력에 저촉되지 않는다는 취지였음

71 상환으로 구하는 것은 부당함

정에서 밝혀진 **잔존 피담보채권액의 지급을 조건으로 말소를 구하는 취지도 포함**되었다고 봄이 상당하고, 이는 장래이행의 소로서 미리 청구할 이익이 있다.

대법원 2008. 4. 10. 선고 2007다83694 판결 [근저당권말소]

원고가 **피담보채무 전액을 변제하였다고 주장**하면서 **근저당권설정등기에 대한 말소등기절차의 이행을 청구**하였으나 그 **원리금의 계산 등에 관한 다툼** 등으로 인하여 변제액이 채무 전액을 소멸시키는데 미치지 못하고 **잔존채무가 있는 것으로 밝혀진 경우**에는 특별한 사정이 없는 한 원고의 청구 중에는 **확정된 잔존채무를 변제하고 그 다음에 위 등기의 말소를 구한다는 취지도 포함**되어 있는 것으로 해석함이 상당하고, 이는 **장래 이행의** 소로서 **미리 청구할 이익도 인정**된다고 할 것이다.

따라서 원심으로서는 이 사건 근저당권설정등기의 **피담보채무 중 잔존원금 및 지연손해금의 액수를 심리·확정**한 다음, 그 **변제를 조건으로** 이 사건 근저당권설정등기의 **말소를 명하였어야** 한다고 할 것이다.

대법원 1982. 11. 23. 선고 81다393 판결 [근저당권설정등기말소등기]

원고들의 이 사건 **채무부존재확인청구**는 부동산에 의하여 담보되는 차용금채무에 대하여 원고들이 자인하는 금액을 제외한 나머지 채무의 부존재확인을 구하는 것인바, 이 같은 소극적 확인소송에 있어서 그 부존재확인을 구하는 목적인 법률관계가 **가분**하고 또 **분량적으로 그 일부만이 존재**하는 경우에는 그 청구전부를 기각할 것이 아니고 그 존재하는 법률관계의 부분에 대하여 **일부 패소의 판결**을 하여야 한다.

원고들의 이 사건 **근저당권설정등기의 말소등기절차이행청구**는 **피담보채무 중 잔존채무를 변제하는 것을 조건으로** 하여 그 담보로 경료된 위 등기의 말소등기절차이행을 구하는 것이나, 그 청구 중에는 구체적인 **잔존채무액이 원고 주장의 금액을 초과하는 경우에 그 확정된 잔존채무의 변제를 조건으로 위 등기의 말소등기절차이행을 구하는 취지가 포함**되어 있는 것으로 해석하여야 할 것이므로 이와 같은 경우에는 법원은 원고들 **청구의 일부를 배척**하여 그 **확정된 채무의 변제를 조건으로 그 등기의 말소절차이행을 명해야** 할 것이다.[72]

대법원 1991. 4. 23. 선고 91다6009 판결 [부동산근저당권설정등기말소]

피담보채무가 발생하지 아니한 것을 전제로 한 **근저당권설정등기의 말소등기절차이행청구** 중에 **피담보채무의 변제를 조건으로 장래의 이행을 청구하는 취지가 포함된 것으로는 보여지지 않는다.**

7. 기타 처분권주의

대법원 2001. 6. 12. 선고 99다20612 판결 [사해행위취소등]

저당권이 설정되어 있는 부동산이 사해행위로 이전된 경우에 그 사해행위는 부동산의 가액에서

72 해당 판결은 변제 조건 선이행 말소청구를 일부 인용하면서 원고가 병합한 피담보채무부존재확인 청구도 일부 인용하였으므로, 변제 조건 선이행 말소청구가 적법할 경우 그 피담보채무부존재확인 청구도 적법하다고 본 것으로 해석되고 있음
한편 위 판결은 단순말소청구 뿐 아니라 3천 변제 조건 말소청구 안에도 5천 변제 조건 말소청구가 포함되어 있다는 취지임

저당권의 피담보채권액을 공제한 잔액의 범위 내에서만 성립한다고 보아야 하므로, **사해행위 후 변제 등에 의하여 저당권설정등기가 말소된 경우** 그 부동산의 가액에서 저당권의 피담보채무액을 **공제한 잔액의 한도에서 사해행위를 취소**하고 그 **가액의 배상**을 구할 수 있을 뿐이고, 특별한 사정이 없는 한 변제자가 누구인지에 따라 그 방법을 달리한다고 볼 수는 없는 것이며, 사해행위인 계약 **전부의 취소와 부동산 자체의 반환을 구하는 청구취지 속에는** 위와 같이 일부취소를 하여야 할 경우 그 **일부취소와 가액배상을 구하는 취지도 포함**되어 있다고 볼 수 있으므로 **청구취지의 변경이 없더라도 바로 가액반환을 명할 수 있다.**

대법원 1962. 12. 16. 선고 67다1525 판결 [비료인도]

집행불능시의 대상청구 속에는 예비적으로 **이행불능시의 전보배상청구**도 포함된 것으로 보고 판단한 것은 원고의 청구내용을 오해하여 **청구하지 않은 것을 심리판단한 잘못**이 있다.[73]

대법원 2002. 11. 26. 선고 2001다72678 판결 [손해배상(자)]

전문 감정인의 감정 결과에 의하더라도 **피해자의 기대여명의 예측이 불확실한 경우**에는 법원으로서는 **일실수입** 손해와 **향후 치료비** 손해 등을 산정함에 있어서 **피해자가 확실히 생존하고 있으리라고 인정되는 기간 동안의 손해는 일시금의 지급**을 명하고 **그 이후의 기간은 피해자의 생존을 조건으로 정기금의 지급**을 명할 수밖에 없으므로 그와 같은 산정방식을 두고 **법원의 재량의 범위**를 넘어섰다고 할 수는 없다.[74]

대법원 2010. 1. 14. 선고 2008다69169 판결 [동업금]

동업정산금의 지급을 구하는 소송에서 원고의 **청구취지 범위를 넘어선 액수의 금원을 지급할 것을 명**한 원심판결에 **처분권주의를 위반**한 위법이 있다.[75]

---

73 집행불능 대비 대상청구(단순병합, 장래이행청구) 안에 이행불능 대비 대상청구(예비적 병합, 현재이행청구)가 포함되지 않는다는 판결

74 "특히, 여명 예측이 불확실하다고 보아 피해자가 확실히 생존하고 있으리라고 인정되는 기간을 기준으로 일시금과 정기금을 혼용하여 일실수입 손해의 지급을 명함에 있어서는 피해자가 확실히 생존하고 있으리라고 인정되는 기간 동안의 일실수입은 중간이자를 공제한 일시금으로, 그 기간 이후 가동연한까지의 일실수입은 생계비를 공제한 금액에서 중간이자를 공제한 일시금으로, 그 기간 이후 가동연한까지의 일실수입 중 생계비 상당의 손해는 피해자의 생존을 조건으로 매월 정기금으로 배상할 것을 명하여야 한다."

75 "원심판결 이유에 의하면 원심은, 피고들이 원고에게 반환하여야 할 **동업정산금 총액이 67,254,533원**이라고 판단하면서 그 동업정산금 반환채무는 **분할채무**라는 이유로 피고들에 대하여 각 33,627,267원(=67,254,533원 × 1/2)의 동업정산금 및 그 지연손해금의 **지급을 각 명하고**, 이와 따로 피고 1에 대하여 대여금 13,000,000원 및 그 지연손해금의 지급을 명하였다. 그런데 기록에 의하면, **원고는** 원심에서 피고들이 원고에게 지급하여야 할 **동업정산금 총액이 50,381,800원이라고 주장**하면서 피고들에 대하여 **연대하여 위 동업정산금 50,381,800원 및 그 지연손해금을 지급할 것을 구하고**, 이와 따로 피고 1에 대하여는 대여금 13,000,000원 및 그 지연손해금의 지급을 구하였음을 알 수 있는바, 원심이 피고들에 대하여 **각 지급을 명한 동업정산금의 합계액 67,254,533원은 원고가 구하는 동업정산금 50,381,800원을 초과함이 명백하므로**, 이러한 원심판결에는 **처분권주의를 위배**함으로써 판결 결과에 영향을 미친 위법이 있고, 이 점을 지적하는 상고이유의 주장은 이유 있다."

대법원 2014. 7. 10. 선고 2012다89832 판결 [물품대금]

채권자 甲이 **채무자 乙을 상대로** 자신의 인수대금 채권을 행사하는 청구와 **제3채무자 丙을 상대로** 위 채권을 피보전채권으로 하여 **乙의 채권을 대위행사**하는 청구를 한 사안에서, 乙의 甲에 대한 채무와 丙의 乙에 대한 채무가 **연대채무 또는 부진정연대채무의 관계가 아니지만**, 甲이 두 채무가 **부진정연대채무 관계에 있음을 전제로 연대하여 지급할 것을 구하였는데도 乙과 丙에게 개별적 지급책임을 인정한 원심판결에는 처분권주의에 관한 법리오해의 잘못**이 있다.[76]

대법원 2013. 5. 9. 선고 2011다61646 판결 [손해배상(기)]

甲이 乙 주식회사의 보험모집인인 丙의 권유에 따라 다른 회사와 체결한 보험계약을 해지하고 乙 회사와 새로운 보험계약을 체결하였는데, 이는 丙의 잘못된 설명에 기한 것이라는 이유로 손해배상으로 乙 회사에 대하여는 납부한 보험료 상당액, 丙에 대하여는 종전 보험계약의 해지로 인한 손실금 상당액 등의 각 지급을 구한 사안에서, 甲이 구하지 않았음에도 丙이 지급할 손해배상금으로서 종전 보험계약의 해지로 인한 손실금을 넘는 금액을 인정하거나, **부진정연대채무 관계에 관한 아무런 주장이 없었음에도** 乙 회사와 丙에게 **연대하여 손해배상금을 지급하라고 한 원심판결**은 **처분권주의, 변론주의**에 관한 판례 **위반**의 위법이 있다고 한 사례[77]

대법원 2011. 7. 14. 선고 2011다23323 판결 [약정금]

소송상 방어방법으로서의 상계 항변은 그 **수동채권의 존재가 확정되는 것을 전제로 하여 행하여지는 일종의 예비적 항변**으로서 상대방의 **동의 없이 이를 철회**할 수 있고, 그 경우 **법원은 처분권주의의 원칙상 이에 대하여 심판할 수 없다. 제1심법원에서 피고가** 원고에 대한 불법행위 손해배상채권과 원고가 소로써 구하고 있는 채권을 **상계한다고 주장하였다가 원심 제1변론기일에** 피고 소송대리인이 그 **상계 항변을 철회한다고 진술하였는데, 원심법원이** 피고의 원고에 대한 **손해배상채권은 성립하지 않는다고 판단하여 상계 항변을 배척**한 사안에서, 상계 항변이 철회되었음에도 이에 관하여 판단한 것은 당사자가 주장하지 않은 사항에 관하여 심판한 것으로 **처분권주의에 위배**된다고 한 사례.[78]

76 원심이 채무자의 채권자에 대한 채무와 제3채무자의 채무자에 대한 채무(대위소송)가 연대채무·부진정연대 관계가 아니라고 판단한 것은 정당하나, 원고가 피고들의 채무가 부진정연대채무관계라며 연대하여 2,520만원 및 지연손해금을 구했는데, 원심은 피고 1은 620만원, 피고 2는 609만원 및 각 지연손해금의 지급을 명한 것은 처분권주의 위반이라는 판결 → 인용한 개별적 분할채무 금액의 합계 총액이 청구한 부진정연대채무액의 총액을 넘지 않음에도 처분권주의 위배로 본 판결이므로 주의를 요함

77 원고는 피고들에 대해 개별적으로 각 금전의 지급을 구했고 그들이 (부진정)연대채무관계에 있는지에 관하여 아무런 주장이 없었음에도 원심은 아무런 근거도 설명하지 않은 채 피고들의 손해배상채무가 (부진정)연대채무관계에 있음을 전제로 연대하여(공동하여) 지급을 명함으로써 처분권주의 위반이라는 판결

78 상계항변은 공격방어방법에 불과하여 처분권주의가 아닌 변론주의의 문제로 생각할 수 있는데, 216조 2항 등 상계항변은 소송물에 준하여 취급될 수 있는 점 등을 고려해야 하므로, 사안처럼 상계항변이 철회되었음에도 법원이 굳이 배척의 판단을 내리게 되면 기판력이 달라지는 것이어서 이는 '처분권주의'의 문제라는 점에 유의해야 함(私見)

대법원 1997. 11. 28. 선고 95다29390 판결 [손해배상(자)]

자동차손해배상보장법 제3조는 불법행위에 관한 **민법 규정의 특별 규정**이라고 할 것이므로 자동차 사고로 인하여 손해를 입은 자가 **자동차손해배상보장법에 의하여 손해배상을 주장하지 않았다고 하더라도 법원은 민법에 우선하여 자동차손해배상보장법을 적용하여야** 한다.[79]

8. 처분권주의 위반의 효과

« 변론주의 »

1. 변론주의의 의의

2. 사실의 주장책임

대법원 1995. 8. 25. 선고 94다35886 판결 [보증채무금]

소멸시효의 **기산일**은 채무의 소멸이라고 하는 법률효과 발생의 요건에 해당하는 소멸시효 기간 계산의 시발점으로서 **소멸시효 항변의 법률요건을 구성하는 구체적인 사실**에 해당하므로 이는 **변론주의의 적용** 대상이고, 따라서 **본래의 소멸시효 기산일**과 당사자가 주장하는 기산일이 **서로 다른 경우**에는 변론주의의 원칙상 법원은 **당사자가 주장하는 기산일을 기준으로 소멸시효를 계산하여야** 하는데, 이는 당사자가 **본래의 기산일보다 뒤의 날짜**를 기산일로 하여 주장하는 경우는 물론이고 특별한 사정이 없는 한 그 **반대의 경우**에 있어서도 **마찬가지**이다.

대법원 2008. 3. 27. 선고 2006다70929 판결 [구상금등·손해배상(기)]

어떤 권리의 **소멸시효기간**이 얼마나 되는지에 관한 주장은 **단순한 법률상의 주장**에 불과하므로 **변론주의의 적용대상이 되지 않고 법원이 직권으로 판단**할 수 있다 할 것이다.

대법원 1982. 11. 9. 선고 82다565 판결 [소유권이전등기말소]

취득시효의 기초가 되는 사실이 법정시효기간 이상으로 계속되는 경우에 있어서 시효의 기초되는 사실이 개시된 때를 그 기산점으로 하여야 하고 **시효취득을 주장하는 사람이 임의로 그 기산점을 선택할 수 없다.**

부동산의 **시효취득**에 있어서 점유기간의 산정기준이 되는 **점유개시의 시기**나 그 점유가 자주점유인지의 여부를 가리는 기준이 되는 **점유권원**과 같은 시효취득의 요건인 사실은 그와 같은 사실을 추정할 수 있는 징표, 즉 **간접사실에 의하여 당사자의 주장에 구애됨이 없이 소송상 나타난 자료에 의하여 이를 인정하여야** 한다.

79 일반규정과 특별규정(특칙)의 관계는 소송물이 동일함(소송물이론에서 전술)

대법원 1983. 12. 13. 선고 83다카1489 전원합의체 판결 [매매대금반환]

당사자가 변론에서 주장한 **주요사실만이 심판의 대상**이 되는 것으로서 여기서 **주요사실**이라 함은 **법률효과를 발생시키는 실체법상의 구성요건 해당사실**을 말한다.[80]

대법원 1998. 3. 13. 선고 97다45259 판결 [채무부존재확인]

금전채무부존재확인소송에 있어서는, **채무자인 원고가 먼저 청구를 특정하여 채무발생원인사실을 부정하는 주장**을 하면 **채권자인 피고는 권리관계의 요건사실에 관하여 주장·입증책임**을 부담한다.

대법원 2007. 7. 12. 선고 2005다39617 판결 [배당이의]

배당이의소송에 있어서의 배당이의사유에 관한 증명책임도 **일반 민사소송에서의 증명책임 분배의 원칙에 따라야** 하므로, **원고가 피고의 채권이 성립하지 아니하였음을 주장**하는 경우에는 **피고에게 채권의 발생원인사실을 입증할 책임**이 있고, **원고가 그 채권이 통정허위표시로서 무효라거나 변제에 의하여 소멸되었음을 주장**하는 경우에는 **원고에게** 그 장해 또는 소멸사유에 해당하는 사실을 **증명할 책임**이 있다.

대법원 2021. 6. 24. 선고 2016다269698 판결 [배당이의]

채권자는 자기의 이해에 관계되는 범위 안에서만 다른 채권자를 상대로 그의 채권 또는 그 채권의 순위에 대하여 이의할 수 있으므로(민사집행법 제151조 제3항), **채권자가 제기한 배당이의의 소에서 승소하기 위하여는 피고의 채권이 존재하지 아니함을 주장·증명하는 것만으로 충분하지 아니하고**[81] **원고 자신이 피고에게 배당된 금원을 배당받을 권리가 있다는 점까지 주장·증명하여야** 한다.
위와 같은 법리는 채무자가 체결한 **근저당권설정계약**에 관하여 채권자가 **사해행위취소의 소**를 제기함과 아울러 그 **원상회복으로서 배당이의의 소**를 제기하는 경우에도 **마찬가지**이다.

대법원 2010. 6. 24. 선고 2010다12852 판결 [청구이의]

확정된 지급명령의 경우 그 지급명령의 청구원인이 된 청구권에 관하여 지급명령 발령 전에 생긴 불성립이나 무효 등의 사유를 그 지급명령에 관한 이의의 소에서 주장할 수 있고, 이러한 **청구이의의 소**에서 청구이의 사유에 관한 증명책임도 **일반 민사소송에서의 증명책임 분배의 원칙에 따라야** 한다. 따라서 확정된 지급명령에 대한 청구이의 소송에서 **원고가 피고의 채권이 성립하지 아니하였음을 주장**하는 경우에는 **피고에게 채권의 발생원인 사실을 증명할 책임**이 있고, **원고가 그 채권이 통정허위표시로서 무효라거나 변제에 의하여 소멸되었다는 등 권리 발생의 장애 또는**

---

80 판례의 이러한 표현을 근거로 판례를 제3설로 보는 견해가 있음. 일부 견해는 판례가 제1설이라면서 마치 판례에 의하면 '과속'으로 공방을 하였음에도 법원이 '신호위반'으로 판결할 수 있게 되어 부당하다는 설명을 하고 있으나 이는 실무와는 매우 동떨어진 설명임(私見). 대법원 판례가 이 쟁점을 명확히 밝힌 적은 없으나 이러한 '일반조항'을 실무에서 그런 식으로 심리하는 법원은 거의 없다고 봐도 무방함. 따라서 그런 설명보다는 오히려 판례의 입장을 제3설로 보는 견해가 타당함(私見)

81 이처럼 '원고가 피고 채권의 부존재'를 증명해야 한다는 표현은 위의 판결과 배치되는 것처럼 보이지만, 이는 결국 '피고 채권이 존재했으나 다시 소멸한 사실'을 의미한다고 봐야 하며, 본 사안의 경우에는 결국 '근저당권설정계약의 사해행위취소 사실'이 될 것임(私見)

소멸사유에 해당하는 사실을 주장하는 경우에는 **원고에게** 그 사실을 **증명할 책임**이 있다.

대법원 1992. 10. 27. 선고 92다18597 판결 [손해배상(자)]

피고가 **본안전 항변으로 채권양도사실**을 내세워 당사자적격이 없다고 주장하는 경우 그와 같은 주장 속에는 원고가 채권을 양도하였기 때문에 채권자임을 전제로 한 청구는 **이유가 없는 것이라는 취지의 본안에 관한 항변이 포함**되어 있다고 볼 수 있다.

대법원 2007. 3. 15. 선고 2006다73072 판결 [대여금]

상인 간에서 금전소비대차가 있었음을 주장하면서 **약정이자의 지급을 구하는 청구**에는 약정 이자율이 인정되지 않더라도 **상법 소정의 법정이자의 지급을 구하는 취지가 포함**되어 있다고 보아야 한다.

대여금에 대한 약정이자의 지급 청구에는 상법 소정의 법정이자의 지급을 구하는 취지도 포함되어 있다고 보아야 하므로, 법원으로서는 **이자 지급약정이 인정되지 않는다 하더라도 곧바로 위 청구를 배척할 것이 아니라 법정이자 청구에 대하여도 판단하여야** 한다고 본 사례.

대법원 1995. 12. 22. 선고 94다21078 판결 [손해배상(기)]

고의에 의한 불법행위를 원인으로 한 **손해배상 책임의 주장**에는 만일 고의는 없으나 과실이 인정될 경우에는 **과실에 의한 불법행위**를 원인으로 한 **손해배상을 바라는 주장도 포함**되어 있다고 보아야 한다.

대법원 1983. 12. 13. 선고 83다카1489 전원합의체 판결 [매매대금반환]

당사자가 변론에서 주장한 **주요사실만이 심판의 대상**이 되는 것으로서 여기서 **주요사실**이라 함은 **법률효과를 발생시키는 실체법상의 구성요건 해당사실**을 말한다.

유권대리에 있어서는 **본인이 대리인에게 수여한 대리권의 효력에 의하여 법률효과가 발생**하는 반면 **표현대리**에 있어서는 대리권이 없음에도 불구하고 **법률이 특히** 거래상대방 보호와 거래안전유지를 위하여 본래 무효인 무권대리행위의 **효과를 본인에게 미치게 한 것**으로서 **표현대리가 성립된다고 하여 무권대리의 성질이 유권대리로 전환되는 것은 아니므로, 양자의 구성요건 해당사실 즉 주요사실은 다르다**고 볼 수밖에 없으니 **유권대리에 관한 주장 속에 무권대리에 속하는 표현대리의 주장이 포함되어 있다고 볼 수 없다.**

대법원 1997. 3. 25. 선고 96다47951 판결 [청구이의등]

불공정한 법률행위로서 무효라는 주장 안에 **반사회적 법률행위로서 무효라는 주장**이 포함되어 있는지의 여부를 석명하지 않았다 하여 **석명의무**를 위반한 **위법이 있다고 볼 수 없다.**

대법원 1993. 7. 13. 선고 93다19962 판결 [손해배상(자)]

원심은, 원고들 소송대리인이 "**원고가 무식하고 사회적 경험이 없으며 가난한 사람이어서 합의를 하지 않으면 위 돈도 못 받을 것이라고 생각**하여 위 합의를 한 것이므로 위 **합의는 무효**이다"고 **주장**하고 있고 이는 착오에 인한 의사표시를 취소한다는 취지로 해석된다고 하였으나, 그 내용은 위 합의약정이 **불공정한 법률행위로서 무효라는 주장**이지, 거기에 **착오에 기한 의사표시로서 취소를 구한다는 취지가 담겨있다고 보기 어려우므로,** 원심은 결국 당사자가 **주장하지도 아**

니한 사실을 기초로 삼아 판결한 것으로서 **변론주의원칙에 위배**된다.

대법원 1996. 12. 23. 선고 95다40038 판결 [재산권반환]

의사표시가 **강박에 의한 것이어서 당연무효라는 주장** 속에 **강박에 의한 의사표시이므로 취소한다는 주장**이 당연히 **포함되어 있다고는 볼 수 없다.**

대법원 1993. 4. 27. 선고 93다1688 판결 [건물철거등]

임대인이 임차인의 **차임연체액이 2기**의 차임액에 달한다는 이유로 **임대차계약을 해지**하고 **임차목적물의 반환을 청구한다는 주장**과 **임대차기간의 약정이 없어서** 바로 **계약해지의 통고**를 하고 **임차목적물의 반환을 청구한다는 주장**은 양립할 수 있는 **별개의 독립한 공격방어방법**이므로, 임대인이 그중 **어느 한쪽만을 주장한 경우** 법원은 처분권주의[82]의 원칙상 **그 주장에 대하여만 판단하여야지** 당사자가 주장하지도 아니한 사항에 관하여까지 주장을 촉구하거나 판단하지 못한다.

대법원 2002. 5. 31. 선고 2001다42080 판결 [건물철거등]

금원을 **변제공탁하였다는 취지의 공탁서를 증거로 제출**하면서 그 금액 상당의 **변제 주장을 명시적으로 하지 않은 경우**, 비록 당사자가 공탁서를 제출하였을 뿐 그에 기재된 금액 상당에 대한 변제 주장을 명시적으로 하지 않았다고 하더라도 공탁서를 증거로 제출한 것은 그 금액에 해당하는 만큼 **변제되었음을 주장하는 취지임이 명백하므로**, 법원으로서는 그와 같은 **주장이 있는 것으로 보고 그 당부를 판단**하거나 아니면 그렇게 **주장하는 취지인지 석명을 구하여** 당사자의 진의를 밝히고 그에 대한 **판단을 하여야 한다.**

대법원 1996. 2. 9. 선고 95다27998 판결 [소유권이전등기말소등]

대리행위는 **법률효과를 발생시키는 실체법상의 구성요건 해당 사실**에 속하므로 법원은 변론에서 당사자가 주장하지 않은 이상 이를 인정할 수 없으나, 이와 같은 주장은 **반드시 명시적인 것이어야 하는 것은 아니고** 당사자의 주장 취지에 비추어 이러한 **주장이 포함**되어 있는 것으로 볼 수 있다면, 당연히 재판의 기초로 삼을 수 있다.[83]

대법원 1987. 9. 8. 선고 87다카982 판결 [소유권이전등기]

갑이 소장에서 토지를 을로부터 매수하였다고 주장하고 있으나 **갑이 위 매매당시 불과 10세** 남짓한 미성년이었고 **증인신문을 신청**하여 **갑의 조부인 병이 갑을 대리하여 위 토지를 매수한 사실을 입증**하고 있다면 갑이 그 변론에서 위 **대리행위에 관한 명백한 진술을 한 흔적은 없다 하더라도** 위 **증인신청으로서 위 대리행위에 관한 간접적인 진술은 있었다**고 보아야 할 것이므로 원심이 위 토지를 갑의 대리인이 매수한 것으로 인정하였다 하여 이를 변론주의에 반하는 것이라고는 할 수 없다.

---

82 판결요지와 달리 '변론주의'의 오기(誤記)로 보임

83 원고는 망 진석권이 매수한 토지를 그 공동상속인 진두현 등으로부터 다시 매수했다고 주장하다가 진두현으로부터 매수했다고 주장 → 진두현 외의 나머지 상속인들에 관하여는 진두현이 그들을 대리하여 매도한 것이라는 주장이 포함된 것 O

대법원 1994. 10. 11. 선고 94다24626 판결 [수표금]

원고는 소장 및 준비서면에서 **원고가 소외인을 통하여 피고에게 금원을 대여하였다고 주장**하고 있으나, 원고는 **소외인을 증인으로 신청**하여 **소외인이 원고와 피고 사이의 금전거래를 중개하였음을 입증**하고 있다면, 비록 원고가 그 변론에서 **소외인이 피고을 대리하여 원고로부터 금원을 차용한 것이라고 진술한 흔적이 없다 하더라도** 그 증인신청으로서 **그 대리행위에 관한 간접적인 진술은 있었다**고 보아야 할 것이므로, 법원이 소외인이 피고를 대리하여 원고로부터 금원을 차용한 것으로 판단하였다고 하여 이를 변론주의에 반하는 처사라고 비난할 수 없다.

대법원 1990. 6. 26. 선고 89다카15359 판결 [소유권이전등기말소]

대리인에 의한 계약체결의 사실은 **법률효과를 발생시키는 실체법상의 구성요건 해당사실**에 속하므로 법원은 변론에서 당사자의 주장이 없으면 그 사실을 인정할 수가 없는 것이나, 그 주장은 **반드시 명시적인 것이어야 하는 것은 아닐뿐더러** 반드시 **주장책임을 지는 당사자가 진술하여야 하는 것은 아니고** 소송에서 **쌍방 당사자 간에 제출된 소송자료를 통하여** 심리가 됨으로써 그 주장의 존재를 인정하더라도 상대방에게 불의의 타격을 줄 우려가 없는 경우에는 그 **대리행위의 주장은 있는 것**으로 보아 이를 **재판의 기초로** 삼을 수 있다.[84]

3. 자백의 구속력

대법원 1959. 7. 30. 선고 4291민상551 판결 [가옥명도,손해배상]

당사자가 판결소에서 **자백한 사실**이라도 그것이 재판소에 있어서 **현저한 사실에 배치**되는 경우에는 그 **자백은 효력을 발할 수 없다.**

4. 변론주의의 한계, 보완·수정

5. 변론주의의 예외 – 직권탐지주의, 직권조사사항

대법원 1990. 4. 27. 선고 88다카25274 판결 [소유권이전등기]

소가 **중복제소에 해당하지 아니한다**는 것은 **소극적 소송요건**으로서 법원의 **직권조사 사항**이므로 이에 관한 **당사자의 주장은 직권발동을 촉구하는 의미밖에 없어** 위 주장에 대하여 판단하지 아니하였다 하더라도 판단유탈의 상고이유로 삼을 수 있는 흠이 될 수 없다.

대법원 2000. 10. 13. 선고 99다18725 판결 [건물명도]

매매예약완결권의 제척기간이 도과하였는지 여부는 소위 **직권조사 사항**으로서 이에 대한 당사자의 **주장이 없더라도 법원이 당연히 직권으로 조사**하여 재판에 고려하여야 하므로, 상고법원은

---

84 원고가 소외 허유옥의 대리를 명백히 진술한 적은 없으나 피고가 준비서면에서 자신이 허유옥에게 매매계약 체결 대리권을 수여한 사실이 없다고 주장 → 피고는 원고가 허유옥의 대리행위 주장을 한 것을 전제로 하여 무권대리라는 취지의 주장을 한 것 → 주장공통에 의하여 허유옥의 대리 사실은 그 입증의 문제는 별론으로 하더라도 변론에서 주장된 것 O

매매예약완결권이 제척기간 도과로 인하여 소멸되었다는 주장이 적법한 **상고이유서 제출기간 경과 후에 주장되었다 할지라도** 이를 **판단하여야** 한다.

대법원 1996. 9. 20. 선고 96다25371 판결 [부동산소유권이전등기말소]

민법 제146조는 취소권은 **추인할 수 있는 날로부터 3년 내**에 행사하여야 한다고 규정하고 있는바, 이 때의 3년이라는 기간은 일반 소멸시효기간이 아니라 **제척기간**으로서 제척기간이 도과하였는지 여부는 **당사자의 주장에 관계없이 법원이 당연히 조사하여 고려하여야 할 사항**이다.

대법원 2010. 1. 14. 선고 2009다41199 판결 [소유권이전등기]

상속회복청구의 소에서는 **법원이 제척기간의 준수 여부에 관하여 직권으로 조사**한 후 기간도과 후에 제기된 것으로 판명되면 **부적법**한 소로 **각하**하여야 한다.

대법원 1989. 10. 24. 선고 87다카1322 판결 [토지소유권확인등]

재심대상판결의 확정 후에 증인의 허위진술에 대하여 유죄판결이 확정된 경우 "증인의 허위진실이 판결에 증거된 때"에 해당함을 사유로 한 재심의 소는 당사자가 그 유죄판결이 확정된 사실을 안 날로부터 30일 내에 제기되어야 하는 것이고, 재심의 소가 위 **재심제기의 불변기간내에 제기된 것인지의 여부**는 **재심의 소의 적법요건**에 관한 것으로서 **직권조사사항**에 해당한다.

대법원 2005. 4. 28. 선고 2004다71201 판결 [사해행위취소]

채권자취소의 소는 채권자가 취소원인을 안 때로부터 1년 이내에 제기하여야 하고, 위 **채권자취소권의 행사기간**은 **제소기간**이므로 법원은 그 기간의 준수 여부에 관하여 **직권으로 조사**하여 그 기간이 도과된 후에 제기된 채권자취소의 소는 부적법한 것으로 각하하여야 하므로 그 기간 준수 여부에 대하여 의심이 있는 경우에는 법원이 필요한 정도에 따라 직권으로 증거조사를 할 수 있으나, **법원에 현출된 모든 소송자료를 통하여 살펴보았을 때 그 기간이 도과되었다고 의심할 만한 사정이 발견되지 않는 경우까지 법원이 직권으로 추가적인 증거조사를 하여 기간 준수 여부를 확인하여야 할 의무는 없다.**

대법원 2011. 5. 13. 선고 2009다94384 판결 [소유권말소등기]

전소 확정판결의 존부는 **당사자 주장이 없더라도 법원이 직권으로 조사하여 판단**하지 않으면 안 되고, 더 나아가 당사자가 확정판결의 존재를 사실심 변론종결 시까지 주장하지 아니하였더라도 **상고심에서 새로이 주장·증명할 수 있다.**[85]

대법원 2011. 7. 28. 선고 2010다97044 판결 [손해배상(기)]

비법인사단이 당사자인 사건에서 대표자에게 **적법한 대표권**이 있는지 여부는 소송요건에 관한 것으로서 법원의 **직권조사사항**이므로, **법원에 판단의 기초자료인 사실과 증거를 직권으로 탐지할 의무까지는 없다 하더라도** 이미 **제출된 자료에 의하여 대표권의 적법성에 의심이 갈만한 사정이 엿보인다면 그에 관하여 심리·조사할 의무**가 있다.

비법인사단의 대표자 甲에게 적법한 대표권이 있는지가 문제된 사안에서, 비법인사단의 대표자

85 '전소 확정판결의 존부'는 직권조사사항이지만, 그중 전소 '승소' 확정판결의 존부만이 소송요건의 문제이며, '패소' 확정판결의 존부는 소송요건의 문제는 아님(모순금지설)

라 하여 당사자표시정정신청을 한 甲에게 **대표할 권한이 있는지에 관하여 다툼이 있다면** 원심으로서는 甲이 비법인사단의 **적법한 대표자였는지를 밝혀 보았어야** 함에도 甲을 대표자로 인정한 다음 더 나아가 **본안에 대한 판단까지 하였으니**, 이러한 원심판결에는 비법인사단의 대표권 및 직권조사사항에 관한 법리를 오해함으로써 판결에 영향을 미친 위법이 있다.
비법인사단이 총유재산에 관한 소송을 제기할 때에는 정관에 다른 정함이 있다는 등의 특별한 사정이 없는 한 **사원총회 결의**를 거쳐야 하는 것이므로, 비법인사단이 이러한 사원총회 결의 없이 그 명의로 제기한 소송은 **소송요건이 흠결**된 것으로서 부적법하다.[86]

대법원 2009. 12. 10. 선고 2009다22846 판결 [부동산소유권확인]

법인이 당사자인 사건에 있어서 그 법인의 대표자에게 적법한 **대표권이 있는지** 여부는 **소송 요건**에 관한 것으로서 법원의 **직권조사사항**이므로, 법원으로서는 그 판단의 기초 자료인 사실과 증거를 **직권으로 탐지할 의무까지는 없다 하더라도**, **이미 제출된 자료**들에 의하여 그 대표권의 적법성에 **의심이 갈 만한 사정이 엿보인다면 상대방이 이를 구체적으로 지적하여 다투지 않더라도** 이에 관하여 **심리·조사할 의무가 있다** 할 것이고, 이는 당사자가 **비법인사단**인 경우에도 마찬가지라 할 것이다.[87]

« 석명권 »

1. 의의

2. 석명의 범위

대법원 2001. 10. 9. 선고 2001다15576 판결 [매매대금]

법원의 **석명권** 행사는 당사자의 주장에 **모순**된 점이 있거나 **불완전·불명료**한 점이 있을 때에 이를 **지적하여 정정·보충할 수 있는 기회**를 주고, 계쟁 사실에 대한 **증거의 제출을 촉구**하는 것을 그 내용으로 하는 것으로, **당사자가 주장하지도 아니한 법률효과에 관한 요건사실이나 독립된 공격방어방법을 시사하여 그 제출을 권유**함과 같은 행위를 하는 것은 **변론주의의 원칙에 위배**되는 것으로 **석명권 행사의 한계를 일탈**하는 것이다.

86 비법인사단이 사원총회 결의를 거치지 않고 그 명의로 소송을 제기한 사안에서 직권으로 소제기에 관하여 총회 결의가 있었는지 심리·조사로 밝혔어야 하는데 심리 없이 본안 판단한 경우 위법하다는 판결 → 총회 결의 여부는 넓은 의미에서는 대표권 제한을 위반한 것이어서 대표권의 문제로 볼 수도 있지만, 엄밀히는 '특별수권'의 흠결 문제로 보아야 할 것이며(私見), 이어지는 판결도 그와 같이 보고 있음

87 교회가 당사자인 소송에서 그 교회의 대표자로 표시된 사람이 단지 전도목사 또는 무임목사에 불과하여 교회를 대표할 적법한 권한이 없음에도 이에 관해 제대로 심리하지 않고 그 사람에게 대표권이 있음을 전제로 본안 판단을 한 원심판결을 파기하여 환송한 사례

대법원 1995. 7. 11. 선고 94다34265 전원합의체판결 [건물명도등]

토지임대차 종료시 임대인의 **건물철거**와 그 **부지인도 청구**에는 **건물매수대금 지급과 동시에 건물명도를 구하는 청구가 포함되어 있다고 볼 수 없다.**
위 경우에 법원으로서는 임대인이 **종전의 청구를 계속 유지할 것인지**, 아니면 **대금지급과 상환으로 지상물의 명도를 청구할 의사가 있는 것인지(예비적으로라도)**를 **석명**하고 임대인이 그 석명에 응하여 소를 변경한 때에는 지상물 명도의 판결을 함으로써 **분쟁의 1회적 해결을 꾀하여야** 한다.

대법원 1994. 9. 30. 선고 94다16700 판결 [대여금]

처분문서인 **차용증에 피고는 보증인으로 기재**되어 있을 뿐이고 **제3자가 차용인으로 기재**되어 있는 한편, 원고는 **피고에 대하여** 보증채무의 이행을 구하지 아니하고 **주채무의 이행을 구하고 있는 경우**, 이는 당사자의 **주장과 그 제출증거 사이에 모순**이 있는 경우에 해당한다 할 것이므로, 법원이 **석명권의 행사를 통하여 이를 밝혀 보지 아니하고 원고의 주장사실을 인정**하였다면 **석명권 불행사로 인한 심리미진의 위법**이 있다.

대법원 2004. 3. 26. 선고 2003다21834 판결 [합의금·매매대금]

주위적 청구와 **예비적** 청구가 **병합**된 사건에서 당사자가 종전의 **주위적 청구에 관련된 청구취지와 청구원인만을 일부 변경**함으로써 **예비적 청구의 취하 여부가 불분명하게** 된 경우, 사실심 법원으로서는 **예비적 청구의 취하 여부에 대하여 석명할 의무**가 있다.

대법원 1993. 3. 26. 선고 92다38065 판결 [건물명도,임차보증금등]

원고가 반소제기 전의 변론기일에 진술된 **준비서면**에서 **변제공탁사실을 주장**하고 **공탁서를 증거로 제출**하였다면 **반소가 제기된 후** 위 주장을 반소에 관한 항변으로 원용하거나 반소에서 변제공탁의 항변을 한 일이 없다 할지라도 법원으로서는 **석명권행사**를 통하여 **본소에서 한 변제공탁주장을 반소에 관한 항변으로 원용하는지 여부**를 알아보고 이 점에 관하여 심리하여야 한다.

대법원 2005. 9. 29. 선고 2005다25755 판결 [손해배상(자)]

위 회사들이 위 원고의 부상 때문에 폐업하였다는 특별한 사정은 이를 주장하는 위 원고가 입증하여야 하는 것인데, **입증촉구**에 관한 법원의 **석명권**은 소송의 정도로 보아 **당사자가 부주의 또는 오해로 인하여 입증하지 아니하는 것이 명백한 경우에 한하여 인정**되는 것이고 다툼이 있는 사실에 관하여 입증이 없는 모든 경우에 법원이 심증을 얻을 때까지 입증을 촉구하여야 하는 것은 아니므로, 원심이 위 원고의 부주의 또는 오해로 인하여 그에 관하여 입증하지 아니하는 것이라고 볼 만한 사정이 엿보이지 않는 이 사건에서, 위 회사들이 위 원고의 부상 때문에 폐업하였는지 여부에 관하여 입증을 촉구하지 아니하였다거나 나아가 심리하지 아니하였다고 하여, 거기에 상고이유에서 주장하는 바와 같은 심리미진의 위법이 있다고 할 수도 없다.

대법원 2010. 3. 25. 선고 2009다88617 판결 [손해배상(자)]

불법행위로 인하여 손해가 발생한 사실이 인정되는 경우에는 법원은 **손해액에 관한 당사자의 주장과 증명이 미흡**하더라도 **적극적으로 석명권을 행사하여 증명을 촉구하여야** 하고 경우에 따라서는 직권으로라도 손해액을 심리 판단하여야 하나, **법원의 증명 촉구에도 불구하고 원고가 이**

에 응하지 아니하면서 손해액에 관하여 나름의 주장을 펴고 그에 관하여만 증명을 다하고 있는 경우라면, **법원이 굳이 스스로 적정하다고 생각하는 손해액 산정 기준이나 방법을 적극적으로 원고에게 제시할 필요까지는 없다.**[88]

대법원 2007. 4. 27. 선고 2005다64033 판결 [청구이의]

당사자가 **부주의 또는 오해로** 인하여 **명백히 간과한 법률상의 사항**이 있거나 당사자의 주장이 **법률상의 관점**에서 보아 **불명료** 또는 **불완전**하거나 **모순**이 있는 경우, **법원은 적극적으로 석명권을 행사하여 당사자에게 의견진술의 기회를 부여하여야** 하고, 만일 **이를 게을리한 채 당사자가 전혀 예상하지 못하였던 법률적 관점에 기한 재판**으로 당사자 일방에게 **불의의 타격**을 가하였다면 **석명 또는 지적의무를 다하지 아니하여 심리를 제대로 하지 아니한 것**으로서 **위법**하다.

대법원 2021. 3. 11. 선고 2020다273045 판결 [공사대금]

제136조 제1항은 재판장은 소송관계를 명료하게 하기 위하여 당사자에게 사실상 또는 법률상 사항에 관하여 **질문**하거나 **증명**을 하도록 **촉구**할 수 있다고 규정하고 있고, 같은 조 **제4항**은 법원은 당사자가 간과하였음이 분명하다고 인정되는 법률상 사항에 관하여 당사자에게 **의견을 진술할 기회**를 주어야 한다고 규정하고 있으므로, 법원으로서는 다툼 있는 사실을 증명하기 위하여 **제출한 증거**가 당사자의 **부주의 또는 오해로** 인하여 **불완전·불명료**한 경우에는 당사자에게 그 **제출된 증거를 명확·명료하게 할 것을 촉구하거나 보충할 수 있는 기회를 주어야** 하고, 만약 이를 **게을리한 채** 제출된 증거가 불완전·불명료하다는 이유로 그 주장을 **배척**하는 것은 **석명의무 또는 심리를 다하지 아니한 것**으로서 **위법**하다.

대법원 2013. 11. 28. 선고 2011다80449 판결 [낙찰자지위확인등]

부제소 합의는 소송당사자에게 헌법상 보장된 **재판청구권의 포기**와 같은 **중대한 소송법상의 효과를 발생**시키는 것으로서 그 **합의 시에 예상할 수 있는 상황**에 관한 것이어야 유효하고, 그 효력의 유무나 범위를 둘러싸고 이견이 있을 수 있는 경우에는 당사자의 의사를 합리적으로 해석한 후 이를 판단하여야 한다. 따라서 당사자들이 **부제소 합의의 효력이나 그 범위**에 관하여 **쟁점으로 삼아 소의 적법 여부를 다투지 아니하는데도** 법원이 **직권으로** 부제소 합의에 위배되었다는 이유로 **소가 부적법하다고 판단하기 위해서는** 그와 같은 법률적 관점에 대하여 **당사자에게 의견을 진술할 기회를 주어야** 하고, 부제소 합의를 하게 된 동기 및 경위, 그 합의에 의하여 달성하려는 목적, 당사자의 진정한 의사 등에 관하여도 **충분히 심리할 필요**가 있다. 법원이 **그와 같이 하지 않고 직권으로 부제소 합의를 인정하여 소를 각하**하는 것은 **예상 외의 재판**으로 당사자 일방에게 **불의의 타격**을 가하는 것으로서 **석명의무를 위반**하여 **필요한 심리를 제대로 하지 아니하는 것**이다.[89]

---

88 위와 같은 판례 이후 성질상 손해액 증명이 매우 어려운 경우에 대해 202조의2가 신설되었음
제202조의2(손해배상 액수의 산정) 손해가 발생한 사실은 인정되나 구체적인 손해의 액수를 증명하는 것이 사안의 성질상 매우 어려운 경우에 법원은 변론 전체의 취지와 증거조사의 결과에 의하여 인정되는 모든 사정을 종합하여 상당하다고 인정되는 금액을 손해배상 액수로 정할 수 있다. [신설 2016.3.29.] [시행 2016.9.30.]

89 이는 부제소합의의 존부가 직권조사사항이기는 하지만 실제 법원이 직권으로 각하하기 위해서는 당사자의 주장이 없는 한 적극적 석명이 선행되어야 한다는 의미이며, 한편 위 판결은 부제소합의에 위배된 소는 권리호보이익이 없고 이는 법원의 직권조사사항이라는 점도 판시하였음(전술)

대법원 2006. 1. 26. 선고 2005다37185 판결 [사해행위취소]

사해행위 취소소송에서 그 소의 **제척기간의 도과 여부가 당사자 사이에 쟁점이 된 바가 없음에도** 당사자에게 **의견진술의 기회를 부여하거나 석명권을 행사함이 없이 제척기간의 도과를 이유로** 사해행위 취소의 소를 **각하**한 원심은 **당사자가 전혀 예상하지 못하였던 법률적인 관점**에 기한 **예상 외의 재판**으로 원고에게 **불의의 타격**을 가하는 것으로서 **필요한 심리를 다하지 아니하여 판결에 영향**을 미친 **위법**이 있다.

대법원 2009. 11. 12. 선고 2009다42765 판결 [손해배상(기)]

손해배상청구의 법률적 근거는 이를 **계약책임**으로 구성하느냐 **불법행위책임**으로 구성하느냐에 따라 요건사실에 대한 증명책임이 달라지는 **중대한 법률적 사항**에 해당하므로, **당사자가 이를 명시하지 않은 경우 석명권을 행사**하여 당사자에게 의견 진술의 기회를 부여함으로써 당사자로 하여금 그 주장을 **법률적으로 명쾌하게 정리할 기회를 주어야** 함에도, **이러한 조치를 취하지 않은 채** 손해배상청구의 법률적 근거를 **불법행위책임을 묻는 것으로 단정**한 뒤 **증명이 부족하다는 이유로 청구를 받아들이지 않은 원심판결**은 석명권을 적절하게 행사하지 아니하고 당사자에게 법률사항에 관한 의견 진술의 기회를 주지 아니하여 **잘못**이라고 할 것이고, 이는 **판결 결과에 영향**을 미쳤음이 분명하다.

대법원 1994. 10. 21. 선고 94다17109 판결 [가등기말소등]

가등기와 가등기이전의 부기등기의 말소를 구하는 소송에서 가등기의 피담보채권의 발생 여부에 대한 쟁점에 관하여만 심리가 되어 **제1심**에서 **본안**에 관하여 판단하고, **원심**에서 역시 **피고적격**이나 가등기 **부기등기의 말소방법**에 관한 **석명이나 변론이 없이** 제1심판결을 취소하고 **소각하 판결**을 한 사안에서, 원심이 피고적격 등의 문제를 재판의 기초로 삼기 위하여는 원고로 하여금 이 점에 관하여 **변론을 하게** 하고, 필요한 경우 **청구취지 등을 변경할 기회를 주었어야** 할 것인데도 이에 이르지 아니한 채 이 점을 재판의 기초로 삼아 소를 각하한 것은 원고가 **전혀 예상하지 못한 법률적인 관점**에 기한 **예상 외의 재판**으로 원고에게 **불의의 타격**을 가하였을 뿐 아니라 **석명의무를 다하지 아니하여 심리를 제대로 하지 아니한 것**이라는 이유로 원심판결을 **파기**한 사례.

대법원 2003. 1. 10. 선고 2002다41435 판결 [토지소유권이전등기]

제136조 제1항은, 재판장은 소송관계를 명료하게 하기 위하여 당사자에게 사실상과 법률상의 사항에 관하여 질문하거나 입증을 촉구할 수 있다고 규정하고 있는바, 당사자가 **구 청구를 취하한다는 명백한 의사표시 없이 새로운 청구로 변경**하는 등으로 그 **변경형태가 불명할 경우**에는 사실심법원으로서는 과연 청구변경의 취지가 무엇인가 즉 **교환적인가 또는 추가적인가**의 점에 대하여 **석명으로 이를 밝혀볼 의무**가 있다.

제136조 제4항은, 법원은 당사자가 명백히 간과한 것으로 인정되는 법률상의 사항에 관하여 당사자에게 의견진술의 기회를 주어야 한다고 규정하고 있으므로, 당사자가 **부주의 또는 오해로** 인하여 **명백히 간과한 법률상의 사항**이 있거나 당사자의 주장이 **법률상의 관점**에서 보아 **불명료** 또는 **불완전**하거나 **모순**이 있는 경우, **법원은 적극적으로 석명권을 행사하여 당사자에게 의견진술의 기회를 주어야** 하고 만일 **이를 게을리한 경우**에는 **석명 또는 지적의무를 다하지 아니한 것**으로서 **위법**하다.

소유권보존등기의 **말소등기청구소송**의 제1심에서 **승소한 원고**가 원심인 **항소심에서** 자기 앞으로 소유권을 표상하는 **등기가 되어 있지 않았고 법률에 의하여 소유권을 취득하지도 않았다는 종전의 주장을 그대로 유지한 채 진정명의회복**을 위한 **소유권이전등기**절차의 **이행을 청구하는 새로운 청구를 제기**한 경우, **원심으로서는** 원고의 **소변경신청에 법률적 모순이 있음을 지적**하고 원고에게 **의견을 진술할 기회를 부여**함으로써 원고로 하여금 청구와 주장을 법률적으로 합당하게 정정할 수 있는 기회를 부여하여야 함에도 **이러한 조치를 취하지 아니한 위법**이 있다는 이유로 원심판결을 파기한 사례.[90]

대법원 2003. 4. 8. 선고 2001다29254 판결 [소유권말소등기]

소송당사자가 **문서가 위조되었다거나 권한 없이 작성되었다는 취지로 다투다가** 그 **서증의 인부 절차에서는 갑자기 진정성립을 인정**한다는 것은 **이례**에 속하는 것이라고 할 것이므로 법원은 서증의 인부 절차에서 위 문서의 **진정성립을 인정한 것이 아니라고 보거나**, 적어도 당사자가 위와 같이 **모순되는 진술을 하는 취지를 분명하게 석명하여야** 한다.

대법원 2021. 9. 16. 선고 2021다200914 판결 [건물등철거, 소유권이전등기]

甲이 자신이 소유하는 **토지 상에 있는 건물의 소유자인 乙을 상대로 건물의 철거와 부지 부분의 인도**를 구하였는데, 원심법원이 **甲과 乙의 조부인 丙이 당시 甲의 아버지인 丁 명의로 소유권이전등기가 마쳐져 있던 위 토지 등을 아들들에게 유증하는 내용의 인증서**에 따라 **乙의 아버지인 戊가 건물 부지 부분을 유증받았고**, 戊로부터 건물과 부지 부분을 증여받은 **乙은 戊를 대위하여 丁의 상속인인 甲에게 부지 부분에 관한 소유권이전등기절차의 이행을 구할 수 있으므로 甲의 청구가 신의성실의 원칙에 위반되어 허용될 수 없다**고 한 사안에서, 토지 소유권에 근거한 甲의 건물 철거 및 부지 부분 인도 청구에 대하여 **乙이 戊를 대위하여 甲에게 유증을 원인으로 한 소유권이전등기절차의 이행을 구할 수 있음을 전제로 신의칙 위반 주장을 한 적이 없으므로, 甲도 유증을 원인으로 한 소유권이전등기절차 이행청구권의 존재에 대해서는 제대로 다툴 수가 없었는데도**, 인증서 기재에 유증의 효력이 인정되는지 여부, 유증을 원인으로 한 소유권이전등기절차 이행청구권의 존부 등에 관하여 당사자들에게 의견진술의 기회를 부여하거나 **석명권을 행사하지 아니한 채** 丙이 인증서에 의하여 戊에게 건물 부지 부분을 유증하였다고 인정하고, 그에 따라 丁이 무에게 부담하던 소유권이전등기의무를 상속인인 甲이 부담하게 되었으므로 甲의 청구는 신의성실의 원칙에 위반된다고 본 **원심판단에 석명의무 위반의 잘못**이 있다고 한 사례

90 "항소심에서 소를 교환적으로 변경한 경우 제267조 제2항에 의하여 종전의 소와 동일한 소를 제기할 수 없게 되는 중대한 법적 효과가 따르게 된다는 사정까지도 함께 고려하면, 이와 같은 경우 원심으로서는 원고의 소변경신청에 법률적 모순이 있음을 지적하고 원고에게 의견을 진술할 기회를 부여함으로써 원고로 하여금 청구와 주장을 법률적으로 합당하게 정정할 수 있는 기회를 부여하여 분쟁을 실질적으로 해결하도록 하였어야 할 것이다."

« 적시제출주의 »

1. 의의

2. 실기한 공격방어방법의 각하(149조 1항, 286조)

대법원 1962. 4. 4. 선고 4294민상1122 판결 [건물철거대지명도,손해배상]

건물철거와 대지명도의 청구사건에 있어서 **제1심에서 유치권의 항변을 주장할 수 있었을** 뿐만 이 아니라 **제2심**의 1, 2, 3차 변론기일에까지도 그 항변을 주장할 수 있었을 것인데 만연히 주장을 하지 않고 **제4회 변론기일에 비로소 그 주장**을 한 것은 **시기에 늦어서 방어방법을 제출**한 것이라 볼 것이고 만일 항변의 제출을 허용한다면 소송의 완결에 지연을 가져올 것은 분명하다.[91]

대법원 2005. 10. 7. 선고 2003다44387 판결 [매매대금반환등·손해배상등]

피고는 스스로 환송 전 원심에서 상계항변을 할 수 있음을 알고 있었지만 **부제소합의의 주장으로 충분히 승산이 있다고 생각하여 상계항변을 하지 아니한 것이라고 주장**함으로써 그 항변을 하지 아니한 것이 의도적이거나 또는 속단에 인한 것임을 자인하고 있는바, 이는 그 자체로 **고의 또는 중대한 과실로 평가**될 수 있는 점, 부당하게 근저당권설정등기가 마쳐짐으로써 토지 소유자가 입은 손해는 그 채권최고액이 아니라 피담보채무 상당액이라고 할 것인데, 이 사건에서 피고는 위 **상계항변과는 모순되는 내용으로 근저당권은 원인무효이어서 그 피담보채무가 존재하지 않는다는 주장과 입증만 계속**하였을 뿐, 그 피담보채무의 존재와 액수에 대한 주장과 입증은 거의 하지 아니하였으므로 **상계적상에 있는 자동채권의 존재 자체도 의심스럽고**, 위 **상계항변의 당부를 판단하기 위해서는 원심이 판시한 바와 같은 새로운 증거조사가 필요하므로** 그로 인하여 이 사건 소송의 완결을 지연시키게 된다고 하지 않을 수 없는 점, 실기한 공격방어방법의 각하는 상대방의 신청이 없더라도 법원이 직권으로 할 수 있는 점 등에 비추어 보면, 피고의 **위 상계항변은 실기한 공격방어방법에 해당하여 받아들일 수 없다**고 판단한 원심의 조치는 정당한 것으로 충분히 수긍할 수 있다.

대법원 2003. 4. 25. 선고 2003두988 판결 [취득세등부과처분취소]

법원은 당사자의 고의 또는 중대한 과실로 시기에 늦게 제출한 공격방어방법이 그로 인하여 소송의 완결을 지연하게 하는 것으로 인정될 때에는 이를 각하할 수 있고, 이는 독립된 결정의 형식으로 뿐만 아니라 판결이유 중에서 판단하는 방법에 의하여 할 수도 있다고 하겠으나, 법원이 당사자의 **공격방어방법에 대하여 각하결정을 하지 아니한 채 그 공격방어방법에 관한 증거조사까지 마친 경우에 있어서는 더 이상 소송의 완결을 지연할 염려는 없어졌다**고 할 것이므로, 그러한 상황에서 새삼스럽게 판결이유에서 당사자의 공격방어의 방법을 각하하는 판단은 할 수 없다고 할 것이며, 더욱이 **실기한 공격방어방법이라 하더라도 따로 심리하거나 증거조사를 하여야 할 사항이 남아 있어 어차피 기일의 속행을 필요로** 하고 그 속행기일의 범위 내에서 공격방어방

91 위 판결은 '시기를 넘겨 뒤늦게' 제출했는지 여부에 관하여 심급별로 따로 보지 않고 심급 전체를 통틀어 판단하고 있는데, 이는 항소심을 '속심'으로 보기 때문임

법의 심리도 마칠 수 있거나 **공격방어방법의 내용이 이미 심리를 마친 소송자료의 범위 안에 포함되어 있는 때**에는 소송의 완결을 **지연시키는 것으로 볼 수 없으므로**, 이와 같은 경우에도 각하할 수 없다고 보아야 한다.

대법원 2017. 5. 17. 선고 2017다1097 판결 [소유권이전등기]

제149조에 정한 실기한 공격·방어방법이란 당사자가 고의 또는 중대한 과실로 소송의 정도에 따른 적절한 시기를 넘겨 뒤늦게 제출하여 소송의 완결을 지연시키는 공격 또는 방어의 방법을 말한다. 여기에서 **적절한 시기를 넘겨 뒤늦게 제출하였는지**를 판단함에는 새로운 공격·방어방법이 구체적인 소송의 진행정도에 비추어 당사자가 **과거에 제출을 기대할 수 있었던 객관적 사정이 있었는데도 이를 하지 않은 것인지**, 상대방과 **법원에 새로운 공격·방어방법을 제출하지 않을 것이라는 신뢰를 부여하였는지** 여부 등을 고려해야 한다. 항소심에서 새로운 공격·방어방법이 제출된 경우에는 특별한 사정이 없는 한 **항소심뿐만 아니라 제1심까지 통틀어 시기에 늦었는지를 판단해야** 한다. 나아가 당사자의 **고의 또는 중대한 과실**이 있는지를 판단함에는 당사자의 법률지식과 함께 새로운 공격·방어방법의 종류, 내용과 법률구성의 난이도, 기존의 공격·방어방법과의 관계, 소송의 진행경과 등을 종합적으로 고려해야 한다.

« 직권진행주의 · 소송지휘권, 이의권 »

1. 직권진행주의, 소송지휘권

2. 이의권(151조)

대법원 2008. 2. 1. 선고 2007다9009 판결 [교수지위확인]

당사자는 **법원 또는 상대방의 소송행위가 소송절차에 관한 규정을 위반**한 경우 **제151조**에 의하여 그 소송행위의 무효를 주장하는 **이의신청**을 할 수 있고 법원이 당사자의 이의를 이유 있다고 인정할 때에는 그 **소송행위를 무효로** 하고 이에 상응하는 조치를 취하여야 하지만, 소송절차에 관한 규정 중 **단순한 훈시적 규정을 위반**한 경우에는 **무효를 주장할 수 없다. 제199조, 제207조** 등은 모두 **훈시규정**이므로 법원이 **종국판결 선고기간** 5월을 도과하거나 변론종결일로부터 2주 이내 선고하지 아니하였다 하더라도 이를 이유로 **무효를 주장할 수는 없다.**

대법원 1972. 5. 9. 선고 72다379 판결 [소유권이전등기]

책문권의 포기 또는 상실은 **소송절차에 관한 임의규정의 위배에 한하여** 인정되는 것이며 **항소제기의 기간**은 **불변기간**이고 이에 관한 규정은 성질상 **강행규정**으로서 그 기간의 기산점이 되는 **판결정본의 송달**에 관한 **책문권의 상실로 인하여 그 하자가 치유될 수 없다.**

대법원 1977. 10. 11. 선고 77다1316 판결 [소유권보존등기말소등]

당사자 본인신문의 방식에 의하여야 할 **종친회 대표자**를 **증인으로 조사**한데 대하여 **지체없이 이의의 진술이 없었다면** 그 증언을 채택하여 **사실 인정**을 하였다 하더라도 **위법이라 할 수 없다.**

대법원 1982. 7. 13. 선고 82다카262 판결 [토지소유권이전등기]

청구취지의 변경은 서면으로 신청하여야 하므로 서면에 의하지 아니한 청구취지 변경은 잘못이나 이에 대하여 피고가 이의를 한 흔적이 없다면 **책문권의 상실로 그 잘못은 치유**된다.

대법원 1982. 1. 26. 선고 81다546 판결 [대여금]

청구의 기초의 변경에 대하여 **피고가 지체 없이 이의를 진술하지 아니하고** 변경된 청구에 관한 **본안의 변론을 한 때**에는 피고는 **책문권을 상실하여 다시 이의를 제기하지 못한다.**

제4절 변론의 내용

« 주장과 항변(공격방어방법) »

1. 의의

2. 주장

대법원 2013. 2. 28. 선고 2011다21556 판결 [대여금]

소송에서의 상계항변은 일반적으로 소송상의 공격방어방법으로 피고의 금전지급의무가 인정되는 경우 자동채권으로 상계를 한다는 **예비적 항변**의 성격을 갖는다. 따라서 **상계항변이 먼저** 이루어지고 **그 후** 대여금채권의 소멸을 주장하는 **소멸시효항변**이 있었던 경우에, **상계항변 당시 채무자인 피고에게** 수동채권인 대여금채권의 **시효이익을 포기하려는 효과의사가 있었다고 단정할 수 없다.** 그리고 **항소심 재판이 속심적 구조**인 점을 고려하면 **제1심에서** 공격방어방법으로 **상계항변**이 먼저 이루어지고 그 후 **항소심에서 소멸시효항변**이 이루어진 경우를 달리 볼 것은 아니다.[92]

---

92 실체법상의 상계는 수동채권의 존재 인정을 전제로 한 것이어서 그에 대한 묵시적 승인이 될 수 있고, 시효완성 후에 상계를 하면 시효이익의 포기가 될 수 있으나, 가령 원고의 소 제기 전에 이미 소멸시효가 완성되었는데 소제기 후 피고가 '소송에서' 상계항변을 하였다면 설령 그 후에서야 소멸시효 항변을 한다고 하더라도 앞선 상계항변이 '예비적' 성격임을 고려할 때(즉, 소멸시효 항변보다 더 늦게 판단해야 함) 상계항변으로 인해 바로 시효이익을 포기한 것으로 보기는 어렵다는 의미로 해석됨(私見)

3. 항변

4. 부인과 항변

5. 재항변

대법원 2014. 6. 12. 선고 2013다95964 판결 [관리비반환등]

피고의 소송상 상계항변에 대하여 **원고가 다시** 피고의 자동채권을 소멸시키기 위하여 **소송상 상계의 재항변**을 하는 경우, 법원이 원고의 소송상 상계의 재항변과 무관한 사유로 피고의 소송상 **상계항변을 배척하는 경우에는** 소송상 상계의 **재항변을 판단할 필요가 없고**, 피고의 소송상 **상계항변이 이유 있다고 판단하는 경우에는** 원고의 청구채권인 수동채권과 피고의 자동채권이 **상계적상 당시에 대등액에서 소멸**한 것으로 보게 될 것이므로 원고가 소송상 상계의 **재항변으로써 상계할 대상인 피고의 자동채권이 그 범위에서 존재하지 아니하는 것**이 되어 이때에도 역시 원고의 소송상 상계의 **재항변에 관하여 판단할 필요가 없게** 된다. 또한, 원고가 소송물인 청구채권 외에 피고에 대하여 다른 채권을 가지고 있다면 **소의 추가적 변경**에 의하여 그 채권을 당해 소송에서 청구하거나 **별소를 제기**할 수 있다. 그렇다면 **원고의 소송상 상계의 재항변은 일반적으로 이를 허용할 이익이 없다**. 따라서 **피고의 소송상 상계항변에 대하여 원고가 소송상 상계의 재항변을 하는 것**은 다른 **특별한 사정이 없는 한 허용되지 않는다**고 보는 것이 타당하다.

대법원 2015. 3. 20. 선고 2012다107662 판결 [하자보수금등]

이러한 법리는 **원고가 2개의 채권을 청구**하고, **피고가 그중 1개의 채권을 수동채권으로 삼아 소송상 상계항변**을 하자, **원고가 다시 청구채권 중 다른 1개의 채권을 자동채권으로 소송상 상계의 재항변**을 하는 경우에도 **마찬가지**로 적용된다.

« 소송상 형성권의 행사 »

1. 문제점

2. 학설 및 판례

대법원 1982. 5. 11. 선고 80다916 판결 [소유권이전등기]

소제기로써 계약해제권을 행사한후 그뒤 그 **소송을 취하**하였다 하여도 **해제권은 형성권**이므로 그 **행사의 효력에는 아무런 영향을 미치지 아니한다**.

대법원 2013. 3. 28. 선고 2011다3329 판결 [물품대금등]

소송상 방어방법으로서의 **상계항변**은 **수동채권의 존재가 확정되는 것을 전제로** 하여 행하여지는 일종의 **예비적 항변**으로서 당사자가 소송상 상계항변으로 달성하려는 목적, 상호양해에 의한 자주적 분쟁해결수단인 조정의 성격 등에 비추어 볼 때, 당해 **소송절차 진행 중** 당사자 사이에 **조정이 성립**됨으로써 **수동채권의 존재에 관한 법원의 실질적인 판단이 이루어지지 아니한 경우**에는 그 소송절차에서 행하여진 **소송상 상계항변의 사법상 효과도 발생하지 않는다**고 봄이 타당하다.

대법원 2014. 6. 12. 선고 2013다95964 판결 [관리비반환등]

소송상 방어방법으로서의 **상계항변**은 통상 수동채권의 존재가 확정되는 것을 전제로 하여 행하여지는 일종의 **예비적 항변**으로서 **소송상 상계의 의사표시에 의해 확정적으로 효과가 발생하는 것이 아니라** 당해 소송에서 **수동채권의 존재 등 상계에 관한 법원의 실질적 판단이 이루어지는 경우에 비로소 실체법상 상계의 효과가 발생**한다.

« 소송상 합의 »

1. 의의

2. 명문 규정 없는 소송상 합의의 법적 성질

대법원 2013. 11. 28. 선고 2011다80449 판결 [낙찰자지위확인등]

특정한 권리나 법률관계에 관하여 분쟁이 있어도 제소하지 아니하기로 합의(이하 '부제소 합의'라고 한다)한 경우 이에 위배되어 제기된 소는 **권리보호의 이익**이 없고, 또한 당사자와 소송관계인은 신의에 따라 성실하게 소송을 수행하여야 한다는 **신의성실의 원칙**(제1조 제2항)에도 어긋나는 것이므로, 소가 **부제소 합의에 위배되어 제기**된 경우 법원은 **직권으로** 소의 적법 여부를 판단할 수 있다.[93]

대법원 2013. 7. 12. 선고 2013다19571 판결 [조세등]

당사자 사이에 그 **소를 취하하기로 하는 합의**가 이루어졌다면 특별한 사정이 없는 한 **소송을 계속 유지할 법률상의 이익이 없어** 그 소는 **각하되어**야 하는 것이지만, **조건부 소취하의 합의**를 한 경우에는 **조건의 성취사실이 인정되지 않는 한** 그 소송을 **계속 유지할 법률상의 이익**을 부정할 수 없다.

---

93 해당 판결은 부제소합의가 중대한 소송법상 효과를 발생시키는 점, 당사자에 대한 석명의무가 있다는 점 등도 판시하였음(전술).
한편 부제소합의의 판례 주요 쟁점을 모두 정리해보면, ① 요건(처특예불), ② 명문 규정 없는 소송상 합의로서 법적 성질은 항변권발생설, ③ 직권조사사항, ④ 적극적 석명의무

대법원 1997. 9. 5. 선고 96후1743 판결 [권리범위확인(특)]

특허권의 권리범위 확인의 심판청구를 제기한 이후에 당사자 사이에 심판을 취하하기로 한다는 내용의 합의가 이루어졌다면 그 **취하서를 심판부(또는 기록이 있는 대법원)에 제출하지 아니한 이상** 심판청구취하로 인하여 사건이 **종결되지는 아니하나**, 당사자 사이에 심판을 취하하기로 하는 합의를 함으로써 특별한 사정이 없는 한 **심판이나 소송을 계속 유지할 법률상의 이익은 소멸**되었다 할 것이어서 당해 청구는 **각하되어야** 한다.

대법원 2018. 5. 30. 선고 2017다21411 판결 [정산금 등]

당사자 사이에 **항소취하의 합의**가 있는데도 **항소취하서가 제출되지 않는 경우 상대방은 이를 항변으로 주장**할 수 있고, 이 경우 **항소심법원은 항소의 이익이 없다고 보아 그 항소를 각하**함이 원칙이다.

항소심에서 청구의 **교환적 변경**이 적법하게 이루어지면, 청구의 교환적 변경에 따라 항소심의 심판대상이었던 **제1심판결이 실효**되고 항소심의 **심판대상은 새로운 청구로** 바뀐다. 이러한 경우 **항소심은** 제1심판결이 있음을 전제로 한 **항소각하 판결을 할 수 없고**, 사실상 제1심으로서 새로운 청구의 당부를 판단하여야 한다.[94]

대법원 1966. 5. 31. 선고 66다564 판결 [부동산강제경매신청취하]

강제집행 당사자 사이에 그 신청을 취하하기로 하는 약정은 사법상으로는 유효하다 할지라도 이를 위배하였다 하여 **직접 소송으로서 그 취하를 청구**하는 것은 **공법상의 권리의 처분**을 구하는 것이어서 **할 수 없는 것**이다.[95]

3. 소송상 합의에 민법규정의 적용 가부

대법원 2020. 10. 15. 선고 2020다227523 판결 [소유권이전등기]

소취하합의의 의사표시 역시 **민법 제109조**에 따라 **법률행위의 내용의 중요 부분에 착오가 있는 때에는 취소**할 수 있을 것이다. 의사표시의 **동기에 착오**가 있는 경우에는 당사자 사이에 그 **동기를 의사표시의 내용으로 삼았을 때에 한하여** 의사표시의 내용의 착오가 되어 취소할 수 있는 것이며, 법률행위의 **중요 부분의 착오**라 함은 **표의자가** 그러한 착오가 없었더라면 그 의사표시를 하지 않으리라고 생각될 정도로 중요한 것이어야 하고 **보통 일반인도** 표의자의 처지에 섰더라면 그러한 의사표시를 하지 않았으리라고 생각될 정도로 중요한 것이어야 한다. 이때 착오를 이유로 의사표시를 취소하는 자는 법률행위의 **내용에 착오가 있었다는 사실**과 함께 **착오가 의사표시에 결정적인 영향을 미쳤다**는 점, 즉 **만일 착오가 없었더라면 의사표시를 하지 않았을 것**이라는 점을 **증명하여야** 한다.

대법원 1994. 8. 26. 선고 93다28836 판결 [소유권이전등기]

계약의 합의해제는 명시적으로 이루어진 경우뿐만 아니라 **묵시적으로 이루어질 수도 있는 것으**

94 즉, 항소취하 합의를 항변하면 '항소각하' 판결을 해야 하나, 만일 항소심에서 청구의 교환적 변경이 일어나고 난 다음이라면 더 이상 항소각하를 할 수 없다는 취지임

95 의무이행소구설을 배척한 판결

로, 계약의 성립 후에 **당사자 쌍방의 계약실현의사의 결여 또는 포기**로 인하여 쌍방 모두 이행의 제공이나 최고에 이름이 없이 **장기간 이를 방치**하였다면, 그 계약은 당사자 쌍방이 계약을 실현하지 아니할 의사가 일치됨으로써 **묵시적으로 합의해제**되었다고 해석함이 상당하다.[96]

대법원 2007. 5. 11. 선고 2005후1202 판결 [권리범위확인(상)]

환송판결 전에 소취하 합의가 있었지만, **환송 후 원심의 변론기일에서 이를 주장하지 않은 채 본안에 관하여 변론하는 등 계속 응소**한 피고가 **환송 후 판결에 대한 상고심에 이르러서야 위 소취하 합의 사실을 주장**하는 경우라면 위 **소취하 합의가 묵시적으로 해제**되었다.[97]

소송행위

1. 의의

2. 소송행위의 철회

3. 소송행위와 민법규정 유추적용 여부

대법원 1997. 10. 10. 선고 96다35484 판결 [소유권이전등기말소]

민법상의 법률행위에 관한 규정은 **민사소송법상의 소송행위에는** 특별한 규정 기타 특별한 사정이 없는 한 **적용이 없는 것**이므로 **소송행위**가 **강박**에 의하여 이루어진 것임을 이유로 **취소할 수는 없다**.

대법원 1983. 4. 12. 선고 80다3251 판결 [소유권이전등기]

당사자의 **소송행위**는 일반 사법상의 행위와는 달리 **내심의 의사보다 그 표시를 기준으로** 하여 그 효력유무를 판정할 수 밖에 없는 것이므로, **소의 취하**가 **내심의 의사에 반한 것이라고 하더라도 이를 무효라고 볼 수는 없다**.

대법원 1997. 6. 27. 선고 97다6124 판결 [조합원지위부존재확인]

소의 취하는 원고가 제기한 소를 철회하여 소송계속을 소멸시키는 **원고의 법원에 대한 소송행위**이고, 소송행위는 일반 사법상의 행위와는 달리 **내심의 의사보다 그 표시를 기준으로** 하여 그 효

96 소취하계약을 한 후에 원고는 취하하지 않고 유지하여 속행하고 피고도 소송에서 소취하합의 사실을 적극 주장하지 않은 채 계속 응소한 상태로 제1심을 거쳐 항소심에 이르기까지 무려 1년 반이 넘도록 이를 그대로 방치해왔다면 소취하계약은 묵시적으로 합의해제 되었다고 본 판결

97 환송 전 항소심에서 소취하계약을 했으나 파기·환송 후에도 계속 응소하다가 재상고심에 이르기까지 거의 1년이 지나서야 주장한 사안

력 유무를 판정할 수밖에 없는 것인바, 원고들 소송대리인의 주장 자체에 의하더라도 원고들 **소송대리인으로부터** 원고 김병구에 대한 **소 취하를 지시받은 사무원** 소외 한석오는 원고들 **소송대리인의 표시기관**에 해당되어 **그의 착오는 원고들 소송대리인의 착오**로 보아야 할 것이므로 위 한석오가 착오로 원고들 소송대리인의 의사에 반하여 **원고들 전원의 소를 취하하였다 하더라도 이를 무효라 볼 수는 없고,** 적법한 **소 취하의 서면이 제출된 이상** 그 서면이 **상대방에게 송달되기 전·후를 묻지 않고 원고는 이를 임의로 철회할 수 없다.**

대법원 1984. 5. 29. 선고 82다카963 판결 [소유권이전등기말소등]

소송행위가 **사기, 강박 등 형사상 처벌을 받을 타인의 행위로 인하여** 이루어졌다고 하여도 그 타인의 행위에 대하여 **유죄판결이 확정되고 또 그 소송행위가 그에 부합되는 의사없이 외형적으로만 존재할 때에 한하여** 제451조 제1항 **제5호**, 제2항의 규정을 **유추해석**하여 그 **효력을 부인할 수 있다**고 해석함이 상당하므로 타인의 범죄행위가 소송행위를 하는데 **착오를 일으키게 한 정도에 불과할 뿐 소송행위에 부합되는 의사가 존재할 때**에는 그 **소송행위의 효력을 다툴 수 없다.**

제3절 변론의 준비

제5절 변론의 실시

« 변론의 준비, 변론의 실시 »

1. 변론준비절차

2. 준비서면 제출 또는 不제출의 효과

3. 변론의 정리(141조), 재개(142조)

대법원 2013. 4. 11. 선고 2012후436 판결 [등록무효(실)]

당사자가 변론종결 후 주장·증명을 제출하기 위하여 **변론재개신청**을 한 경우 당사자의 변론재개신청을 **받아들일지**는 **원칙적**으로 **법원의 재량**에 속한다. **그러나** 변론재개신청을 한 당사자가 변론종결 전에 그에게 **책임을 지우기 어려운 사정**으로 **주장·증명을 제출할 기회를 제대로 얻지 못하였고,** 그 주장·증명의 대상이 **판결의 결과를 좌우할 수 있는 관건적 요증사실에 해당**하는 경우 등과 같이, 당사자에게 변론을 재개하여 그 주장·증명을 제출할 기회를 주지 않은 채 패소의 판결을 하는 것이 민사소송법이 추구하는 **절차적 정의**에 반하는 경우에는 **법원은 변론을 재개하고 심리를 속행할 의무**가 있다. 또한 **당사자가 변론종결 후 추가로 주장·증명을 제출한다는 취지를 기재한 서면과 자료를 제출하고 있다면** 이를 위 주장·증명을 제출할 수 있도록 **변론**

을 재개하여 달라는 취지의 신청으로 선해할 수도 있으므로, 당사자가 참고서면과 참고자료만 을 제출하였을 뿐 별도로 변론재개신청서를 제출한 바는 없다는 사정만으로 이와 달리 볼 것은 아니다.

대법원 2019. 2. 21. 선고 2017후2819 전원합의체 판결 [등록무효(특)]

당사자가 변론종결 후 주장·증명을 제출하기 위하여 **변론재개신청**을 한 경우 당사자의 변론재개신청을 **받아들일지** 여부는 **원칙적**으로 **법원의 재량**에 속한다. 그러나 변론재개신청을 한 당사자가 변론종결 전에 그에게 **책임을 지우기 어려운 사정으로 주장·증명을 제출할 기회를 제대로 갖지 못하였고**, 그 주장·증명의 대상이 **판결의 결과를 좌우할 수 있는 주요한 요증사실에 해당**하는 경우 등과 같이, 당사자에게 변론을 재개하여 그 주장·증명을 제출할 기회를 주지 않은 채 패소의 판결을 하는 것이 행정소송법 제8조 제2항에서 준용하도록 규정하고 있는 민사소송법이 추구하는 절차적 정의에 반하는 경우에는 **법원은 변론을 재개하고 심리를 속행할 의무**가 있다. 따라서 법원이 변론을 재개할 의무가 있는지 여부는 위와 같은 **예외적인 요건** 등을 갖추고 있는지 여부에 의하여 판단하여야 한다.

4. 변론조서

제6절 기일·기간 및 송달

불출석(기일의 해태)

1. 의의

대법원 1997. 7. 11. 선고 96므1380 판결 [친생자관계부존재확인]

제268조 제2항 및 제4항에 의하여 소 또는 상소의 취하가 있는 것으로 보는 경우 같은 조 제2항 소정의 **1월의 기일지정신청기간**은 **불변기간이 아니어서** 그 **추완이 허용되지 않**는 점을 고려한다면, 같은 조 제1, 2항에서 '변론의 기일에 당사자 쌍방이 **출석하지 아니한 때**'란 당사자 쌍방이 **직법한** 절차에 의한 **송달**을 **받고도** 변론기일에 출석하지 않는 것을 가리키는 것이고, 변론기일의 **송달**절차가 **적법하지 아니한 이상 비록** 그 송달이 **유효**하고 그 변론기일에 당사자 쌍방이 출석하지 아니하였다고 하더라도 **쌍방 불출석의 효과는 발생하지 않는다**.
당사자의 주소, 거소 기타 **송달할 장소를 알 수 없는 경우가 아님이 명백**함에도 **재판장이** 당사자에 대한 변론기일 소환장을 **공시송달**에 의할 것으로 **명함으로써** 당사자에 대한 변론기일 소환장이 공시송달된 경우, 그 당사자는 각 변론기일에 **적법한** 절차에 의한 **송달**을 받았다고 볼 수 **없으므로**, 위 **공시송달**의 **효력이 있다 하더라도** 각 변론기일에 그 당사자가 출석하지 아니하였다고 하여 **쌍방 불출석의 효과**가 **발생한다고 볼 수 없다.**

대법원 1982. 6. 22. 선고 81다791 판결 [소유권이전등기말소등기]

변론조서에 **연기**라는 **기재**가 있다 하더라도 그 기재는 기일을 실시할 수 없는 당사자의 관계에서만 기일을 연기한다는 것일 뿐, 기일을 해태한 당사자들에 대한 관계에 있어서는 사건 호명으로 불출석의 효과가 발생하는 것이고 연기의 기재는 **무의미**한 것이다.
속행기일에 **당사자가 기일변경신청을 하고 출석하지 않은 경우** 재판장이 기일을 변경하지 아니한 채 지정된 변론기일에서 **사건과 당사자를 호명하였다면 불출석의 효과가 발생**한다.

대법원 1979. 9. 25. 선고 78다153 판결 [대여금]

제268조에 의하여 당사자의 변론기일 불출석으로 인한 불이익을 그 당사자에게 귀속시키려면, 그 **당사자 본인**과 **소송대리**인 **모두가 출석하지 아니함을 요건으로** 하고 그 출석 여부는 변론조서의 기재에 의하여서 증명하여야 하므로, **변론조서**에서 **소송대리인 불출석**이라고만 기재되어 있고 당사자 본인의 출석여부에 대하여 아무런 기재가 없으면, 이른바 당사자 **쌍방**의 변론기일에의 **불출석**은 **증명되지 아니한다.**

대법원 1966. 1. 31. 선고 65다2296 판결 [대여금]

변론기일에서 당사자가 변론을 하고 증인신문신청을 하므로 법원이 그 증인을 심문하기로 하여 변론을 속행할 기일을 지정 고지하였을 경우에는 위의 **증인조사를 법정 외에서 한다는 특별한 조치가 없는 한**[98] 위의 고지된 기일은 변론기일이라 할 것이므로 동 지정고지 기일이 2회에 걸쳐 출석치 않거나 출석하고서도 변론치 않은 경우에는 제268조 제2항에 의하여 쌍불취하간주로 될 것이다.

2. 양쪽 불출석(268조, 286조)

대법원 1992. 4. 21. 선고 92마175 판결 [부동산가처분집행취소]

제268조 제2항 소정의 **1월의 기일지정신청기간**은 **불변기간이 아니어서** 기일지정신청의 **추완이 허용되지 않는다.**

대법원 2006. 10. 27. 선고 2004다69581 판결 [사해행위취소등]

변론준비절차는 원칙적으로 변론기일에 앞서 주장과 증거를 정리하기 위하여 진행되는 변론 전 절차에 불과할 뿐이어서 변론준비기일을 **변론기일의 일부라고 볼 수 없고** 변론준비기일과 그 이후에 진행되는 **변론기일**이 **일체성을 갖는다고 볼 수도 없는 점**, 변론준비기일이 **수소법원 아닌 재판장 등에 의하여 진행**되며 변론기일과 달리 비공개로 진행될 수 있어서 **직접주의**와 **공개주의**가 **후퇴**하는 점, 변론준비기일에 있어서 **양쪽** 당사자의 **불출석**이 밝혀진 경우 재판장 등은 양쪽의 불출석으로 처리하여 새로운 변론준비기일을 지정하는 외에도 당사자 불출석을 이유로 **변론준비절차를 종결할 수 있는 점**, 나아가 **양쪽** 당사자 **불출석**으로 인한 **취하간주제도**는 적극적 당사자에게 **불리한 제도**로서 적극적 당사자의 소송유지의사 유무와 관계없이 일률적으로 법률적

98 법정 외 증거조사기일은 쌍불취하간주에서의 기일이 아님

효과가 발생한다는 점까지 고려할 때 **변론준비기일에서 양쪽 당사자 불출석의 효과**는 **변론기일에 승계되지 않는다.**
양쪽 당사자가 **변론준비기일**에 **한 번**, **변론기일**에 **두 번** 불출석하였다고 하더라도 변론준비기일에서 불출석의 효과가 변론기일에 승계되지 아니하므로 **소를 취하한 것으로 볼 수 없다**고 한 사례.[99]

대법원 2019. 8. 30. 선고 2018다259541 판결 [손해배상(기)]

제268조 제4항에서 정한 **항소취하 간주**는 그 규정상 요건의 성취로 법률에 의하여 **당연히 발생하는 효과**이고 법원의 **재판이 아니므로** 상고의 대상이 되는 종국판결에 해당하지 아니한다. 항소취하 간주의 효력을 **다투려면 민사소송규칙 제67조, 제68조**에서 정한 절차에 따라 **항소심 법원에 기일지정신청**을 할 수는 있으나 **상고를 제기할 수는 없다.**

3. 한쪽 불출석(148조, 150조 3항, 286조)

대법원 1991. 11. 8. 선고 91다15775 판결 [구상금]

서증은 법원 외에서 조사하는 경우(제297조) 이외에는 당사자가 **변론기일 또는 준비절차기일에 출석하여 현실적으로 제출하여야** 하고, **서증이 첨부된 소장 또는 준비서면 등이 진술되는 경우에도 마찬가지**라고 할 것이다.[100]

기일, 기간

1. 기일

2. 기간

3. 소송행위의 추후보완(173조)

대법원 1999. 6. 11. 선고 99다9622 판결 [손해배상(기)]

제173조 제1항은 "당사자가 그 책임을 질 수 없는 사유로 인하여 불변기간을 준수할 수 없었던 경우에는 그 사유가 없어진 후 2주일 내에 해태된 **소송행위를 추완**할 수 있다."고 규정하고 있는바, 여기서 말하는 '당사자가 그 **책임을 질 수 없는 사유**'라고 함은 당사자가 그 소송행위를 하기 위하여 **일반적**으로 하여야 할 **주의를 다하였음에도** 불구하고 그 기간을 준수할 수 없었던 사유를 가리키고, 그 **당사자**에는 **당사자 본인뿐만 아니라** 그 **소송대리인** 및 **대리인의 보조인**도 **포함**된다.

99 결국 총 2회의 불출석이므로 법원은 소취하간주를 할 수 없고 기일지정신청 기다렸어야 함
100 진술간주는 '주장'에 관한 것이지 '증거'에 관한 것이 아니므로, 서증이 첨부된 서면을 제출하고 불출석한다고 하여 증거의 제출간주 같은 효과가 나올 여지는 없음

대법원 1984. 6. 14. 선고 84다카744 판결 [소유권이전등기말소등]

사건이 상고심에서 **환송**되어 다시 항소심에 계속하게 된 경우에는 **상고전의 항소심에서의 소송대리인의 대리권**은 그 사건이 항소심에 계속되면서 **다시 부활**하는 것이므로 **환송받은 항소심에서 환송전의 항소심에서의 소송대리인에게 한 송달**은 소송당사자에게 한 송달과 마찬가지의 **효력이 있다.**

소송대리인이 **판결정본의 송달을 받고도 당사자에게 그 사실을 알려 주지 아니하여** 당사자가 그 판결정본의 송달사실을 모르고 있다가 **상고제기기간이 경과**된 후에 비로소 그 사실을 알게 되었다 하더라도 이를 가리켜 당사자가 **책임질 수 없는 사유**로 인하여 불변기간을 준수할 수 없었던 경우에 해당한다고는 **볼 수 없다.**

대법원 2005. 11. 10. 선고 2005다27195 판결 [매매대금]

제173조 제1항은 당사자가 책임을 질 수 없는 사유로 말미암아 불변기간을 지킬 수 없었던 경우에는 그 사유가 없어진 날부터 후 2주일 내에 게을리 한 소송행위를 보완할 수 있다고 규정하고 있는바, 여기서 '당사자가 책임을 질 수 없는 사유'라 함은 당사자가 소송행위를 하기 위하여 일반적으로 하여야 할 주의의무를 다하였음에도 불구하고 그 기간을 지킬 수 없었던 사유를 가리키는 것이다. **판결정본**이 **공시송달**의 방법으로 피고에게 송달된 경우에는 특별한 사정이 없는 한, 피고는 **과실 없이** 그 **판결의 송달을 알지 못한 것**이라고 보아야 하고, **다만** 이 경우 피고가 **소송이 계속된 사실을 이미 알고 있었다면** 피고에게는 **소송의 진행 상황을 조사할 의무**가 있으므로 피고가 법원에 소송의 진행 상황을 알아보지 않았다면 과실이 없다고 할 수 없겠지만, 피고가 **소송계속 사실을 처음부터 알지 못한 채** 판결이 선고되었고 **판결정본**이 **공시송달**의 방법으로 피고에게 송달되어 확정된 이후에야 비로소 피고가 그러한 사실을 알게 되었다면, 특별한 사정이 없는 한, 피고가 상소제기의 불변기간을 지키지 못한 것은 피고가 **책임질 수 없는 사유**로 말미암은 것이라고 보아야 한다.

대법원 2012. 10. 11. 선고 2012다44730 판결 [서비스표등록권리이전등록절차이행]

제173조 제1항에 규정된 '당사자가 책임질 수 없는 사유'란 당사자가 소송행위를 하기 위하여 일반적으로 하여야 할 주의를 다하였음에도 불구하고 그 기간을 준수할 수 없었던 사유를 가리키는데, **소송의 진행 도중** 통상의 방법으로 소송서류를 **송달할 수 없게 되어 공시송달**의 방법으로 송달한 경우에는 **처음 소장부본의 송달부터 공시송달**의 방법으로 소송이 진행된 **경우와 달라서** 당사자에게 **소송의 진행상황을 조사할 의무**가 있으므로, 당사자가 이러한 소송의 진행상황을 조사하지 않아 불변기간을 지키지 못하였다면 이를 당사자가 **책임질 수 없는 사유**로 말미암은 것이라고 **할 수 없다.**

대법원 1997. 5. 30. 선고 95다21365 판결 [소유권이전등기절차이행]

피항소인에게 **항소장의 부본** 및 **변론기일 소환장**이 **공시송달**의 방법에 의하여 송달되었고, **판결정본**도 **공시송달**의 방법으로 송달되었다면, **피항소인**으로서는 항소인이 항소를 제기하여 **항소심의 절차가 진행되었던 사실을 모르고 있었다**고 할 것이어서, 특별한 사정이 없는 한 피항소인은 과실 없이 판결의 송달을 알지 못한 것이라고 할 것이고, 이러한 경우 피항소인은 **책임질 수 없는 사유**로 불변기간을 준수할 수 없었던 때에 **해당**하여 그 사유가 종료된 후 2주일 내(그 사유가 종료될 당시 외국에 있었던 경우에는 30일 내) **추완상고**를 할 수 있다.

피항소인이 항소장 부본부터 **공시송달**의 방법으로 송달되어 귀책사유 없이 항소가 제기된 사실조차 모르고 있었고, 이러한 상태에서 피항소인의 출석 없이 원심의 변론기일이 진행되어 제1심에서 의제자백에 의한 승소판결을 받은 피항소인이 자신의 주장에 부합하는 증거를 제출할 기회를 상실함으로써 피항소인은 당사자로서 **절차상 부여된 권리를 침해**당하였다고 할 것이어서, 이와 같은 경우는 당사자가 대리인에 의하여 **적법하게 대리되지 않았던 경우**와 마찬가지로 보아 **제424조 제1항 제4호**의 규정을 **유추적용**할 수 있다.

대법원 2015. 8. 13. 선고 2015다213322 판결 [보험금]

조정이 성립되지 아니한 것으로 사건이 종결된 후 피신청인의 **주소가 변경**되었음에도 피신청인이 **조정법원에 주소변경신고를 하지 않은 상태**에서 민사조정법 제36조 제1항 제2호에 따라 **조정이 소송으로 이행**되었는데, 통상의 방법으로 변론기일통지서 등 소송서류를 송달할 수 없게 되어 발송송달이나 공시송달의 방법으로 송달한 경우에는 처음부터 소장 부본이 적법하게 송달된 경우와 달라서 피신청인에게 **소송의 진행상황을 조사할 의무가 있다고 할 수 없다.** 따라서 피신청인이 이러한 소송의 진행상황을 조사하지 않아 상소제기의 불변기간을 지키지 못하였다면 이는 당사자가 **책임질 수 없는 사유**로 말미암은 것에 해당한다.

대법원 2021. 8. 19. 선고 2021다228745 판결 [대여금확인의소]

소장부본과 **판결정본** 등이 **공시송달**의 방법에 의하여 송달되었다면 **특별한 사정이 없는 한** 피고는 **과실 없이** 판결의 송달을 알지 못한 것이고, 이러한 경우 피고는 **책임질 수 없는 사유**로 말미암아 불변기간을 지킬 수 없었다 하여 그 사유가 없어진 후 2주일 이내에 추후보완항소를 할 수 있다. 피고에게 과실이 있다고 할 수 있는 특별한 사정이란, 피고가 **소송을 회피**하거나 이를 **곤란하게** 할 목적으로 **의도적으로 송달을 받지 아니하였다거나** 피고가 소 제기 사실을 알고 주소신고까지 해 두고서도 그 주소로 송달되는 소송서류가 **송달불능되도록 장기간 방치**하였다는 등의 사정을 말한다.

제1심법원이 소장부본과 **변론기일통지서**를 **공시송달**의 방법으로 피고에게 송달한 후 **피고의 휴대전화번호로 전화**하여 '소장부본을 **피고의 주소지로 송달하겠다.'고 고지**하고 **변론기일과 장소를 알려주었는데,** 이후 **피고가 출석하지 않은 상태**에서 소송절차를 진행하여 **원고 승소판결을 선고**한 다음 피고에게 **판결정본**을 **공시송달**의 방법으로 송달하였고, **그 후 피고가 판결정본을 발급**받아 **추후보완항소를 제기**한 사안에서, 특별한 사정이 없는 한 피고는 **판결정본을 발급받은 날에야** 비로소 **판결**이 **공시송달**의 방법으로 송달된 사실을 **알게 되었다고** 보아야 하는데, 피고가 소송을 **회피**하거나 이를 **곤란**하게 할 목적으로 **의도적**으로 송달을 받지 아니하였다고 볼 만한 **특별한 사정을 찾을 수 없고,** 소장부본 등이 이미 공시송달의 방법으로 송달된 상태에서 제1심법원이 피고에게 **전화로 연락**하여 소장부본 송달에 관한 내용과 변론기일 등을 안내해 주었다는 정도의 **사정만으로는** 제1심판결이 공시송달의 방법으로 송달된 사실을 피고가 모른 데 대하여 **피고에게 책임을 돌릴 수 있는 사유가 있다고 섣불리 단정하기 어려우므로,** 피고는 **책임질 수 없는 사유**로 말미암아 불변기간인 항소기간을 지킬 수 없었다고 볼 여지가 큰데도, 피고의 추후보완항소를 각하한 원심판단에 법리오해 등의 잘못이 있다고 한 사례.

대법원 1990. 12. 11. 선고 90다카21206 판결 [가등기말소]

원고가 항소장에 지번과 원고의 성명만 기재하고 **아파트의 동,호수표시를 아니하여** 사실상 송달이 불가능하다면 송달가능한 주소를 기재하였다고 보기 어려우므로 그 **송달불능**은 위 **원고의 귀책사유**에 기인한 것이라고 할 것이나, **그 지번 상에 원고가 거주하는 아파트건물밖에** 없고 만일 위 **아파트가 소규모**의 것으로 **관리인에게** 그 아파트 내에 거주하는 자의 **성명을 문의함으로써 송달이 가능한 상황**이었는데도 **우편집배원이** 위와 같은 방법으로 **송달을 시도해 보지도 않고** 동.호수가 기재되지 않았다는 이유만으로 **주소불명이라 하여 반송**해 버린 것이라면 그 송달불능은 **원고의 귀책사유에 기인한 것이라고 볼 수 없다.**

원고 스스로 **항소장에 현주소가 아닌 곳을 주소로 기재**한 **제1차적인 잘못**이 인정되는 이상, **법원이** 소송기록에 나와 있는 원고의 **별개주소로 송달을 해보지 아니한 것**이 부주의한 처사였고 또 **우편집배원이** 원고의 **현주소를 추적할 수 있음에도 불구하고 이를 하지 않은 것**이 불성실한 업무처리였다고 하여도 **원고의 책임**을 부인할 수 없다.[101]

대법원 1996. 5. 31. 선고 94다55774 판결 [소유권확인등]

무권대리인이 **소송을 수행**하고 **판결정본을 송달받은** 경우, **당사자는 과실 없이** 소송계속 사실 및 그 판결정본의 송달 사실을 **몰랐던 것**이라는 이유로, 그 당사자의 **추완항소**를 **적법**하다고 한 원심판결을 수긍한 사례.

대법원 2003. 6. 10. 선고 2002다67628 판결 [양수금]

피고는 구 주소에서 신 주소로 **이사를 하면서 구 주소 관할 우체국에 주소이전신고**를 하였고 따라서 그 이후 소장부본 등을 송달하게 된 우편집배원은 피고가 이사한 사실을 이미 알고 있었으므로 이러한 경우 **우편집배원으로서는** 관련 송무예규('우편집배원에 대한 교육' 송일 79-3, 개정 1999. 4. 16. 송무예규 제712호)에 따라 **우편송달통지서의 송달장소란에 '이사하여 전송'이라고 기재**하여 송달받을 자가 법원사무관 등이 송달할 장소로 기재한 곳에서 다른 곳으로 이사한 사실을 우편송달통지서에 나타냈어야 함에도(아울러 신 주소를 함께 기재하였다면 바람직했을 것이다.) 소장부본 등의 우편송달통지서의 송달장소란에 **그러한 기재 없이 단지 '교하우체국 창구교부'라고만 기재한 잘못**이 있고, 그 결과 **제1심법원**의 법원주사보는 피고가 구 주소에서 소장부본 등을 송달받은 것으로 오인하여 제1회 변론기일소환장을 구 주소로 송달하였다가 주소이전신고로 인한 3개월의 전송기간이 경과되어 **이사불명의** 사유로 **송달불능**되자 등기우편에 의한 **발송송달**을 하게 됨으로써 결과적으로 그 송달이 잘못되었고 나아가 제1심 판결정본이 **공시송달**의 방법으로 송달되는 데까지 이르게 됨으로써 그로 인하여 피고가 불변기간인 항소기간을 준수하지 못하게 된 것인 이상 이는 피고의 책임 있는 사유보다도 **우편집배원의 불성실한 업무처리**에 기인한 것이라고 보아야 한다.

대법원 1991. 12. 13. 선고 91다34509 판결 [소유권이전등기]

서울에서 수원으로 등기우편물을 발송할 경우 배달까지 4일 정도 소요되는 경우가 약 20퍼센트 정도이고 요즈음은 각종 선전인쇄물 등 우편물이 계속 증가되어 그 **배달이 지연**되는 경우가 많은 사실 등에 비추어 당사자가 **통상의 주의**를 기울였다면 배달증명우편으로 발송한 항소장이 **항소기간을 지나 배달될지도 모른다는 것을 알 수 있었을 것**이고 그러한 경우 조치를 취하여 불변기간의 해태를 피할 수 있었을 것이므로 항소장이 늦게 배달됨으로써 불변기간을 준수할 수 없

101 판결의 위쪽 단락 요지와 다른 원고들로서, 원고 스스로 현주소가 아닌 곳을 기재하거나 이사 가면서 주소이전신고를 안 했다면 법원과 우편집배원의 잘못이 있었더라도 책임질 수 없는 사유 ✕

었다는 점은 당사자가 **책임질 수 없는 사유**로 인한 것이라고는 **볼 수 없다.**

대법원 2022. 1. 13. 선고 2019다220618 판결 [부당이득금]

당사자가 **소송 계속 중에 수감**된 경우 **법원이** 판결정본을 **제182조**에 따라 **교도소장 등에게 송달**하지 않고 당사자 **주소 등에 공시송달** 방법으로 송달하였다면, **공시송달의 요건을 갖추지 못한 하자**가 있다고 하더라도 **재판장의 명령**에 따라 공시송달을 한 이상 **송달의 효력은 있다.**

수감된 당사자는 **제185조**에서 정한 **송달장소 변경의 신고의무를 부담하지 않고** 요건을 갖추지 못한 공시송달로 상소기간을 지키지 못하게 되었으므로 특별한 사정이 없는 한 과실 없이 판결의 송달을 알지 못한 것이고, 이러한 경우 **책임을 질 수 없는 사유**로 불변기간을 준수할 수 없었던 때에 해당하여 그 사유가 없어진 후 2주일 내에 **추완 상소**를 할 수 있다.

대법원 1994. 12. 13. 선고 94다24299 판결 [가등기말소]

소장이나 판결정본 등이 공시송달의 방법에 의하여 송달되었다면 특별한 사정이 없는 한, 피고는 과실 없이 그 판결의 송달을 알지 못한 것이라고 할 것이고, 이러한 경우 피고는 그 책임을 질 수 없는 사유로 인하여 불변기간을 준수할 수 없었던 때에 해당하여 그 사유가 종료된 후 2주일 내(그 사유가 종료될 당시 외국에 있었던 경우에는 30일 내)에 추완항소를 할 수 있는바, 여기에서 **'사유가 종료된 때'**라 함은 **당사자**나 **소송대리인**이 **단순히 판결이 있었던 사실을 안 때가 아니고,** 나아가 그 **판결이 공시송달의 방법으로 송달된 사실을 안 때**를 의미한다.

소장과 판결정본 등이 공시송달의 방법에 의하여 송달되어 피고가 과실 없이 그 판결의 송달을 알지 못함으로써 그 책임을 질 수 없는 사유로 인하여 항소기간을 준수할 수 없었던 이상, 그 후 피고가 그 판결에 기하여 경료된 **등기부등본에 의하여 판결이 선고된 사실을 알 수 있었던 사정이 생겼음에도** 피고가 과실로 이를 알지 못하였다고 하더라도 **그러한 사정만으로는** 항소기간을 준수할 수 없었던 **사유가 소멸한다고 볼 수 없다.**

대법원 2021. 3. 25. 선고 2020다46601 판결 [물품대금]

여기에서 **'사유가 없어진 후'**라고 함은 당사자나 소송대리인이 단순히 판결이 있었던 사실을 안 때가 아니고 나아가 **판결이 공시송달의 방법으로 송달된 사실을 안 때**를 가리키는 것이다. 그리고 다른 특별한 사정이 없는 한 **통상**의 경우에는 당사자나 소송대리인이 **사건 기록을 열람**하거나 또는 **새로이 판결정본을 영수한 때**에 비로소 판결이 공시송달의 방법으로 송달된 사실을 **알게 되었다고 보아야** 한다.

다만 피고가 당해 **판결이 있었던 사실을 알았고 사회통념상 그 경위에 대하여 당연히 알아볼 만한 특별한 사정**이 있었다고 인정되는 경우에는 그 **경위에 대하여 알아보는 데 통상 소요되는 시간이 경과한 때**에 판결이 공시송달의 방법으로 송달된 사실을 **알게 된 것**으로 추인하여 책임질 수 없는 사유가 소멸하였다고 봄이 상당하다고 할 것이지만, 이 경우 '당해 판결이 있었던 사실을 알게 된 것'과 더불어 '판결의 경위에 대하여 알아볼 만한 특별한 사정'이 인정되어야 한다.

당사자가 **다른 소송**의 재판절차에서 송달받은 **준비서면 등에** 당해 사건의 **제1심 판결문과 확정증명원 등이 첨부**된 경우에는 위의 **특별한 사정을 인정**할 수 있고, **제1심판결**이 있었던 사실을 **알게 된 후 대처방안에 관하여 변호사와 상담**을 하거나 추완항소 제기에 필요한 **해외거주증명서 등을 발급**받은 경우에도 마찬가지이다. **그러나 유체동산 압류집행**을 당하였다는 등의 사정만으로는 위의 특별한 사정을 인정하기 어렵고, 나아가 **채권추심회사 직원과의 통화** 과정에서 **사건번호 등을 특정하지 않고 단지 '판결문에 기하여 채권추심을 할 것이다.'라는 이야기를 들은 경우**

에도 당해 제1심판결이 있었던 사실을 알았다거나 위의 **특별한 사정**이 인정된다고 **볼 수 없다**. 제1심법원이 소장부본과 판결정본 등을 공시송달의 방법으로 피고 甲에게 송달하였고, 그 후 원고 乙 주식회사가 제1심판결에 기하여 甲의 예금채권 등을 압류·추심하여 甲이 **제3채무자인 丙 신용협동조합으로부터 '법원의 요청으로 계좌가 압류되었습니다.'는 내용**과 **채권압류 및 추심명령의 사건번호와 채권자가 기재된 문자메시지**를 받았는데, 그로부터 2달이 지나 甲이 제1심판결 정본을 영수한 후 추완항소를 제기한 사안에서, 甲이 丙 신용협동조합으로부터 계좌가 압류되었다는 내용과 채권압류 및 추심명령의 사건번호와 채권자만 기재되어 있을 뿐 **제1심판결에 관한 내용이 전혀 언급되어 있지 않은 문자메시지**를 받았다는 사정만으로는 제1심판결이 있었던 사실을 알았다거나 사회통념상 그 경위를 알아볼 만한 **특별한 사정**이 있었다고 **보기 어려우므로**, 다른 특별한 사정이 없는 한 甲이 **제1심판결정본을 영수한 날로부터 2주일** 내에 제기된 **추완항소는 적법**한데도, 이와 달리 본 원심판결에 대법원 판례에 상반되는 판단을 한 잘못이 있다고 한 사례.

대법원 2008. 2. 28. 선고 2007다41560 판결 [소유권이전등기]

판결정본이 **공시송달**의 방법에 의하여 피고에게 송달되었다면 비록 피고의 **주소가 허위**이거나 그 **요건에 미비**가 있다 할지라도 그 **송달은 유효**한 것이므로 **항소기간의 도과**로 위 **판결은 형식적으로 확정**되어 **기판력**이 발생한다 할 것이고, 소송행위의 추후보완은 책임을 질 수 없는 사유로 말미암아 불변기간을 준수할 수 없었던 경우에 그 사유가 없어진 날부터 2주 이내에 이를 할 수 있는 것이며, 여기에서 '사유가 없어진 때'라 함은 공시송달로서 제1심판결정본이 송달된 이 사건과 같은 경우에 있어서는 당사자나 소송대리인이 단순히 판결이 있었던 사실을 안 때가 아니고 나아가 그 판결이 공시송달의 방법으로 송달된 사실을 안 때를 의미하고, 통상의 경우에는 당사자나 소송대리인이 당해 사건 기록의 열람을 하거나 또는 새로이 판결정본을 영수한 때에 그 판결이 공시송달의 방법으로 송달된 사실을 알게 되었다고 볼 것이나, **그 판결이** 제150조 소정의 **자백간주판결인 경우에는** 그 **판결정본을 영수한 때** 그 판결이 **공시송달의 방법으로 송달된 사실을 알게 되었다고 보기는 어렵다**고 할 것이다.[102]

대법원 1978. 9. 12. 선고 76다2400 판결 [소유권이전등기말소]

확정 판결에 대한 원고의 **추완항소제기가 있는 경우에도** 그 추완항소에 의하여 불복항소의 대상이 된 판결이 **취소될 때까지는 확정판결로서의 효력**이 배제되는 것은 아니므로 위 확정 판결에 기하여 **경료된 소유권이전등기**가 미확정 판결에 의하여 경료된 **원인무효의 것이라고 할 수 없다**.

대법원 2013. 1. 10. 선고 2010다75044 판결 [소유권이전등기·소유권이전등기]

형식적으로 확정된 제1심판결에 대한 피고의 **항소추완신청**이 적법하여 해당 사건이 항소심에 계속된 경우 그 항소심은 다른 **일반적인 항소심과 다를 바 없다**. 따라서 원고와 피고는 형식적으로 확정된 제1심판결에도 불구하고 **실기**한 공격·방어방법에 **해당하지 아니하는 한 자유로이 공격 또는 방어방법**을 행사할 수 있고, 나아가 피고는 상대방의 **심급의 이익**을 해할 우려가 없

102 자백간주판결은 해당 판결이 선고되기까지 '공시송달'이 아닌 송달이었다는 의미가 되고(공시송달 사건의 경우 자백간주 불허됨), 그렇다면 위 사건은 자백간주판결 선고 이후 '판결정본'만 공시송달된 것으로 봐야 하는데, 이 경우는 해당 사건 기록을 열람해봐도 해당 판결문 자체에 '판결정본인 공시송달된 사정'이 기재되어 있지 않기 때문에 이를 알 수 없음(실무에 대한 이해가 필요함)

는 경우 또는 상대방의 **동의**를 받은 경우에는 **반소를 제기**할 수도 있다. 여기서 '상대방의 **심급의 이익을 해할 우려가 없는 경우**'라고 함은 **반소청구의 기초를 이루는 실질적인 쟁점이 제1심에서 본소의 청구원인 또는 방어방법과 관련하여 충분히 심리**되어 상대방에게 제1심에서의 심급의 이익을 잃게 할 염려가 없는 경우를 말한다.[103]

대법원 2011. 4. 28. 선고 2010다98948 판결 [보관금반환]

제1심, 원심 모두 피고에 대하여 **소장 부본** 및 변론기일 통지서 등 **모든 서류**를 **공시송달**의 방법으로 송달하고 피고가 출석하지 않은 상태에서 변론기일을 진행하여 **1심**이 원고의 청구를 **일부 인용**하는 판결을 **선고**하였고 이에 **원고가 항소**함으로써 **원심**도 **추가로** 원고의 청구를 **일부 인용**하는 판결을 **선고**한 경우, **피고로서는 제1심판결 중 피고 패소 부분에** 대하여는 **추후보완 항소**를, **원심판결 중 피고 패소 부분에** 대하여는 **상고**나 **추후보완 상고**를 각각 제기할 수 있다. 이러한 경우 제1심판결에 대한 **원고의 항소로 제1심판결 전부**가 원심법원으로 **이심**되어 그에 관한 원심판결이 **선고**되기까지 하였으나 **제1심판결 중 피고 패소 부분**은 원심의 **심판대상이 되지 않았으므로**, 원심으로서는 피고의 **추후보완 항소가 적법**하다고 판단되면 그 부분을 **심판대상으로 삼아** 심리한 후 그에 관하여 **추가판결**을 하면 된다. 그런데 원심이 피고의 **추후보완 항소 부분**에 관하여 **심리하지 않고 있는 동안에** 피고의 **상고가 받아들여져** 원심판결 중 **피고 패소 부분에 관하여 파기환송 판결이 선고**된 경우에는 **환송 후 원심으로서는** 피고의 추후보완 항소가 적법하다고 판단되면 그 **추후보완 항소 부분**과 **파기환송된 부분**을 **함께 심리**하여 그에 관하여 **하나의 판결을 선고**하면 된다.[104]

대법원 1992. 7. 14. 선고 92다2455 판결 [토지소유권이전등기말소]

실종선고의 효력이 발생하기 전에는 실종기간이 만료된 실종자라 하여도 소송상 당사자능력을 상실하는 것은 아니므로 **실종선고 확정 전에는 실종기간이 만료된 실종자를 상대로 하여 제기된 소도 적법**하고 **실종자를 당사자로 하여 선고된 판결도 유효**하며 그 판결이 **확정**되면 **기판력도 발생**한다고 할것이고, 이처럼 판결이 유효하게 확정되어 기판력이 발생한 경우에는 그 판결이 해제조건부로 선고되었다는 등의 특별한 사정이 없는 한 그 효력이 유지되어 당사자로서는 그 판결이 **재심**이나 **추완항소** 등에 의하여 **취소되지 않는 한** 그 기판력에 반하는 주장을 할 수 없는 것이 원칙이라 할 것이며, 비록 **실종자를 당사자로 한 판결이 확정된 후**에 **실종선고가 확정**되어 그 **사망간주의 시점이 소 제기 전으로 소급하는 경우에도** 위 판결 자체가 **소급하여** 당사자능력이 없는 **사망한 사람을 상대로 한 판결로서 무효가 된다고는 볼 수 없다**.

실종자에 대하여 **공시송달**의 방법으로 소송서류가 송달된 끝에 **실종자를 피고로** 하는 **판결**이 **확정**된 경우에는 **실종자의 상속인**으로서는 실종선고 **확정 후**에 실종자의 **소송수계인**으로서 위 **확정판결에** 대하여 소송행위의 **추완**에 의한 **상소**를 하는 것이 **가능**하다.

---

103 추완항소의 대상인 판결은 '형식적으로 확정'된 판결 → '확정'된 판결은 기판력이 발생하고 재심으로 불복해야 하는데, 이 경우 추완'항소'를 하면 항소심 진행되므로 단순 확정이 아닌 '형식적 확정'이라 표현(私見)

104 사안은 피고가 2심 판결 공시송달 사정을 공시송달로부터 2주 전에 알게 되어 1심판결에는 추후보완항소를 했지만, 2심판결에는 일반적인 상고를 제기한 사안임

대법원 2011. 4. 28. 선고 2010다98948 판결 [보관금반환]

소장 부본부터 공시송달의 방법으로 송달되어 피고가 **귀책사유 없이** 소나 항소가 제기된 사실조차 **모르고 있었고**, 이러한 상태에서 피고의 출석 없이 원심 변론기일이 진행되어 제1심에서 일부 패소판결을 받은 피고가 자신의 주장에 부합하는 증거를 제출할 기회를 상실함으로써 당사자로서 **절차상 부여된 권리를 침해당한 경우**에는 당사자가 대리인에 의하여 **적법하게 대리되지 않았던 경우와 마찬가지**로 보아 **제424조 제1항 제4호**의 규정을 **유추적용**하여 **절대적 상고이유**가 되는 것으로 보아야 한다.[105]

대법원 2011. 12. 22. 선고 2011다73540 판결 [대여금]

당사자가 상대방의 주소 또는 거소를 **알고 있었음에도 소재불명 또는 허위의 주소**나 거소로 하여 소를 제기한 탓으로 **공시송달**의 방법에 의하여 판결(심판)정본이 송달된 때에는 **제451조 제1항 제11호**에 의하여 **재심**을 제기할 수 있음은 물론이나 또한 **제173조**에 의한 **소송행위 추완**에 의하여도 **상소**를 제기할 수도 있다.
제451조 제1항 단서에 의하면 당사자가 상소에 의하여 재심사유를 주장하였거나 이를 알고 주장하지 아니한 때에는 재심의 소를 제기할 수 없는 것으로 규정되어 있는데, 여기에서 '이를 **알고도 주장하지 아니한 때**'란 재심사유가 있는 것을 알았음에도 상소를 제기하고도 상소심에서 그 사유를 주장하지 아니한 경우뿐만 아니라, **상소를 제기하지 아니하여 판결이 그대로 확정된 경우까지도 포함**하는 것이라고 해석하여야 할 것이다. 그런데 위 단서 조항은 **재심의 보충성**에 관한 규정으로서, 당사자가 상소를 제기할 수 있는 시기에 재심사유의 존재를 안 경우에는 상소에 의하여 이를 주장하게 하고 **상소로 주장할 수 없었던 경우에 한하여 재심의 소에 의한 비상구제를 인정하려는 취지인 점**, **추완상소**와 **재심**의 소는 **독립된 별개의 제도**이므로 **추완상소의 방법**을 택하는 경우에는 **추완상소의 기간 내**에, **재심의 방법**을 택하는 경우에는 **재심기간 내**에 이를 제기하여야 하는 것으로 보이는 점을 고려하면, 공시송달에 의하여 판결이 선고되고 판결정본이 송달되어 확정된 이후에 추완항소의 방법이 아닌 **재심의 방법을 택한 경우**에는 **추완상소기간이 도과하였다 하더라도 재심기간 내에 재심의 소를 제기할 수 있다**고 보아야 한다.

105 앞에서 본 판결 사안으로서, 상고기간이 지나지 않아 통상의 상고로서 절대적 상고 4호를 유추적용하였음(만일 상고기간이 지났고 재심을 제기한다면 재심 3호를 유추적용 하였을 것임)

« 송달 »

1. 송달기관

2. 송달 받을 사람

대법원 1997. 5. 19.자 97마600 결정 [소장각하명령]

법인인 **소송당사자**에게 효과가 발생할 **소송행위**는 그 법인을 **대표하는 자연인의 행위**거나 그 **자연인에 대한 행위**라야 할 것이므로 소송당사자인 **법인에의** 소장, 기일소환장 및 판결 등 **서류는 그 대표자에게 송달하여야** 하는 것이니 그 대표자의 주소, 거소에 하는 것이 **원칙**이고, **법인의 영업소나 사무소에도 할 수 있으나**, 법인의 대표자의 주소지가 아닌 **소장에 기재된 법인의 주소지로 발송**하였으나 **이사불명**으로 **송달불능**된 경우에는, 원칙으로 되돌아가 원고가 소를 제기하면서 제출한 **법인등기부등본 등에 나타나 있는 법인의 대표자의 주소지로** 소장 부본 등을 송달하여 보고 **그 곳으로도 송달되지 않을 때**에 **주소 보정을 명하여야** 하므로, **법인의 주소지로** 소장 부본을 송달하였으나 **송달불능되었다는 이유만으로** 그 **주소 보정을 명한 것**은 **잘못**이므로 그 주소 보정을 하지 아니하였다는 이유로 한 **소장각하명령**은 **위법**하다.

대법원 1970. 6. 5.자 70마325 결정 [부동산경락허가결정에대한재항고]

소송대리인이 있는 경우에도 당사자 본인에게 한 서류의 송달은 **유효**하고 또 동거하는 고용인(식모)에게 교부한 송달도 유효하다.

대법원 2011. 9. 29.자 2011마1335 결정 [손해배상(기)]

민사소송의 당사자는 제396조 제1항에 의하여 판결정본이 송달된 날부터 2주 이내에 항소를 제기하여야 한다. 한편 당사자에게 **여러 소송대리인**이 있는 때에는 **제93조**에 의하여 **각자가 당사자를 대리**하게 되므로, 여러 사람이 공동으로 대리권을 행사하는 경우 그중 한 사람에게 송달을 하도록 한 **제180조가 적용될 여지가 없어** 법원으로서는 판결정본을 송달함에 있어 **여러 소송대리인에게 각각 송달을 하여야** 하지만, 그와 같은 경우에도 소송대리인 모두 당사자 본인을 위하여 소송서류를 송달받을 지위에 있으므로 당사자에 대한 판결정본 송달의 효력은 결국 소송대리인 중 1인에게 최초로 판결정본이 송달되었을 때 발생한다. 따라서 당사자에게 여러 소송대리인이 있는 경우 **항소기간은 소송대리인 중 1인에게 최초로 판결정본이 송달되었을 때부터 기산**된다.

3. 송달실시의 방법

가. 교부송달(178조)

1) 송달할 장소(183조)

대법원 2004. 7. 21.자 2004마535 결정 [지급명령이의신청에대한각하]

송달은 원칙적으로 받을 사람의 **주소·거소·영업소 또는 사무소**에서 해야 하는데(제183조 제1

항 전문), 여기서 말하는 **영업소 또는 사무소**는 **송달 받을 사람 자신이 경영**하는 영업소 또는 사무소를 의미하는 것이지 송달 받을 사람의 **근무장소는 이에 해당하지 않으며**(제183조 제2항 참조), **송달 받을 사람이 경영하는, 그와 별도의 법인격을 가지는 회사의 사무실**은 **송달 받을 사람의 영업소나 사무소라 할 수 없고**, 이는 그의 **근무장소**에 지나지 아니한다.

근무장소에서의 송달을 규정한 제183조 제2항에 의하면, 근무장소에서의 송달은 송달 받을 자의 **주소 등의 장소를 알지 못하거나** 그 장소에서 **송달할 수 없는 때**에 **한하여** 할 수 있는 것이므로 소장, 지급명령신청서 등에 기재된 주소 등의 장소에 대한 **송달을 시도하지 않은 채 근무장소로** 한 **송달**은 **위법**하다.

대법원 **2015**. 12. 10. 선고 2012다16063 판결 [손해배상(기)]

송달받을 사람의 주소나 영업소 등을 알지 못하거나 그 장소에서 송달할 수 없는 때에는 송달받을 사람이 고용·위임 그 밖에 법률상 행위로 취업하고 있는 다른 사람의 주소 등, 즉 '근무장소'에서 송달할 수 있다(제183조 제2항). 이때의 **'근무장소'**는 **현실의 근무장소**로서 고용계약 등 법률상 행위로 취업하고 있는 **지속적인 근무장소**이다.[106]

2) 보충송달(186조 1, 2항)

대법원 **2018**. 5. 4.자 2018무513 결정 [항소장각하명령]

송달은 원칙적으로 제183조 제1항에서 정하는 송달을 받을 사람의 주소, 거소, 영업소 또는 사무소 등의 '송달장소'에서 하여야 한다. 만일 송달장소에서 송달받을 사람을 만나지 못한 때에는 그 사무원, 고용인 또는 동거자로서 사리를 분별할 지능 있는 사람에게 서류를 교부하는 보충송달의 방법에 의하여 송달할 수는 있지만, 이러한 **보충송달은** 위 법 조항에서 정하는 **'송달장소'에서 하는 경우에만 허용**되고 **송달장소가 아닌 곳에서 사무원, 고용인 또는 동거자를 만난 경우**에는 사무원 등이 송달받기를 **거부하지 아니한다 하더라도** 그 곳에서 사무원 등에게 서류를 교부하는 것은 **보충송달의 방법으로서 부적법**하다.

대법원 2005. 12. 5.자 2005마1039 결정 [이의신청각하결정]

송달받을 사람의 **동거인**에게 송달할 서류가 교부되고 그 동거인이 사리를 분별할 지능이 있는 이상 송달받을 사람이 그 서류의 내용을 실제로 알지 못한 경우에도 송달의 효력은 있다 할 것인바, 이 경우 **사리를 분별할 지능**이 있다고 하려면, 사법제도 일반이나 소송행위의 효력까지 이해할 수 있는 능력이 있어야 한다고 할 수는 없을 것이지만 적어도 **송달의 취지를 이해**하고 그가 **영수한 서류를 송달받을 사람에게 교부하는 것을 기대할 수 있는 정도의 능력**은 있어야 한다고 보아야 한다.

약 **8세 3개월**인 **초등학교 2학년** 남자어린이에게 이행권고결정등본을 보충송달한 경우, 남자어린이의 연령, 교육정도, 이행권고결정등본이 가지는 소송법적 의미와 중요성 등에 비추어 볼 때, 그 소송서류를 송달하는 집행관이 남자어린이에게 송달하는 서류의 중요성을 주지시키고 부모에게 이를 교부할 것을 당부하는 등 필요한 조치를 취하였다는 등의 **특별한 사정이 없는 한**, 그 정도 연령의 어린이의 대부분이 이를 송달받을 사람에게 교부할 것으로 **기대할 수는 없다**고

---

106 다른 주된 직업을 가지면서 해당 직장의 비상근이사, 사외이사, 비상근감사의 직에 있는 사람들은 지속적인 근무장소가 아니어서 '근무장소'가 아니라고 본 판결

보이므로 이행권고결정등본 등을 수령한 남자어린이에게 소송서류의 영수와 관련한 **사리를 분별할 지능이 있다고 보기 어렵다**고 한 사례.[107]

대법원 1983. 12. 30.자 83모53 결정 [항소기각결정에대한재항고]

집주인이 적법한 수송달인이 되려면 수령대리권이 있거나 사리를 변식함에 족한 **생계를 같이하는 동거인이어야** 하는 바 수송달인인 **집주인**이 이에 해당한다고 인정할 자료를 찾아볼 수 없다면 이에 대한 **송달**은 **적법하다고 볼 수 없다.**[108]

대법원 2016. 11. 10. 선고 2014다54366 판결 [추심금]

보충송달제도는 본인 아닌 그의 사무원, 피용자 또는 동거인, 즉 수령대행인이 서류를 수령하여도 그의 지능과 객관적인 지위, 본인과의 관계 등에 비추어 사회통념상 **본인에게 서류를 전달할 것이라는 합리적인 기대**를 전제로 한다. 그런데 **본인**과 **수령대행인** 사이에 당해 소송에 관하여 **이해의 대립** 내지 **상반된 이해관계**가 있는 때에는 수령대행인이 소송서류를 본인에게 전달할 것이라고 **합리적으로 기대하기 어렵고**, 이해가 대립하는 수령대행인이 본인을 대신하여 소송서류를 송달받는 것은 **쌍방대리금지의 원칙에도 반하므로**, 본인과 당해 소송에 관하여 이해의 대립 내지 상반된 이해관계가 있는 수령대행인에 대하여는 **보충송달을 할 수 없다.**[109]

대법원 2021. 3. 11. 선고 2020므11658 판결 [이혼]

보충송달제도는 본인 아닌 그의 사무원, 피용자 또는 동거인, 즉 수령대행인이 소송서류를 수령하여도 그의 지능과 객관적인 지위, 본인과의 관계 등에 비추어 사회통념상 본인에게 소송서류를 전달할 것이라는 합리적인 기대를 전제로 한다. **동일한 수령대행인**이 이해가 대립하는 소송당사자 **쌍방을 대신하여 소송서류를 동시에 수령**하는 경우가 있을 수 있다. 이런 경우 수령대행인이 **원고나 피고 중 한 명과도 이해관계의 상충 없이 중립적인 지위에 있기는 쉽지 않으므로** 소송당사자 쌍방 모두에게 소송서류가 제대로 전달될 것이라고 합리적으로 기대하기 어렵다. 또한 이익충돌의 위험을 회피하여 본인의 이익을 보호하려는 데 취지가 있는 민법 제124조 본문에서의 **쌍방대리금지 원칙에도 반한다**. 따라서 **소송당사자의 허락이 있다는 등**의 **특별한 사정이 없는 한**, **동일한 수령대행인**이 **소송당사자 쌍방의 소송서류를 동시에 송달받을 수 없고**, 그러한 **보충송달**은 **무효**라고 봄이 타당하다.

대법원 2000. 7. 4. 선고 2000두1164 판결 [양도소득세부과처분취소]

과세처분의 상대방인 납세의무자 등 서류의 송달을 받을 자가 다른 사람에게 **우편물 기타 서류의 수령권한을 명시적 또는 묵시적으로 위임한 경우**에는 그 수임자가 해당 서류를 수령함으로써 그 송달받을 자 본인에게 해당 서류가 적법하게 송달된 것으로 보아야 하고, 그러한 수령권한을 위임받은 자는 반드시 위임인의 **종업원이거나 동거인일 필요가 없다.**
납세의무자가 거주하는 아파트에서 일반우편물이나 등기우편물 등 특수우편물이 배달되는 경우 **관례적으로 아파트 경비원이 이를 수령하여 거주자에게 전달하여 왔고**, 이에 대하여 납세의

107 판례는 만 8세를 전후로 대리송달의 사리분별능력을 인정하거나 부정하는 경향이 있음

108 임차인에 대한 송달을 생계를 같이 하지 않는 임대인에 대하여 할 수 없다는 판결

109 임금채권에 대한 압류·추심명령, 추심금청구 소장부본, 판결정본을 모두 제3채무자인 회사 대신 채무자가 회사의 '사무원'으로서 송달받으면 보충송달 효력 ✕ ∵ 이해대립

무자를 비롯한 **아파트 주민들이 평소** 이러한 특수우편물 배달방법에 관하여 **아무런 이의도 제기한 바 없었다면**, 납세의무자가 거주하는 아파트의 주민들은 등기우편물 등의 수령권한을 아파트 경비원에게 **묵시적으로 위임한 것**이라고 봄이 상당하므로 아파트 경비원이 우편집배원으로부터 납세고지서를 수령한 날이 구 국세기본법 제61조 제1항에 정한 처분의 통지를 받은 날에 해당한다고 한 사례.

대법원 1979. 1. 30. 선고 78다2269 판결 [소유권이전등기말소]

보충송달을 받을 자가 아닌 사람이 송달서류를 **받았으나 그 후** 그 서류가 **전전하여 제때에** 그 사무원의 신분을 가진 사람에게 **전달되었다면 보충송달**로서 **유효**하다.

대법원 2021. 12. 23. 선고 2017다257746 전원합의체 판결 [집행판결]

제186조 제1항과 제2항에서 규정하는 **보충송달도** 교부송달과 마찬가지로 **외국법원의 확정재판 등을 국내에서 승인·집행하기 위한 요건**을 규정한 **제217조 제1항 제2호**의 **'적법한 송달'**에 **해당**한다고 해석하는 것이 타당하다.
보충송달은 제217조 제1항 제2호에서 외국법원의 확정재판 등을 승인·집행하기 위한 송달 **요건에서 제외하고 있는 공시송달과 비슷한 송달에 의한 경우로 볼 수 없고**, 외국재판 과정에서 보충송달 방식으로 송달이 이루어졌더라도 그 송달이 **방어에 필요한 시간 여유를 두고 적법하게 이루어졌다면** 위 규정에 따른 **적법한 송달**로 보아야 한다. 이와 달리 보충송달이 제217조 제1항 제2호에서 요구하는 통상의 송달방법에 의한 송달이 아니라고 본 대법원 1992. 7. 14. 선고 92다2585 판결, 대법원 2009. 1. 30. 선고 2008다65815 판결을 비롯하여 그와 같은 취지의 판결들은 이 판결의 **견해**에 배치되는 범위에서 이를 모두 **변경**하기로 한다.[110]

3) 유치송달(186조 3항)

나. 우편송달(=발송송달)

대법원 2018. 4. 12. 선고 2017다53623 판결 [임금]

제173조 제1항이 규정하는 소송행위의 추후보완은 당사자가 그 책임을 질 수 없는 사유로 인하여 불변기간을 준수할 수 없었던 경우에 가능한 것이고, 여기서 '당사자가 책임질 수 없는 사유'라 함은 당사자가 그 소송행위를 하기 위하여 일반적으로 하여야 할 주의를 다하였음에도 불구하고 그 기간을 준수할 수 없었던 경우를 가리키는 것이다.
그리고 **제185조 제1항**은 "당사자·법정대리인 또는 소송대리인이 **송달받을 장소**를 바꿀 때에는 바로 그 취지를 법원에 **신고**하여야 한다."라고 규정하고, 같은 조 **제2항**은 "제1항의 **신고를 하지 아니한 사람**에게 송달할 서류는 **달리 송달할 장소를 알 수 없는 경우** 종전에 송달받던 장소에 **대법원규칙**이 정하는 방법으로 **발송**할 수 있다."라고 규정하고 있으며, **민사소송규칙 제51조**는 위 규정에 따른 서류의 **발송**은 **등기우편**으로 하도록 규정하고 있는바, 제185조 제2항에서 말하는

110 이러한 다수의견에 대해서, 기존 판례의 '217조 1항 2호 규정에 따른 송달이란 보충송달·우편송달이 아닌 통상의 송달을 의미한다.'는 부분이 '대법원이 판단한 법률의 해석·적용에 관한 의견'으로서 판례에 해당한다고 볼 수 없으므로 굳이 '판례의 변경'으로 할 필요가 없다는 김재형 대법관의 의견도 있었음

'달리 송달할 장소를 알 수 없는 경우'라 함은 상대방에게 **주소보정**을 명하거나 직권으로 **주민등록표 등을 조사**할 **필요까지는 없지만**, 적어도 **기록에 현출되어 있는 자료로 송달할 장소를 알 수 없는 경우에 한하여 등기우편에 의한 발송송달**을 할 수 있음을 뜻한다.

대법원 2001. 9. 7. 선고 2001다30025 판결 [부당이득금]

제187조에 의한 **우편송달**은 송달받을 자의 주소 등 송달하여야 할 장소는 밝혀져 있으나 송달받을 자는 물론이고 그 사무원, 고용인, 동거인 등 보충송달을 받을 사람도 없거나 부재하여서 원칙적 송달방법인 **교부송달은 물론**이고 **보충송달도 할 수 없고** 따라서 **유치송달도 할 수 없는 경우**에 할 수 있는 것인바, 여기서 '송달하여야 할 장소'란 실제 송달받을 자의 생활근거지가 되는 주소, 거소, 영업소 또는 사무실 등 송달받을 자가 소송서류를 받아 볼 가능성이 있는 적법한 송달장소를 말하는 것이다.

소장과 항소장에 원고의 주소지로 기재되어 있기는 하나 **당시 원고의 실제 생활근거지가 아닌 곳으로 변론기일 소환장을 우편송달**한 것이 제187조나 제185조 제2항에 의한 **우편송달로서의 효력이 없다**고 한 사례.

대법원 2021. 8. 19. 선고 2021다53 판결 [건물등철거]

제182조는 교도소·구치소 또는 국가경찰관서의 유치장에 **체포·구속 또는 유치된 사람에게** 할 송달은 **교도소·구치소 또는 국가경찰관서의 장에게 하도록** 규정하고 있으므로, **수감된 당사자에 대한 송달**을 교도소장 등에게 하지 않고 당사자의 **종전 주소나 거소로** 한 것은 **부적법**한 **송달**로서 **무효**이고, 이는 **법원이** 서류를 송달받을 당사자가 **수감된 사실을 몰랐거나, 수감된 당사자가** 송달의 대상인 **서류의 내용을 알았다고 하더라도** 마찬가지이다. 따라서 수감된 당사자에 대하여 **제185조**나 **제187조**에 따라 **종전에 송달받던 장소**로 **발송송달**을 하였더라도 적법한 **송달**의 **효력을 인정할 수 없다.**

항소심 소송 계속 중 원고 갑이 구속되어 구치소에 수감되었으나 법원에 그 사실을 밝히거나 수감된 장소를 신고하지 아니하였고, 이에 법원이 갑에 대하여 종전에 송달받던 장소로 등기우편에 의한 발송송달의 방법으로 변론재개기일통지서를 송달한 사안에서, 갑이 수감된 구치소의 장에게 송달하지 않고 **종전 송달장소로 한 변론재개기일통지서의 발송송달**은, 갑이 원심법원에 수감사실을 신고하였는지 여부나 수감된 장소를 송달장소로 신고하였는지 여부 또는 갑이 변론재개와 함께 새로 지정된 변론기일을 알고 있었는지 여부와 무관하게 **적법한 송달로서의 효력을 가질 수 없는데도**, 이와 달리 본 원심판결에 법리오해의 잘못이 있다고 한 사례.

대법원 2022. 3. 17. 선고 2020다216462 판결 [이익금배당]

제185조 제1항은 "당사자·법정대리인 또는 소송대리인이 송달받을 장소를 바꿀 때에는 바로 그 취지를 법원에 신고하여야 한다."라고 규정하고, 같은 조 **제2항**은 "제1항의 신고를 하지 아니한 사람에게 송달할 서류는 달리 송달할 장소를 알 수 없는 경우 **종전에 송달받던 장소에** 대법원규칙이 정하는 방법으로 발송할 수 있다."라고 규정하고 있으며, **민사소송규칙 제51조**는 위 규정에 따른 서류의 발송은 등기우편으로 하도록 규정하고 있다. **제185조 제2항**에 따른 **발송송달**을 할 수 있는 경우는 **송달받을 장소를 바꾸었으면서도 그 취지를 신고하지 아니한 경우**이거나 송달받을 장소를 바꾸었다는 취지를 **신고하였는데 그 바뀐 장소에서의 송달이 불능이 되는 경우**이다. 제185조 제2항은 이 경우에 종전에 송달받던 장소에 대법원규칙이 정하는 방법으로 발송할

수 있다고 규정하고 있을 뿐이므로, 비록 당사자가 **송달장소로 신고한 바 있다고 하더라도** 그 송달장소에 **송달된 바가 없다면** 그곳을 제185조 제2항에서 정하는 **'종전에 송달받던 장소'라고 볼 수 없다**. 또한 제185조 제2항에서 말하는 **'달리 송달할 장소를 알 수 없는 경우'**라 함은 상대방에게 **주소보정**을 명하거나 직권으로 **주민등록표 등을 조사**할 **필요까지는 없지만, 적어도 기록에 현출되어 있는 자료로 송달할 장소를 알 수 없는 경우에 한하여** 등기우편에 의한 발송송달을 할 수 있음을 뜻한다.

제187조는 "제186조의 규정에 따라 송달할 수 없는 때에는 법원사무관 등은 서류를 등기우편 등 대법원규칙이 정하는 방법으로 발송할 수 있다."라고 규정하고 있고, **민사소송규칙 제51조**는 위 규정에 따른 서류의 발송은 등기우편으로 하도록 규정하고 있다. **제187조**에 따른 **발송송달**은 송달받을 자의 주소 등 **송달하여야 할 장소는 밝혀져 있으나 송달받을 자는 물론이고** 그 사무원, 고용인, 동거인 등 **보충송달을 받을 사람도 없거나** 부재하여서 원칙적 송달방법인 교부송달은 물론이고 제186조에 의한 **보충송달과 유치송달도 할 수 없는 경우**에 할 수 있는 것이고, 여기에서 송달하여야 할 장소란 **실제** 송달받을 자의 **생활근거지**가 되는 주소·거소·영업소 또는 사무소 등 송달받을 자가 **소송서류를 받아 볼 가능성이 있는 적법한 송달장소**를 말하는 것이다.[111]

대법원 1990. 1. 25.자 89마939 결정 [부동산경락허가결정]

제187조에 의한 **우편송달**은 당해 서류에 관하여 교부 또는 보충, 유치송달 등이 불가능한 것임을 요건으로 하는 것이므로 **당해 서류의 송달에 한하여** 할 수 있는 것이지 **그에 이은 별개의 서류** 등의 송달에 관하여는 **위 요건이 따로 구비**되지 않는 한 당연히 우편송달을 할 수 있는 것은 아니라고 보아야 할 것이다.

다. 송달함송달(188조)

라. 전자송달(민사소송 등에서의 전자문서 이용 등에 관한 법률·규칙)

마. 공시송달

대법원 1991. 10. 22. 선고 91다9985 판결 [소유권이전등기말소]

제194조 소정의 **공시송달의 요건**이 **갖추어지지 아니하였다고** 하더라도, **재판장의 명**에 의하여 공시송달이 된 이상 **원칙적**으로 **공시송달**의 **효력**에는 **영향이 없는 것**이나, 법인에 대한 송달은 제64조 및 제179조에 따라서 그 대표자에게 하여야 되는 것이므로 법인의 **대표자가 사망**하여 버리고 **달리 법인을 대표할 자도 정하여지지 아니하였기** 때문에 법인에 대하여 **송달을 할 수 없는**

111 소장에 주소를 A로 기재했으나 소 제기 단계부터 선임된 소송대리인에게만 송달해옴 → 원고 1심 전부패소 후 원고 소송대리인이 항소장에 주소를 A로 기재, 원고는 항소심 소송대리인 선임 ✕ → 항소심은 원고에 대한 1·2차 변론기일통지서 등 소송서류를 주소지 A로 송달했으나 모두 수취인불명으로 송달불능되자 모두 발송송달(당시 1심 원고 제출 증거인 합의서·주민등록등본 등에는 원고 주소가 각 B, C로 기재되어 있었음) → 원고가 1·2차 변론기일 모두 불출석, 피고는 출석·무변론 → 원고는 2차 변론기일로부터 1개월이 경과하여 기일지정신청서 제출 → 변론기일통지서 발송송달 적법함을 전제로 항소취하 간주하며 소송종료선언하면 위법 ∵ 원고에게 송달된 적 없는 장소인데다가 송달장소 알 수 없는 경우도 아니어서 185조 2항 ✕, 소송서류 받아볼 가능성 있는 생활근거지 아니므로 187조 ✕

때에는 **공시송달도 할 여지가 없는 것**이라고 보아야 할 것이다

대법원 2007. 12. 14. 선고 2007다52997 판결 [소유권이전등기]

제396조에 의하면 **항소기간**은 **판결의 송달을 받은 날로부터 진행**되는 것이고, 다만 판결송달 전에도 항소를 제기할 수 있을 따름이므로, 패소 당사자가 **판결송달 전에 판결이 선고된 사실을 알았다고 하여** 그 안 날로부터 **항소기간이 진행하는 것은 아니다.** 그리고 항소제기기간은 **불변기간**이고, 이에 관한 규정은 성질상 **강행규정**이므로 그 기간 계산의 기산점이 되는 위 **판결정본의 부적법한 송달의 하자**는 이에 대한 피고의 **책문권의 포기나 상실로 인하여 치유될 수 없다.**

원고가 망인을 상대로 제기한 소송은 위 망인의 사망으로 중단되었고, 다만 **판결의 선고**는 소송절차가 **중단된 중에도 할 수 있으므로** 위 법원이 이 사건 재심대상판결을 **선고**한 것은 **적법**하다고 할 것이나, **그 소송절차는 그 판결선고와 동시에 중단**되었으므로 위 **망인에 대하여 판결정본을 공시송달**한 것은 **효력이 없고,**[112] 위 망인의 **상속인**이 그 소송절차를 **수계하여 위 판결의 정본을 송달받기 전까지는** 그에 대한 **항소제기기간이 진행될 수도 없으며,** 이는 위 망인의 **상속인들**인 피고들이 위 **판결의 존재를 알고 있었다거나** 위 소송에 대한 **수계신청을 하였다는 등의 사정이 있다고** 하여 **달리 볼 것은 아니라고 할 것**이다.[113]

대법원 2022. 1. 13. 선고 2019다220618 판결 [부당이득금]

당사자가 **소송 계속 중에 수감**된 경우 **법원이** 판결정본을 **제182조**에 따라 **교도소장 등에게 송달**하지 않고 당사자 **주소 등에 공시송달** 방법으로 송달하였다면, **공시송달의 요건을 갖추지 못한 하자**가 있다고 하더라도 **재판장의 명령**에 따라 공시송달을 한 이상 **송달**의 **효력은 있다.**

수감된 당사자는 **제185조**에서 정한 **송달장소 변경의 신고의무를 부담하지 않고** 요건을 갖추지 못한 공시송달로 상소기간을 지키지 못하게 되었으므로 특별한 사정이 없는 한 과실 없이 판결의 송달을 알지 못한 것이고, 이러한 경우 **책임을 질 수 없는 사유**로 불변기간을 준수할 수 없었던 때에 해당하여 그 사유가 없어진 후 2주일 내에 **추완 상소**를 할 수 있다.

4. 송달의 하자와 치유

대법원 2001. 8. 31.자 2001마3790 결정 [항소장각하]

송달은 원칙적으로 제170조 제1항에서 정하는 송달을 받을 자의 주소, 거소, 영업소 또는 사무실 등의 '송달장소'에서 하여야 하는바, 송달장소에서 송달받을 자를 만나지 못할 때에는 그 사무원, 고용인 또는 동거자로서 사리를 변식할 지능이 있는 자에게 서류를 교부하는 보충송달의 방법에 의하여 송달할 수는 있지만, 이러한 **보충송달**은 위 **법 조항**에서 정하는 **'송달장소'에서 하는 경우에만 허용**되고 **송달장소가 아닌 곳에서** 사무원, 고용인 또는 동거자를 만난 경우에는 그 사무원 등이 송달받기를 **거부하지 아니한다 하더라도** 그 곳에서 **그 사무원 등에게 서류를 교**

112 공시송달이라서 무효인 것이 아니라 사망자에 대한 송달은 어떤 방식의 송달이든 송달 자체가 무효임

113 위 판결의 원심은, 상속인들이 판결의 존재를 알면서 소송수계신청을 함으로써 중단이 해소되고 그 때부터 항소기간이 진행된다고 보아 판결이 확정되었으니 그에 대한 재심의 소가 적법하다고 판단하였으나, 대법원은 위와 같은 이유에서 판결이 확정되지 않았으므로 재심대상판결이 될 수 없다고 판시한 사례임

부하는 것은 **보충송달**의 방법으로서 **부적법**하다.

우체국 창구에서 송달받을 자의 **동거자에게 송달서류를 교부**한 것은 **부적법한 보충송달**이라고 한 사례.[114]

대법원 1998. 2. 13. 선고 95다15667 판결 [전부금]

채권자가 **이미 사망한 자를** 그 사망 사실을 모르고 **제3채무자로 표시**하여 **압류 및 전부명령을 신청**하였을 경우 채무자에 대하여 채무를 부담하는 자는 다른 특별한 사정이 없는 한 **이제는** 사망자가 아니라 **그 상속인**이므로 사망자를 제3채무자로 표시한 것은 **명백한 오류**이고, 또한 압류 및 전부명령에 있어서 그 제3채무자의 표시가 이미 사망한 자로 되어 있는 경우 그 압류 및 전부명령의 기재와 사망이라는 객관적 사정에 의하여 누구라도 어느 채권이 압류 및 전부되었는지를 추인할 수 있다고 할 것이어서 그 제3채무자의 표시를 사망자에서 그 상속인으로 경정한다고 하여 압류 및 전부명령의 동일성의 인식을 저해한다고 볼 수는 없으므로, 그 압류 및 전부명령의 **제3채무자의 표시**를 **사망자에서** 그 **상속인으로 경정하는 결정**은 **허용**된다.

채권집행 절차에 있어서 제3채무자는 집행당사자가 아니라 이해관계인에 불과하여 그 압류 및 전부명령을 **신청하기 이전에 제3채무자가 사망**하였다는 사정만으로는 채무자에 대한 **강제집행 요건이 구비되지 아니하였다고 볼 수 없어**, 이미 사망한 자를 제3채무자로 표시한 압류 및 전부명령이 있었다고 하더라도 이러한 오류는 위와 같은 경정결정에 의하여 시정될 수 있다고 할 것이므로, 채권압류 및 전부명령의 제3채무자의 표시를 사망자에서 그 상속인으로 경정하는 결정이 있고 그 **경정결정이 확정**되는 경우에는 당초의 압류 및 전부명령 정본이 제3채무자에게 **송달된 때에 소급하여** 제3채무자가 사망자의 **상속인으로 경정된 내용**의 압류 및 전부명령의 **효력이 발생**한다.

사망한 자에 대하여 실시된 송달은 위법하여 **원칙적**으로 **무효**이나, 그 사망자의 **상속인이 현실적으로 그 송달서류를 수령**한 경우에는 **하자가 치유**되어 그 송달은 그 때에 **상속인에 대한 송달로서 효력을 발생**하므로, 압류 및 전부명령 정본이나 그 경정결정 정본의 송달이 이미 사망한 제3채무자에 대하여 실시되었다고 하더라도 그 상속인이 현실적으로 그 압류 및 전부명령 정본이나 경정결정 정본을 수령하였다면, 그 송달은 그 때에 상속인에 대한 송달로서 효력을 발생하고, **그 때부터 각 그 즉시항고기간이 진행**한다.[115]

대법원 2018. 10. 12. 선고 2018다239899 판결 [건축주명의변경절차이행청구]

항소기간은 판결서 정본이 송달된 날부터 진행하고 판결서 송달 전에도 항소를 제기할 수 있을 따름이므로(제396조 제1항, 제210조 제2항), **제1심판결서 정본**이 **적법하게 송달되지 않았다면** 그 판결에 대한 **항소기간은 진행되지 않는다.**

피고가 소송기록의 열람, 복사 신청을 하여 전자적 방법에 의하여 **기록을 열람하면서 제1심판결서도 열람할 수 있었다고 할지라도** 민사소송법에 따른 송달이 이루어져야 제1심판결서 정본의 송달 효력이 발생한다고 할 것인데 기록상 피고가 제1심판결서 정본을 수령하였다고 볼 만한 사정이 발견되지 않는다. 따라서 원심으로서는 피고에 대한 제1심판결서 정본의 송달 효력이 발생

114 주소보정명령 등본을 송달받을 자의 동거인이 송달장소 아닌 '우체국 창구'에서 교부받았다면 부적법한 보충송달 → 기간 내 주소보정 하지 않았다면서 항소장 각하명령 내리면 위법

115 이와 비교할 것으로, 압류·전부명령 등을 이미 사망한 자를 '채무자'로 하여 신청한 경우에는 그 자체로 해당 명령이 무효임

하였다고 볼 만한 사정 유무를 심리·판단할 필요가 있고, 그 **송달이 없다면** 이 사건 항소는 **추완항소가 아니라 판결서 정본 송달 전의 항소로 취급하여야** 할 것이다

그런데도 원심은 제1심판결서 정본을 수령한 사람에게 그 수령권한이 없다고 판단하면서도 피고가 전자문서로 구성된 이 사건 소송기록의 열람, 복사 신청을 한 사정만을 인정한 다음 추완항소 기간 도과로 이 사건 항소를 각하하고 말았다. 원심의 위와 같은 판단에는 판결서 정본의 송달에 관한 법리를 오해하여 필요한 심리를 다하지 않은 잘못이 있고 그러한 잘못은 판결에 영향을 미쳤음이 분명하다. 이 점을 지적하는 취지의 상고이유 주장은 정당하다.[116]

대법원 1994. 10. 21. 선고 94다27922 판결 [토지소유권이전등기]

제1심판결 정본이 **공시송달**의 방법에 의하여 피고에게 송달되었다면 비록 피고의 **주소가 허위**이거나 그 **요건에 미비**가 있다 할지라도 그 **송달은 유효**한 것이므로 **항소기간의 도과**로 그 **판결**은 **형식적**으로 **확정**되어 **기판력**이 발생한다.

'가'항의 경우에 피고로서는 항소기간내에 항소를 제기할 수 없었던 것이 자신이 책임질 수 없었던 사유로 인한 것임을 주장하여 그 사유가 없어진 후로부터 2주일(피고가 외국에 있을 때는 30일) 내에 **추완항소**를 제기할 수 있으며, 여기서 그 사유가 없어진 때라 함은 피고가 당해 사건기록의 열람을 하는 등의 방법으로 제1심판결 정본이 공시송달의 방법으로 송달된 사실을 안 때를 의미한다.

대법원 1964. 11. 17. 선고 64다328 판결 [가옥명도]

제3자가 피고를 **참칭, 모용**하여 소송을 진행한 끝에 판결이 선고되었다면 **피모용자**인 피고는 그 소송에 있어서 적법히 대리되지 않는 타인에 의하여 소송절차가 진행됨으로 말미암아 결국 **소송관여의 기회를 얻지 못하였다** 할 것이니 피고는 **상소** 또는 **재심**의 소를 제기하여 그 판결의 취소를 구할 수 있다.[117]

대법원 1994. 1. 11. 선고 92다47632 판결 [소유권이전등기]

제451조 제1항 **제3호** 소정의 **재심사유**는 **무권대리인**이 대리인으로서 본인을 위하여 실질적인 소송행위를 하였을 경우뿐만 아니라 대리권의 흠결로 인하여 **본인**이나 그의 **소송대리인**이 **실질적인 소송행위를 할 수 없었던 경우**도 이에 해당한다.

법원이 **참칭대표자에게** 적법한 대표권이 있는 것으로 알고 그를 송달받을 자로 지정하여 소송서류 등을 **송달**하고 그 송달받을 자로 지정된 참칭대표자가 송달받은 경우에는 그 **송달이 무효라고 할 수는 없는 것**이므로 판결이 판결에서 종중의 대표자로 표시된 자를 송달받을 자로 하여 송달되었고 실제로 그가 보충송달의 방법에 의하여 송달을 받았다면 그때로부터 **항소기간이 진행**되고 그 **판결**은 항소기간이 만료된 때에 **확정**된다.

---

116 판결정본 송달이 무효라면 항소기간이 아예 진행하지 않으며, 기록의 '열람' 자체가 판결정본의 '송달'은 아니므로 여전히 항소기간 진행되지 않는다는 취지임. 원심은 '추완항소'로 본 후 열람으로부터 2주의 기간이 경과했다며 각하했는데 상고심에서 파기됨

117 본 판례는 성명모용소송에서 상소기간이 지나지 않은 경우를 전제로 하여 상소·재심을 구제수단으로 설시하였으나 상소기간이 경과했다면 추후보완상소·재심이 되는 것임

대법원 1997. 5. 30. 선고 97다10345 판결 [토지소유권이전등기]

제1심 **판결정본**의 적법하게 **송달된 바 없으면** 그 판결에 대한 **항소기간은 진행되지 아니하므로** 그 **판결은 형식적으로도 확정되었다고 볼 수 없고,** 따라서 소송행위 **추완**의 문제는 **나올 수 없으며** 그 판결에 대한 **항소**는 제1심 **판결정본 송달 전에 제기된 것**으로서 **적법**하다.[118]

제7절 소송절차의 정지

중단, 수계

1. 의의

대법원 1995. 5. 23. 선고 94다28444 전원합의체 판결 [소유권확인]

당사자가 **사망하여 실재하지 아니한 자를 당사자로 하여 소가 제기**된 경우는 당초부터 원고와 피고의 **대립당사자 구조를 요구하는 민사소송법상의 기본원칙이 무시된 것**이므로, 그와 같은 상태하에서의 **판결**은 **당연무효**라고 할 것이지만 **일응 대립당사자 구조를 갖추고** 적법히 **소가 제기**되었다가 **소송도중 어느 일방의 당사자가 사망**함으로 인해서 그 당사자로서의 자격을 상실하게 된 때에는 그 **대립당사자 구조가 없어져 버린 것이 아니고, 그때부터 그 소송은 그의 지위를 당연히 이어 받게 되는 상속인들과의 관계에서 대립당사자 구조를 형성하여 존재하게** 되는 것이고, **다만** 상속인들이 그 소송을 이어 받는 **외형상의 절차**인 **소송수계절차를 밟을 때까지는 실제상 그 소송을 진행할 수 없는 장애사유**가 발생하였기 때문에 적법한 수계인이 수계절차를 밟아 소송에 관여할 수 있게 될 때까지 **소송절차는 중단**되도록 법이 규정하고 있을 뿐이다.

2. 중단사유

대법원 1993. 5. 27. 선고 92므143 판결 [이혼및위자료청구]

재판상 이혼청구권은 부부의 **일신전속적** 권리이므로 **이혼소송 계속중 배우자 일방이 사망**한 때에는 **상속인**이 **수계할 수 없음**은 물론 **검사**가 수계할 수 있는 특별한 **규정도 없으므로 이혼소송은 종료된다.**

대법원 2019. 2. 14. 선고 2015다255258 판결 [주주총회결의취소의소]

이사가 그 지위에 기하여 **주주총회결의 취소의 소를 제기**하였다가 **소송 계속 중에 사망**하였거나 사실심 변론종결 후에 사망하였다면, 그 소송은 이사의 사망으로 **중단되지 않고** 그대로 **종료된**

118 위 판결은 소송행위추완의 문제는 나올 수 없다고 하면서도, 그 이유에서 당사자가 추완항소를 제기하였음을 이유로 각하한 원심을 파기하고 항소로서 적법하다고 판시함

다. 이사는 주식회사의 **의사결정기관**인 이사회의 구성원이고, 의사결정기관 구성원으로서의 지위는 **일신전속적**인 것이어서 **상속의 대상이 되지 않기 때문**이다.

3. 중단의 예외(238조)

대법원 1995. 5. 23. 선고 94다23500 판결 [광업권이전등록말소]

소송계속 중 당사자가 사망한 경우 그를 위한 **소송대리인이 있었**으므로, 소송절차가 **중단되지 않지만 심급대리의 원칙상** 그 **판결정본**이 소송대리인에게 **송달된 때**에는 소송절차가 **중단된다**고 할 것이므로, 위 **판결도 아직 확정되지 않았다고** 할 것이고 가사 망인의 공동상속인의 일부가 소송수계를 하면서 상고를 제기하였다가 상고를 취하하였다고 하여도 위 판결이 확정되었다고 볼 수 없으므로, 위 판결이 확정되었음을 전제로 하는 논지는 이유 없을 뿐 아니라 다른 법원의 사실인정이 반드시 이 사건 법원의 사실인정을 기속할 것도 못 된다 할 것이다.

대법원 2010. 12. 23. 선고 2007다22859 판결 [소유권이전등기등]

제95조 제1호, 제238조에 따라 **소송대리인이 있는 경우**에는 **당사자가 사망하더라도** 소송절차가 **중단되지 않고** 소송대리인의 **소송대리권도 소멸하지 아니하는바,** 이때 망인의 소송대리인은 **당사자 지위의 당연승계**로 인하여 상속인으로부터 **새로이 수권을 받을 필요 없이 법률상 당연히 상속인의 소송대리인으로 취급**되어 **상속인들 모두를 위하여 소송을 수행하게 되는 것**이고, 당사자가 사망하였으나 그를 위한 소송대리인이 있어 소송절차가 중단되지 않는 경우에 비록 상속인으로 당사자의 표시를 정정하지 아니한 채 **망인을 그대로 당사자로 표시하여 판결**하였다고 하더라도 그 **판결의 효력**은 망인의 **소송상 지위를 당연승계한 상속인들 모두에게 미치는 것**이므로, 망인의 공동상속인 중 **소송수계절차를 밟은 일부만을 당사자로 표시한 판결** 역시 **수계하지 아니한 나머지 공동상속인들에게도 그 효력이 미친다.**

망인의 **소송대리인에게 상소제기에 관한 특별수권**이 부여되어 있는 경우에는, 그에게 **판결이 송달되더라도** 소송절차가 **중단되지 아니하고 상소기간은 진행**하는 것이므로 상소제기 없이 상소기간이 지나가면 그 판결은 확정되는 것이지만, 한편 망인의 소송대리인이나 상속인 또는 상대방 당사자에 의하여 적법하게 상소가 제기되면 그 판결이 확정되지 않는 것 또한 당연하다. 그런데 **당사자 표시가 잘못**되었음에도 망인의 소송상 지위를 **당연승계한 정당한 상속인들 모두에게 효력이 미치는 판결**에 대하여 **그 잘못된 당사자 표시를 신뢰한 망인의 소송대리인**이나 **상대방** 당사자가 그 **잘못 기재된 당사자 모두를 상소인 또는 피상소인으로 표시**하여 **상소를 제기**한 경우에는, 상소를 제기한 자의 합리적 의사에 비추어 특별한 사정이 없는 한 **정당한 상속인들 모두에게 효력이 미치는 위 판결 전부에 대하여 상소가 제기된 것**으로 보는 것이 타당하다.

제1심 소송 계속 중 원고가 사망하자 **공동상속인 중 甲만이 수계절차**를 밟았을 뿐 나머지 공동상속인들은 수계신청을 하지 아니하여 **甲만을 망인의 소송수계인으로 표시**하여 **원고 패소 판결을 선고**한 제1심판결에 대하여 **상소제기의 특별수권을 부여받은 망인의 소송대리인이 항소인을 제1심판결문의 원고 기재와 같이 "망인의 소송수계인 甲"으로 기재하여 항소를 제기**하였고, **항소심 소송 계속 중**에 망인의 **공동상속인 중 乙 등이 소송수계신청**을 한 사안에서, 수계적격자인 망인의 공동상속인들 전원이 아니라 제1심에서 실제로 수계절차를 밟은 **甲만을 원고로 표시한 제1심판결의 효력**은 그 당사자 표시의 잘못에도 불구하고 당연승계에 따른 수계적격자인 망인의 **상속인들 모두에게 미치는 것**인데, 위와 같은 **제1심판결의 잘못된 당사자 표시를 신뢰한 망인의 소송대리인이 판결에 표시된 소송수계인을 그대로 항소인으로 표시하여** 그 판결에 전부 불복하는 위 **항소를 제기한 이상**, 그 **항소 역시** 소송수계인으로 표시되지 아니한 **나머지 상속인들 모두에게 효력**이 미치는 위 제1심판결 전부에 대하여 제기된 것으로 보아야 할 것이므로, 위 항소로 인하여 **제1심판결 전부에** 대하여 **확정이 차단**되고 **항소심**절차가 **개시**되었으며, **다만** 제1심에서 이미 수계한 甲 외에 망인의 **나머지 상속인들** 모두의 청구 부분과 관련하여서는 **항소제기 이후**로 소송대리인의 **소송대리권이 소멸**함에 따라 **제233조**에 의하여 그 소송절차는 **중단된 상태**에 있었다고 보아야 할 것이고, 따라서 **원심으로서는** 망인의 정당한 **상속인인 乙 등의 위 소송수계신청을 받아들여** 그 부분 청구에 대하여도 **심리 판단하였어야** 함에도, 乙 등이 망인의 당사자 지위를 당연승계한 부분의 제1심판결이 이미 확정된 것으로 오인하여 위 소송수계신청을 기각한 원심판결을 파기한 사례.

대법원 1992. 11. 5.자 91마342 결정 [수계신청기각결정]

당사자가 사망하였으나 **소송대리인이 있어** 소송절차가 **중단되지 아니한 경우** 원칙적으로 소송수계라는 문제가 발생하지 아니하고 **소송대리인은 상속인들 전원을 위하여 소송을 수행하게** 되는 것이며 그 사건의 **판결은 상속인들 전원에 대하여 효력**이 있다 할 것이고, 이때 상속인이 밝혀진 경우에는 상속인을 소송승계인으로 하여 신당사자로 표시할 것이지만 상속인이 누구인지 모를 때에는 **망인을 그대로 당사자로 표시하여도 무방**하며, 가령 신당사자를 잘못표시하였다 하더라도 그 표시가 망인의 상속인, 상속승계인, 소송수계인 등 망인의 상속인임을 나타내는 문구로 되어 있으면 잘못표시된 당사자에 대하여는 판결의 효력이 미치지 아니하고 여전히 정당한 상속인에 대하여 판결의 효력이 미친다.[119]

4. 중단의 해소

대법원 2022. 1. 27. 선고 2020다39719 판결 [관리비]

그중 **제234조**에 따르면, **소송계속 중 당사자인 법인이 합병에 의하여 소멸**된 때에는 소송절차가 **중단**되고 이 경우 합병에 의하여 **설립된 법인** 또는 합병한 뒤의 **존속법인**이 소송절차를 **수계하여야** 한다. 또한 법인의 권리의무가 법률의 규정에 의하여 새로 설립된 법인에 승계되는 경우에는 특별한 사유가 없는 한 계속 중인 소송에서 그 법인의 법률상 지위도 새로 설립된 법인에 승계되므로 새로 설립된 법인이 소송절차를 수계하여야 하나, 법률에 법인의 **지위를 승계**하거나 법인의 권리의무가 **새로 설립된 법인에 포괄적으로 승계**된다는 **명문의 규정이 없는 이상 새로 설립된 법인**이 소송절차를 **수계할 근거는 없다**고 보아야 한다. 이와 같은 법리는 당사자가 **법인격 없는 단체**인 경우에도 **마찬가지**이다.

119 위 91마342 판결과 앞선 2007다22859 판결은 원심에서 수계와 표시가 누락된 상속인에 대해 '상소가 제기된 것인지' 여부에서 결론이 차이남. 그 차이는 승패나 수계신청을 어느 쪽에서 했는지 여부와 무관하고, '상소제기' 행위자가 ① '사망자 측 소송대리인' 혹은 '사망자의 상대방' 측인지, ② '사망자 측 상속인들' 각자 스스로였는지 여부에 따라 달라진 것임(私見, 위 판결들에 대한 일반적인 다수의 해석)

대법원 1995. 5. 23. 선고 94다28444 전원합의체 판결 [소유권확인]

소송계속 중 어느 **일방 당사자의 사망**에 의한 소송절차 **중단을 간과**하고 변론이 종결되어 판결이 선고된 경우에는 그 **판결**은 소송에 관여할 수 있는 적법한 수계인의 권한을 배제한 결과가 되는 **절차상 위법**은 있지만 그 판결이 **당연무효라 할 수는 없고, 다만** 그 판결은 대리인에 의하여 **적법하게 대리되지 않았던 경우와 마찬가지**로 보아 대리권흠결을 이유로 **상소** 또는 **재심**에 의하여 그 취소를 구할 수 있을 뿐이므로, 판결이 선고된 후 적법한 **상속인들**이 **수계신청**을 하여 **판결을 송달**받아 **상고**하거나 또는 **사실상 송달**을 받아 **상고장을 제출**하고 **상고심에서 수계절차**를 밟은 경우에도 그 **수계**와 **상고**는 **적법**한 것이라고 보아야 하고, 그 상고를 판결이 없는 상태에서 이루어진 상고로 보아 부적법한 것이라고 각하해야 할 것은 아니다.

제424조 제2항을 유추하여 볼 때 당사자가 판결 후 **명시적 또는 묵시적**으로 원심의 절차를 적법한 것으로 **추인**하면 위 **상소사유** 또는 **재심사유**는 **소멸**한다고 보아야 한다.

대법원 1996. 2. 9. 선고 94다61649 판결 [소유권이전등기말소]

소송절차가 **중단된 상태에서 제기된 상소**는 **부적법**한 것이지만, **상소심 법원에 수계신청**을 하여 그 **하자를 치유**시킬 수 있다.

대법원 1980. 10. 14. 선고 80다623 판결 [건물철거등]

법인의 대표자가 법원의 결정에 의하여 그 **직무집행이 정지된 경우**에도 **소송대리인이 있는** 경우에는 소송절차는 **중단되지 아니**하지만 **종국판결이 소송대리인에게 송달**됨으로써 그 소송절차는 **중단**된다.

소송절차 **중단 중**에 제기된 **상소**는 **부적법**한 것이지만 **상소심법원에 수계신청**을 하여 그 **하자**를 **치유**시킬 수 있다.

대법원 2016. 4. 29. 선고 2014다210449 판결 [손해배상(기)]

당사자가 사망하더라도 소송대리인의 **소송대리권은 소멸하지 아니하므로(제95조 제1호)**, 당사자가 소송대리인에게 **소송위임을 한 다음 소 제기 전에 사망**하였는데 **소송대리인이 당사자가 사망한 것을 모르고 당사자를 원고로 표시하여 소를 제기**하였다면 소의 제기는 **적법**하고, **시효중단 등 소 제기의 효력**은 **상속인들에게 귀속**된다. 이 경우 **제233조 제1항이 유추적용**되어[120] 사망한 사람의 **상속인**들은 소송절차를 **수계하여야** 한다.

당사자가 사망하였으나 **소송대리인이 있는 경우**에는 소송절차가 **중단되지 아니**하고(제238조, 제233조 제1항), **소송대리인**은 **상속인들 전원을 위하여 소송을 수행**하게 되며, **판결은 상속인들 전원에 대하여 효력**이 있다. 이 경우 **심급대리**의 원칙상 **판결정본이 소송대리인에게 송달되면** 소송절차가 **중단**되므로 항소는 소송수계절차를 밟은 다음에 제기하는 것이 원칙이다. 다만 **제1심 소송대리인**이 **상소제기**에 관한 **특별수권**이 있어 **상소를 제기**하였다면 **상소제기 시부터** 소송절차가 **중단**되므로 **항소심에서 소송수계**절차를 거치면 된다.

소송절차 **중단 중**에 제기된 **상소**는 **부적법**하지만 **상소심법원에 수계신청**을 하여 **하자를 치유**시킬 수 있으므로, **상속인들에게서 항소심소송을 위임받은 소송대리인**이 **소송수계절차를 취하지 아니한 채 사망한 당사자 명의로 항소장 및 항소이유서를 제출**하였더라도, **상속인들이 항소심에**

120 엄밀히 '소송계속 중 사망'으로 볼 수는 없으므로 '유추적용'을 하였음(私見)

서 **수계신청**을 하고 소송대리인의 소송행위를 적법한 것으로 **추인**하면 **하자는 치유**되고, 추인은 **묵시적**으로도 가능하다.[121]

대법원 1977. 3. 22. 선고 77다81 판결 [소유권보존등기말소]

소제기 당시인 1973. 12. 27.에는 원고의 표시를 부재자 "甲"이라 표시하였다가 1974. 4. 9. "甲"에 대한 **실종선고의 확정**으로 소급하여 1955. 9. 20. 사망한 것으로 간주되었다면 결과적으로는 "甲"은 이건 제소시에도 사망한 것이 되었으나 실종선고의 효력이 생기기 전까지는 생존하였던 것으로 보아야 되므로 **실종선고가 있는 때** 사망으로 인한 **중단사유가 발생**하였다 할 것이다.

대법원 1992. 7. 14. 선고 92다2455 판결 [토지소유권이전등기말소]

실종선고의 효력이 발생하기 전에는 실종기간이 만료된 실종자라 하여도 소송상 당사자능력을 상실하는 것은 아니므로 **실종선고 확정 전에는 실종기간이 만료된 실종자를 상대로 하여 제기된 소도 적법**하고 **실종자를 당사자로 하여 선고된 판결도 유효**하며 그 판결이 **확정**되면 **기판력도 발생**한다고 할것이고, 이처럼 판결이 유효하게 확정되어 기판력이 발생한 경우에는 그 판결이 해제조건부로 선고되었다는 등의 특별한 사정이 없는 한 그 효력이 유지되어 당사자로서는 그 판결이 **재심**이나 **추완항소** 등에 의하여 **취소되지 않는 한** 그 기판력에 반하는 주장을 할 수 없는 것이 원칙이라 할 것이며, 비록 **실종자를 당사자로 한 판결이 확정된 후**에 **실종선고가 확정**되어 그 **사망간주의 시점이 소 제기 전으로 소급하는 경우에도** 위 판결 자체가 **소급하여** 당사자능력이 없는 **사망한 사람을 상대로 한 판결로서 무효가 된다고는 볼 수 없다.**
실종자에 대하여 **공시송달**의 방법으로 소송서류가 송달된 끝에 **실종자를 피고로** 하는 **판결**이 **확정**된 경우에는 **실종자의 상속인**으로서는 실종선고 **확정 후**에 실종자의 **소송수계인**으로서 위 **확정판결에** 대하여 소송행위의 **추완**에 의한 **상소**를 하는 것이 **가능**하다.

5. 중단의 효과

대법원 1995. 5. 23. 선고 94다28444 전원합의체 판결 [소유권확인]

소송계속 중 어느 **일방 당사자의 사망**에 의한 소송절차 **중단을 간과**하고 변론이 종결되어 판결이 선고된 경우에는 그 **판결**은 소송에 관여할 수 있는 적법한 수계인의 권한을 배제한 결과가 되는 **절차상 위법**은 있지만 그 판결이 **당연무효라 할 수는 없고, 다만** 그 판결은 대리인에 의하여 **적법하게 대리되지 않았던 경우와 마찬가지**로 보아 대리권흠결을 이유로 **상소** 또는 **재심**에 의하여 그 취소를 구할 수 있을 뿐이므로, 판결이 선고된 후 적법한 **상속인들**이 **수계신청**을 하여 **판결을 송달**받아 **상고**하거나 또는 **사실상 송달**을 받아 **상고장을 제출**하고 **상고심에서 수계절차**를 밟은 경우에도 그 **수계**와 **상고**는 **적법**한 것이라고 보아야 하고, 그 상고를 판결이 없는 상태에서 이루어진 상고로 보아 부적법한 것이라고 각하해야 할 것은 아니다.
제424조 제2항을 유추하여 볼 때 당사자가 판결 후 **명시적 또는 묵시적**으로 원심의 절차를 적법

121 당사자가 소송위임 후 소제기 전 사망했으나 소송대리인이 그를 원고로 표시하여 소 제기하면 적법(95조 1호 참조), 상속인들 233조 유추 수계신청 O → 사망자 명의 판결 선고되고 상속인들로부터 항소심 위임받은 소송대리인이 사망자 명의로 항소 제기한 후에 상속인들이 항소심에서 수계신청 O, 하자치유 O

한 것으로 **추인**하면 위 **상소사유** 또는 **재심사유**는 **소멸**한다고 보아야 한다.[122]

대법원 2002. 9. 24. 선고 2000다49374 판결 [대여금]

소송계속 중 회사인 일방 당사자의 **합병**에 의한 **소멸**로 인하여 소송절차 중단 사유가 발생하였음에도 이를 **간과**하고 변론이 종결되어 **판결**이 선고된 경우에는 그 판결은 소송에 관여할 수 있는 적법한 수계인의 권한을 배제한 결과가 되는 **절차상 위법**은 있지만 그 판결이 **당연무효라 할 수는 없고, 다만** 그 판결은 대리인에 의하여 **적법하게 대리되지 않았던 경우와 마찬가지**로 보아 **대리권 흠결**을 이유로 **상소** 또는 **재심**에 의하여 그 취소를 구할 수 있을 뿐이나, **소송대리인이 선임되어 있는 경우에는** 제95조에 의하여 그 **소송대리권**은 당사자인 **법인의 합병**에 의한 소멸로 인하여 **소멸되지 않고** 그 대리인은 새로운 소송수행권자로부터 종전과 같은 내용의 위임을 받은 것과 같은 대리권을 가지는 것으로 볼 수 있으므로, 법원으로서는 당사자의 변경을 간과하여 판결에 구 당사자를 표시하여 선고한 때에는 **소송수계인을 당사자로 경정**하면 될 뿐, 구 당사자 명의로 선고된 판결을 **대리권 흠결**을 이유로 **상소** 또는 **재심**에 의하여 **취소할 수는 없다.**

대법원 1998. 5. 30.자 98그7 결정 [집행문부여에대한이의등]

소송계속중 어느 일방 당사자의 **사망**에 의한 소송절차 **중단**을 **간과**하고 변론이 종결되어 **판결**이 선고된 경우에는 그 판결은 소송에 관여할 수 있는 적법한 수계인의 권한을 배제한 결과가 되는 절차상 위법은 있지만 그 판결이 당연 무효라 할 수는 없고, 다만 그 판결은 대리인에 의하여 적법하게 대리되지 않았던 경우와 마찬가지로 보아 대리권 흠결을 이유로 **상소** 또는 **재심**에 의하여 그 취소를 구할 수 있을 뿐이므로, 이와 같이 **사망한 자가 당사자로 표시된 판결에 기하여** 사망자의 **승계인을 위한** 또는 사망자의 **승계인에 대한 강제집행을 실시**하기 위하여는 **민사집행법 제31조를 준용**하여 **승계집행문을 부여**함이 상당하다.

122 해당 판결은 중단간과 하자를 상고이유에 기재 않았어도 상고법원이 직권으로 판단할 수 있는 것으로 보았음

제3장 증거

제1절 총설

제2절 불요증사실

« 증거, 재판상 자백 »

1. 증거 총설

대법원 1976. 7. 13. 선고 76다983 판결 [퇴직금]

사실인 관습은 일반생활에 있어서의 일종의 경험칙에 속한다 할 것이고 경험칙은 일종의 법칙인 것이므로 **법관은 어떠한 경험칙의 유무를 판단함에 있어서는 당사자의 주장이나 입증에 구애됨이 없이 스스로 직권에 의하여 판단할 수 있다.**

대법원 2019. 2. 21. 선고 2018다248909 전원합의체 판결 [손해배상(기)]

대법원은 1989. 12. 26. 선고한 88다카16867 전원합의체 판결(이하 '종전 전원합의체 판결'이라 한다)에서 일반육체노동을 하는 사람 또는 육체노동을 주로 생계활동으로 하는 사람(이하 '육체노동'이라 한다)의 가동연한을 경험칙상 만 55세라고 본 기존 견해를 폐기하였다. 그 후부터 현재에 이르기까지 **육체노동의 가동연한**을 경험칙상 만 60세로 보아야 한다는 견해를 유지하여 왔다. 그런데 우리나라의 사회적·경제적 구조와 생활여건이 급속하게 향상·발전하고 법제도가 정비·개선됨에 따라 **종전 전원합의체 판결 당시 위 경험칙의 기초가 되었던 제반 사정들이 현저히 변하였기 때문**에 위와 같은 견해는 더 이상 유지하기 어렵게 되었다. 이제는 특별한 사정이 없는 한 만 60세를 넘어 **만 65세까지도 가동**할 수 있다고 보는 것이 **경험칙에 합당**하다.

대법원 1998. 7. 10. 선고 98다4774 판결 [손해배상(자)]

특별한 기능이 없이 **농촌일용노동**에 종사하는 자의 **일실수입 산정의 기초**가 되는 **월 가동일수**는 **경험칙상 25일**로 추정된다.[123]

2. 재판상 자백의 요건

가. **구**체적 사실을 대상으로

123 위 판결은 망인이 농촌일용노동자로서 매월 22일씩 가동할 수 있음을 경험칙에 의하여 인정하고 이에 기하여 일실수입을 산정한 것은 "**월 가동일수에 관한 법리를 오해한 위법**이 있고, 이는 판결에 영향을 미쳤음이 명백하다."고 하여 법률문제설(상고이유 긍정설)의 입장임

대법원 1990. 12. 11. 선고 90다7104 판결 [손해배상(기)]

이행불능에 관한 **주장**은 **법률적 효과에 관한 진술**을 한 것에 불과하고 사실에 관한 진술을 한 것이라고는 볼 수 없으므로 그 진술은 **자유로이 철회할 수 있고 법원도 이에 구속되지 않는다**고 할 것인바, 따라서 **자백의 취소**에 관한 규정이 **적용될 여지가 없다.**

대법원 1998. 7. 10. 선고 98다6763 판결 [대여금]

법정변제충당의 **순서를 정함에 있어 기준**이 되는 **이행기**나 **변제이익에 관한 사항** 등은 **구체적 사실**로서 **자백의 대상**이 될 수 있으나, **법정변제충당의 순서 자체**는 법률 규정의 적용에 의하여 정하여지는 **법률상의 효과**여서 그에 관한 진술이 비록 그 진술자에게 **불리하더라도** 이를 **자백이라고 볼 수는 없다.**

대법원 1992. 7. 24. 선고 91다45691 판결 [소유권이전등기]

재심의 소는 확정판결에 대하여 그 판결의 효력을 인정할 수 없는 흠결이 있는 경우에 구체적 정의를 위하여 법적 안정성을 희생시키면서 확정판결의 취소를 허용하는 비상수단으로서, 소송제도의 기본목적인 분쟁해결의 실효성과 정의실현과의 조화를 도모하여야 하는 것이므로 **재심사유의 존부**에 관하여는 **당사자의 처분권을 인정할 수 없고, 재심법원은 직권으로** 당사자가 주장하는 **재심사유 해당사실의 존부에 관한 자료를 탐지하여 판단할 필요**가 있고, 따라서 재심사유에 대하여는 당사자의 자백이 허용되지 아니하며 **의제자백**에 관한 제150조 제1항은 **적용되지 아니한다**고 할 것이다.

대법원 1984. 5. 29. 선고 84다122 판결 [청산금]

법률용어를 사용한 당사자의 진술이 **동시에 구체적인 사실관계의 표현으로서 사실상의 진술도 포함하는 경우**에는 그 범위내에서 **자백이 성립**하는 것이라 할 것인바, 원고 소송대리인의 "본건 토지가 1975.12.31 법률 제2848호 토지구획정리사업법부칙 제2항 해당 토지인 사실은 다툼이 없다."란 진술 중에는 위 토지가 공공에 공용되는 하천임을 전제로 하는 사실상의 진술도 포함된 것으로 보이므로 그 취지의 자백이 인정된다.

대법원 1989. 5. 9. 선고 87다카749 판결 [소유권이전등기말소]

소유권에 기한 이전등기말소청구소송에 있어서 피고가 원고 주장의 소유권을 인정하는 진술은 그 소 전제가 되는 소유권의 내용을 이루는 사실에 대한 진술로 볼 수 있으므로 이는 재판상 자백이다.

나. 주요사실을 대상으로

대법원 1988. 12. 20. 선고 88다카3083 판결 [공사대금]

문서의 성립에 관한 **자백**은 **보조사실**에 관한 자백이기는 하나 그 **취소**에 관하여서는 다른 간접사실에 관한 자백의 취소와는 달리 **주요사실의 자백취소와 동일하게 처리하여야** 할 것이므로 **문서의 진정성립을 인정**한 당사자는 **자유롭게 이를 철회할 수 없다.**

대법원 1971. 2. 23. 선고 70다44 판결 [소유권이전등기말소]

법인 아닌 사단 또는 재단의 존재 여부 그 **대표자의 자격**에 관한 사항은 **소송당사자능력** 또는 **소**

송능력에 관한 사항으로서 **직권조사사항**이고 소송당사자의 자백에 구애되지 않는다.[124]

대법원 2018. 10. 4. 선고 2016다41869 판결 [손해배상(산)]

인신사고로 인한 손해배상 사건에서 **손해배상액을 산정하는 기초**가 되는 **피해자의 기대여명**은 **변론주의**가 적용되는 **주요사실**로서 재판상 **자백의 대상**이 된다. 그리고 일단 재판상 자백이 성립하면 그것이 적법하게 취소되지 않는 한 **법원도 이에 구속**되므로, 법원은 당사자 사이에 다툼이 없는 사실에 관하여 성립된 자백과 배치되는 사실을 증거에 의하여 인정할 수 없다.

대법원 1998. 5. 15. 선고 96다24668 판결 [손해배상(자)]

타인의 **불법행위**로 인하여 피해자가 **상해**를 입게 되거나 **사망**하게 된 경우, 피해자가 입게 된 **소극적 손해**인 **일실수입**은 피해자의 **사고 당시 수입을 기초로 하여 산정**하게 되므로 피해자의 사고 당시 수입은 **자백의 대상**이 된다.

다. 자기에게 불리한 사실상 진술

대법원 1993. 9. 14. 선고 92다24899 판결 [부동산지분소유권확인]

원고들이 **소유권확인**을 구하고 있는 사건에서 **원고들의 피상속인 명의로 소유권이전등기가 마쳐진 것이라는 점**은 원래 **원고들이 입증책임을 부담할 사항이지만** 위 소유권이전등**기를 마치지 않았다는 사실을 원고들 스스로 자인**한 바 있고 이를 **피고가 원용**한 이상 이 점에 관하여는 **자백이 성립**한 결과가 되었다.

라. 상대방 주장사실과 일치하는 사실상 진술

대법원 1986. 7. 22. 선고 85다카944 판결 [손해배상등]

재판상 자백의 일종인 소위 **선행자백**은 당사자 **일방이 자기에게 불리한 사실상의 진술을 자진하여** 한 후 그 **상대방이 이를 원용함으로써** 그 사실에 관하여 당사자 **쌍방의 주장이 일치함을 요하므로** 그 **일치가 있기 전에는** 전자의 진술을 **선행자백이라 할 수 없고** 따라서 일단 자기에게 불리한 사실을 진술한 당사자도 그 후 그 상대방의 원용이 있기 전에는 그 **자인한 진술**을 **철회하고 이와 모순되는 진술을 자유로이 할 수 있으며** 이 경우 **앞의 자인진술은 소송자료로부터 제거된다.**

대법원 1992. 8. 18. 선고 92다5546 판결 [위약금]

당사자가 **변론에서 상대방이 주장하기도 전에 스스로 자신에게 불이익한 사실을 진술**하였다고 하더라도, **상대방이** 이를 **명시적**으로 **원용**하거나 그 진술과 **일치되는 진술**을 **하게 되면, 재판상 자백이 성립**되어 **법원도 그 자백에 구속**되어 그 자백에 저촉되는 사실을 인정할 수 없는 것이다.[125]

---

124 법인 아닌 사단·재단의 실체 존재 여부는 '당사자능력'의 문제이고, 대표자의 자격 문제는 '대표권'의 문제로 볼 수 있음(판시처럼 소송능력의 문제는 아니고 誤記로 보임)

125 **원고가**, 피고의 채무불이행을 이유로 매매계약을 해제하고 **계약금의 배액을 위약금으로 청구하는 소장**에 의하여 원고와 피고가 위 매매계약 체결 당시 계약금을 위약금으로 하기로 특별히 약정하였다는 취지의 구체적인 사실을 진술하였고, 이에 대하여 **피고가** 준비서면을 통하여, **원고의 중도금 지급의무불이행**을 이유로 위 매매계약을 해제하였으므로 원고로서는 **위 위약금의 약정에 따른 위**

대법원 2018. 8. 1. 선고 2018다229564 판결 [채무부존재확인]

자백은 당사자가 자기에게 불이익한 사실을 인정하는 진술로서 상대방 당사자의 진술내용과 일치하거나 상대방 당사자가 이를 원용하는 경우에 성립하는 것이고, 상대방이 이를 원용하지 아니하여 당사자 **쌍방의 주장이 일치된 바 없다면 이를 자백(선행자백)이라고 볼 수 없다.** 그리고 당사자 일방이 한 진술에 **잘못된 계산이나 기재**, 기타 이와 비슷한 **표현상의 잘못**이 있고, **잘못이 분명**한 경우에는 **비록 상대방이 이를 원용하였다고 하더라도** 당사자 쌍방의 주장이 일치한다고 할 수 없으므로 **자백(선행자백)이 성립할 수 없다.**

마. 변론기일·변론준비기일에서의 진술·진술간주

대법원 2015. 2. 12. 선고 2014다229870 판결 [유치권부존재확인의소]

제288조의 규정에 의하여 구속력을 갖는 자백은 재판상의 자백에 한하는 것이고, **재판상 자백**이란 **변론기일** 또는 **변론준비기일**에서 당사자가 하는 상대방의 주장과 일치하는 자기에게 불리한 사실의 **진술**을 말하는 것으로서, **법원에 제출**되어 **상대방에게 송달**된 **답변서**나 **준비서면**에 **자백에 해당하는 내용이 기재되어 있는 경우라도** 그것이 **변론기일이나 변론준비기일에서 진술 또는 진술간주되어야 재판상 자백이 성립**한다.[126]

3. 재판상 자백의 효력(288조)

대법원 1988. 10. 24. 선고 87다카804 판결 [약속어음금]

자백은 창설적 효력이 있는 것이어서 **법원도 이에 기속**되는 것이므로, 당사자 사이에 다툼이 없는 사실에 관하여는 **법원은 그와 배치되는 사실을 증거에 의하여 인정할 수 없다.**

대법원 1959. 7. 30. 선고 4291민상551 판결 [가옥명도,손해배상]

당사자가 판결소에서 **자백한 사실**이라도 그것이 재판소에 있어서 **현저한 사실에 배치**되는 경우에는 그 **자백은 효력을 발할 수 없다.**

대법원 1990. 11. 27. 선고 90다카20548 판결 [공사금]

자백은 사적자치의 원칙에 따라 당사자의 처분이 허용되는 사항에 관하여 그 효력이 발생하는 것이므로 일단 자백이 성립되었다고 하여도 그 후 그 **자백을 한 당사자가 종전의 자백과 배치되**

약금을 청구할 수 없음은 물론 계약금의 반환도 청구할 수 없다는 취지로 주장함으로써, 위 매매계약 체결 당시 **계약금을 위약금으로 하기로 특별히 약정하였다는 점**에 관한 한 **원고의 진술과 일치되는 취지의 사실을 진술**하였고, 그 후 원고가 변론이 종결된 변론기일에서 "피고 주장대로 계약이 해제되었더라도 계약금은 반환되어야 한다"고 주장할 때까지, 원·피고 쌍방이 모두 위약금의 약정이 있었던 사실을 전제로 하여 서로 위 매매계약이 이행되지 아니한 책임이 상대방에게 있다는 주장만을 되풀이하면서 입증도 그 점에 관하여만 하여 왔다면, 위 매매계약 체결 당시 **계약금을 위약금으로 하기로 특별히 약정한 사실**에 관하여 **재판상 자백(선행자백)이 성립**되었다고 본 사례.

126 피고가 자백 내용 기재된 답변서 제출 → 다시 답변서 내용 정정하는 준비서면 제출 → 제1회 변론기일 출석한 피고가 두 서면 모두 진술 → 자백 성립 ✕

는 **내용의 주장**을 하고 이에 대하여 **상대방이 이의를 제기함이 없이 그 주장내용을 인정**한 때에는 **종전의 자백은 취소**되고 **새로운 자백이 성립**된 것으로 보아야 한다.[127]

대법원 1994. 9. 27. 선고 94다22897 판결 [손해배상(자)]

자백을 취소하는 당사자는 그 **자백이 진실에 반한다는** 것 외에 **착오로 인한** 것임을 **아울러 증명하여야** 하고, **진실에 반하는 것임이 증명되었다고** 하여 **착오로 인한 자백으로 추정되지는 아니한다.**
재판상 **자백의 취소**는 **반드시 명시적으로 하여야만 하는 것은 아니고 종전의 자백과 배치되는 사실을 주장함으로써 묵시적으로도** 할 수 있다.
자백은 사적 자치의 원칙에 따라 당사자의 처분이 허용되는 사항에 관하여 그 효력이 발생하는 것이므로, 일단 자백이 성립되었다고 하여도 그 후 그 자백을 한 당사자가 위 **자백을 취소**하고 이에 대하여 **상대방이 이의를 제기함이 없이 동의**하면 반진실, 착오의 요건은 고려할 필요 없이 자백의 취소를 인정하여야 할 것이나, 위 자백의 취소에 대하여 **상대방이 아무런 이의를 제기하고 있지 않다는 점만으로는** 그 **취소에 동의하였다고 볼 수는 없다.**[128]

대법원 2000. 9. 8. 선고 2000다23013 판결 [대여금등]

재판상의 자백에 대하여 **상대방의 동의가 없는 경우**에는 자백을 한 당사자가 그 **자백이 진실에 부합되지 않는다**는 것과 **자백이 착오에 기인한다**는 사실을 **증명**한 경우에 이를 **취소**할 수 있는바, 이때 **진실에 부합하지 않는다는 사실에 대한 증명**은 그 반대되는 사실을 직접증거에 의하여 증명함으로써 할 수 있지만, 자백사실이 진실에 부합하지 않음을 **추인할 수 있는 간접사실의 증명에 의하여도 가능**하다고 할 것이고, 또 자백이 **진실에 반한다는 증명이 있다고** 하여 그 자백이 **착오로 인한 것이라고 추정되는 것은 아니지만** 그 자백이 진실과 부합되지 않는 사실이 증명된 경우라면 **변론의 전취지에 의하여** 그 자백이 **착오로 인한 것이라는 점을 인정할 수 있다.**

대법원 1997. 4. 22. 선고 95다10204 판결 [토지소유권이전등기말소]

피고가 제1심에서 대상 토지의 소유권 일부 **이전등기가 아무런 원인 없이 이루어졌다는** 원고의 주장사실을 인정함으로써 **자백이 성립**된 후, **소변경신청서**에 의하여 그 등기가 원인 없이 이루어졌다는 기존의 주장사실에 배치되는 명의신탁 사실을 주장하면서 청구취지 및 청구원인을 **명의신탁해지를 원인으로 하는 소유권이전등기를 구하는** 것으로 **교환적**으로 **변경**함으로써 원래의 주장사실을 철회한 경우, 이미 성립되었던 **피고의 자백도 그 대상이 없어짐으로써 소멸**되었고, 나아가 **그 후** 그 **피고가** 위 **자백내용과 배치되는 주장**을 함으로써 그 **진술을 묵시적으로 철회**하였다고 보여지는 경우, **원고들이 이를 다시 원용할 수도 없게 되었고,** 원고들이 원래의 **원인무효 주장을 예비적 청구원인 사실로 다시 추가하였다 하여 자백의 효력이 되살아난다고 볼 수도 없다.**

---

127 사안은 원고가 '4억 원을 변제 받았다'고 자백하자 피고가 이를 '원용'하였는데(선행자백 성립, 철회제한), 다시 원고가 '3억 원을 변제 받았다'고 하자 이를 또 피고가 '인정'한 경우 → 원고의 종전의 '4억 변제수령 자백'은 상대방의 동의를 받아 취소되었고, 새로이 '3억 변제수령 자백'이 성립한 것으로 보았음

128 묵시적 동의나 이의권 상실 문제로 생각하면 안 되므로 주의해야 함

4. 자백간주(150조 1항, 3항, 257조 1항)

대법원 1988. 2. 23. 선고 87다카961 판결 [원인무효에인한소유권이전등기말소등]

제150조 소정의 의제자백의 **요건이 구비**되어 일단 **의제자백**으로서의 **효과가 발생**한 때에는 **그 이후**의 기일에 대한 소환장이 **송달불능**으로 되어 **공시송달**하게 되었다고 하더라도 **이미 발생한 의제자백의 효과가 상실되는 것은 아니라고** 할 것이므로 위 규정에 의하여 자백한 것으로 간주하여야 할 사실을 **증거판단하여 의제자백에 배치되는 사실인정**을 하는 것은 **위법**이라고 할 것이다.

대법원 2018. 7. 12. 선고 2015다36167 판결 [소유권이전등기등]

제1심에서 피고에 대하여 **공시송달**로 재판이 진행되어 피고에 대한 **청구가 기각**되었다고 하여도 **피고가** 원고 청구원인을 **다툰 것으로 볼 수 없으므로, 원고가 항소한 항소심에서 피고가 공시송달이 아닌** 방법으로 **송달받고도 다투지 아니한 경우**에는 **제150조**의 **자백간주가 성립**된다.

대법원 2004. 9. 24. 선고 2004다21305 판결 [종회징계해임결의등]

당사자는 **변론이 종결될 때까지 어느 때라도** 상대방의 주장사실을 **다툼으로써 자백간주를 배제시킬 수 있고**, 상대방의 주장사실을 다투었다고 인정할 것인가의 여부는 사실심 변론종결 당시의 상태에서 **변론의 전체를 살펴서** 구체적으로 결정하여야 할 것이다.

5. 현저한 사실

대법원 2019. 8. 9. 선고 2019다222140 판결 [양수금]

피고와 제3자 사이에 있었던 민사소송의 확정판결의 존재를 넘어서 그 **판결의 이유를 구성하는 사실관계**들까지 **법원에 현저한 사실로 볼 수는 없다**. 민사재판에 있어서 **이미 확정된 관련 민사사건의 판결에서 인정된 사실**은 특별한 사정이 없는 한 **유력한 증거가 되지만**, 당해 민사재판에서 제출된 다른 증거 내용에 비추어 확정된 관련 민사사건 판결의 사실인정을 그대로 채용하기 어려운 경우에는 **합리적인 이유를 설시하여 이를 배척할 수 있다는 법리**도 그와 같이 확정된 민사판결 이유 중의 사실관계가 **현저한 사실에 해당하지 않음을 전제로** 한 것이다.
원심이 다른 하급심판결의 이유 중 일부 사실관계에 관한 인정 사실을 그대로 인정하면서, 위 사정들이 '이 법원에 현저한 사실'이라고 본 사안에서, 당해 재판의 제1심 및 원심에서 다른 하급심 판결의 **판결문 등이 증거로 제출된 적이 없고, 당사자들도 이에 관하여 주장한 바가 없음에도** 이를 **'법원에 현저한 사실'로 본 원심판단**에 **법리오해의 잘못**이 있다고 한 사례.[129]

대법원 2010. 1. 14. 선고 2009다69531 판결 [손해배상(기)]

당사자가 주장하지 않았음에도 원심법원의 **다른 판결에서 인정한 사실관계를 원심에 현저한 사실로 인정**한 것은 **변론주의를 위반**한 것이다.

129 관련 민사사건에서 확정된 사실이 '현저한 사실'이 아님에도 현저한 사실로 인정한 것도 잘못이지만, 당사자가 주장하지 않았는데도 판결의 기초로 삼은 것도 잘못인 사안(私見)

대법원 1996. 7. 18. 선고 94다20051 전원합의체 판결 [손해배상(자)]

제288조 소정의 **'법원에 현저한 사실'**이라 함은 **법관이 직무상 경험으로 알고 있는 사실로서** 그 사실의 존재에 관하여 **명확한 기억을 하고 있거나** 또는 **기록 등을 조사하여 곧바로 그 내용을 알 수 있는 사실**을 말한다.

피해자의 장래수입상실액을 인정하는 데 이용되는 **직종별임금실태조사보고서**와 **한국직업사전**의 **각 존재** 및 **그 기재 내용**을 **법원에 현저한 사실**로 보아, 그를 기초로 피해자의 일실수입을 산정한 조치는, 객관적이고 합리적인 방법에 의한 것이라고 보여지므로 옳다.[130]

대법원 1999. 12. 7. 선고 99다41886 판결 [손해배상(기)]

통계청이 정기적으로 조사·작성하는 **한국인의 생명표**에 의한 **남녀별 각 연령별 기대여명**은 법원에 **현저한 사실**이므로 불법행위로 인한 피해자의 일실 수입 등 손해액을 산정함에 있어 기초가 되는 피해자의 기대여명은 당사자가 **제출한 증거에 구애됨이 없이** 그 손해 발생 시점과 가장 가까운 때에 작성된 생명표에 의하여 확정할 수 있다.

제3절 증거조사의 개시와 실시

증거조사

1. 증거조사의 절차

2. 유일한 증거

대법원 1962. 5. 10. 선고 4294민상1510 판결 [손해배상등]

채무를 변제하였다는 증거로 제출한 **서증이 유일한 것**이고 그 서증의 진정성립을 위하여 신청한 **증인이 단 한번 출석하지 아니하였다고** 하여 취소한다음 항변을 **받아드리지 아니한 것**은 **증거법 위반**이다.

대법원 1980. 1. 13. 선고 80다2631 판결 [소유권이전등기]

제263조 소정의 **"유일한 증거"**라 함은 **그 당사자에게 입증책임이 있는 사항**에 관한 유일한 증거를 말한다.

130 위 판결에서는, 법원에 현저한 사실은 법관이 반드시 명확히 기억하고 있어야 하므로 법관이 기재 내용의 전부나 일부를 기억할 수 없는 직종별임금실태조사보고서는 법원에 현저한 사실이 아니라는 〈반대의견〉이 있었음

대법원 1971. 7. 27. 선고 71다1195 판결 [소유권이전등기말소]

유일한 증인의 신청을 채택한 후 이 **증인을 소환**하였으나 기일에 **출석하지 아니하여 여러 차례 구인까지 하려** 하였으나 이것 또한 **실패**로 돌아간 경우에 **유일한 증거방법을 조사하지 아니하였다고 허물할 수는 없다.**

3. 직권증거조사(292조)

대법원 1987. 12. 22. 선고 85다카2453 판결 [손해배상]

불법행위로 인하여 **손해가 발생한 사실**이 **인정**되는 경우에는 법원은 **손해액**에 관한 당사자의 주장과 입증이 미흡하더라도 적극적으로 **석명권**을 행사하여 **입증을 촉구하여야** 하고 경우에 따라서는 **직권**으로라도 손해액을 **심리 판단하여야** 한다.[131]

4. 증인신문

대법원 2011. 7. 28. 선고 2009도14928 판결 [위증]

형사소송법은 증언거부권에 관한 규정(제148조, 제149조)과 함께 **재판장의 증언거부권 고지의무에 관하여도 규정**하고 있는 반면(제160조), **민사소송법**은 증언거부권 제도를 두면서도(제314조 내지 제316조) **증언거부권 고지에 관한 규정을 따로 두고 있지 않다.** 우리 입법자는 1954. 9. 23. 제정 당시부터 증언거부권 및 그 고지 규정을 둔 형사소송법과는 달리 그 후인 1960. 4. 4. 민사소송법을 제정할 때 증언거부권 제도를 두면서도 그 고지 규정을 두지 아니하였고, 2002. 1. 26. 민사소송법을 전부 개정하면서도 같은 입장을 유지하였다. 이러한 입법 경위 및 규정 내용에 비추어 볼 때, 이는 양 절차에 존재하는 목적·적용원리 등의 차이를 염두에 둔 입법적 선택으로 보인다. 더구나 민사소송법은 형사소송법과 달리, '선서거부권 제도'(제324조), '선서면제 제도'(제323조) 등 증인으로 하여금 위증죄의 위험에서 벗어날 수 있도록 하는 이중의 장치를 마련하고 있어 증언거부권 고지 규정을 두지 아니한 것이 입법의 불비라거나 증언거부권 있는 증인의 침묵할 수 있는 권리를 부당하게 침해하는 입법이라고 볼 수도 없다. 그렇다면 **민사소송절차에서 재판장이 증인에게 증언거부권을 고지하지 아니하였다 하여** 절차위반의 **위법이 있다고 할 수 없고,** 따라서 **적법한 선서절차를 마쳤는데도 허위진술**을 한 증인에 대해서는 달리 특별한 사정이 없는 한 **위증죄가 성립**한다고 보아야 한다.

5. 감정

대법원 1994. 8. 26. 선고 94누2718 판결 [토지수용재결처분취소]

감정인의 감정결과는 당사자가 이를 **증거로 원용하지 않는 경우에도 법원으로서는 증거로 할 수 있다.**

131 위와 같은 판례 이후 성질상 손해액 증명이 매우 어려운 경우에 대해 202조의2가 신설되었음

대법원 1999. 7. 13. 선고 97다57979 판결 [약속어음금]

감정의견이 소송법상 감정인 신문이나 감정의 촉탁방법에 의한 것이 아니고 **소송 외에서** 전문적인 학식 경험이 있는 자가 작성한 **감정의견을 기재한 서면**이라 하더라도 그 서면이 **서증으로 제출**되었을 때 **법원이** 이를 **합리적**이라고 인정하면 이를 **사실인정의 자료로 할 수 있다.**

대법원 2006. 5. 25. 선고 2005다77848 판결 [하자보수보증금]

선서하지 아니한 감정인에 의한 **감정 결과**는 **증거능력이 없으므로,** 이를 **사실인정의 자료로 삼을 수 없다** 할 것이나, 한편 소송법상 감정인 신문이나 감정의 촉탁방법에 의한 것이 아니고 소송 외에서 전문적인 학식 경험이 있는 자가 작성한 감정의견을 기재한 서면이라 하더라도 그 서면이 서증으로 제출되었을 때 법원이 이를 합리적이라고 인정하면 이를 사실인정의 자료로 할 수 있다는 것인바, 법원이 감정인을 지정하고 그에게 감정을 명하면서 착오로 감정인으로부터 선서를 받는 것을 누락함으로 말미암아 그 감정인에 의한 감정 결과가 증거능력이 없게 된 경우라도, 그 감정인이 작성한 **감정 결과를 기재한 서면**이 당사자에 의하여 **서증으로 제출**되고, **법원이** 그 내용을 **합리적**이라고 인정하는 때에는, 이를 **사실인정의 자료로 삼을 수 있다.**

대법원 2000. 5. 26. 선고 98두6531 판결 [사용료징수처분취소]

감정의 결과는 사실인정에 관하여 특별한 지식과 경험을 요하는 경우에 법관이 그 특별한 지식, 경험 있는 자의 지식, 경험을 이용하는데 불과한 것이고 동일한 사실에 관하여 **상반되는 수개의 감정결과**가 있을 때에 **법관이 그 하나에 의거하여 사실을 인정**하였으면 그것이 경험칙 또는 논리칙에 위배되지 않는 한 **적법하다.**

6. 당사자신문(367조)

대법원 1990. 4. 13. 선고 89다카1084 판결 [약속어음금]

당사자본인신문절차에서 당사자본인이 출석, 선서, 진술의 의무를 불이행한 경우에 **제369조**의 규정에 의하여 법원이 **진실한 것으로** 인정할 수 있는 것은 **"신문사항에 관한 상대방의 주장"**, 즉 **신문사항에 포함된 내용**에 관한 것이므로 법원이 이를 적용함에 있어서는 상대방당사자의 **요건사실**에 관한 주장사실을 **진실한 것으로 인정할 것이라고 설시할 것이 아니라** 당사자 **본인신문사항 가운데 어느 항을 진실한 것으로 인정한 연후에 그에 의하면** 상대방 당사자의 **요건사실**에 관한 주장사실을 **인정할 수 있다고 판시**하는 것이 정당하다.

대법원 1981. 8. 11. 선고 81다262 판결 [손해배상등]

증거자료에 나타난 사실을 소송상 **주장사실**과 **같이 볼 수는 없으므로** 당사자 본인신문에 있어서의 당사자의 진술도 증거자료에 불과하여 이를 소송상 당사자의 주장과 같이 취급할 수 없고, 따라서 "피고의 재단기는 원고 집에 있다. 잘못된 것을 해결해주고 가지고 가라고 했었다" 는 원고 **본인신문결과**를 가지고 원고가 **유치권 항변을 한 것이라고 볼 수 없다.**[132]

132 사실자료와 증거자료의 준별이 적용된 것임

대법원 1977. 10. 11. 선고 77다1316 판결 [소유권보존등기말소등]

당사자 본인신문의 방식에 의하여야 할 **종친회 대표자**를 **증인으로 조사**한데 대하여 **지체없이 이의의 진술이 없었다면** 그 증언을 채택하여 **사실 인정**을 하였다 하더라도 **위법이라 할 수 없다.**

7. 조사·송부의 촉탁(294조)

8. 증거보전(375조 이하)

서증

1. 문서의 종류

대법원 1980. 9. 9. 선고 79다1281 전원합의체 판결 [건물철거등]

판결서는 **처분문서**이기는 하지만 그것은 그 판결이 있었던가 또 **어떠한 내용의 판결이 있었던가**의 사실을 증명하기 위한 처분문서라는 의미일 뿐 **판결서 중에서 한 사실판단**을 그 사실을 증명하기 위하여 이용을 불허하는 것이 아니어서 이를 이용하는 경우에는 판결서도 그 한도내에서는 **보고문서**이다.

대법원 1997. 4. 11. 선고 96다50520 판결 [소유권이전등기]

서증은 **문서에 표현된 작성자의 의사**를 **증거자료로** 하여 요증사실을 증명하려는 **증거방법**이므로 우선 그 문서가 거증자에 의하여 **작성자로 주장되는 자의 의사에 의하여 작성된 것임**이 밝혀져야 하고, 이러한 **형식적 증거력**이 **인정된 다음** 비로소 **작성자의 의사가 요증사실의 증거로서 얼마나 유용하느냐**에 관한 **실질적 증명력**을 판단하여야 한다.

2. 문서의 형식적 증거력(=진정성립)

대법원 1985. 5. 14. 선고 84누786 판결 [침사자격존재확인]

제356조 제1항은 공문서의 진정추정에 관하여 문서의 방식과 취지에 의하여 **공무원이 그 직무상 작성한 것**으로 인정할 때에는 이를 **진정한 공문서로 추정**한다고 규정하고 있으므로 이 **추정을 뒤집을 만한 특단의 사정**이 **증거에 의하여 밝혀지지 않는 한** 그 **성립의 진정은 부인될 수 없다.**[133]

133 판례 중에는 '반증'이 있어야 추정이 깨어진다고 표현한 것이 있으나 '반대사실의 증명', 즉 '본증'으로 보아야 하므로 이는 부적절한 표현으로 생각됨(私見)

대법원 2016. 3. 10. 선고 2013두14269 판결 [난민인정불허처분취소]

제356조 제1항에 따르면 문서의 작성 방식과 취지에 의하여 공무원이 직무상 작성한 것으로 인정한 때에는 진정한 공문서로 추정하고, 같은 조 **제3항**에 의하여 위 규정은 외국의 공공기관이 작성한 것으로 인정한 문서에도 준용되므로, **외국의 공문서**라고 제출한 문서가 **진정성립의 추정**을 받기 위해서는 제출한 문서의 방식이 **외관상 외국의 공공기관이 직무상 작성하는 방식에 합치되어야** 하고, 문서의 취지로부터 외국의 공공기관이 직무상 작성한 것이라고 인정되어야 한다. 현실적으로 공문서의 진정성립을 증명할 만한 증거를 확보하기 곤란한 경우가 많은 난민신청자가 제출한 외국의 공문서의 경우, 반드시 엄격한 방법에 의하여 진정성립이 증명되어야 하는 것은 아니지만, **적어도** 문서의 형식과 내용, 취득 경위 등 제반 사정에 비추어 **객관적으로 외국의 공문서임을 인정할 만한 상당한 이유가 있어야** 한다.

대법원 1988. 12. 20. 선고 88다카3083 판결 [공사대금]

문서의 성립에 관한 **자백**은 **보조사실**에 관한 자백이기는 하나 그 **취소**에 관하여서는 다른 간접사실에 관한 자백의 취소와는 달리 **주요사실의 자백취소와 동일하게 처리**하여야 할 것이므로 문서의 진정성립을 인정한 당사자는 **자유롭게** 이를 **철회할 수 없다.**

대법원 1982. 3. 23. 선고 80다1857 판결 [손해배상]

당사자가 **부지로서 다툰 서증**에 관하여 **거증자**가 특히 그 성립을 **증명하지 아니한 경우라도 법원은** 다른 증거에 의하지 않고 **변론의 전취지를 참작하여 자유심증**으로써 그 **성립을 인정할 수 있다.**

대법원 2018. 4. 12. 선고 2017다292244 판결 [소유권확인]

매도증서 등에 등기소의 등기제의 기재가 첨가됨으로써 사문서와 공문서로 구성된 문서는 공증에 관한 문서와는 달라 **공문서 부분 성립이 인정된다고** 하여 바로 **사문서 부분**인 매도증서 자체의 **진정성립이 추정되거나 인정될 수는 없다.**

대법원 2010. 4. 29. 선고 2009다38049 판결 [소유권이전등기]

사문서에 날인된 작성 명의인의 **인영이 그의 인장에 의하여 현출된 것이라면** 특단의 사정이 없는 한 그 **인영의 진정성립**, 즉 **날인행위가 작성 명의인의 의사에 기한 것임**이 **추정**되고, 일단 인영의 진정성립이 추정되면 **제358조**에 의하여 그 **문서 전체의 진정성립이 추정**되나, 위와 같은 추정은 그 **날인행위가 작성 명의인 이외의 자에 의하여 이루어진 것임**이 밝혀지거나 **작성 명의인의 의사에 반하여 혹은 작성 명의인의 의사에 기하지 않고 이루어진 것임**이 **밝혀진 경우**에는 **깨진다**고 할 것이고, 나아가 위와 같은 **인영의 진정성립**, 즉 날인행위가 작성 명의인의 의사에 기한 것이라는 추정은 **사실상의 추정**이므로, 인영의 진정성립을 다투는 자가 **반증**을 들어 인영의 진정성립, 즉 날인행위가 작성 명의인의 의사에 기한 것임에 관하여 **법원으로 하여금 의심을 품게** 할 수 있는 사정을 **입증하면** 그 **진정성립의 추정은 깨진다.**

대법원 1976. 7. 27. 선고 76다1394 판결 [소유권이전등기말소]

서증에 대한 인부로서 원고는 부지라 하고 원고의 **인장이 도용 위조된 것이라고 항변**하는 경우에는 다른 특별한 사정이 없는 한 그 **날인행위도 원고가 한 것으로 추정**되는 것이라 할 것이므로

원고측에서 그것이 **도용된 것**이라는 점에 관하여 **입증하여야** 하고 이러한 입증이 없을 때에는 위 서증의 진정성립이 추정된다 할 것이다.

대법원 1988. 9. 27. 선고 85다카1397 판결 [청구이의]

문서를 **백지에 서명만을 하여 교부**하여 준다는 것은 **이례**에 속하는 것이므로 그 문서의 진정성립의 **추정력을 뒤집으려면** 그럴 만한 합리적인 이유와 이를 뒷받침할 **증거가 필요**하다.

대법원 1993. 8. 24. 선고 93다4151 전원합의체 판결 [약속어음금]

피고 명의의 배서란에 찍힌 피고 명의의 인영이 피고의 인장에 의한 것임을 피고가 인정하고 있다면 그 배서부분이 진정한 것으로 추정되지만, 그 인영이 **작성명의인**인 피고 **이외의 사람이 날인한 것으로 밝혀질 때**에는 위와 같은 **추정은 깨어지는 것**이므로, 이와 같은 경우에는 어음을 **증거로 제출한 원고가** 작성명의인인 피고로부터 **날인을 할 권한을 위임받은 사람**이 날인을 한 사실까지 **입증하여야만** 그 배서부분이 **진정한 것임이 증명**된다.[134]

대법원 2013. 8. 22. 선고 2011다100923 판결 [청구이의]

일반적으로 문서의 일부가 미완성인 상태로 서명날인을 하여 교부한다는 것은 **이례**에 속하므로 그 문서의 **교부 당시 백지상태인 공란 부분**이 있었고 **그것이 사후에 보충되었다는 점**은 **작성명의인이 증명하여야** 한다. **그러나** 일단 문서의 내용 중 일부가 사후 보충되었다는 사실이 **증명이 된 다음**에는 그 백지부분이 **정당하게 위임받은 권한에 의하여 보충되었다는 사실**은 그 백지부분의 기재에 따른 **효과를 주장하는 당사자가 이를 증명할 책임**이 있다. 이와 관련하여 타인에게 권한을 위임하거나 대리권을 수여하는 내용의 위임장 등이 작성된 경우 그에 의하여 위임한 행위의 내용 및 권한의 범위는 위임장 등 문언의 내용뿐 아니라 그 작성 목적과 작성 경위 등을 두루 살펴, 신중하게 판단하여야 한다. 특히 위임장 등에 기재된 내용 중 일부가 백지인 상태로 교부된 후 수임인이 그 위임사항의 내용을 보충하여 기재한 경우라면 그것이 정당하게 위임받은 권한에 의하여 보충된 것이라는 점 역시 수임인이 증명할 책임이 있다. 따라서 채권자가 본인 겸 채무자의 대리인으로서 금전소비대차계약 공정증서의 작성을 촉탁할 경우 그 촉탁에 관하여 **대리권을 수여하는 위임장을 교부한 사실이 있다는 것만으로**, 그 위임장에 기재된 채무의 금액이나 이율, 변제기 등에 대하여 사전에 그 내용대로 합의한 사실이 있다거나 채권자가 보충할 권한을 위임받았다고 **쉽게 인정할 것은 아니고**, 특히 **백지보충된 부분이 정당한 보충권한에 의하여 기재된 것이라는 점**은 채권자가 **별도로 증명하여야** 한다.

3. 문서의 실질적 증거력

대법원 2015. 7. 9. 선고 2013두3658 판결 [손실보상금·손실보상금]

진정성립이 추정되는 공문서는 **진실에 반한다는 등의 특별한 사정이 없는 한** 그 **내용의 증명력을 쉽게 배척할 수 없으므로**, 공문서의 기재 중에 **의문점이 있는 부분이 일부 있더라도** 기재 내용과 배치되는 사실이나 문서가 작성된 근거와 경위에 비추어 기재가 비정상적으로 이루어졌거

134 용어는 '도용'의 항변이지만 실제 '도용'까지 입증할 필요는 없고 '타인'에 의한 날인만 입증(반증)하면 1단계 추정을 깰 수 있고 제출자가 다시 대리권 입증해야 하는 점을 주의

나 내용의 신빙성을 의심할 만한 **특별한 사정을 증명할 만한 다른 증거자료가 없는 상황이라면 기재 내용대로 증명력**을 가진다.

대법원 2006. 4. 13. 선고 2005다34643 판결 [공탁금출급청구권]

처분문서의 **진정성립**이 **인정되는 이상** 법원은 반증이 없는 한 그 **문서의 기재 내용**에 따른 **의사표시의 존재 및 내용을 인정하여야** 하고, **합리적인 이유설시도 없이** 이를 **배척하여서는 아니 되나,** 처분문서라 할지라도 그 **기재 내용과 다른 명시적, 묵시적 약정**이 있는 사실이 인정될 경우에는 그 **기재 내용과 다른 사실을 인정**할 수 있고, 작성자의 법률행위를 해석함에 있어서도 경험법칙과 논리법칙에 어긋나지 않는 범위 내에서 자유로운 심증으로 판단할 수 있다.

대법원 2011. 1. 27. 선고 2010다81957 판결 [대여금]

처분문서인 차용금증서에 **채권자가 '甲'**으로, **채무자가 '乙'**로, **연대 보증인이 '丙'**으로 기재되어 있는 사안에서, **丁이 戊에게 금원을 대여하는 내용의 소비대차약정이 체결되었다고 볼 수 있을지라도,** 주채무에 대한 계약과 **연대보증계약은 엄연히 별개의 법률행위이므로** 위와 같은 내용의 소비대차약정에 대하여 **丙이 연대보증을 한 것이라고 볼 수 있으려면 丙이** 위 차용금증서의 **실제 채무자**는 乙이 아니라 戊라는 사실과 그 **실제 채권자**는 甲이 아니라 丁이라는 사실을 **알고 있었다는 점이 전제되어야** 하는데, 丙이 그와 같은 사실을 알고 있었다고 단정하기 어려운데도 丙이 戊의 丁에 대한 채무를 연대 보증하였다고 판단한 원심판결에는 처분문서의 증명력과 계약당사자 확정에 관한 법리를 오해한 위법이 있다고 한 사례.

4. 서증신청 방법

대법원 2002. 8. 23. 선고 2000다66133 판결 [수입신용장결제대금]

문서의 제출 또는 송부는 **원본, 정본 또는 인증등본으로** 하여야 하는 것이므로, 원본, 정본 또는 인증등본이 아니고 단순한 **사본**만에 의한 **증거의 제출**은 정확성의 보증이 없어 **원칙적**으로 **부적법**하며, **다만** 이러한 사본의 경우에도 **동일한 내용**인 **원본**의 **존재**와 원본의 **성립의 진정**에 관하여 **다툼이 없고** 그 **정확성**에 문제가 없기 때문에 **사본을 원본의 대용으로** 하는데 관하여 **상대방으로부터 이의가 없는 경우**에는, 제326조 제1항 위반사유에 관한 책문권이 포기 혹은 상실되어 **사본만의 제출**에 의한 증거의 신청도 **허용**된다.

원본의 **존재** 및 원본의 **성립의 진정**에 관하여 **다툼**이 있고 **사본을 원본의 대용으로** 하는데 대하여 **상대방**으로부터 **이의**가 있는 경우에는 **사본으로써 원본을 대신할 수 없으며,** 반면에 **사본을 원본으로서 제출**하는 경우에는 그 사본이 **독립한 서증**이 되는 것이나 그 대신 이에 의하여 **원본이 제출된 것으로 되지는 아니하고,** 이 때에는 증거에 의하여 사본과 같은 원본이 존재하고 또 그 원본이 진정하게 성립하였음이 인정되지 않는 한 그와 같은 내용의 **사본이 존재한다는 것 이상의 증거가치는 없다.**

서증사본의 신청당사자가 문서 **원본을 분실**하였다든가, **선의로 이를 훼손**한 경우, 또는 **문서제출명령에 응할 의무가 없는 제3자가 해당 문서의 원본을 소지**하고 있는 경우, 원본이 **방대한 양의 문서**인 경우 등 원본 문서의 제출이 불가능하거나 비실제적인 상황에서는 **원본의 제출이 요구되지 아니한다고** 할 것이지만, 그와 같은 경우라면 해당 서증의 신청당사자가 원본 부제출에 대한 **정당성**이 되는 **구체적 사유를 주장·입증하여야** 할 것이다.

대법원 2015. 12. 21.자 2015마4174 결정 [손해배상(기)]

어느 문서가 문서의 작성 목적, 기재 내용, 문서의 소지 경위나 그 밖의 사정 등을 종합적으로 고려할 때 **오로지 문서를 가진 사람이 이용할 목적으로 작성**되고 **외부자에게 개시하는 것이 예정되어 있지 않으며 개시할 경우 문서를 가진 사람에게 간과하기 어려운 불이익이 생길 염려**가 있다면, 이러한 문서는 특별한 사정이 없는 한 **제344조 제2항 제2호의 자기이용문서**에 해당한다.

대법원 2008. 9. 26.자 2007마672 결정 [문서제출명령에대한이의]

제347조 제3항은 "제3자에 대하여 문서제출명령을 하는 경우에는 제3자 또는 그가 지정하는 자를 심문하여야 한다."라고 규정하고 있는바, 이는 그 제3자가 문서제출명령에 따르지 아니한 때에는 과태료의 제재를 받게 되는 점(제351조, 제318조, 제311조 제1항)을 고려하여 미리 그 진술 기회를 제공하고 이를 통하여 그 제3자의 문서 소지 여부 및 문서제출의무의 존부와 범위 등에 관하여 충실한 심리가 이루어지게 하려는 데에 그 **입법 취지**가 있다. 따라서 **제347조 제3항**의 규정에 따른 심문절차를 거쳤는지 여부에 관하여는 그 문서제출명령을 받은 제3자만이 법률상 이해관계를 가진다고 할 것이므로, **제3자에 대한 문서제출명령**에 대하여는 **그 제3자만이** 자기에 대한 **심문절차의 누락을 이유로 즉시항고**할 수 있을 뿐이고, **본안소송의 당사자**가 그 **제3자에 대한 심문절차의 누락을 이유로 즉시항고하는 것은 허용되지 아니한다**고 할 것이다.

대법원 2001. 5. 8. 선고 2000다35955 판결 [손해배상(기)]

문서제출명령신청에 대해서, **별다른 판단을 하지 아니한 채 변론을 종결**하고 **판결을 선고**한 것은 문서제출명령신청을 **묵시적으로 기각한 취지**라고 할 것이니 이를 가리켜 **판단유탈에 해당한다고는 볼 수 없다.**

대법원 1993. 6. 25. 선고 93다15991 판결 [선급금반환]

당사자가 **문서제출명령에 따르지 아니한 경우**에는 법원은 **상대방의 그 문서에 관한 주장** 즉, **문서의 성질, 내용, 성립의 진정 등에 관한 주장을 진실한 것으로 인정**하여야 한다는 것이지[135] 그 문서에 의하여 입증하고자 하는 **상대방의 주장사실까지 반드시 증명되었다고 인정하여야 한다는 취지는 아니다.**

135 판례는 이처럼 '진실한 것으로 인정하여야 한다'는 식으로 표현하고 있으나, 규정의 문언상 이 부분 역시 반드시 '인정해야' 하는 것은 아니고 '인정할 수' 있는 것으로 보아야 함(私見)

제4절 자유심증주의

자유심증주의

1. 자유심증주의

2. 증거원인

대법원 1983. 9. 13. 선고 83다카971 판결 [임차보증금반환]

변론의 취지는 **변론의 과정에 현출된 모든 상황과 자료**를 말하여 **증거원인**이 되는 것이기는 하나 **그것만으로는 사실인정의 자료로 할 수 없다.**

대법원 1982. 3. 23. 선고 80다1857 판결 [손해배상]

당사자가 **부지로서 다툰 서증**에 관하여 **거증자**가 특히 그 성립을 **증명하지 아니한 경우라도 법원은** 다른 증거에 의하지 않고 **변론의 전취지를 참작하여 자유심증**으로써 그 **성립을 인정할 수 있다.**

대법원 2000. 9. 8. 선고 2000다23013 판결 [대여금등]

자백이 **진실에 반한다는 증명이 있다고** 하여 그 자백이 **착오로 인한 것이라고 추정되는 것은 아니지만** 그 자백이 진실과 부합되지 않는 사실이 증명된 경우라면 **변론의 전취지에 의하여** 그 자백이 **착오로 인한 것이라는 점을 인정할 수 있다.**

대법원 1995. 6. 29. 선고 94다47292 판결 [대여금등]

민사재판에 있어서는 **다른 민사사건 등의 판결에서 인정된 사실**에 **구속받는 것이 아니라** 할지라도 이미 확정된 관련 민사사건에서 인정된 사실은 특별한 사정이 없는 한 **유력한 증거**가 되므로, **합리적인 이유설시 없이 이를 배척할 수 없고**, 특히 전후 두 개의 민사소송이 당사자가 같고 분쟁의 기초가 된 사실도 같으나 다만 소송물이 달라 기판력에 저촉되지 아니한 결과 새로운 청구를 할 수 있는 경우에 있어서는 더욱 그러하다.

대법원 1993. 3. 12. 선고 92다51372 판결 [토지소유권이전등기]

민사재판에 있어서 이와 관련된 **다른 민·형사사건 등의 확정판결에서 인정된 사실**은 특별한 사정이 없는 한 **유력한 증거자료**가 되는 것이나, 당해 민사재판에서 제출된 다른 증거내용에 비추어 관련 민·형사사건의 확정판결에서의 **사실판단을 그대로 채용하기 어렵다고 인정될 경우에는 이를 배척**할 수 있고, 이 경우 **배척하는 구체적인 이유를 일일이 설시할 필요는 없다.**

대법원 2021. 10. 14. 선고 2021다243430 판결 [근저당권말소등기회복등기]

원래 **민사재판**에 있어서는 형사재판의 사실인정에 구속을 받는 것이 아니라고 하더라도 **동일한 사실관계**에 관하여 **이미 확정된 형사판결이 유죄로 인정한 사실은 유력한 증거자료**가 된다고 할 것이므로 민사재판에서 제출된 다른 증거들에 비추어 형사재판의 사실판단을 채용하기 어렵다고 인정되는 **특별한 사정이 없는 한** 이와 **반대되는 사실을 인정할 수 없다.**[136]

대법원 2020. 3. 26. 선고 2018다301336 판결 [손해배상(기)]

손해배상책임이 인정되는 경우 **법원은 손해액**에 관한 당사자의 주장과 증명이 미흡하더라도 **적극적으로 석명권을 행사**하여 **증명을 촉구하여야** 하고, 경우에 따라서는 **직권으로** 손해액을 **심리·판단하여야** 한다.

채무불이행이나 불법행위로 인한 손해배상청구소송에서 재산적 손해의 발생사실이 인정되나 **구체적인 손해의 액수를 증명**하는 것이 **사안의 성질상 곤란**한 경우, 법원은 **증거조사의 결과**와 **변론 전체의 취지**에 의하여 밝혀진 당사자들 사이의 관계, 채무불이행이나 불법행위와 그로 인한 재산적 손해가 발생하게 된 경위, 손해의 성격, 손해가 발생한 이후의 제반 정황 등 **관련된 모든 간접사실들을 종합하여 적당하다고 인정되는 금액을 손해의 액수로 정할 수 있다.**

제202조의2는 **종래의 판례를 반영**하여 '손해배상 액수의 산정'이라는 제목으로 "손해가 발생한 사실은 인정되나 구체적인 손해의 액수를 증명하는 것이 사안의 성질상 매우 어려운 경우에 법원은 변론 전체의 취지와 증거조사의 결과에 의하여 인정되는 모든 사정을 종합하여 상당하다고 인정되는 금액을 손해배상 액수로 정할 수 있다."라고 정하고 있다. 이 규정은 특별한 정함이 없는 한 **채무불이행**이나 **불법행위**로 인한 손해배상뿐만 아니라 **특별법**에 따른 **손해배상**에도 **적용**되는 **일반적 성격의 규정**이다. 손해가 발생한 사실이 인정되나 구체적인 손해의 액수를 증명하는 것이 매우 어려운 경우에는 법원은 손해배상청구를 쉽사리 배척해서는 안 되고, 적극적으로 석명권을 행사하여 증명을 촉구하는 등으로 구체적인 손해액에 관하여 심리하여야 한다. 그 후에도 구체적인 손해액을 알 수 없다면 손해액 산정의 근거가 되는 간접사실을 종합하여 손해액을 인정할 수 있다.

3. 증거공통의 원칙

4. 사실인정 위법과 상고 여부

대법원 1988. 11. 8. 선고 87다카683 판결 [해임처분무효확인]

증거의 취사와 **사실의 인정**은 **사실심의 전권**에 속하는 것으로서 이것이 **자유심증주의의 한계를 벗어나지 않는 한 적법한 상고이유로 삼을 수 없다.**

---

136 동의 없이 위임장 등 필요한 서류 위조하여 근저당권설정 및 부기등기 말소한 것이 밝혀져 사문서위조죄 약식명령 확정된 경우, 대여금액에 비해 담보부동산 규모가 과다한 점, 근저당권설정계약체결 위임한 점(설정계약체결 대리권 수여했어도 해제할 권한 가지는 것은 ✕) 등을 이유로 특별한 사정도 없이 확정된 약식명령의 사실인정 배척하면 위법하다는 취지, 확정된 '형사'판결은 '민사'판결과는 구속의 정도에 차이가 있음 → 확정판결이 민사든 형사든 기판력은 미치지 않는다는 점 및 유력한 증거로서 사실인정 배척에 '특별한 사정'이 필요한 점은 동일함

5. 증명방해

대법원 1999. 4. 13. 선고 98다9915 판결 [손해배상(기)]

당사자 **일방이 입증을 방해**하는 행위를 하였더라도 **법원으로서는 이를 하나의 자료로 삼아 자유로운 심증에 따라 방해자측에게 불리한 평가를 할 수 있음**에 그칠 뿐 **입증책임이 전환되거나 곧바로 상대방의 주장 사실이 증명된 것으로 보아야 하는 것은 아니다.**[137]

대법원 2015. 11. 17. 선고 2014다81542 판결 [보험금]

민사소송에서 당사자 일방이 **일부가 훼손된 문서를 증거로 제출**하였는데 **상대방이 훼손된 부분에** 잔존 부분의 기재와 **상반된 내용이 기재되어 있다고 주장**하는 경우, **문서제출자가** 상대방의 사용을 **방해할 목적**으로 **문서를 훼손**하였다면 법원은 훼손된 문서 부분의 기재에 대한 **상대방의 주장을 진실한 것으로** 인정할 수 있을 것이나(**제350조**), **그러한 목적 없이 문서가 훼손**되었다고 하더라도 문서의 훼손된 부분에 잔존 부분과 **상반되는 내용의 기재가 있을 가능성**이 인정되어 문서 전체의 취지가 문서를 제출한 당사자의 주장에 부합한다는 확신을 할 수 없게 된다면 이로 인한 **불이익**은 **훼손된 문서를 제출한 당사자에게** 돌아가야 한다.

대법원 1996. 4. 23. 선고 95다23835 판결 [상속지분금]

증거자료에의 접근이 훨씬 용이한 일방 당사자가 **상대방의 증명활동에 협력하지 않는다고** 하여 상대방의 **입증을 방해하는 것이라고 단정할 수 없으며**, 제1조에서 규정한 신의성실의 원칙을 근거로 하여 **대등한 사인간의 법률적 쟁송인 민사소송절차**에서 일방 당사자에게 소송의 승패와 직결되는 **상대방의 증명활동에 협력하여야 할 의무가 부여되어 있다고 할 수 없으므로**, 일방 당사자가 요증사실의 증거자료에 훨씬 용이하게 접근할 수 있다고 하는 사정만으로는 상대방의 증명활동에 협력하지 않는다고 하여 이를 민사소송법상의 신의성실의 원칙에 위배되는 것이라고 할 수 없다는 취지로 판단한 원심판결을 수긍한 사례.

137 해당 판결은 자유심증설의 입장으로서, 표현상 증명책임전환설과 법정증거설을 명확히 부정하였고, 의료소송이 현대형소송이라는 점을 감안하면 절충설의 입장이라고 볼 수도 없음
한편 위 판결은 의료사건의 인과관계의 증명책임과 관련하여 "의료행위에 있어서의 잘못을 원인으로 한 불법행위책임이 성립하기 위하여서도 일반적인 경우와 마찬가지로 의료상의 주의의무 위반과 손해의 발생이 있고 그 사이에 인과관계가 있어야 하므로, 환자가 진료를 받는 과정에서 손해가 발생하였다면 의료행위의 특수성을 감안하더라도 먼저 환자측에서 일반인의 상식에 바탕을 두고 일련의 의료행위 과정에 의료상의 과실 있는 행위가 있었고 그 행위와 손해의 발생 사이에 다른 원인이 개재되지 않았다는 점을 입증하여야 한다."고 판시하였음

제5절 증명책임

증명책임

1. 의의

2. 증명책임의 분배

3. 법률상 추정 – 증명책임의 완화

4. 유사적 추정

5. 일응의 추정

대법원 2004. 11. 26. 선고 2003다2123 판결 [손해배상(기)]

공해로 인한 손해배상청구소송에 있어서는 가해행위와 손해발생 사이의 **인과관계**의 고리를 **모두 자연과학적으로 증명하는 것은 곤란 내지 불가능**한 경우가 대부분이고, **가해기업**은 기술적·경제적으로 **피해자보다 원인조사가 용이**할 뿐 아니라 자신이 배출하는 물질이 **유해하지 않다는 것을 입증할 사회적 의무**를 부담한다고 할 것이므로, 가해기업이 **배출**한 어떤 **물질**이 피해 물건에 **도달**하여 **손해**가 발생하였다면 **가해자측**에서 그 **무해함을 입증**하지 **못하는 한 책임**을 면할 수 없다고 봄이 사회 형평의 관념에 적합하다.

여천공단 내 공장들의 **폐수 배출**과 **재첩 양식장에 발생한 손해** 사이에 **인과관계가 일응 증명**되었으므로, 위 **공장들**이 **반증**으로 그 **폐수 중에** 재첩 양식장에 피해를 발생시킨 **원인물질이 들어있지 않거나** 원인물질이 들어 있다고 하더라도 재첩 양식에 **피해를 일으킬 정도의 농도가 아니라는 사실**을 증명하거나, 또는 재첩 양식장의 **피해가 전적으로 다른 원인에 의한 것임**을 **증명하지 못하는 한** 그 **책임**을 면할 수 없다고 한 사례.

대법원 2002. 10. 22. 선고 2000다65666 판결 [채무부존재확인·손해배상(기)]

일반적으로 불법행위로 인한 손해배상청구사건에 있어서 가해행위와 손해발생 간의 인과관계의 입증책임은 청구자인 피해자가 부담하나, 대기오염이나 수질오염에 의한 **공해로 인한 손해배상을 청구하는 소송**에 있어서는 기업이 배출한 원인물질이 물을 매체로 하여 **간접적으로 손해**를 끼치는 수가 많고 공해문제에 관하여는 **현재의 과학수준으로도 해명할 수 없는 분야**가 있기 때문에 가해행위와 손해의 발생 사이의 인과관계를 구성하는 하나 하나의 고리를 자연과학적으로 증명한다는 것은 극히 곤란하거나 불가능한 경우가 대부분이므로, 이러한 공해소송에 있어서 피해자에게 사실적인 **인과관계의 존재에 관하여 과학적으로 엄밀한 증명을 요구한다는 것은 공해로 인한 사법적 구제를 사실상 거부하는 결과가 될 우려**가 있는 반면에, 가해기업은 기술적·경제적으로 피해자보다 훨씬 원인조사가 용이한 경우가 많을 뿐만 아니라, 그 원인을 은폐할 염려가 있고 가해기업이 어떠한 유해한 원인물질을 **배출**하고 그것이 피해물건에 **도달**하여 **손해**가 발생하였다면 가해자측에서 그것이 무해하다는 것을 입증하지 못하는 한 책임을 면할 수 없다고 보는 것이 사회형평의 관념에 적합하다.

대법원 2005. 9. 30. 선고 2004다52576 판결 [손해배상(의)]

의료행위에 있어서 주의의무위반으로 인한 **불법행위** 또는 **채무불이행**으로 인한 책임이 있다고 하기 위하여는 의료행위상 주의의무의 위반, 손해의 발생 및 주의의무의 위반과 손해발생과의 사이에 **인과관계가 존재하여야** 함은 물론이나, 의료행위가 **고도의 전문적 지식**을 필요로 하는 분야이고 그 의료의 과정은 대개의 경우 환자 본인이 그 일부를 알 수 있는 외에 의사만이 알 수 있을 뿐이며, 치료의 결과를 달성하기 위한 의료기법은 의사의 재량에 달려 있기 때문에, 손해발생의 직접적인 원인이 의료상의 과실로 말미암은 것인지 여부는 전문가인 의사가 아닌 보통인으로서는 도저히 밝혀낼 수 없는 **특수성**이 있어서 환자측이 의사의 의료행위상의 주의의무위반과 손해발생과 사이의 **인과관계를 의학적으로 완벽하게 입증한다는 것은 극히 어려운** 일이므로, 의료사고가 발생한 경우 **피해자측**에서 **일련의 의료행위 과정에 있어서 저질러진 일반인의 상식에 바탕을 둔 의료상의 과실이 있는 행위를 입증**하고 그 결과와 사이에 일련의 의료행위 외에 **다른 원인이 개재될 수 없다는 점**, 이를테면 환자에게 의료행위 이전에 그러한 결과의 원인이 될 만한 건강상의 결함이 없었다는 사정을 증명한 경우에 있어서는, 의료행위를 한 측이 그 결과가 의료상의 과실로 인한 것이 아니라 전혀 다른 원인에 의한 것이라는 입증을 하지 아니하는 이상, 의료상 과실과 결과 사이의 **인과관계를 추정**하여 손해배상책임을 지울 수 있도록 **입증책임을 완화**하는 것이 **손해의 공평·타당한 부담**을 그 **지도원리**로 하는 손해배상제도의 이상에 맞는다.

대법원 2000. 2. 25. 선고 98다15934 판결 [구상금]

물품을 제조·판매한 자에게 **손해배상책임**을 지우기 위하여서는 결함의 존재, 손해의 발생 및 결함과 손해의 발생과의 사이에 인과관계의 존재가 전제되어야 하는 것은 당연하지만, 고도의 기술이 집약되어 대량으로 생산되는 제품의 경우, 그 생산과정은 대개의 경우 소비자가 알 수 있는 부분이 거의 없고, 전문가인 제조업자만이 알 수 있을 뿐이며, 그 수리 또한 제조업자나 그의 위임을 받은 수리업자에 맡겨져 있기 때문에, 이러한 제품에 어떠한 결함이 존재하였는지, 나아가 그 결함으로 인하여 손해가 발생한 것인지 여부는 전문가인 제조업자가 아닌 보통인으로서는 도저히 밝혀 낼 수 없는 특수성이 있어서 소비자 측이 제품의 결함 및 그 결함과 손해의 발생과의 사이의 인과관계를 과학적·기술적으로 완벽하게 입증한다는 것은 지극히 어려우므로, **텔레비전이 정상적으로 수신하는 상태에서 발화·폭발한 경우**에 있어서는, **소비자 측**에서 **그 사고가 제조업자의 배타적 지배하에 있는 영역에서 발생한 것임**을 입증하고, 그러한 **사고가 어떤 자의 과실 없이는 통상 발생하지 않는다고 하는 사정을 증명하면**, **제조업자 측**에서 그 사고가 **제품의 결함이 아닌 다른 원인으로 말미암아 발생한 것임을 입증하지 못하는 이상**, 위와 같은 제품은 이를 유통에 둔 단계에서 이미 그 이용시의 제품의 성상이 사회통념상 당연히 구비하리라고 기대되는 합리적 안전성을 갖추지 못한 결함이 있었고, 이러한 결함으로 말미암아 사고가 발생하였다고 추정하여 손해배상책임을 지울 수 있도록 **입증책임을 완화**하는 것이 **손해의 공평·타당한 부담**을 그 **지도원리**로 하는 손해배상제도의 이상에 맞는다.

Part 3
소송의 종료

03

제4편 소송의 종료

제1장 소송종료사유

« 소송종료선언 »

1. 소송의 종료 유형

2. 소송종료선언

대법원 2019. 2. 14. 선고 2015다255258 판결 [주주총회결의취소의소]

이사가 그 지위에 기하여 **주주총회결의 취소의 소를 제기**하였다가 **소송 계속 중에 사망**하였거나 사실심 변론종결 후에 사망하였다면, 그 소송은 이사의 사망으로 **중단되지 않고** 그대로 **종료된다.** 이사는 주식회사의 **의사결정기관**인 이사회의 구성원이고, 의사결정기관 구성원으로서의 지위는 **일신전속적**인 것이어서 **상속의 대상이 되지 않기 때문**이다.

제2장 당사자의 행위에 의한 종료

« 취하 »

1 의의

대법원 1993. 9. 14. 선고 93누9460 판결 [토지수용재결처분취소등]

소송상 **청구금액을 감축**한다는 것은 **소의 일부취하**를 뜻하는 것이고, 소취하에 대한 피고의 동의 및 동의의 거절은 반드시 명시적으로 하여야 하는 것은 아니며 묵시적으로 하여도 무방하다 할 것이다.

2. 요건·방식(266조)

대법원 1968. 4. 23. 선고 68다217 판결 [공장인도(본소),소유권확인(반소)]

피고가 본안전 항변으로 **소각하**를, 본안에 관하여 **청구기각**을 **각 구한 경우**에는 **본안에 관한 것은 예비적으로 청구한 것**이므로 원고는 **피고의 동의 없이 소취하를 할 수 있다.**

대법원 1969. 5. 27. 선고 69다130 판결 [가건물철거등]

소취하에 대하여 피고가 이의하여 **동의를 거절**하면 소취하 효력을 발생할 수 없고 **후에 동의하더라도 취하의 효력이 없다.**

3. 효과

4. 취하간주

5. 소취하 효력 다투는 절차

재소금지

1. 취지

대법원 2021. 5. 7. 선고 2018다259213 판결 [추심금]

제267조 제2항은 "본안에 대한 종국판결이 있은 뒤에 소를 취하한 사람은 같은 소를 제기하지 못한다."라고 정하고 있다. 이는 소취하로 그동안 판결에 들인 **법원의 노력이 무용화**되고 다시 동일한 분쟁을 문제 삼아 **소송제도를 남용**하는 부당한 사태를 **방지할 목적**에서 나온 **제재적 취지**의 규정이다. 여기에서 **'같은 소'**는 반드시 **기판력**의 범위나 **중복제소금지**에서 말하는 것과 **같은 것은 아니고**, 당사자와 소송물이 같더라도 이러한 규정의 취지에 반하지 않고 **소제기를 필요로 하는 정당한 사정**이 있다면 **다시 소를 제기할 수 있다.**[1]

2. 요건

대법원 1969. 7. 22. 선고 69다760 판결 [소유권이전등기말소등]

종국판결선고후 소를 취하한 경우에 **재소할 수 없는 승계인**은 **변론종결 후의 승계인**에 한하고 **변론종결 전의 승계인**으로서 특히 소송에 당사자로 참가하지 아니한 제3자는 **포함되지 아니**한다.[2]

대법원 1996. 9. 20. 선고 93다20177 판결 [소유권이전등기말소·소유권이전등기]

채권자대위권에 의한 **소송이 제기된 사실**을 **피대위자가 알게 된 이상**, 그 대위소송에 관한 **종국**

1 대법원은 재소금지의 제도적 취지와 관련하여 최근에는 '농락' 대신 '남용'이라는 단어를 사용함

2 해당 판결은 재소금지 제도에서도 기판력과 마찬가지로 '변론종결 전후'를 기준으로 하고 있는데, 엄밀히 재소금지에서는 변론이 종결되는 것이 아니라 1심 본안판결 선고 후 취하된 경우이기 때문에, 이는 경우에 따라 '취하 전후'로 새겨야 할 수 있음(私見)

판결이 있은 후 그 소가 취하된 때에는 **피대위자도** 제267조 제2항 소정의 **재소금지규정의 적용**을 받아 그 **대위소송과 동일한 소를 제기하지 못한다.**

대법원 1980. 12. 9. 선고 79다634 전원합의체판결 [소유권이전등기]

명의신탁자는 명의수탁자에 대하여 **신탁해지**를 하고 **신탁관계의 종료** 그것만을 **이유로** 하여 소유 명의의 **이전등기절차의 이행을 청구**할 수 있음은 물론, 신탁해지를 원인으로 하고 **소유권에 기해서도** 그와 같은 청구를 할 수 있고(이 경우 **양 청구는 청구원인을 달리하는 별개의 소송**이다), 위와 같은 법리는 위 상호 명의신탁의 지위를 승계한 자와의 관계에 있어서도 마찬가지로 적용된다.[3]

대법원 1989. 10. 10. 선고 88다카18023 판결 [부당이득금]

제267조 제2항의 규정은 임의의 소취하에 의하여 그때까지의 **국가의 노력을 헛수고로** 돌아가게 한 자에 대한 **제재적 취지**에서 그가 다시 동일한 분쟁을 문제삼아 **소송제도를 농락**하는 것과 같은 부당한 사태의 발생을 **방지할 목적**에서 나온 것이므로 여기에서 **동일한 소**라 함은 반드시 **기판력**의 범위나 **중복제소금지**의 경우의 **그것과 같이 풀이할 것은 아니고,** 따라서 당사자와 소송물이 동일하더라도 재소의 이익이 다른 경우에는 동일한 소라고 할 수 없는 반면, **후소가 전소의 소송물을 선결적 법률관계 내지 전제로** 하는 것일 때에는 **비록 소송물은 다르지만** 본안의 **종국판결 후에 전소를 취하한 자는** 전소의 목적이었던 권리 내지 법률관계의 존부에 대하여는 다시 법원의 판단을 구할 수 없는 관계상 위 제도의 취지와 목적에 비추어 후소에 대하여도 **동일한 소**로서 **판결을 구할 수 없다**고 풀이함이 상당하다.[4]

대법원 2022. 2. 17. 선고 2021다275741 판결 [손해배상(기)]

상대방이 본안에 관하여 준비서면을 제출하거나 변론준비기일에서 진술 또는 변론을 한 뒤에는 상대방의 동의를 받아야 효력을 가지는 소의 **취하와 달리** 소송상 방어방법으로서의 **상계 항변**은 그 **수동채권의 존재가 확정되는 것을 전제로 하여 행하여지는** 일종의 **예비적 항변**으로서 상대방의 **동의 없이** 이를 **철회할 수 있고,** 그 경우 법원은 **처분권주의**의 원칙상 이에 대하여 **심판할 수 없다.**

따라서 먼저 제기된 소송의 제1심에서 **상계 항변을 제출**하여 **제1심판결**로 **본안**에 관한 판단을 받았다가 **항소심에서 상계 항변을 철회**하였더라도 이는 소송상 **방어방법의 철회에 불과**하여 제267조 제2항의 **재소금지 원칙이 적용되지 않으므로,** 그 **자동채권**과 동일한 채권에 기한 **소송을 별도로 제기할 수 있다.**[5]

---

3 유효한 명의신탁을 해지한 후, '신탁관계 종료'를 이유로 소이등을 구하여 본안 승소판결 선고 후 취하했다가 다시 '소유권'에 기해 소이등을 구하더라도 소송물이 달라 267조 2항 재소금지 위반이 아니라는 사안

4 **면직처분무효확인** 본안판결 선고 후 취하한 자가 **급여·퇴직금을 부당이득반환**으로 구한 경우, **전소 소송물이 후소의 선결적 법률관계**를 이루고 있으므로 **후소는 재소금지 위반**되어 각하되어야 한다는 판결

5 '상계항변'은 비록 기판력이 발생하여 마치 소송물과 같이 취급되는 경우도 있으나, 적어도 '중복소송금지', '재소금지'에서는 '소'가 아닌 '항변'에 불과하여 적용되지 ✕

대법원 1981. 7. 14. 선고 81다64 판결 [건물철거등]

제267조 제2항 소정의 **"소를 취하한 자"** 에는 **변론종결 후의 특정승계인을 포함**하나 **"동일한 소"** 라 함은 **권리보호의 이익도 같아야** 하므로 이 건 토지의 전소유자가 피고를 상대로 한 전소와 본건 소는 소송물인 권리관계는 동일하다 할지라도 위 전소의 **취하 후**에 이 건 **토지를 양수한 원고**는 그 소유권을 침해하고 있는 피고에 대하여 그 **배제를 구할 새로운 권리보호의 이익**이 있다고 할 것이니 위 전소와 본건 소는 **동일한 소라고 할 수 없다.**

대법원 1997. 12. 23. 선고 97다45341 판결 [소유권이전등기]

제267조 제2항 소정의 재소금지원칙이 적용되기 위하여는 소송물이 동일한 외에 권리보호의 이익도 동일하여야 할 것인바, 매수인이 매도인을 상대로 부동산에 관하여 **매매**를 **원인**으로 한 **소유권이전등기절차 이행**의 소를 제기하여 **승소판결**을 받았지만, **항소심에서** 매매에 따른 **토지거래허가신청절차의 이행**을 구하는 **소로 변경**하여 당초의 소는 종국판결 선고 후 취하된 것으로 되었다 하더라도, **그 후 토지거래허가를 받고** 나서 **다시 소유권이전등기절차의 이행을 구하는 것**은 취하된 소와 **권리보호의 이익이 달라** 재소금지원칙이 적용되지 않는다.

대법원 1981. 7. 14. 선고 81다64 판결 [건물철거등]

제267조 제2항 소정의 "소를 취하한 자"에는 변론종결 후의 특정승계인을 포함하나 **"동일한 소"라 함은 권리보호의 이익도 같아야** 하므로 이 건 토지의 전소유자가 피고를 상대로 한 전소와 본건 소는 소송물인 권리관계는 동일하다 할지라도 위 **전소의 취하 후에 이 건 토지를 양수한 원고**는 그 **소유권을 침해하고 있는 피고에 대하여 그 배제를 구할 새로운 권리보호의 이익**이 있다고 할 것이니 위 전소와 본건 소는 **동일한 소라고 할 수 없다.**

대법원 2000. 12. 22. 선고 2000다46399 판결 [소유권이전등기]

종국판결 후 소를 취하하였다가 **피고가 그 소 취하의 전제조건인 약정을 위반하여 약정이 해제 또는 실효되는 사정변경**이 생겼음을 이유로 다시 동일한 소를 제기하는 것은 재소금지의 원칙에 **위배되지 않는다**고 한 사례.

대법원 1998. 3. 13. 선고 95다48599 판결 [점포명도등·소유권이전등기말소]

제267조 제2항은 "본안에 대한 종국판결이 있은 후 소를 취하한 자는 동일한 소를 제기하지 못한다."라고 규정하고 있는바, 이는 소취하로 인하여 그 동안 판결에 들인 법원의 노력이 무용화되고 종국판결이 당사자에 의하여 농락당하는 것을 방지하기 위한 제재적 취지의 규정이므로, 본안에 대한 종국판결이 있은 후 소를 취하한 자라 할지라도 이러한 규정의 취지에 반하지 아니하고 **소제기를 필요로 하는 정당한 사정**이 있다면 **다시 소를 제기할 수 있다.**

부동산 공유자들이 제기한 **명도청구소송**에서 제1심 종국판결 선고 후 **항소심 계속중** 소송당사자 **상호간의 지분 양도·양수에 따라 소취하 및 재소**가 이루어진 경우, 그로 인하여 그 때까지의 법원의 노력이 **무용화**된다든가 당사자에 의하여 법원이 **농락**당한 것이라 **할 수 없고**, 소송 계속중 부동산의 공유지분을 양도함으로써 그 권리를 상실한 공유자가 더 이상 소를 유지할 필요가 없다고 생각하고 소를 취하한 것이라면 그 **지분을 양도받은 자**에게 **소취하에 대한 책임이 있다고 할 수 없을** 뿐만 아니라, 공유지분 양수인으로서는 **자신의 권리를 보호하기 위하여** 양도받은 공유지분에 기하여 **다시 소를 제기할 필요도 있어** 그 **양수인의 추가된 점포명도청구는** 그 공유지분의 양도인이 취하한 전소와는 **권리보호의 이익을 달리하여** 재소금지의 원칙에 **위배되지 아니한다.**[6]

대법원 2021. 5. 7. 선고 2018다259213 판결 [추심금]

甲 주식회사가 乙 등에 대하여 가지는 정산금 채권에 대하여 甲 회사의 채권자 **丙이 채권압류 및 추심명령**을 받아 乙 등을 **상대로 추심금 청구의 소를 제기**하였다가 **항소심에서 소를 취하**하였는데, **그 후** 甲 회사의 다른 채권자 丁 **등이 위 정산금 채권에 대하여 다시 채권압류 및 추심명령**을 받아 乙 **등을 상대로 추심금 청구의 소를 제기**한 사안에서, **丙이** 선행 추심소송에서 **패소판결을 회피할 목적 등으로** 종국판결 후 소를 취하하였다거나 丁 **등이 소송제도를 남용할 의도로** 소를 제기하였다고 **보기 어려운 사정** 등을 감안할 때, 丁 **등은** 선행 추심소송과 **별도로 자신의 甲 회사에 대한 채권의 집행을 위하여** 위 소를 제기한 것이므로 **새로운 권리보호이익이 발생**한 것으로 볼 수 있어 **재소금지 규정에 반하지 않는다**고 본 원심판결이 정당하다고 한 사례.[7]

대법원 2021. 7. 29. 선고 2018다230229 판결 [대여금]

甲 주식회사가 乙을 상대로 **대여금청구 소송을 제기**하여 **공시송달**에 의한 **승소판결**을 선고받았고, 그 후 甲 회사로부터 **대여금 채권을 양수한 丙 유한회사**가 乙을 상대로 **양수금청구 소송을 제기**하여 **공시송달**에 의한 **승소판결**을 선고받았으며, **乙이 위 판결들에** 대하여 **각 추완항소를 제기**하였는데, **양수금청구 소송의 항소심법원**이 '**丙 회사는 소를 취하**하고, 乙은 소취하에 동의한다.'는 내용의 **화해권고결정**을 하였고, **화해권고결정이 확정되기 전 丙 회사가 대여금청구 소송의 항소심에서 승계참가신청**을 한 사안에서, 화해권고결정의 확정으로 양수금청구 소송이 취하된 것과 같은 효과가 발생하였는데, 이는 **丙 회사가** 乙의 추완항소로 인하여 생긴 **소송계속의 중복상태를 해소하고** 먼저 소가 제기된 대여금청구 소송을 승계하는 방법으로 **소송관계를 간명하게 정리한 것일 뿐이므로**, 종국판결 선고 후 양수금청구 소송을 취하하는 소송상 합의를 한 동기와 경위에 비추어 보면 丙 회사의 **승계참가신청**이 화해권고결정의 확정으로 **종결된 양수금청구 소송과 당사자와 소송물이 동일하더라도** 이는 재소금지에 관한 제267조 제2항의 취지에 반하지 아니하고, 승계참가신청을 통해 대여금청구 소송을 승계할 정당한 사정이 있는 등 양수금청

6 공유지분 특정승계인은 '계쟁물 승계인'이고 취하한 소의 소송물이 물권적 청구권이어서 '당사자 동일'이 충족되는 것으로 보아 그 후의 '권리보호이익 동일' 논의를 한 것으로 보임(私見). 다만 소송물이 물권적 청구권이더라도 '원고 측' 특정승계인인 점, 사안은 양수인이 먼저 공유지분의 등기까지 경료(1994. 5. 12.)하여 계쟁물을 특정승계 한 이후에 양도인이 소를 취하(1995. 1. 25.)한 점 등에 비추어 과연 당사자 동일 요건을 확실히 충족하였다고 볼 것인지 의문이 있음(私見)

7 한편 위 판결은 "금전채무의 **지연손해금채무**는 금전채무의 이행지체로 인한 **손해배상채무**로서 **이행기의 정함이 없는 채무**에 해당하므로, 채무자는 확정된 지연손해금채무에 대하여 채권자로부터 **이행청구를 받은 때부터 지체책임**을 부담하게 된다. 위에서 보았듯이 원고들은 이 사건 **채권압류 및 추심명령을 신청할 당시** 이 사건 정산금 채권 **원금**과 이에 대하여 2004. 2. 13.**부터** 2016. 7. 26.**까지 발생한 지연손해금**을 합산하여 **압류 및 추심할 채권으로 특정**하였고, **위 채권 전부를** 피고 1 등에게 청구하는 **추심금의 원금으로** 삼아 이 사건 **소를 제기**하였다. 이러한 사정을 위에서 본 법리에 비추어 살펴보면, 이 사건 채권압류 및 추심명령 신청 당시 **압류 및 추심할 채권으로 표시된** 이 사건 정산금 채권의 **지연손해금 부분은 확정된 지연손해금채무**로 볼 수 있으므로 피고 1 등은 원고들로부터 추심금에 대한 **이행청구를 받은 때부터 지체책임을 부담**하게 된다."는 집행법 법리를 함께 판시하였음

구 소송과 **권리보호이익이 동일하지 않아** 위 승계참가신청이 **재소금지 원칙에 위반된다고 보기 어렵다**고 한 사례.

대법원 1987. 6. 9. 선고 86다카2600 판결 [가등기에기한본등기]

소의 **교환적 변경**은 **신청구의 추가적 병합**과 **구청구의 취하**의 **결합형태**로 볼 것이므로 본안에 관한 **종국판결이 있은 후**에 구청구를 신청구로 **교환적 변경**을 한 다음 **다시 본래의 구청구로 교환적 변경**을 한 경우에는 종국판결이 있은 후 소를 **취하하였다가 동일한 소를 다시 제기**한 경우에 해당하여 **부적법**하다.

소의 변경이 **교환적**인가 **추가적**인가 또는 **선택적**인가의 여부는 기본적으로 당사자의 **의사해석**에 의할 것이므로 당사자가 구청구를 취하한다는 명백한 표시없이 새로운 청구취지를 항소장에 기재하는 등으로 그 **변경형태가 불명할 경우**에는 사실심 **법원으로서는** 과연 청구변경의 취지가 교환적인가 추가적인가 또는 선택적인가의 점에 대하여 **석명**으로 이를 밝혀 볼 **의무**가 있다.

대법원 2021. 7. 29. 선고 2018다230229 판결 [대여금]

화해권고결정에 '**원고는 소를 취하**하고, **피고는 이에 동의**한다.'는 **화해조항**이 있고, 이러한 화해권고결정에 대하여 양 당사자가 **이의하지 않아 확정**되었다면, 화해권고결정의 확정으로 당사자 사이에 소를 **취하**한다는 내용의 **소송상 합의**를 하였다고 볼 수 있다. 따라서 **본안**에 대한 **종국판결**이 **있은 뒤**에 이러한 **화해권고결정이 확정**되어 소송이 종결된 경우에는 소취하한 경우와 마찬가지로 **제267조 제2항**의 규정에 따라 **같은 소를 제기하지 못한다.**

3. 효과

대법원 1969. 4. 22. 선고 68다1722 판결 [부당이득금]

본안에 대한 종국판결이 있은 후 소를 취하한 자는 **동일한 소를 제기하지 못할 것이지만** 그 **실체법상의 권리가 소멸하는 것이 아니고** 단지 상대방에 대하여 의무의 이행을 소구할 수 없게 된 것이므로 상대방이 실체법상의 의무를 면하게 되었음을 전제로 하는 **부당이득반환청구는 부당하다.**

대법원 1967. 7. 18. 선고 67다1042 판결 [손해배상등]

중복소송의 경우 본안에 대한 종국판결이 있은 후 소를 취하한 자는 동일한 소를 제기할 수 없다는 법리에 의하여 **후소의 본안에 대한 판결이 있은 후 그 후소를 취하**한 자는 **전소를 유지할 수 없다** 할 것이다.

대법원 1968. 1. 23. 선고 67다2494 판결 [소유권이전등기]

사망자를 상대로 한 판결에 대하여 그 망인의 **상속인인 피고가 항소를 제기**하여 **원고가** 항소심 변론에서 그 소를 **취하**하였다 하더라도 위 판결은 **당연무효의 판결이므로** 원고는 **재소금지의 제한을 받지 않는다.**

포기 · 인낙

1. 의의

대법원 1995. 7. 25. 선고 94다62017 판결 [토지소유권이전등기]

원심에서 추가된 청구가 종전의 주위적 청구가 인용될 것을 해제조건으로 하여 청구된 것임이 분명하다면, 원심으로서는 종전의 주위적 청구의 당부를 먼저 판단하여 그 이유가 없을 때에만 원심에서 추가된 예비적 청구에 관하여 심리판단할 수 있고, 위 추가된 예비적 청구만을 분리하여 심리하거나 일부 판결을 할 수 없으며, 피고로서도 위 추가된 **예비적 청구에 관하여만 인낙을 할 수도 없고**, 가사 인낙을 한 취지가 **조서에 기재되었다 하더라도** 그 **인낙의 효력이 발생하지 아니한다**.

2. 요건

대법원 1987. 1. 20. 선고 85므70 판결 [인지]

인지청구권은 본인의 일신 전속적인 신분관계상의 권리로서 **포기할 수 없고** 포기하였다 하더라도 그 효력이 발생할 수 없는 것이므로 비록 **인지청구권을 포기하기로 하는 화해가 재판상** 이루어지고 그것이 화해조항에 표시되었다 할지라도 동 **화해는 그 효력이 없다**.

대법원 1969. 3. 25. 선고 68다2024 판결 [소유권이전등기]

본조 소정의 **농지소재지관서의 증명이 없더라도**[8] 농지의 소유권이전등기청구의 **인낙**을 기재한 **조서**는 **무효가 아니다**.

3. 시기·방식

4. 효과

대법원 2022. 3. 31. 선고 2020다271919 판결 [채무부존재확인]

청구의 **인낙**은 피고가 원고의 주장을 승인하는 소위 **관념의 표시**에 불과한 **소송상 행위**로서 이를 **조서에 기재**한 때에는 **확정판결과 동일한 효력**이 발생되어 그로써 **소송을 종료**시키는 효력이 있을 뿐이고, **실체법상 채권·채무의 발생 또는 소멸의 원인이 되는 법률행위라 볼 수 없다**.[9]

---

8 '청구원인'이 공서양속·강행법규 위반되어도 포기·인낙조서는 무효가 아님

9 연대보증인과 주채무자가 함께 채권자 상대로 채무부존재확인소송 제기 → 채권자(피고)가 주채무자의 청구만 인낙, 연대보증인의 청구는 다툼 → 연대보증인은 부종성을 들어 "인낙으로 주채무 소멸되었으니 연대보증채무도 함께 소멸하였다."는 주장을 할 수는 ✕ ∵ 인낙은 실체법상 효과 ✕

5. 포기·인낙의 효력을 다투는 방법

재판상 화해

1. 서설 – 재판상 화해

2. 소송상 화해의 의의, 법적 성질

대법원 1962. 2. 15. 선고 4294민상914 판결 [광업권등록말소]

재판상의 화해를 **조서에 기재한 때**에는 그 조서는 **확정판결과 동일한 효력**이 있고 당사자간에 **기판력이 생기는 것**이므로 **재심**의 소에 의하여 **취소 또는 변경이 없는 한**, 당사자는 그 화해의 취지에 **반하는 주장을 할 수 없다.**

대법원 1979. 5. 15. 선고 78다1094 판결 [소유권이전등기말소]

소송상의 화해는 **소송행위**로서 **사법상의 화해와는 달리 사기나 착오를 이유로 취소할 수는 없다.**[10]

3. 소송상 화해의 요건

대법원 1985. 11. 26. 선고 84다카1880 판결 [소유권이전등기]

소송당사자 아닌 **제3자도 재판상 화해의 당사자가 될 수 있고**, 이 경우 그 **화해의 효력**은 화해조서에 기재된 내용에 따라 **제3자에게도 미친다.**

대법원 2012. 9. 13. 선고 2010다97846 판결 [근저당권설정등기말소회복등기]

조정이나 재판상 화해의 대상인 권리관계는 사적 이익에 관한 것으로서, 당사자가 자유롭게 처분할 수 있는 것이어야 하므로, **성질상 당사자가 임의로 처분할 수 없는 사항**을 대상으로 한 **조정**이나 **재판상 화해**는 **허용될 수 없고**, 설령 그에 관하여 조정이나 재판상 화해가 성립하였더라도 효력이 없어 당연무효이다.

甲이 乙 주식회사에 마쳐 준 **근저당권설정등기의 말소를 구하는 소송을 제기**하여 **승소판결**을 받고 이에 대한 乙 회사의 항소 및 상고(이하 '재심대상판결'이라 한다)가 모두 기각되어 제1심판결이 그대로 **확정**되었고, 이에 甲이 丙 신용협동조합에 근저당권 및 지상권 설정등기를 마쳐 주고 이어 乙 회사 명의의 근저당권설정등기 말소등기를 마쳤는데, 乙 회사가 甲을 상대로 위 판결에

10 다만, 판례는 후술하는 것처럼 ⓐ **창설**적 효력 인정, ⓑ **해제조**건부 화해 인정을 판시하였으므로 소송행위설로 일관되지는 않는다는 평가가 있음

대한 재심의 소를 제기하여 "**1. 재심대상판결 및 제1심판결을 각 취소한다.** 2. 甲은 이 사건 청구를 포기한다. 3. 甲은 乙 회사에 근저당설정등기의 회복등기절차를 이행한다."는 취지의 **조정이 성립**하였고, 이에 乙 회사가 丙 조합을 상대로 말소등기의 회복에 관하여 승낙을 구하는 소를 제기한 사안에서, '재심대상판결 및 제1심판결을 각 취소한다'는 **조정조항**은 법원의 형성재판 대상으로서 **甲과 乙 회사가 자유롭게 처분할 수 있는 권리에 관한 것이 아니어서 당연무효**이고, 확정된 재심대상판결과 제1심판결이 당연무효인 위 조정조항에 의하여 취소되었다고 할 수 없으며, 나머지 조정조항들에 의하여 판결들의 효력이 당연히 상실되는 것도 아니므로, 위 판결들에 기한 근저당권설정등기의 **말소등기는 원인무효인 등기가 아니고** 따라서 丙 조합은 근저당권설정등기의 **말소회복에 승낙을 하여야 할 실체법상 의무를 부담하지 않음**에도, 이와 달리 본 원심판결에 법리오해의 잘못이 있다고 한 사례.

대법원 1999. 10. 8. 선고 98다38760 판결 [소유권이전등기말소등기절차이행]

재판상화해조서는 확정판결과 같은 효력이 있어 기판력이 생기는 것이므로 **그 내용**이 **강행법규에 위반된다 할지라도**, 화해조서가 **준재심**절차에 의하여 **취소되지 아니하는 한**, 그 당사자 사이에서는 그 **화해가 무효라는 주장을 할 수 없으나**, 기판력은 재판상화해의 당사자가 아닌 **제3자에 대하여까지 미친다고 할 수 없다.**

4. 조건부 소송상 화해

대법원 1988. 8. 9. 선고 88다카2332 판결 [토지소유권이전등기말소등기]

재판상의 화해가 성립되면 그것은 확정판결과 같은 효력이 있는 것이므로 그것을 취소변경하려면 재심의 소에 의해서만 가능하다 할 것이나 재판상의 화해의 내용은 당사자의 합의에 따라 자유로 정할 수 있는 것이므로 **화해조항 자체로서 특정한 제3자의 이의가 있을 때에는 화해의 효력을 실효시키기로 하는 내용의 재판상의 화해**가 성립되었다면 그 **조건의 성취로써 화해의 효력은 당연히 소멸**된다 할 것이고 그 실효의 효력은 언제라도 주장할 수 있다.

5. 시기·방식

6. 효과

대법원 2008. 2. 1. 선고 2005다42880 판결 [양수금]

재판상의 화해는 **창설적 효력**을 가지는 것이어서 화해가 이루어지면 **종전의 법률관계를 바탕으로 한 권리·의무관계는 소멸**함과 동시에 그 **재판상 화해에 따른 새로운 법률관계가 유효하게 형성**된다

대법원 **2022**. 1. 27. 선고 2019다299058 판결 [청구이의]

제소전 화해는 **확정판결과 동일한 효력**이 있고 당사자 사이의 사법상 화해계약이 그 내용을 이루는 것이면 화해는 **창설적 효력**을 가져 화해가 이루어지면 **종전의 법률관계**를 바탕으로 한 **권리의무관계는 소멸**한다. **그러나** 제소전 화해의 창설적 효력은 당사자 간에 **다투어졌던 권리관계**

에만 미치는 것이지 당사자가 **다툰 사실이 없었던 사항**은 물론 **화해의 전제**로서 **서로 양해하고 있는 사항**에 관하여는 **미치지 않는다.** 따라서 제소전 화해가 있다고 하더라도 화해의 대상이 되지 않은 종전의 다른 법률관계까지 소멸하는 것은 아니다.
甲과 乙 등이 점포에 관하여 임대차계약을 체결한 후 "甲(임차인)은 **임대차기간 만료일에** 乙 등(임대인)으로부터 임대차보증금을 반환받음과 동시에 **점포를 乙 등에게 인도한다.**"라는 내용의 **제소전 화해**를 하였는데, 甲이 임대차기간 **만료 전** 임대차계약의 **갱신을 요구**한 사안에서, 임대차계약에 甲의 **계약갱신요구권을 배제하는 내용이 없고,** 오히려 계약을 갱신할 경우에 상호 협의한다고 정한 점, 화해조서에 임대차계약이 기간 만료로 종료하는 경우 甲이 임대차보증금을 반환받음과 동시에 乙 등에게 점포를 인도한다고 기재되어 있을 뿐, 甲의 계약갱신요구권이나 이에 관한 권리관계에 대하여는 아무런 기재가 없으며, 그 내용이 甲의 **계약갱신요구권 행사와 양립할 수 없는 것이라고 보기도 어려운 점,** 甲이 계약갱신요구권을 미리 포기할 이유가 있었다고 볼 만한 사정을 찾기 어렵고, 화해조서에서 **점포의 반환일을 임대차기간 만료일로 기재한 점**이나 화해의 신청원인으로 '합의된 사항의 이행을 보장하고 장래에 발생할 분쟁을 방지하고자' 함에 있다고 기재한 사정만으로 甲이 **계약갱신요구권을 포기하는 의사를 표시한 것이라고 단정하기 어려운 점**에 비추어, 甲의 **계약갱신요구권은 화해 당시 분쟁의 대상으로 삼지 않은 사항**으로서 화해에서 달리 정하거나 포기 등으로 소멸시킨다는 조항을 두지 않은 이상 **화해의 창설적 효력이 미치지 않고,** 甲은 화해조서 작성 이후에도 여전히 법이 보장하는 계약갱신요구권을 행사할 수 있다고 보아야 하는데도, 이와 달리 본 원심판단에 법리오해 등의 잘못이 있다고 한 사례.

대법원 2005. 6. 10. 선고 2005다14861 판결 [원인무효로인한소유권이전등기말소등기]

재판상 화해에 있어서 법원에 계속중인 **다른 소송을 취하하기로 하는 내용의 화해조서가 작성**되었다면 당사자 사이에는 법원에 계속중인 다른 소송을 취하하기로 하는 합의가 이루어졌다 할 것이므로, 다른 소송이 계속중인 법원에 취하서를 제출하지 않는 이상 그 소송이 취하로 종결되지는 않지만 위 재판상 화해가 재심의 소에 의하여 취소 또는 변경되는 등의 특별한 사정이 없는 한 **그 소송의 원고에게는 권리보호의 이익이 없게 되어** 그 소는 **각하되어야** 한다.

7. 소송상 화해의 기판력

대법원 1979. 5. 15. 선고 78다1094 판결 [소유권이전등기말소]

소송상의 화해는 **소송행위**로서 사법상의 화해와는 달리 **사기나 착오를 이유로 취소할 수는 없다.** 제451조 제1항 **제5호** 소정의 **형사상 처벌 받을 타인의 행위**로 인한 사유가 소송상의 화해에 대한 **준재심사유**로 될 수 있는 것은 그것이 당사자가 **화해의 의사표시를 하게 된 직접적 원인이 된 경우에 한한다.**

대법원 1990. 3. 17.자 90그3 결정 [기일지정신청각하결정]

재판상의 화해를 **조서에 기재한 때**에는 그 조서는 **확정판결과 동일한 효력**이 있고 당사자간에 **기판력이 생기는 것**이므로 **확정판결의 당연무효 사유**와 같은 사유가 **없는 한 재심**의 소에 **의해서만 다툴 수 있고** 그 효력을 다투기 위하여 **기일지정신청을 함은 허용되지 않는다.**

8. 소송상 화해의 효력을 다투는 방법

대법원 1990. 3. 17.자 90그3 결정 [기일지정신청각하결정]

재판상의 화해를 **조서에 기재한 때**에는 그 조서는 **확정판결과 동일한 효력**이 있고 당사자간에 **기판력이 생기는 것**이므로 **확정판결의 당연무효 사유**와 같은 사유가 **없는 한 재심**의 소에 **의해서만 다툴 수 있고** 그 효력을 다투기 위하여 **기일지정신청을 함은 허용되지 않는다.**

대법원 1994. 12. 9. 선고 94다17680 판결 [매매대금반환]

부동산에 관한 소유권이전등기가 제소전화해조서의 집행으로 이루어진 것이라면 제소전화해가 이루어지기 전에 제출할 수 있었던 사유에 기한 주장이나 항변은 그 기판력에 의하여 차단되므로 그와 같은 사유를 원인으로 제소전화해의 내용에 반하는 주장을 하는 것은 허용되지 않는다 할 것이나, **제소전화해**가 이루어진 **이후에 새로 발생한 사실을 주장**하여 **제소전화해에 반하는 청구**를 하여도 이는 제**소전화해의 기판력에 저촉되는 것은 아니라고** 할 것이다.
甲과 乙 사이에 甲이 丙으로부터 부동산을 매수하였으나 소유권이전등기를 마치지 않는 상태에서 부동산을 乙에게 매도하기로 하되 **등기명의를 丙에서 직접 乙 앞으로 제소전화해절차를 통하여 소유권이전등기를 마침과 동시에 乙이 甲에게 잔대금을 지급하기로 약정**하였는데, 乙이 당초의 약정과 달리 잔대금을 지급하지 아니한 상태에서 丙을 상대로 제소전화해신청을 하여 그 화해조서에 기하여 소유권이전등기를 마친 경우, **乙 명의의 소유권이전등기**가 **丙과 乙 사이에 제소전화해에 의하여 이루어진 것이라 할지라도** 이는 甲과 乙 사이에 체결된 매매계약과 당사자들 사이에 이루어진 중간등기생략에 관한 합의에 의한 것이라면 그 매매계약상의 甲의 채무는 乙이 그 부동산에 관하여 소유권이전등기를 마침으로써 전부 이행되었다고 할 것이니 **乙이 당초의 약정과는 달리** 소유권이전등기를 마친 후에도 **甲에게 잔대금을 지급하지 아니한 경우**에는 **甲은 적법한 최고절차를 거쳐 매매계약을 해제하고** 계약 당사자로서 **乙에게 직접 매매계약 해제를 원인으로** 한 원상회복으로서 **소유권이전등기의 말소등기절차의 이행을 구할 수 있다.**[11]

대법원 1994. 7. 29. 선고 92다25137 판결 [토지소유권이전등기말소등기등]

甲과 乙 등 사이에 **제1화해**가 **성립한 후**에 甲과 乙 사이에 다시 제1화해와 **모순·저촉되는 제2화해가 성립**하였다 하여도 제1화해가 조서에 기재되어 확정판결과 동일하게 기판력이 발생한 이상 제2화해에 의하여 **제1화해가 당연히 실효되거나 변경되고** 나아가 제1화해조서의 집행으로 마쳐진 **乙 명의의 소유권이전등기 등이 무효로 된다고 볼 수는 없다.**

9. 화해권고결정(225~232조)

대법원 2006. 9. 22.자 2005마1014 결정 [각하결정에대한이의]

제225조는 법원·수명법관 또는 수탁판사는 소송에 **계속중인 사건에 대하여** 직권으로 당사자의

11 제8회 변시 사례형 기출문제에서 당사자의 '소송상 화해'의 해제 주장은 물론 부당하지만, 화해의 청구원인인 '매매계약'의 해제 주장은 해제 요건을 갖춘 한 화해조서의 기판력에 반하지 않으므로 '인용'이 더 정확한 정답이라고 생각하나(私見), 출제된 문제의 주어진 요소와 표현으로 보아 '기각' 결론이 출제의도로 해석되어 논란의 여지가 남았음

이익, 그 밖의 모든 사정을 참작하여 청구의 취지에 어긋나지 아니하는 범위 안에서 사건의 공평한 해결을 위한 **화해권고결정**을 할 수 있다고 규정하고 있고, 한편 소송계속은 소장부본이 피고에게 송달된 때에 비로소 발생한다 할 것이다.

기록에 의하면, 제1심 법원은 **피고에게 소장부본을 송달하지 아니한 채** 곧바로 이 사건 **화해권고결정**을 한 사실, 이 사건 화해권고결정 정본이 2005. 4. 1. 피고의 영업소에서 피고의 피용자에게 교부되었으나, 피고는 2005. 3. 28.부터 2005. 4. 8.까지 해외에 체류 중이었고 그 후 이의신청기간을 경과한 2005. 4. 18.에서야 제1심 법원에 위 화해권고결정에 대한 이의신청을 한 사실을 알 수 있다.

그렇다면, 제1심 법원이 **제225조에 위반**하여 **소송계속 전에 한** 이 사건 **화해권고결정은 위법하다** 할 것이고, 민사소송에서 피고는 소장부본을 송달받은 후부터 비로소 이에 응소할 준비를 하게 되는 점을 고려한다면 그와 같은 위법사유가 피고의 이의신청기간 경과와 무관하다고 할 수 없으며, 따라서 이 사건 **화해권고결정 정본이 송달될 무렵 소송계속 사실을 알지 못하고 해외에 체류 중이었던 피고**로서는 그의 **책임질 수 없는 사유로** 인하여 **이의신청기간을 준수할 수 없었다고 볼 여지**가 있다고 할 것이다.

대법원 2012. 5. 10. 선고 2010다2558 판결 [소유권말소등기]

제231조는 "화해권고결정은 결정에 대한 이의신청 기간 이내에 이의신청이 없는 때, 이의신청에 대한 각하결정이 확정된 때, 당사자가 이의신청을 취하하거나 이의신청권을 포기한 때에 재판상 화해와 같은 효력을 가진다."라고 정하고 있으므로, **확정된 화해권고결정**은 당사자 사이에 **기판력**을 가진다. 그리고 화해권고결정에 대한 이의신청이 적법한 때에는 소송은 화해권고결정 이전의 상태로 돌아가므로(제232조 제1항), 당사자는 **화해권고결정이 송달된 후에 생긴 사유**에 대하여도 **이의신청**을 하여 **새로운 주장**을 할 수 있고, 화해권고결정이 **송달된 후의 승계인**도 **이의신청과 동시에 승계참가신청**을 할 수 있다고 할 것이다. 이러한 점 등에 비추어 보면, **화해권고결정의 기판력**은 그 **확정시**를 **기준으로** 하여 **발생**한다고 해석함이 상당하다.

전소의 소송물이 **채권적 청구권**의 성질을 가지는 **소유권이전등기청구권**인 경우에는 **전소의 변론종결 후에** 그 **목적물**에 관하여 **소유권등기를 이전받은 사람**은 전소의 기판력이 미치는 **'변론종결 후의 승계인'에 해당하지 아니한다.** 이러한 법리는 **화해권고결정이 확정된 후** 그 **목적물**에 관하여 **소유권등기를 이전받은 사람**에 관하여도 **다를 바 없다**고 할 것이다.

소유권에 기한 물권적 방해배제청구로서 소유권등기의 말소를 구하는 소송이나 진정명의 회복을 원인으로 한 소유권이전등기절차의 이행을 구하는 소송 중에 그 소송물에 대하여 **화해권고결정이 확정되면** 상대방은 여전히 물권적인 방해배제의무를 지는 것이고, **화해권고결정에 창설적 효력이 있다고 하여** 그 청구권의 **법적 성질이 채권적 청구권으로 바뀌지 아니한다.**[12]

---

12 甲 등이 자신들의 상속재산에 대한 권리를 공동상속인 중 乙에게 이전할 의사로 인감증명서 등을 교부하여 乙이 상속부동산에 관하여 상속등기를 마침과 동시에 甲 등의 상속분 합계 17분의 13 지분에 관하여 증여를 원인으로 자신 앞으로 소유권이전등기를 마쳤고, 그 후 자신의 지분 합계 17분의 15를 丙에게 이전하기로 약정하여 丙이 2003. 3. 8. 위 약정에 기한 소유권이전등기청구권을 피보전권리로 하여 乙 지분에 대하여 처분금지가처분을 한 다음 자신 앞으로 이전등기를 마쳤는데, 甲 등이 乙을 상대로 증여를 원인으로 한 소유권이전등기의 말소등기를 구하는 소송을 제기하여 2005. 11. 24. 확정된 '乙은 甲 등에게 각 상속지분에 관하여 진정명의회복을 원인으로 한 이전등기절차를 이행한다'는 내용의 화해권고결정에 따라 승계집행문을 부여받아 甲 등의 상속분비율에 해

대법원 2020. 10. 29. 선고 2016다35390 판결 [추심금]

동일한 채권에 대해 복수의 채권자들이 압류·추심명령을 받은 경우 **어느 한 채권자가 제기한 추심금소송에서 확정된 판결의 기판력**은 그 소송의 **변론종결일 이전에 압류·추심명령을 받았던 다른 추심채권자에게 미치지 않는다.** 그 이유는 다음과 같다.

확정된 화해권고결정에는 **재판상 화해**와 **같은 효력**이 있다(**제231조**). 위에서 본 추심금소송의 확정판결에 관한 법리는 추심채권자가 제3채무자를 상대로 제기한 추심금소송에서 화해권고결정이 확정된 경우에도 마찬가지로 적용된다. 따라서 **어느 한 채권자가 제기한 추심금소송**에서 **화해권고결정이 확정**되었더라도 화해권고결정의 **기판력**은 **화해권고결정 확정일 전에 압류·추심명령을 받았던 다른 추심채권자에게 미치지 않는다.**[13]

10. 제소전 화해(385~389조)

제3장 종국판결에 의한 종료

기판력 서설, 작용국면

1. 서설

대법원 2020. 5. 14. 선고 2019다261381 판결 [가등기말소]

확정판결의 기판력은 확정판결의 **주문에 포함된 법률적 판단**과 동일한 사항이 소송상 문제가 되었을 때 **당사자는 이에 저촉되는 주장을 할 수 없고 법원도 이에 저촉되는 판단을 할 수 없는 기속력**을 의미하고, 확정판결의 내용대로 **실체적 권리관계를 변경하는 실체법적 효력을 갖는 것은 아니다.**

대법원 2003. 4. 8. 선고 2002다70181 판결 [소유권말소등기]

소송판결의 **기판력**은 그 판결에서 확정한 **소송요건의 흠결에 관하여 미치는 것**이지만, 당사자가

당하는 지분에 관하여 丙으로부터 소유권이전등기를 마친 사안에서, 甲 등이 자신들의 상속분에 대하여 증여 의사로 乙 앞으로 소유권이전등기를 마쳐서 乙 명의의 등기는 유효하고, 丙의 처분금지가처분 및 그 근거가 된 약정에 기한 소유권이전등기 역시 유효하므로, 丙은 화해권고결정 확정 전의 처분금지가처분에 기하여 소유권이전등기를 마친 가처분채권자로서 피보전권리의 한도에서 가처분 위반의 처분행위 효력을 부정할 수 있는 지위에 있고, 따라서 丙은 甲 등의 상속분비율에 해당하는 지분에 관하여 가처분에 반하여 행하여진 소유권이전등기의 말소를 구할 수 있다는 이유로, 丙은 화해권고결정의 기판력이 미치는 승계인에 해당한다고 볼 수 없다고 한 사례.

13 위 판결의 더 상세한 쟁점은 후술(기판력 단원)

그러한 **소송요건의 흠결을 보완하여 다시 소를 제기**한 경우에는 그 **기판력**의 제한을 **받지 않는다.** 종전 소송에서 **당사자능력의 흠결**을 이유로 **소각하** 판결을 받은 **자연부락**이 **그 후 비법인사단**으로서 **당사자능력을 갖춘 것으로** 볼 여지가 있다는 이유로 종전 소송판결의 **기판력과의 저촉을 인정하지 않은 사례.**

대법원 2021. 12. 23. 선고 2017다257746 전원합의체 판결 [집행판결]

제186조 제1항과 제2항에서 규정하는 **보충송달도** 교부송달과 마찬가지로 **외국법원의 확정재판 등을 국내에서 승인·집행하기 위한 요건**을 규정한 **제217조 제1항 제2호**의 **'적법한 송달'**에 **해당**한다고 해석하는 것이 타당하다.

보충송달은 제217조 제1항 제2호에서 외국법원의 확정재판 등을 승인·집행하기 위한 송달 **요건에서 제외하고 있는 공시송달과 비슷한 송달에 의한 경우로 볼 수 없고,** 외국재판 과정에서 보충송달 방식으로 송달이 이루어졌더라도 그 송달이 **방어에 필요한 시간 여유를 두고 적법하게 이루어졌다면** 위 규정에 따른 **적법한 송달**로 보아야 한다. 이와 달리 보충송달이 제217조 제1항 제2호에서 요구하는 통상의 송달방법에 의한 송달이 아니라고 본 대법원 1992. 7. 14. 선고 92다2585 판결, 대법원 2009. 1. 30. 선고 2008다65815 판결을 비롯하여 그와 같은 취지의 판결들은 이 판결의 **견해**에 배치되는 범위에서 이를 모두 **변경**하기로 한다.[14]

대법원 2020. 7. 23. 선고 2017다224906 판결 [소유권이전등기말소등기 등 청구의 소]

민사집행법 제26조, 제27조에서 규정하는 **집행판결**은 외국판결의 옳고 그름을 조사하지 않은 채 민사소송법에서 정하는 **승인·집행의 요건을 갖추고 있는지 여부만을 심사하여 집행력을 부여**하는 것으로서, 그 **소송물**은 외국판결을 근거로 우리나라에서 **집행력의 부여**를 구하는 청구권이고, 외국판결의 **기초가 되는 실체적 청구권이 아니다.**[15]

2. 작용국면

가. 동일관계

대법원 1992. 11. 24. 선고 91다28283 판결 [소유권이전등기]

1필지 토지 전부에 대한 **소유권이전등기청구소송**에서 **토지 일부의 매수사실은 인정**되나 **특정할 수 없다는 이유로 전부패소판결**을 받아 확정된 후 **매수부분을 특정하여 소유권이전등기를 구하는 경우** 전소에서는 그 부분을 매수하였는지 여부, 즉 **권리관계의 존부**에 대하여 **실질적**으로 **판단**이 되었다고 할 수 **없으므로** 전소는 매수부분에 관한 한 **기판력이 생기지 아니한다.**

---

14 굳이 '판례의 변경'으로 할 필요가 없다는 김재형 대법관의 의견도 있었음(전술)

15 미국 법원에 제기한 이혼 및 재산분할청구의 소에서 甲·乙의 이혼 및 ✕부동산을 甲 소유로 하는 판결 선고되어 甲이 외국판결에 대한 집행판결 받아 ✕부동산 소이등 → 미국 법원이 이혼 부분 효력 유지, 재산분할 부분 취소 판결하자 乙이 甲을 상대로 ✕부동산 소이등 말소청구 → 집행판결의 기판력에 저촉되지 않음 ∵ 미국 법원 선고한 외국판결에 대한 확정된 집행판결의 기판력은 '외국판결을 국내에서 강제집행할 수 있다'는 판단에만 발생

대법원 1998. 5. 15. 선고 97다57658 판결 [소유권이전등기등]

소송물이 동일한 경우라도 **판결 내용이 특정되지 아니하여 집행을 할 수 없는 경우**에는 **다시 소송을 제기할 권리보호의 이익**이 있다.

대법원 2018. 7. 19. 선고 2018다22008 전원합의체 판결 [구상금]

확정된 승소판결에는 **기판력**이 있으므로, 승소 확정판결을 받은 당사자가 그 상대방을 상대로 다시 승소 확정판결의 전소와 **동일한 청구의 소를 제기**하는 경우 그 후소는 **권리보호의 이익이 없어 부적법**하다. **하지만 예외적으로** 확정판결에 의한 채권의 **소멸시효기간인 10년의 경과가 임박한 경우**에는 그 **시효중단을 위한 소는 소의 이익**이 있다.

나아가 이러한 경우에 후소의 판결이 전소의 승소 확정판결의 내용에 저촉되어서는 아니 되므로, **후소 법원으로서는 그 확정된 권리를 주장할 수 있는 모든 요건이 구비되어 있는지 여부에 관하여 다시 심리할 수 없다.**

대법원은 종래 확정판결에 의한 채권의 소멸시효기간인 10년의 경과가 임박한 경우에는 그 시효중단을 위한 재소는 소의 이익이 있다는 법리를 유지하여 왔다. 이러한 법리는 현재에도 여전히 타당하다. **다른 시효중단사유**인 압류·가압류나 승인 등의 경우 이를 **1회로 제한하고 있지 않음**에도 유독 재판상 청구의 경우만 1회로 제한되어야 한다고 보아야 할 합리적인 근거가 없다. 또한 확정판결에 의한 채무라 하더라도 채무자가 **파산이나 회생제도**를 통해 이로부터 전부 또는 일부 벗어날 수 있는 이상, 채권자에게는 시효중단을 위한 재소를 허용하는 것이 균형에 맞다.

나. 선결관계

대법원 2000. 6. 9. 선고 98다18155 판결 [소유권이전말소]

확정된 전소의 기판력 있는 **법률관계**가 후소의 소송물 자체가 되지 아니하여도 **후소의 선결문제가 되는 때**에는 전소의 확정판결의 판단은 후소의 **선결문제로서 기판력이 작용**한다고 할 것이므로, **소유권확인청구**에 대한 **판결이 확정**된 후 다시 동일 피고를 상대로 **소유권에 기한 물권적 청구권**을 청구원인으로 하는 소송을 제기한 경우에는 전소의 확정판결에서의 소유권의 존부에 관한 판단에 구속되어 당사자로서는 이와 **다른 주장을 할 수 없을** 뿐만 아니라 법원으로서도 이와 **다른 판단은 할 수 없다.**

대법원 2000. 1. 21. 선고 99다3501 판결 [부당이득반환]

채권자가 제기한 **배당이의의 소**의 본안판결이 **확정**된 때에는 이의가 있었던 배당액에 관한 **실체적 배당수령권의 존부의 판단에 기판력**이 생긴다. 배당이의의 소에서 **패소의 본안판결**을 받은 당사자가 그 판결이 확정된 후 상대방에 대하여 위 본안판결에 의하여 확정된 **배당액이 부당이득이라는 이유로 그 반환**을 구하는 소송을 제기한 경우에는, 전소인 배당이의의 소의 본안판결에서 판단된 **배당수령권의 존부**가 **부당이득반환청구권의 성립 여부를 판단하는 데에** 있어서 **선결문제**가 된다고 할 것이므로, 당사자는 그 배당수령권의 존부에 관하여 위 **배당이의의 소의 본안판결의 판단과 다른 주장을 할 수 없고**, 법원도 이와 **다른 판단을 할 수 없다.**

대법원 1976. 6. 8. 선고 72다1842 판결 [근저당권설정등기회복등기]

재판상 화해에 의하여 **소유권이전등기를 말소할 물권적 의무를 부담하는 자로부터** 동 **화해성립 후에** 그 부동산에 관한 담보권인 **근저당권설정을 받은 자**는 제218조 1항 소정 **변론종결후의 승**

계인에 해당하고 그 화해조서의 효력은 동법 제220조 및 위 제218조에 의하여 그 화해조서의 존재를 **알건 모르건 간에** 승계인에게 **미친다.**[16]

대법원 1994. 12. 27. 선고 93다34183 판결 [소유권이전등기말소]

부동산에 대한 **근저당권설정등기말소청구**사건의 사실심 **변론종결일 후**에 그 부동산의 **소유권**을 **경락취득한 자** 또는 이를 **전득한 자**는 제218조에 의하여 그 확정판결의 효력이 미치는 **변론종결 후의 승계인**이라 할 것이다.

전소와 후소의 소송물이 동일하지 아니하여도 **전소**의 **기판력 있는 법률관계**가 **후소의 선결적 법률관계로** 되는 때에는 분쟁의 1회적 해결의 측면에서 전소의 판결의 **기판력이 후소에 미쳐** 후소의 법원은 전에 한 판단과 모순되는 판단을 할 수 없는 것이다.[17]

대법원 1996. 12. 20. 선고 95다37988 판결 [소유권이전등기말소]

확정판결의 기판력은 **소송물로 주장된 법률관계의 존부에 관한 판단의 결론 그 자체에만** 미치는 것이고 **전제가 되는 법률관계의 존부에까지 미치는 것이 아니므로** 부동산에 관한 소유권이전등기의 **말소를 인용한 판결이 확정**되었다고 하더라도 확정판결의 **기판력**은 **소송물**이었던 **말소등기청구권의 존부에만** 미치는 것이고, **그 전제가 되는** 부동산의 **소유권 자체의 존부에는 미치는 것이 아니므로** 소유권이전등기 말소청구소송에서 패소한 당사자도 그 후 소유권확인을 구하거나 진정한 소유자 명의의 회복을 위한 소유권이전등기를 청구할 수 있다.[18]

다. 모순관계

대법원 2002. 12. 6. 선고 2002다44014 판결 [소유권이전등기등]

전, 후 **양소의 소송물이 동일하지 않다고 하더라도, 후소의 소송물이 전소에서 확정된 법률관계와 모순되는 정반대의 사항을 소송물로 삼았다면** 이러한 경우에는 전소 판결의 **기판력이 후소에 미친다.**

제소전 화해조서는 확정판결과 같은 효력이 있어 당사자 사이에 **기판력**이 생기는 것이므로, 원고가 피고에게 토지에 관하여 **신탁해지를 원인**으로 한 **소유권이전등기절차를 이행**하기로 한 **제소전 화해가 준재심에 의하여 취소되지 않은 이상**, 그 제소전 화해에 기하여 **마쳐진 소유권이전등기가 원인무효라고 주장하며 말소등기절차의 이행을 청구**하는 것은 제소전 화해에 의하여 확정된 소유권이전등기청구권을 부인하는 것이어서 그 **기판력에 저촉**된다.

---

16 변론종결 후 승계인이 주된 쟁점이지만(기판력의 주관적 범위에서 상술), 소송물로 비교해보면 선결관계임을 알 수 있음

17 역시 변론종결 후 승계인이 주된 쟁점인데(기판력의 주관적 범위에서 상술), 위 판결은 이유에서 "이 사건에 있어서는 **전소**의 판결의 내용인 **근저당권설정등기의 무효 여부**가 **이 사건 소유권이전등기의 원인무효 여부를 판단하는 전제**가 되어 **선결적 법률관계**를 이루고 있다 할 것이므로, 법원은 변론종결 후의 승계인인 피고들과의 관계에 있어서는 **전소의 판결의 기판력에 기속**되어 전소의 판결에서 한 판단내용과 배치되는 판단은 할 수 없다."고 판시하였음

18 참고로 위 판결은 당시 말소등기청구 확정판결의 기판력이 진명소이등청구에도 기판력 미치지 않는다고 판시했으나 이 부분은 추후 전합판결(99다37894 전원합의체)로 폐기되고 양자는 동일한 소송물로 평가됨

대법원 2005. 12. 23. 선고 2004다55698 판결 [소유권이전등기]

전에 제기된 소와 후에 제기된 소의 **소송물이 동일하지 않다고 하더라도**, 후에 제기된 소의 소송물이 전에 제기된 소에서 **확정된 법률관계와 모순되는 정반대의 사항을 소송물로 삼았다면** 이러한 경우에는 전번 판결의 **기판력**이 후에 제기된 소에 **미치는 것**이지만, 확정판결의 기판력은 **소송물로 주장된 법률관계의 존부에 관한 판단의 결론에만** 미치고 **그 전제가 되는 법률관계의 존부에까지 미치는 것이 아니므로**, 전의 소송에서 확정된 법률관계란 확정판결의 기판력이 미치는 법률관계를 의미하는 것이지 그 전제가 되는 법률관계까지 의미하는 것은 아니다.

매매계약의 **무효 또는 해제**를 원인으로 한 **매매대금반환청구**에 대한 **인낙조서**의 **기판력**은 그 **매매대금반환청구권의 존부에 관하여만 발생**할 뿐, **그 전제가 되는 선결적 법률관계**인 **매매계약의 무효 또는 해제에까지 발생하는 것은 아니므로 소유권이전등기청구권의 존부를 소송물로 하는 후소**는 **전소에서 확정된 법률관계와 정반대의 모순되는 사항을 소송물로 하는 것이라 할 수 없으며**, 기판력이 발생하지 않는 전소와 후소의 소송물의 각 전제가 되는 법률관계가 **매매계약의 유효 또는 무효로 서로 모순된다고 하여** 전소에서의 인낙조서의 **기판력이 후소에 미친다고 할 수 없다**고 한 사례.

대법원 1995. 3. 24. 선고 93다52488 판결 [가등기말소]

전, 후 양소의 소송물이 동일하지 않다고 하더라도, 만일 후소의 소송물이 **전소에서 확정된 법률관계와 모순되는 정반대의 사항을 소송물로 삼았다면** 이러한 경우에는 전소 판결의 **기판력**이 후소에 **미친다**.

확정판결의 **기판력**은 **소송물로 주장된 법률관계의 존부에 관한 판단의 결론 자체에만** 미치고 **그 전제가 되는 법률관계의 존부에까지 미치는 것은 아니어서**, **가등기에 기한 소유권이전등기절차의 이행**을 명한 **전소 판결의 기판력**은 **소송물**인 **소유권이전등기청구권**의 존부에만 미치고 그 등기청구권의 원인이 되는 채권계약의 존부나 판결이유 중에 설시되었을 뿐인 **가등기의 효력 유무에 관한 판단에는 미치지 아니하고**, 따라서 **만일 후소로써** 위 **가등기에 기한 소유권이전등기의 말소를 청구한다면** 이는 1물1권주의의 원칙에 비추어 볼 때 전소에서 확정된 소유권이전등기청구권을 부인하고 그와 모순되는 정반대의 사항을 소송물로 삼은 경우에 해당하여 전소 판결의 **기판력에 저촉**된다고 할 것이지만, 이와 달리 위 **가등기만의 말소를 청구**하는 것은, **전소에서 판단의 전제가 되었을 뿐**이고 그로써 아직 확정되지는 아니한 법률관계를 다투는 것에 불과하여 **전소 판결의 기판력에 저촉된다고 볼 수 없다.**

대법원 1995. 6. 13. 선고 93다43491 판결 [소유권이전등기등]

확정판결의 기판력은 소송물로 주장된 법률관계의 존부에 관한 판단 그 자체에만 미치는 것이고 전소와 후소가 그 소송물이 동일한 경우에 작용하는 것이므로, 부동산에 관한 소유권이전등기가 **원인무효**라는 이유로 그 **등기의 말소를 명하는 판결이 확정**되었다고 하더라도 그 확정판결의 **기판력**은 그 소송물이었던 **말소등기청구권의 존부에만 미치는 것**이므로, 그 소송에서 **패소한 당사자도 전소에서 문제된 것과는 전혀 다른 청구원인에 기하여** 상대방에 대하여 **소유권이전등기청구를 할 수 있다.**

대법원 1995. 12. 8. 선고 94다35039 판결 [건물철거등·소유권이전등기]

甲이 이미 乙을 상대로 토지에 관한 乙 명의의 **소유권보존등기의 말소등기 절차의 이행** 및 **소유**

권 확인을 구하는 소송을 제기하여 **승소의 확정판결**을 받고 이에 기하여 그 토지에 관한 **乙 명의의 소유권보존등기를 말소**한 다음 **새로이 甲 앞으로 소유권보존등기**를 마쳤는데, **乙이 그 후** 반소로써 그 **확정판결 전에 그 토지의 일부에 대한 취득시효 기간이 완성되었음을 이유로** 甲에게 그 토지 부분에 대한 **소유권이전등기 절차의 이행**을 구하고 있다 하더라도, 전 소송의 **소송물**은 그 토지에 대한 **소유권 자체의 존부 확인**과 乙 명의로 잘못 경료되어 있었던 **소유권보존등기의 말소등기청구권의 존부**였던 것임에 반하여, 후소인 반소청구는 비록 동일 부동산에 관한 것이기는 하지만 **취득시효 완성을 원인으로 하는 소유권이전등기청구권의 존부**여서 그 전후의 양 소는 그 청구취지와 청구원인이 각기 상이하여 서로 **모순, 저촉된다고 할 수 없으므로,** 전소판결의 **기판력이 후소에 미친다고 할 수 없고,** 비록 乙이 전소에서 자신 명의의 원인무효등기가 실체권리관계에 부합하여 유효하다는 항변을 함으로써 甲의 청구를 배척할 수 있었다 하더라도, 乙에게 **기존의 등기원인 자체가 정당한 것이라는 점이 아닌 전혀 별개의 등기청구권 취득원인을 항변으로 내세워야 할 의무가 있었던 것도 아닐 뿐더러** 오로지 기존의 무효등기만을 이용하여 시효취득의 이익을 향유하여야 하는 것도 아니고 더욱이 기존의 무효등기가 말소되었다 하여 취득시효 완성을 원인으로 하는 소유권이전등기청구권이 소멸되는 것도 아닌 이상, 乙이 후소로써 취득시효 기간 완성을 원인으로 소유권이전등기 청구를 하는 것이 차단된다고도 할 수 없다.

« 기판력의 시적 범위 »

1. 의의

대법원 1988. 9. 27. 선고 88다3116 판결 [소유권이전등기말소등]

확정된 종국판결이 있으면 그 판결의 **사실심변론종결 이전에 발생하고 제출할 수 있었던 사유**에 기인한 **주장이나 항변**은 확정판결의 **기판력에 의하여 차단**되므로 당사자가 그와 같은 사유를 원인으로 확정판결의 내용에 반하는 주장을 새로이 하는 것은 허용되지 아니하나 **사실심변론종결 이후에 새로 발생한 사실**을 주장하여 전 판결내용과 반대되는 청구를 하는 것은 기판력에 **저촉되지 아니하므로 허용**된다.
甲이 이 사건과 **동일한 청구원인**으로 乙을 상대로 **소유권이전등기말소청구**의 소를 제기하였다가 위 등기에 앞서 경료된 **丙 명의의 소유권이전등기의 원인이 된 제소전화해가 유효하게 존속중이라는 이유로 패소판결**을 선고받고 동 판결이 그대로 **확정**되자, 위 제소전화해에 대한 **준재심의 소를 제기하여 위 제소전화해를 취소시킨 후** 이 사건 소송을 제기하였다면 위 제소전 화해가 취소되었다는 사유는 **전소의 사실심변론종결 이후에 새로이 발생한 사실**이라 할 것이므로 甲이나 그의 변론종결후 승계인은 위와 **같은 사유를 들어 재차 동일한 소를 제기할 수 있다.**

2. 소송물(작용국면)과 시적 범위

대법원 1981. 1. 13. 선고 80다204 판결 [건물철거등]

매매를 **원인**으로 한 **소유권이전등기청구소송**과 **취득시효완성**을 **원인**으로 한 **소유권이전등기 청구소송**은 **이전등기청구권의 발생원인을 달리**하는 **별개의 소송물**이므로 전소의 **기판력**은 후소에 **미치지 아니한다.**

3. 차단효와 변론종결 후 새로운 사유

대법원 2014. 1. 23. 선고 2013다64793 판결 [채무부존재확인등]

일반적으로 판결이 확정되면 **법원**이나 **당사자**는 **확정판결에 반하는 판단이나 주장을 할 수 없는 것**이나, 이러한 확정판결의 효력은 그 **표준시**인 **사실심 변론종결 시를 기준으로** 하여 발생하는 것이므로, **그 이후에 새로운 사유가 발생**한 경우까지 전소의 확정판결의 **기판력이 미치는 것은 아니다.** 따라서 **전소**에서 **피담보채무의 변제**로 양도담보권이 소멸하였음을 원인으로 한 소유권 이전등기의 회복 청구가 **기각**되었다고 하더라도, **장래 잔존 피담보채무의 변제를 조건으로** 소유권이전등기의 회복을 청구하는 것은 전소의 확정판결의 **기판력에 저촉되지 아니한다.**[19]

대법원 2002. 5. 10. 선고 2000다50909 판결 [대여금]

위와 같은 법리에서, **전소**에서 **정지조건 미성취**를 이유로 청구가 **기각**되었다 하더라도 **변론종결 후에** 그 **조건이 성취**되었다면, 이는 변론종결 후의 취소권이나 해제권과 같은 형성권 행사의 경우와는 달리 동일한 청구에 대하여 **다시 소를 제기할 수 있다.**

대법원 2011. 6. 30. 선고 2011다24340 판결 [소유권보존등기말소등기]

말소등기청구사건의 **소송물**은 당해 등기의 **말소등기청구권**이고 **동일성 판단의 기준**이 되는 **청구원인**, 즉 말소등기청구권의 발생원인은 당해 **등기의 원인무효**라고 할 것인데, 전소와 후소에서 피고 명의의 등기가 원인무효라고 내세우는 사유가 동일하다면 말소등기를 구하는 전소와 후소는 소송물이 동일하여 후소에서의 주장은 전소 확정판결의 기판력에 저촉되어 허용될 수 없다.
소유권확인청구의 **소송물**은 **소유권 자체의 존부**이므로, 전소에서 원고가 소유권을 주장하였다가 **패소** 판결이 **확정**되었다고 하더라도, **전소 변론종결 후에 소유권을 새로이 취득**하였다면 전소의 **기판력이** 소유권확인을 구하는 후소에 **미칠 수 없는데,** 상속재산분할협의가 전소 변론종결 후에 이루어졌다면 **비록 상속재산분할의 효력이 상속이 개시된 때로 소급한다 하더라도, 상속재산분할협의**에 의한 **소유권 취득은 전소 변론종결 후에 발생한 사유**에 해당한다. 따라서 **전소**에서 원고가 단독상속인이라고 주장하여 **소유권확인**을 구하였으나 공동상속인에 해당한다는 이유로 **상속분**에 해당하는 부분에 대해서만 원고의 청구를 **인용**하고 **나머지** 청구를 **기각**하는 판결이 선고되어 **확정**되었다면, 전소의 **기판력**은 **전소 변론종결 후에 상속재산분할협의에 의해 원고가 소유권을 취득한 나머지 상속분**에 관한 소유권확인을 구하는 후소에는 **미치지 않는다.**

19 변론종결 후 '변제한' 사실뿐 아니라 '장래 변제할 사실'도 변종 후 새로운 사실이라는 점을 유의해야

대법원 2014. 3. 27. 선고 2011다79968 판결 [소유권이전등기]

이 사건 **전소**는 이 사건 토지가 **토지거래허가구역** 내에 위치하고 있음을 전제로 하는 **장래이행 청구**인 반면 **이 사건 소**는 이 사건 토지에 대한 토지거래허가구역 **지정이 해제**되었음을 전제로 하는 **청구**라고 하더라도 이 사건 소의 소송물과 이 사건 전소 중 소유권이전등기청구의 **소송물**은 **모두** 이 사건 **매매계약을 원인**으로 하는 **소유권이전등기청구권**으로서 **동일**하다고 할 것이다. 또한 이 사건 토지가 **토지거래허가구역에서 해제**되어 이 사건 **매매계약이 확정적으로 유효하게 되었다는 사정**은 이 사건 전소의 **변론종결 전에 존재하던 사유**이므로, 원고가 그러한 사정을 알지 못하여 이 사건 **전소에서 주장하지 못하였다고 하더라도** 이를 이 사건 소에서 **새로이 주장**하여 이 사건 전소에서의 법률관계의 존부에 관한 판단, 즉 이 사건 매매계약에 기한 원고의 피고에 대한 소유권이전등기청구권의 존부에 대한 판단과 모순되는 판단을 구하는 것은 이 사건 전소 확정판결의 **기판력에 반하는 것이다.**

대법원 2016. 8. 30. 선고 2016다222149 판결 [부당이득금반환]

확정판결의 기판력은 전소의 **변론종결 전**에 당사자가 **주장하였거나 주장할 수 있었던 모든 공격방어방법에 미치고**, 다만 **변론종결 후에 새로 발생한 사유**가 있어 전소 판결과 모순되는 사정 변경이 있는 경우에는 **기판력의 효력이 차단된다**. 그리고 여기에서 변론종결 후에 발생한 **새로운 사유**란 **새로운 사실관계**를 말하는 것일 뿐 기존의 사실관계에 대한 새로운 **증거자료**가 있다거나 새로운 **법적 평가** 또는 그와 같은 법적 평가가 담긴 **다른 판결**이 존재한다는 등의 사정은 **포함되지 아니한다.**[20]

4. 표준시 뒤의 형성권 등의 행사

대법원 1979. 8. 14. 선고 79다1105 판결 [토지인도]

확정된 법률관계에 있어 동 확정판결의 **변론종결 전**에 **이미 발생하였던 취소권**을 그 당시에 **행사하지 않음**으로 인하여 취소권자에게 불리하게 **확정**된 경우 그 확정후 **취소권을 뒤늦게 행사함으로써** 동 확정의 효력을 **부인할 수 없다.**

대법원 1981. 7. 7. 선고 80다2751 판결 [소유권이전등기]

기판력은 후소와 동일한 내용의 전소의 변론종결 전에 있어서 주장할 수 있었던 모든 공격 방어 방법에 미치므로 **해제사유**가 **전소의 변론종결 전에 존재**하였다면 그 **변론종결 후**에 **해제의 의사표시**를 하였다고 **하여도** 이는 **기판력에 저촉**된다.

---

20 甲이 소유 토지 지상 아파트 일부 세대를 乙회사에 대물변제 약정 → 아파트 개별 세대 甲이 소유권 보존등기 마친 상태에서 乙회사로부터 아파트 분양받아 점유하는 丙을 상대로 소유권 기하여 건물 인도 소 제기 했으나 甲 패소확정(분양 처분권한 있는 乙회사로부터 매수한 丙은 점유할 정당한 권원) → 그 후 乙회사가 丙 상대로 매매계약 무효확인 소 제기 하여 乙 승소확정(무권대리) → 그 후 甲이 丙을 상대로 소유권에 기한 건물인도 구하는 소 제기 → 기판력 저촉 불허 ∵ 제1, 2차 인도소송 소송물은 모두 소유권 기한 방해배제인 건물인도청구권 동일, 매매계약이 정당한 권한 있는 사람에 의해 체결되어 丙이 **점유할 권원 있는지 여부의 문제**는 제1차 인도소송의 **변론종결 전에 존재하던 사유**, 그 **'법적 평가' 담긴 무효확인 확정판결은 변론종결 후 발생한 새로운 사유 아님**

대법원 2008. 11. 27. 선고 2008다59230 판결 [약속어음금]

약속어음의 소지인이 어음요건의 일부를 흠결한 이른바 **백지어음**에 기하여 **어음금 청구소송**(이하 '전소'라고 한다)을 제기하였다가 위 **어음요건의 흠결**을 이유로 **청구기각**의 판결을 받고 위 판결이 **확정된 후** 위 **백지 부분을 보충하여** 완성한 어음에 기하여 다시 전소의 피고에 대하여 **어음금 청구소송**(이하 '후소'라고 한다)을 제기한 경우에는, 원고가 전소에서 어음요건의 일부를 오해하거나 그 **흠결을 알지 못했다고 하더라도,**[21] 전소와 후소는 동일한 권리 또는 법률관계의 존부를 목적으로 하는 것이어서 그 **소송물은 동일한 것**이라고 보아야 한다. 그리고 확정판결의 **기판력**은 동일한 당사자 사이의 소송에 있어서 **변론종결 전에 당사자가 주장하였거나 주장할 수 있었던 모든 공격 및 방어방법에 미치는 것**이므로, 약속어음의 소지인이 전소의 사실심 변론종결일까지 백지보충권을 행사하여 어음금의 지급을 청구할 수 있었음에도 위 변론종결일까지 백지 부분을 보충하지 않아 이를 이유로 패소판결을 받고 그 판결이 확정된 후에 백지보충권을 행사하여 어음이 완성된 것을 이유로 전소 피고를 상대로 다시 동일한 어음금을 청구하는 경우에는, 위 **백지보충권 행사의 주장은** 특별한 사정이 없는 한 전소판결의 **기판력에 의하여 차단되어 허용되지 않는다.**

대법원 1966. 6. 28. 선고 66다780 판결 [청구이의]

채무명의인 확정판결의 **변론종결전에** 상대방에 대하여 **상계적상에 있는 채권을 가지고 있었다** 하여도 **변론종결 이후**에 **비로소 상계의 의사표시**를 한 때에는 그 **청구이의의 원인**이 **변론종결 이후에 생긴 때에 해당**하는 것으로서 당사자들이 그 변론종결전에 상계적상에 있은 여부를 **알았던 몰랐던 간에 적법한 이의의 사유**가 된다.

대법원 1995. 12. 26. 선고 95다42195 판결 [대금]

건물의 소유를 목적으로 하는 토지 임대차에 있어서, 임대차가 종료함에 따라 토지의 임차인이 임대인에 대하여 **건물매수청구권을 행사할 수 있음에도** 불구하고 이를 **행사하지 아니한 채**, 토지의 임대인이 임차인에 대하여 제기한 **토지인도 및 건물철거청구 소송**에서 **패소**하여 그 패소판결이 **확정**되었다고 하더라도, 그 확정판결에 의하여 **건물철거가 집행되지 아니한 이상** 토지의 임차인으로서는 **건물매수청구권을 행사**하여 **별소로써** 임대인에 대하여 **건물매매대금의 지급을 구할 수 있다.**

대법원 1994. 9. 23. 선고 93다37267 판결 [토지인도등]

원심은 피고가 원고로부터 건물의 소유를 목적으로 토지를 **임차하였으므로 건물에 대하여 건물매수청구권을 행사한다는 피고의 항변**에 대하여, 원고가 건물철거를 구하는 본소를 제기하기에 앞서 피고를 상대로 **토지의 인도**를 구하는 전소를 제기하여 **승소**판결을 받아 그 판결이 **확정**되었고, 전소 확정판결의 기판력은 전소 변론종결일 당시의 원고인의 피고에 대한 토지인도청구권의 존재에 미치며, 피고 주장의 임차권은 위 **변론종결일 전부터 존재하던** 것으로서 위 토지인도청구권을 다투는 방법에 불과하므로, 피고가 지금에 와서 **임차권을 주장**하는 것은 전소 확정판결의 기판력에 저촉되어 허용되지 않는다고 판단하였으나, **전소** 확정판결의 **기판력은** 전소에서의 **소송물**인 **토지인도청구권의 존부에 대한 판단에 대하여만 발생**하는 것이고 토지의 **임차권의**

21 차단효설이 적용되었음

존부에 대하여까지 미친다고 할 수는 없으므로 원심판결에는 기판력에 관한 법리를 오해하고 심리를 다하지 아니한 위법이 있다.[22]

대법원 2006. 10. 13. 선고 2006다23138 판결 [청구이의]

채권자가 피상속인의 금전채무를 상속한 **상속인을 상대로** 그 **상속채무의 이행**을 구하여 제기한 소송에서 채무자가 **한정승인 사실을 주장하지 않으면 책임의 범위**는 **현실적인 심판대상으로 등장하지 아니**하여 **주문**에서는 물론 **이유**에서도 **판단되지 않으므로** 그에 관하여 **기판력이 미치지 않는다.** 그러므로 채무자가 한정승인을 하고도 채권자가 제기한 소송의 사실심 변론종결시까지 그 사실을 주장하지 아니하여 **책임의 범위에 관한 유보가 없는 판결**이 선고되어 **확정**되었다고 하더라도, 채무자는 **그 후** 위 **한정승인 사실을 내세워 청구에 관한 이의의 소를 제기할 수 있다.**

대법원 2009. 5. 28. 선고 2008다79876 판결 [청구이의]

채무자가 **한정승인**을 하였으나 채권자가 제기한 소송의 사실심 변론종결시까지 이를 **주장하지 아니하는** 바람에 책임의 범위에 관하여 아무런 **유보 없는 판결**이 **선고·확정**된 경우라 하더라도 채무자가 **그 후** 위 **한정승인 사실을 내세워 청구에 관한 이의의 소**를 제기하는 것이 **허용**되는 것은, **한정승인**에 의한 **책임의 제한**은 **상속채무의 존재 및 범위의 확정과는 관계없이** 다만 **판결의 집행 대상을 상속재산의 한도로** 한정함으로써 **판결의 집행력을 제한할 뿐**으로, 채권자가 피상속인의 금전채무를 상속한 상속인을 상대로 그 상속채무의 이행을 구하여 제기한 소송에서 채무자가 한정승인 사실을 주장하지 않으면 책임의 범위는 현실적인 심판대상으로 등장하지 아니하여 주문에서는 물론 이유에서도 판단되지 않는 관계로 그에 관하여는 기판력이 미치지 않기 때문이다. **위와 같은** 기판력에 의한 실권효 제한의 **법리는** 채무의 상속에 따른 **책임의 제한 여부만이 문제되는 한정승인과 달리 상속에 의한 채무의 존재 자체가 문제되어 그에 관한 확정판결의 주문에 당연히 기판력이 미치게 되는 상속포기의 경우**에는 **적용될 수 없다.**

대법원 2012. 5. 9. 선고 2012다3197 판결 [양수금]

피상속인에 대한 채권에 관하여 채권자와 상속인 사이의 전소에서 상속인의 **한정승인**이 **인정되어 상속재산의 한도에서 지급을 명하는 판결이 확정**된 때에는 그 채권자가 상속인에 대하여 새로운 소에 의해 위 판결의 기초가 된 전소 사실심의 **변론종결시 이전에 존재한 법정단순승인** 등 한정승인과 양립할 수 없는 **사실을 주장**하여 위 채권에 대해 책임의 범위에 관한 유보가 없는 판결을 구하는 것은 **허용되지 아니한다.** 왜냐하면 전소의 소송물은 직접적으로는 채권(상속채무)의 존재 및 그 범위이지만 **한정승인의 존재 및 효력도** 이에 준하는 것으로서 **심리·판단되었을** 뿐만 아니라 한정승인이 인정된 때에는 **주문에 책임의 범위에 관한 유보가 명시되므로** 한정승인의 존재 및 효력에 대한 전소의 판단에 **기판력에 준하는 효력**이 있다고 해야 하기 때문이다. 그리고 이러한 법리는 채권자의 급부청구에 대하여 상속인으로부터의 한정승인의 주장이 받아들여져 상속재산의 한도 내에서 지급을 명하는 판결이 확정된 경우와 채권자 스스로 위와 같은 판결을 구하여 그에 따라 판결이 확정된 경우 모두에 마찬가지로 적용된다.

---

22 결국 **토지인도** 패소확정판결을 받았던 피고가 **건물철거**를 구하는 후소에서 임차권을 내세워 **건물매수청구권을 행사**할 수 있다는 취지이며, 실체법상의 법리로 토지인도·건물철거를 함께 구할 때 건매청을 행사하게 되면 건물철거 뿐 아니라 토지인도 역시 기각된다는 점을 별도로 숙지해야 함

5. 원금 ⇨ 이자, 해고무효 ⇨ 임금채무부존재 사건의 '표준시' 문제

대법원 1976. 12. 14. 선고 76다1488 판결 [부당이득금반환]

확정판결의 기판력은 사실심의 최종변론종결 당시의 권리관계를 확정하는 것이므로, 원고의 청구 중 **확정판결**의 **사실심 변론종결시 후의 이행지연으로 인한 손해배상(이자) 청구부분**은 그 **선결문제**로서 **확정판결에 저촉**되는 금원에 대한 피고의 지급의무의 존재를 주장하게 되어 논리상 확정판결의 **기판력의 효과**를 받게 되는 것이라고 할 것이나 **그외의 부분(변론종결당시까지의 분)의 청구**는 확정판결의 **기판력의 효과를 받지 않는다.**

대법원 1998. 5. 26. 선고 98다9908 판결 [채무부존재확인]

민사집행법 제44조에서 **청구에 관한 이의의 소**를 규정한 것은 부당한 강제집행이 행하여지지 않도록 하려는 데 있는 것이고 한편 그 이의의 원인을 **사실심 변론종결 이후의 사유로 한정**한 것은 변론종결시를 기준으로 확정된 권리관계를 변론종결 이전의 사유를 들어 다투는 것은 확정판결의 기판력에 저촉되기 때문인바, 해고가 무효임을 이유로 복직시까지 정기적으로 발생하는 **임금의 지급을 명하는** 판결에 있어서 **변론종결 이후 부분**은 변론종결시를 기준으로 **확정된 권리관계라고 말할 수는 없고** 이는 단지 장래의 권리관계를 예측한 것에 불과하므로, 그 부분의 집행배제를 구함에 있어서는 비록 종전 판결 **변론종결 이전에 발생한 정년퇴직이라는 사유**를 들고 있더라도 이를 가지고 확정판결의 **기판력에 저촉된다고 볼 수는 없다.**

6. 정기금판결에 대한 변경의 소(252조)

대법원 2016. 6. 28. 선고 2014다31721 판결 [부당이득금]

제252조 제1항은 "정기금의 지급을 명한 판결이 확정된 뒤에 그 액수 산정의 기초가 된 사정이 현저하게 바뀜으로써 당사자 사이의 형평을 크게 침해할 특별한 사정이 생긴 때에는 그 판결의 당사자는 장차 지급할 정기금 액수를 바꾸어 달라는 소를 제기할 수 있다."라고 규정하고 있다. 이러한 **정기금판결에 대한 변경의 소**는 정기금판결의 확정 뒤에 발생한 현저한 사정변경을 이유로 확정된 정기금판결의 **기판력을 예외적으로 배제**하는 것을 목적으로 하므로, **확정된 정기금판결의 당사자** 또는 **제218조 제1항에 의하여 확정판결의 기판력이 미치는 제3자만 정기금판결에 대한 변경의 소를 제기할 수 있다.**

한편 토지의 소유자가 소유권에 기하여 토지의 무단 점유자를 상대로 **차임 상당의 부당이득반환을 구하는 소송**을 제기하여 무단 점유자가 점유 토지의 인도 시까지 **매월 일정 금액**의 차임 상당 부당이득을 반환하라는 **판결**이 **확정**된 경우, 이러한 소송의 **소송물**은 **채권적 청구권**인 부당이득반환청구권이므로, 소송의 **변론종결 후**에 토지의 **소유권을 취득한 사람**은 제218조 제1항에 의하여 확정판결의 기판력이 미치는 **변론을 종결한 뒤의 승계인에 해당한다고 볼 수 없다.**

따라서 토지의 전 소유자가 제기한 부당이득반환청구소송의 변론종결 후에 토지의 소유권을 취득한 사람에 대해서는 소송에서 내려진 정기금 지급을 명하는 확정판결의 기판력이 미치지 아니하므로, 토지의 **새로운 소유자**가 토지의 무단 점유자를 상대로 **다시 부당이득반환청구의 소를 제기**하지 아니하고, 토지의 전 소유자가 앞서 제기한 부당이득반환청구소송에서 내려진 **정기금판결에 대하여 변경의 소를 제기하는 것은 부적법**하다.

대법원 2009. 12. 24. 선고 2009다64215 판결 [사용료]

점유 토지의 인도시까지 정기금의 지급을 명하는 판결이 확정된 뒤에 그 판결의 변경을 구하는 취지의 소가 제기된 사안에서, 전소의 변론종결일 후 후소의 원심변론종결 당시까지 점유**토지의 공시지가가 2.2배 상승**하고 **㎡당 연임료가 약 2.9배 상승**한 것만으로는, 전소의 확정판결 후에 그 **액수 산정의 기초가 된 사정이 현저하게 바뀜으로써 당사자 사이의 형평을 크게 침해할 특별한 사정이 생겼다고 할 수 없으므로**, 그 정기금의 증액 지급을 구할 수 없다고 한 사례.[23]

대법원 2011. 10. 13. 선고 2009다102452 판결 [임금등]

확정판결은 주문에 포함한 것에 대하여 기판력이 있고, 변론종결시를 기준으로 하여 이행기가 장래에 도래하는 청구권이더라도 미리 청구할 필요가 있는 경우에는 장래이행의 소를 제기할 수 있으므로, 이행판결의 주문에서 변론종결 이후 기간까지 급부의무의 이행을 명한 이상 확정판결의 기판력은 주문에 포함된 기간까지의 청구권의 존부에 대하여 미치는 것이 원칙이고, 다만 장래 이행기 도래분까지의 정기금의 지급을 명하는 판결이 확정된 경우 그 소송의 사실심 변론종결 후에 **액수 산정의 기초가 된 사정이 뚜렷하게 바뀜**으로써 당사자 사이의 **형평을 크게 해할 특별한 사정이 생긴 때**에는 전소에서 **명시적인 일부청구가 있었던 것과 동일하게 평가하여** 전소판결의 **기판력이 차액 부분에는 미치지 않는다.**[24]

기판력의 객관적 범위

1. 의의

대법원 2021. 4. 8. 선고 2020다219690 판결 [손해배상(기)]

확정판결의 기판력은 **소송물로 주장된 법률관계의 존부에 관한 판단의 결론에만** 미치고 **그 전제가 되는 법률관계의 존부에까지 미치는 것이 아니다.**[25]

---

23 이유 중 "피고들의 점유 부분이 전소의 변론종결 당시와 동일하다면, 원고의 이 사건 청구 중 **이 사건 소 제기일 전까지의 기간**에 해당하는 부분은 확정판결이 있었던 전소와 소송물이 동일하여 그 확정판결의 **기판력이 미친다**고 할 것이어서, 그 중 전소의 확정판결에서 원고가 승소한 부분(**전소에서 원고의 청구가 인용된 금액**에 해당하는 부분)에 해당하는 부분은 **권리보호의 이익이 없고**, 이를 **초과하는 부분**은 전소의 확정판결의 **기판력에 저촉**되는 것이어서 **받아들일 수 없는 것**이고, 원고의 이 사건 청구 중 이 사건 소 제기일 이후의 기간에 해당하는 부분은 앞서 본 정기금 판결의 변경을 구하는 취지라고 봄이 상당하다." → 즉, 변경의 소제기일 이후의 기간만 변경 대상임

24 정기금판결 변경의 소가 제기되기 이전의 기간에 대해서도 예외적으로 증액 부분을 인용한 사안

25 망인이 국가 상대로 농지분배처분 원인 소이등청구소송 패소확정 → 그 상속인들이 국가 불법행위로 분배농지 수분배권 상실했다며 국가 상대로 손해배상청구해도 기판력 저촉 없다는 판결 ∵ 확정판결 기판력은 망인의 국가에 대한 소이등청구권 존부 한정, 손배소송에서 문제되는 농지분배처분 무효나 망인의 수분배권 존부는 그 전제되는 법률관계 불과

대법원 1995. 4. 25. 선고 94다17956 전원합의체 판결 [소유권이전등기]

甲이 乙로부터 **1필의 토지의 일부를 특정하여 매수**하였다고 주장하면서 乙을 상대로 **그 부분에 대한 소유권이전등기청구소송**을 제기하였으나, 목적물이 甲의 주장과 같은 부분으로 특정되었다고 볼 증거가 없다는 이유로 청구가 **기각**되었고, 이에 대한 甲의 항소·상고가 모두 기각됨으로써 판결이 **확정**되자, **다시 乙을 상대로** 그 전체 토지 중 **일정 지분을 매수**하였다고 주장하면서 그 **지분에 대한 소유권이전등기를 구하는 소를 제기**한 경우, 전소와 후소는 그 각 청구취지를 달리하여 **소송물이 동일하다고 볼 수 없으므로**, 전소의 **기판력은 후소에 미칠 수 없다.**

대법원 2001. 9. 20. 선고 99다37894 전원합의체 판결 [소유권이전등기]

진정한 등기명의의 회복을 위한 소유권이전등기청구는 이미 자기 앞으로 소유권을 표상하는 등기가 되어 있었거나 법률에 의하여 소유권을 취득한 자가 진정한 등기명의를 회복하기 위한 방법으로 현재의 등기명의인을 상대로 그 등기의 말소를 구하는 것에 갈음하여 허용되는 것인데, 말소등기에 갈음하여 허용되는 **진정명의회복을 원인으로 한 소유권이전등기청구권**과 **무효등기의 말소청구권**은 어느 것이나 진정한 소유자의 등기명의를 회복하기 위한 것으로서 실**질적으로 그 목적이 동일**하고, 두 청구권 모두 **소유권에 기한 방해배제청구권으로서 그 법적 근거와 성질이 동일**하므로, 비록 전자는 이전등기, 후자는 말소등기의 형식을 취하고 있다고 하더라도 그 **소송물은 실질상 동일한 것**으로 보아야 하고, 따라서 소유권이전등기말소청구소송에서 패소확정판결을 받았다면 그 **기판력**은 그 후 제기된 진정명의회복을 원인으로 한 소유권이전등기청구소송에도 **미친다.**

2. 판결이유 중 판단 (기판력 부정)

대법원 2001. 2. 9. 선고 2000다61398 판결 [청구이의]

확정판결은 **주문에 포함한 것에 한하여 기판력**이 있는 것이므로, 확정판결의 기판력은 **소송물로 주장된 법률관계의 존부에 관한 판단의 결론 자체에만 미치고 그 전제가 되는 법률관계의 존부에까지 미치는 것은 아니라고** 할 것인바, 임대차보증금은 임대차 종료 후에 임차인이 임차목적물을 임대인에게 반환할 때 연체차임 등 모든 피담보채무를 공제한 잔액이 있을 것을 조건으로 하여 그 잔액에 대하여서만 임차인의 반환청구권이 발생하고, 또 **임대차보증금의 지급을 명하는 판결**이 **확정**되면 **변론종결 전의 사유**를 들어 당사자 사이에 수수된 **임대차보증금의 수액 자체를 다투는 것은 허용되지 아니한다** 하더라도, 임대차보증금 반환청구권 행사의 전제가 되는 **연체차임 등 피담보채무의 부존재**에 대하여 **기판력이 작용하는 것은 아니다.**

대법원 2008. 10. 23. 선고 2008다48742 판결 [손해배상(기)]

확정판결의 기판력은 그 판결의 주문에 포함된 것, 즉 소송물로서 주장된 법률관계의 존부에 관한 판단의 결론 그 자체에만 미치는 것이고 판결 이유에서 설시된 그 **전제가 되는 법률관계의 존부에까지 미치는 것은 아니라 할 것**인바, 위 **변제의 효력 유무**는 위 **청구이의의 소의 소송물이 아니라 그 전제가 되는 법률관계에 불과**하여 이 사건 원심이 그에 대해 위 확정판결과 달리 판단하였다 하더라도 전소의 **기판력에 저촉된다고 볼 수는 없을 것**이므로, 이 부분 상고논지는 이유 없다.

대법원 2019. 10. 17. 선고 2014다46778 판결 [손해배상(기)]

물건 점유자를 상대로 한 물건의 인도판결이 확정되면 점유자는 인도판결 상대방에 대하여 소송에서 더 이상 물건에 대한 인도청구권의 존부를 다툴 수 없고 인도소송의 사실심 변론종결 시까지 주장할 수 있었던 정당한 점유권원을 내세워 물건의 인도를 거절할 수 없다. 그러나 의무 이행을 명하는 판결의 효력이 실체적 법률관계에 영향을 미치는 것은 아니므로, 점유자가 그 **인도판결의 효력**으로 판결 상대방에게 물건을 **인도해야 할 실체적 의무가 생긴다거나** 정당한 점유권원이 소멸하여 **그때부터 그 물건에 대한 점유가 위법하게 되는 것은 아니다.** 나아가 물건을 점유하는 자를 상대로 하여 물건의 **인도를 명하는 판결**이 확정되더라도 그 판결의 효력은 이들 물건에 대한 **인도청구권의 존부에만** 미치고, 인도판결의 기판력이 이들 물건에 대한 **불법점유를 원인으로 한 손해배상청구 소송에 미치지 않는다.**[26]

대법원 2005. 12. 23. 선고 2004다55698 판결 [소유권이전등기]

매매계약의 무효 또는 해제를 원인으로 한 **매매대금반환청구에 대한 인낙조서의 기판력**은 그 매매대금반환청구권의 존부에 관하여만 발생할 뿐, 그 전제가 되는 **선결적 법률관계인 매매계약의 무효 또는 해제에까지 발생하는 것은 아니므로** 소유권이전등기청구권의 존부를 소송물로 하는 후소는 전소에서 확정된 법률관계와 정반대의 모순되는 사항을 소송물로 하는 것이라 할 수 없으며, 기판력이 발생하지 않는 전소와 후소의 소송물의 각 전제가 되는 법률관계가 매매계약의 유효 또는 무효로 서로 모순된다고 하여 전소에서의 인낙조서의 기판력이 후소에 미친다고 할 수 없다.[27]

---

26 인도청구 승소확정된 후 불법행위 손해배상 구하는 후소에서 전소확정 사실만을 들어 전소승소확정일 다음날부터 점유 위법하다며 손해배상책임 인정하면 위법 ∵ 전소 확정으로 피고가 실체적으로 점유권원 소멸 혹은 점유 위법하게 되는 것은 ✕, 인도판결 확정 직후 인도 적극 이행 않았다고 불법행위 단정 ✕

27 "원고가 매매계약의 무효 또는 해제를 주장하면서 그 **매매대금의 반환을 구하는 소**를 제기하고 그 **소송 계속 중**에 **이중의 이득을 얻으려는 목적**으로 매매계약이 유효함을 주장하여 그 **이행을 구하는 별도의 소를 제기**한 경우라든지, 원고와 피고 사이에 매매계약을 무효 또는 해제로 하기로 하는 합의가 있었거나, 원고가 피고에게 매매계약에 기한 소유권이전등기청구를 하지 않는다는 신뢰를 부여하는 행위를 하였고 피고가 이를 신뢰할 정당한 이유가 있음에도 이를 위반하여 매매계약의 이행을 구하는 소를 제기한 경우 등, 특별한 사정이 있는 때에는, 그러한 원고의 **소 제기는 신의칙에 위반**되는 것으로 허용될 수 없을 것이지만, 이 사건과 같이 원고가 매매계약의 무효 또는 해제를 이유로 전소를 제기한 상태에서 매매계약에 따른 소유권이전등기의 이행을 구하는 이 사건 **소를 제기하였다는 것만으로 원고에게 이중의 이득을 얻으려고 하는 목적이 있었다고 볼 수 없고,** 또 피고에게 원고가 향후 이 사건 소를 제기하지 않는다는 신뢰를 부여하였다고 보기 어렵다. 원심의 사실인정에 의하더라도 원고가 전소와 이 사건 소를 함께 유지하게 된 것은 **원고가 전소를 취하하였으나 피고가 이에 부동의**함으로 말미암아 소 취하의 효력이 발생하지 아니하였기 때문이고, 또 **피고가 이 사건의 제1심에서 패소한 이후에 그 동안의 태도를 바꾸어 원고의 전소 청구를 인낙**함으로써 전소의 사건이 종결되었다는 것이다. 결국, **원고가 전소와 이 사건 소에서 모두 승소하여 이중으로 이득을 볼 수 있게 된 사정은, 피고가 전소의 취하에 부동의하여 취하의 효력발생을 저지하고 있다가 갑자기 그 청구를 인낙하는, 매우 이례적 행위를 함으로써 발생한 것**이지, 원고의 행위가 원인이 된 것이라 할 수 없으므로, 이러한 사정만으로는 피고의 전소 청구인낙 후 원고가 이 사건 소를 유지하는 것이 **신의칙에 반하는 것이라고 볼 수 없으며,** 원고가 전소와 이 사건 소에서 모두 승소하여 이

대법원 1995. 6. 29. 선고 94다47292 판결 [대여금등]

민사재판에 있어서는 **다른 민사사건 등의 판결에서 인정된 사실**에 **구속받는 것이 아니라** 할지라도 이미 확정된 관련 민사사건에서 인정된 사실은 특별한 사정이 없는 한 **유력한 증거**가 되므로, **합리적인 이유설시 없이 이를 배척할 수 없고**, 특히 전후 두 개의 민사소송이 **당사자가 같고 분쟁의 기초가 된 사실도 같으나 다만 소송물이 달라 기판력에 저촉되지 아니한** 결과 새로운 청구를 할 수 있는 경우에 있어서는 **더욱 그러하다.**

대법원 2018. 8. 30. 선고 2016다46338 판결 [부당이득금반환, 부당이득금반환]

그러나 그러한 경우에도 당해 민사소송에서 **제출된 다른 증거 내용에 비추어 확정된 관련 민사사건 판결의 사실인정을 그대로 채용하기 어려운 경우**에는 **합리적인 이유를 설시하여** 이를 **배척할 수 있다.**

대법원 1993. 3. 12. 선고 92다51372 판결 [토지소유권이전등기]

민사재판에 있어서 이와 관련된 **다른 민·형사사건 등의 확정판결에서 인정된 사실**은 특별한 사정이 없는 한 **유력한 증거자료**가 되는 것이나, 당해 민사재판에서 제출된 다른 증거내용에 비추어 관련 민·형사사건의 확정판결에서의 **사실판단을 그대로 채용하기 어렵다고 인정될 경우에는 이를 배척**할 수 있고, 이 경우 **배척하는 구체적인 이유를 일일이 설시할 필요는 없다.**

대법원 1975. 5. 27. 선고 74다2074 판결 [소유권이전등기말소]

甲은 乙로부터 A부동산에 관하여 매매를 원인으로 하는 소유권이전등기절차를 **이행받음과 동시에** 丙에게 본건 B부동산에 관하여 같은날 매매를 원인으로 하는 소유권이전등기절차를 **이행하라는 확정판결**에 있어서 乙이 **반대의무의 이행을 하지 않더라도** 甲은 丙에게 본건 B부동산에 대한 소유권이전등기를 **이행할 의무가 있는 것이라고 하는 주장**은 위 확정판결의 **기판력에 저촉**되는 것이다.
위 확정판결은 동일한 당사자인 본건 원,피고들에 대하여 위 주문에 표시된 부분에 관하여 기판력이 미친다고 할 것이므로(위 **동시이행관계에 있는 반대채권의 존재 및 액수 등에 대하여서는 기판력이 생길 여지가 없다** 하겠으나 본건 **소유권이전등기청구에 위 동시이행의 조건이 붙어 있다는 점에 관하여는 기판력이 미치는 것**이다) 위 확정판결 주문에 표시된 동시이행 관계에 있는 반대의무 이행을 하지 아니하더라도 원고는 피고 남인수에게 본건 부동산에 대한 소유권이전등기를 이행할 의무가 있는 것이라고 하는 주장은 위 확정판결의 기판력에 저촉되는 것으로서 받아드릴 수 없다 할 것이다.

3. 상계항번

대법원 2005. 7. 22. 선고 2004다17207 판결 [매매중도금]

제216조 제2항에서 **판결 이유 중의 판단임에도** 불구하고 **상계 주장**에 관한 법원의 **판단에 기판력을 인정한 취지**는, 만일 이에 대하여 기판력을 인정하지 않는다면, 원고의 청구권의 존부에 대

중의 이득을 보는 불합리는 **전소의 인낙조서의 집행을 불허**하는 등의 방법에 의하여 제거되는 것이 마땅한 것이지, 그러한 사정 때문에 원고의 이 사건 청구가 배척될 수는 없다."

한 **분쟁이 나중에 다른 소송으로** 제기되는 반대채권의 존부에 대한 분쟁으로 **변형됨으로써** 상계 주장의 상대방은 **상계를 주장한 자가 그 반대채권을 이중으로 행사하는 것에 의하여 불이익**을 입을 수 있게 될 뿐만 아니라 **상계 주장에 대한 판단을 전제로 이루어진 원고의 청구권의 존부에 대한 전소의 판결이 결과적으로 무의미하게 될 우려**가 있게 되므로, 이를 **막기 위함**이라고 보인다.

대법원 2011. 8. 25. 선고 2011다24814 판결 [약정금]

상계를 주장하면 그것이 받아들여지든 아니든 상계하자고 대항한 액수에 대하여 기판력이 생긴다(제216조 제2항). 따라서 여러 개의 자동채권이 있는 경우에 **법원으로서는 그 중 어느 자동채권에 대하여 어느 범위에서 상계의 기판력이 미치는지 판결이유 자체로 당사자가 분명하게 알 수 있을 정도까지는 밝혀 주어야** 한다. 그러므로 상계항변이 이유 있는 경우에는, 상계에 의하여 **소멸되는 채권의 금액을 일일이 계산할 것까지는 없다고 하더라도**, 최소한 상계충당이 **지정충당에 의하게 되는지 법정충당에 의하게 되는지 여부를 밝히고**, 지정충당이 되는 경우라면 **어느 자동채권이 우선 충당되는지를 특정하여야** 할 것이며, **자동채권으로 이자나 지연손해금채권**이 함께 주장되는 경우에는 그 **기산일이나 이율 등도 구체적으로 특정해 주어야** 할 것이다.

대법원 2005. 7. 22. 선고 2004다17207 판결 [매매중도금]

상계 주장에 관한 판단에 기판력이 인정되는 경우는, 상계 주장의 대상이 된 **수동채권이 소송물로서 심판되는 소구채권이거나 그와 실질적으로 동일**하다고 보이는 경우(가령 원고가 상계를 주장하면서 **청구이의의 소송**을 제기하는 경우 등)로서 상계를 주장한 반대채권과 그 수동채권을 기판력의 관점에서 동일하게 취급하여야 할 필요성이 인정되는 경우를 말한다고 봄이 상당하므로 만일 상계 주장의 대상이 된 **수동채권이 동시이행항변에 행사된 채권일 경우**에는 그러한 상계 주장에 대한 판단에는 **기판력이 발생하지 않는다**고 보아야 할 것인바, 위와 같이 해석하지 않을 경우 동시이행항변이 상대방의 상계의 재항변에 의하여 배척된 경우에 그 동시이행항변에 행사된 채권을 나중에 소송상 행사할 수 없게 되어 **제216조가 예정하고 있는 것과 달리 동시이행항변에 행사된 채권의 존부나 범위**에 관한 판결 **이유 중의 판단에 기판력이 미치는 결과**에 이르기 때문이다.[28]

대법원 1975. 10. 21. 선고 75다48 판결 [대여금]

항변권이 부착되어 있는 채권을 자동채권으로 하여 타의 채무와의 상계는 일방의 의사표시에 의하여 상대방의 항변권 행사의 기회를 상실케 하는 결과가 되므로 성질상 허용할 수 없는 것이나 상계항변에서 들고 나온 **자동채권을 부정**하여 그 **항변을 배척**하는 것과 자동채권의 성립은 인정되나 **성질상 상계를 허용할 수 없다** 하여 **상계항변을 배척**하는 것과는 그 형식면에서는 같을지라도 **전자**의 경우엔 **기판력**이 있다 할 것이므로 **양자는 판결의 효력이 다른 것**이다.

대법원 2014. 4. 10. 선고 2013다54390 판결 [소유권이전등기등]

원칙적으로 확정판결의 기판력은 주문에 포함된 것에 한하여 인정되지만, 이유에 포함된 것이라도 **상계항변**으로 주장된 자동채권에 관해서는 상계로써 **대항한 액수에 한하여 기판력**이 미친다

28 그러나 수동채권이 동시이행항변권에 행사된 채권이라고 하여 원고의 상계 재항변 자체가 불허되는 것은 아니며, 이는 피고의 상계 항변에 대한 원고의 상계 재항변이 불허된다는 판결(전술)과 구별해야

(**제216조**). 그러나 여기서 말하는 상계는 민법 제492조 이하에 규정된 **단독행위로서의 상계를 의미**하는데, 원심판결 이유와 기록에 의하면 위 피고는 상계항변을 한 것이 아니라 위 피고와 소외인과의 사이에 원고의 위 피고에 대한 임대수익금 채권과 위 피고의 ○○농산에 대한 농산물대금채권을 **상계**하여 정산하기로 하는 내용의 **합의**를 하였다는 취지의 항변을 한 것에 지나지 않음을 알 수 있고, 이는 부대상고이유의 주장 자체로 보아도 분명하다. 결국 위 피고의 항변은 본래 의미의 상계를 주장하는 것이 아니므로 원심의 이 부분 판단에 관하여는 **기판력이 미치지 않는다**.

대법원 2018. 8. 30. 선고 2016다46338 판결 [부당이득금반환, 부당이득금반환]

확정된 판결의 이유 부분의 논리구조상 법원이 당해 소송의 소송물인 수동채권의 전부 또는 일부의 존재를 인정하는 판단을 한 다음 피고의 상계항변에 대한 판단으로 나아가 피고가 주장한 빈대채권(또는 자동채권, 이하 '빈대채권'이라고민 힌다)의 존재를 인정하지 않고 싱계항변을 배척하는 판단을 한 경우에, 그와 같이 **반대채권이 부존재한다는** 판결이유 중의 **판단의 기판력은** 특별한 사정이 없는 한 '법원이 **반대채권의 존재를 인정하였더라면** 상계에 관한 실질적 판단으로 나아가 수동채권의 상계적상일까지의 원리금과 **대등액에서 소멸하는 것으로 판단할 수 있었던 반대채권의 원리금 액수'의 범위에서 발생**한다고 보아야 한다. 그리고 이러한 법리는 피고가 상계항변으로 주장하는 반대채권의 액수가 소송물로서 심판되는 소구채권의 액수보다 더 큰 경우에도 마찬가지로 적용된다.

피고가 **상계항변**으로 **2개 이상의 반대채권**(또는 자동채권, 이하 '반대채권'이라고만 한다)을 주장하였는데 법원이 그중 **어느 하나**의 반대채권의 **존재를 인정**하여 수동채권의 일부와 대등액에서 **상계**하는 판단을 하고, **나머지** 반대채권들은 모두 **부존재한다고 판단**하여 그 부분 상계항변은 **배척**한 경우에, 수동채권 중 위와 같이 상계로 소멸하는 것으로 판단된 부분은 피고가 주장하는 반대채권들 중 그 존재가 인정되지 않은 채권들에 관한 분쟁이나 그에 관한 법원의 판단과는 관련이 없어 기판력의 관점에서 동일하게 취급할 수 없으므로, 그와 같이 **반대채권들이 부존재한다는 판단**에 대하여 **기판력이 발생하는 전체 범위**는 위와 같이 **상계를 마친 후의 수동채권의 잔액을 초과할 수 없다**고 보아야 한다. 그리고 이러한 법리는 피고가 주장하는 **2개 이상의 반대채권의 원리금 액수의 합계가** 법원이 인정하는 **수동채권의 원리금 액수를 초과하는 경우에도 마찬가지**로 적용된다. 이때 '**부존재**한다고 **판단된 반대채권**'에 관하여 법원이 그 **존재를 인정하여** 수동채권 중 일부와 **상계하는 것으로 판단하였을 경우를 가정하더라도**, 그러한 상계에 의한 수동채권과 당해 반대채권의 차액 계산 또는 상계충당은 수동채권과 당해 반대채권의 **상계적상의 시점을 기준으로** 하였을 것이고, **그 이후에 발생하는 이자, 지연손해금** 채권은 **어차피 그 상계의 대상이 되지 않았을 것**이므로, 위와 같은 **가정적인 상계적상 시점이 '실제 법원이 상계항변을 받아들인 반대채권'에 관한 상계적상 시점보다 더 뒤라는 등의 특별한 사정이 없는 한**, 앞에서 본 **기판력의 범위**의 상한이 되는 '상계를 마친 후의 수동채권의 잔액'은 **수동채권의 '원금'의 잔액만을 의미**한다고 보아야 한다.

« 기판력의 주관적 범위 »

1. 의의

대법원 2018. 9. 13. 선고 2018다231031 판결 [제3자이의]

확정판결의 기판력은 **변론을 종결한 뒤의 승계인**(변론 없이 한 판결의 경우에는 판결을 선고한 뒤의 승계인) 또는 그를 위하여 **청구의 목적물을 소지한 사람** 등 법률에 따로 규정되어 있는 경우 외에는 특별한 사정이 없는 한 당해 **판결에 표시된 당사자 사이에만** 미치고(제218조 참조), **집행력의 범위**도 **원칙적**으로 **기판력의 범위에 준한다.** 따라서 지부·분회·지회 등 어떤 **법인의 하부조직을 상대로** 일정한 의무의 이행을 구하는 소를 제기하여 **승소 확정**판결을 받은 경우 판결의 집행력이 해당 지부·분회·지회 등을 넘어서 소송의 당사자도 아닌 법인에까지 미친다고 볼 수는 없으므로 그 판결을 집행권원으로 하여 **법인의 재산에** 대해 **강제집행을 할 수는 없고,** 법인의 재산에 대한 강제집행을 위해서는 법인 자체에 대한 별도의 집행권원이 필요하다.

대법원 2020. 10. 29. 선고 2016다35390 판결 [추심금]

확정판결의 **기판력**이 미치는 **주관적 범위**는 신분관계소송이나 회사관계소송과 같이 **법률에 특별한 규정**이 있는 경우를 **제외하고는 원칙적으로 당사자, 변론을 종결한 뒤의 승계인** 또는 그를 위하여 청구의 **목적물을 소지한 사람**과 **다른 사람을 위하여 원고나 피고가 된 사람**이 확정판결을 받은 경우의 **그 다른 사람**에 **국한**되고(**제218조 제1항, 제3항**) **그 밖의 제3자에게는 미치지 않는다.** 따라서 **추심채권자들이 제기하는 추심금소송의 소송물**이 채무자의 제3채무자에 대한 피압류채권의 존부로서 **서로 같더라도 소송당사자가 다른 이상** 그 확정판결의 **기판력이 서로에게 미친다고 할 수 없다.**

대법원 2014. 10. 30. 선고 2013다53939 판결 [건물인도등]

소송물이 **동일**하거나 **선결문제** 또는 **모순관계**에 의하여 기판력이 미치는 **객관적 범위**에 해당하지 **아니하는 경우에는** 전소 판결의 **변론종결 후에** 당사자로부터 계쟁물 등을 **승계한 자**가 후소를 제기하더라도 후소에 전소 판결의 **기판력이 미치지 아니한다.**

甲 등이 乙을 상대로 건물 등에 관한 **소유권이전등기의 말소등기절차 이행**을 구하는 소를 제기하여 승소확정판결을 받았는데, 위 판결의 변론종결 후에 乙로부터 건물 등의 소유권을 이전받은 丙이 甲 등을 상대로 위 건물의 **인도** 및 **차임 상당 부당이득의 반환**을 구하는 소를 제기한 사안에서, 전소 판결에서 소송물로 주장된 법률관계는 건물 등에 관한 말소등기청구권의 존부이고 건물 등의 소유권의 존부는 전제가 되는 법률관계에 불과하여 전소 판결의 기판력이 미치지 아니하고, 전소인 **말소등기청구권**에 대한 판단이 **건물인도 등 청구**의 소의 **선결문제가 되거나** 건물인도청구권 등의 존부가 전소의 소송물인 말소등기청구권의 존부와 **모순관계에 있다고 볼 수 없어** 전소의 **기판력이** 건물인도 등 청구의 소에 **미친다고 할 수 없으며,** 이는 丙이 전소 판결의 **변론종결 후에** 乙로부터 **건물을 매수하여 소유권이전등기를 마쳤더라도** 마찬가지이므로, 丙이 변론종결 후의 승계인이어서 전소 확정판결의 기판력이 미쳐 건물 등의 소유권을 취득할 수 없다고 본 원심판결에 법리오해 등의 위법이 있다고 한 사례.

2. 변론종결 후 승계인(218조 1항)

대법원 2022. 3. 17. 선고 2021다210720 판결 [임대차보증금]

주택임대차보호법 제3조 제4항에 따라 임차주택의 양수인은 임대인의 지위를 승계한 것으로 보므로 임대차보증금 반환채무도 부동산의 소유권과 결합하여 일체로서 임대인의 지위를 승계한 양수인에게 이전되고 양도인의 보증금반환채무는 소멸하는 것으로 해석되므로, **변론종결 후 임대부동산을 양수한 자**는 제218조 제1항의 **변론종결 후의 승계인**에 해당한다.

승계집행문은 그 승계가 법원에 명백한 사실이거나 증명서로 승계를 증명한 때에 한하여 내어줄 수 있고(민사집행법 제31조 제1항), **승계를 증명할 수 없는 때**에는 채권자가 **승계집행문 부여의 소를 제기**할 수 있다(제33조).

따라서 임차인이 임대인을 상대로 보증금반환의 승소확정판결을 받았으나 이후 주택 양수인을 상대로 이를 반환받고자 할 경우 **승계가 명확하지 않거나 임대인 지위의 승계를 증명할 수 없는 때에는** 임차인이 양수인을 상대로 **승계집행문 부여의 소를 제기하여 승계집행문을 부여받음이 원칙**이나, **이미 임차인이 양수인을 상대로 임대차보증금의 반환을 구하는 소를 제기하여** 양수인과 사이에 임대인 지위의 **승계 여부에 대해 상당한 정도의 공격방어 및 법원의 심리가 진행됨으로써 사실상 승계집행문 부여의 소가 제기되었을 때와 큰 차이가 없다면**, 그럼에도 법원이 소의 이익이 없다는 이유로 후소를 각하하고 임차인으로 하여금 다시 승계집행문 부여의 소를 제기하도록 하는 것은 당사자들로 하여금 그동안의 노력과 시간을 무위로 돌리고 사실상 동일한 소송행위를 반복하도록 하는 것이어서 당사자들에게 가혹할 뿐만 아니라 **신속한 분쟁해결**이나 **소송경제**의 측면에서 타당하다고 보기 어려우므로 이와 같은 경우 **소의 이익이 없다고 섣불리 단정하여서는 안 된다.**[29]

대법원 2016. 5. 27. 선고 2015다21967 판결 [집행문부여에대한이의]

민사집행법 제31조 제1항에서 "집행문은 판결에 표시된 채권자의 승계인을 위하여 내어 주거나 판결에 표시된 채무자의 승계인에 대한 집행을 위하여 내어 줄 수 있다."라고 규정하고 있는데, **중첩적 채무인수**는 당사자의 **채무는 그대로 존속**하며 이와 **별개의 채무를 부담하는 것**에 불과하므로 새로 채무의 이행을 소구하는 것은 별론으로 하고 판결에 표시된 채무자에 대한 판결의 **기판력 및 집행력의 범위를** 채무자 이외의 자에게 **확장하여 승계집행문을 부여할 수는 없으나**, 채무자의 채무를 소멸시켜 당사자인 채무자의 지위를 승계하는 이른바 **면책적 채무인수**는 위 조항에서 말하는 **승계인에 해당**한다.

대법원 1979. 3. 13. 선고 78다2330 판결 [집행문부여에대한이의]

확정판결의 **변론종결 후** 동 확정판결상의 채무자로부터 영업을 양수하여 양도인의 **상호를 계속**

29 해당 판결은 주택의 '악의 계약명의신탁'에서 수탁자로부터 주택 임차하여 대항력을 갖춘 임차인이라면, 그 후 신탁자가 매도인을 대위하여 수탁자 명의 등기를 말소하거나 신탁자 명의로 소이등을 마칠 경우에도 '임대인 지위 승계'로 대항할 수 있다는 전제 하에 판단하고 있는데(이는 주택임대차와 매매 해제에 관한 2003다12717 판결과 동일한 취지, 이 부분은 民法 내용이므로 보충) 당시 원심은 이러한 경우 임대인 지위 승계를 부정하면서도, 만약 임대인 지위 승계가 이뤄진다고 '가정'해도 변종 후 승계인에 대해 승계집행문 부여가 아닌 별도의 소제기는 권리보호이익이 없다고 판시하였고, 그러나 대법원은 이러한 원심의 두 가지 판단 모두 잘못이라고 판시한 것임

사용하는 **영업양수인**은 상법 제42조 제1항에 의하여 그 양도인의 영업으로 인한 채무를 변제할 책임이 있다 하여도, 그 확정판결상의 채무에 관하여 이를 **면책적**으로 **인수**하는 등 **특별사정이 없는 한**, 그 영업양수인을 곧 제218조의 **변론종결후의 승계인에 해당된다고 할 수 없다.**

대법원 1994. 12. 27. 선고 93다34183 판결 [소유권이전등기말소]

부동산에 대한 **근저당권설정등기말소청구**사건의 사실심 **변론종결일 후**에 그 부동산의 **소유권**을 **경락취득한 자** 또는 이를 **전득한 자**는 제218조에 의하여 그 확정판결의 효력이 미치는 **변론종결 후의 승계인**이라 할 것이다.

전소와 후소의 소송물이 동일하지 아니하여도 **전소**의 **기판력 있는 법률관계**가 **후소의 선결적 법률관계로** 되는 때에는 분쟁의 1회적 해결의 측면에서 전소의 판결의 **기판력이 후소에 미쳐** 후소의 법원은 전에 한 판단과 모순되는 판단을 할 수 없는 것이다.[30]

대법원 1974. 12. 10. 선고 74다1046 판결 [임야소유권이전등기말소]

소유권이전등기 및 **근저당권설정등기**가 당초부터 **원인무효**임을 이유로 각 그 **말소**를 명하는 **판결**이 **확정**되었다면 그 판결의 **변론종결후의 승계인**인 **임의경매실행으로 인한 소유권취득자**에 대하여는 경매절차의 진행을 저지하는 절차나 등기부상의조처를 취한 여부에 불구하고 **기판력이 미친다.**

대법원 1976. 6. 8. 선고 72다1842 판결 [근저당권설정등기회복등기]

재판상 화해에 의하여 **소유권이전등기를 말소할 물권적 의무를 부담하는 자로부터** 동 **화해성립 후에** 그 부동산에 관한 담보권인 **근저당권설정을 받은 자**는 제218조 1항 소정 **변론종결후의 승계인에 해당**하고 그 화해조서의 효력은 동법 제220조 및 위 제218조에 의하여 그 화해조서의 존재를 **알건 모르건 간에** 승계인에게 **미친다.**[31]

대법원 2003. 3. 28. 선고 2000다24856 판결 [토지소유권이전등기]

소유권이전등기말소소송의 **승소 확정판결**에 기하여 소유권이전등기가 **말소된 후** 순차 **제3자** 명의로 **소유권이전등기** 및 **근저당권설정등기** 등이 마쳐졌는데 위 **말소된 등기의 명의자가 현재의 등기명의인을 상대로 진정한 등기명의의 회복을 위한 소유권이전등기청구**와 **근저당권자 등을 상대로 그 근저당권설정등기 등의 말소등기청구** 등을 하는 경우 현재의 등기명의인 및 근저당권자 등은 모두 위 확정된 전 소송의 **사실심 변론종결 후의 승계인**으로서 위 확정판결의 **기판력**은 그와 **실질적으로 동일한 소송물**인 진정한 등기명의의 회복을 위한 소유권이전등기청구 및 위 확정된 전소의 말소등기청구권의 존재여부를 **선결문제**로 하는 근저당권설정등기 등의 말소등기청

30 변론종결 후 승계인이 주된 쟁점인데, 판결 이유에서 "**전소**의 판결의 내용인 **근저당권설정등기의 무효 여부**가 **이 사건 소유권이전등기의 원인무효 여부를 판단하는 전제**가 되어 **선결적 법률관계**를 이루고 있다 할 것이므로, 법원은 변론종결 후의 승계인인 피고들과의 관계에 있어서는 **전소의 판결의 기판력에 기속**되어 전소의 판결에서 한 판단내용과 배치되는 판단은 할 수 없다."고 판시하여 저당권말소청구와 그 저당권이 실행된 경매의 경락인에 대한 소유권이전등기말소청구가 '선결관계'라는 쟁점도 판시함

31 변론종결 후 승계인이 주된 쟁점이지만, 역시 소유권이전등기말소청구와 그 소유자로부터 저당권을 설정받은 자에 대한 저당권말소청구가 선결관계라는 쟁점도 있음

구에 **모두 미친다**고 한 사례.[32]

대법원 1993. 2. 12. 선고 92다25151 판결 [토지소유권이전등기말소등기]

전소의 **소송물**이 **채권적 청구권**인 **소유권이전등기청구권**일 때에는 전소의 **변론종결 후**에 전소의 피고인 채무자로부터 **소유권이전등기를 경료받은 자**는 전소의 기판력이 미치는 **변론종결 후의 제3자에 해당한다고 할 수 없다.**

대법원 1997. 5. 28. 선고 96다41649 판결 [소유권이전등기]

재심대상판결의 **소송물**은 **취득시효 완성**을 이유로 한 **소유권이전등기청구권**으로서 **채권적 청구권**인 경우, 그 **변론종결 후**에 **원고로부터 소유권이전등기**를 경료받은 승계인은 기판력이 미치는 **변론종결 후의 제3자에 해당하지 아니하고**, 따라서 피고들은 재심대상판결의 기판력을 배제하기 위하여 승계인에 대하여도 재심의 소를 제기할 필요는 없으므로 **승계인에 대한 재심의 소는 부적법**하다.[33]

대법원 2021. 3. 11. 선고 2020다253836 판결 [가등기말소]

대금분할을 명한 공유물분할 확정판결의 당사자인 공유자가 공유물분할을 위한 경매를 신청하여 진행된 경매절차에서 공유물 전부에 관하여 매수인에 대한 매각허가결정이 확정되고 매각대금이 완납된 경우, 매수인은 공유물 전부에 대한 소유권을 취득하게 되고, 이에 따라 각 공유지분을 가지고 있던 공유자들은 지분소유권을 상실하게 된다. 그리고 **대금분할을 명한 공유물분할 판결**의 **변론이 종결된 뒤**(변론 없이 한 판결의 경우에는 판결을 선고한 뒤) 해당 공유자의 **공유지분에** 관하여 소유권이전청구권의 순위보전을 위한 **가등기가 마쳐진 경우**, 대금분할을 명한 **공유물분할 확정판결의 효력은** 제218조 제1항이 정한 **변론종결 후의 승계인에 해당**하는 **가등기권자에게 미치므로**, 특별한 사정이 없는 한 위 **가등기상의 권리**는 매수인이 **매각대금을 완납함으로써 소멸**한다.

대법원 2005. 11. 10. 선고 2005다34667 판결 [건물철거등·소유권이전등기]

소유권이전등기말소 청구소송을 제기당한 자가 소송 계속중 당해 부동산의 소유권을 타인에게 이전한 경우에는, **부동산물권 변동의 효력**이 생기는 때인 **소유권이전등기가 이루어진 시점을 기**

32 A의 소이등말소 승소확정으로 B 소이등 말소된 후 C 명의 소이등, D 명의 근저당권등기 → B가 C 상대로 진명소이등, D 상대로 저당권말소 청구하면 전소 기판력 저촉
① 판례는 사안에서 C를 변종 후 승계인으로 보고 있는데 이는 당연히 A의 변종 후 승계인일 것이고, 그렇다면 〈A→B 말소청구〉와 〈B→C(=A) 진명소이등청구〉의 관계는 논리상 동일관계가 아니라 '모순관계'로 보는 것이 타당함(私見, 이는 말소청구와 진명소이등청구를 '동일' 소송물로 본다는 기존 판례 법리를 잘못 기재한 것으로 보임).
② D의 경우에는 변종 후 승계인인 C로부터 다시 저당권을 설정받은 자이므로 〈B→D 저당권말소청구〉는 전소 소송물과 '모순관계' 있는 소송물(B→C 진명소이등청구)과 다시 '선결관계'에 있는 작용국면으로 보는 것이 타당함(私見)

33 전소 확정판결 취소하는 재심을 제기한 전소의 피고들이 전소의 원고로부터 소이등을 마친 자를 재심피고로 하였는데, 전소 확정판결의 소송물이 채권적 청구권이어서 소이등 마친 계쟁물 승계인은 변종 후 승계인이 될 수 없고, 그렇다면 확정판결의 기판력이 미치지 않아 재심 각하된 사안

준으로 그 승계가 **변론종결 전의 것**인지 변론종결 **후의 것**인지 여부를 판단하여야 한다.

대법원 1992. 10. 27. 선고 92다10883 판결 [제3자이의]

대지 소유권에 기한 방해배제청구로서 그 지상건물의 철거를 구하여 승소확정판결을 얻은 경우 그 지상건물에 관하여 위 확정판결의 **변론종결 전**에 경료된 소유권이전청구권**가등기**에 기하여 위 확정판결의 **변론종결 후**에 **소유권이전등기**를 경료한 자가 있다면 그는 제218조 제1항의 **변론종결 후의 승계인**이라 할 것이어서 위 확정판결의 **기판력이 미친다.**

대법원 2020. 9. 3. 선고 2020다210747 판결 [기타(금전)]

채권을 양수하기는 하였으나 아직 양도인에 의한 통지 또는 채무자의 승낙이라는 대항요건을 갖추지 못하였다면 채권양수인은 채무자와 사이에 아무런 법률관계가 없어 채무자에 대하여 아무런 권리주장을 할 수 없고, 양도인이 채무자에게 채권양도통지를 하거나 채무자가 이를 승낙하여야 채무자에게 채권양수를 주장할 수 있다. 이에 따라 **채권양수인**이 소송계속 중의 승계인이라고 주장하며 참가신청을 한 경우에, **채권자로서의 지위의 승계가 소송계속 중에 이루어진 것인지 여부**는 채권양도의 합의가 이루어진 때가 아니라 대항요건이 갖추어진 때를 기준으로 판단하는 것과 마찬가지로, 채권양수인이 제218조 제1항에 따라 확정판결의 효력이 미치는 **변론종결 후의 승계인에 해당하는지 여부** 역시 **채권양도의 합의**가 이루어진 때가 **아니라 대항요건이 갖추어진 때를 기준으로 판단하여야** 한다.

대법원 1967. 2. 23.자 67마55 결정 [집행문부여취소등결정에대한재항고]

확정판결의 피고측의 **제1차 승계**가 이미 그 **변론종결 이전에** 있었다면 비록 그 **제2차 승계**가 그 **변론종결 이후에** 있었다 할지라도 이 제2차 승계인은 이른바 「**변론종결 후의 승계인**」**으로 볼 수 없다.**

대법원 1999. 10. 22. 선고 98다6855 판결 [건물명도등]

건물 소유권에 기한 물권적 청구권을 원인으로 하는 **건물명도소송**의 **소송물**은 건물 소유권이 아니라 그 물권적 청구권인 **건물명도청구권**이므로 그 소송에서 **청구기각**된 **확정**판결의 **기판력**은 **건물명도청구권의 존부 그 자체에만** 미치는 것이고, 소송물이 되지 아니한 **건물 소유권의 존부에 관하여는 미치지 아니하므로,** 그 건물명도소송의 **사실심 변론종결 후**에 그 **패소자인 건물 소유자로부터 건물을 매수하고 소유권이전등기**를 마침으로써 그 소유권을 승계한 제3자의 건물 소유권의 존부에 관하여는 위 확정판결의 **기판력이 미치지 않으며,** 또 이 경우 위 제3자가 가지게 되는 물권적 청구권인 건물명도청구권은 적법하게 승계한 건물 소유권의 일반적 효력으로서 발생된 것이고, 위 건물명도소송의 소송물인 패소자의 건물명도청구권을 승계함으로써 가지게 된 것이라고는 할 수 없으므로, 위 제3자는 위 확정판결의 **변론종결 후의 승계인에 해당한다고 할 수 없다.**

대법원 2020. 5. 14. 선고 2019다261381 판결 [가등기말소]

확정판결의 기판력은 확정판결의 **주문에 포함된 법률적 판단**과 동일한 사항이 소송상 문제가 되었을 때 **당사자는 이에 저촉되는 주장을 할 수 없고 법원도 이에 저촉되는 판단을 할 수 없는 기속력**을 의미하고, 확정판결의 내용대로 **실체적 권리관계를 변경하는 실체법적 효력을 갖는 것은 아니다.**

토지 소유권에 기한 물권적 청구권을 원인으로 하는 **가등기말소청구소송**의 **소송물**은 가등기말소청구권이므로 그 소송에서 청구**기각**된 **확정판결**의 **기판력**은 **가등기말소청구권의 부존재 그 자체에만** 미치고, 소송물이 되지 않은 **토지 소유권의 존부**에 관하여는 미치지 않는다. 나아가 위 청구기각된 확정판결로 인하여 토지 소유자가 갖는 토지 **소유권의 내용이나** 토지 소유권에 기초한 **물권적 청구권의 실체적인 내용**이 **변경, 소멸되는 것은 아니다.**

위 가등기말소청구소송의 **사실심 변론종결 후에** 토지 **소유자로부터 근저당권을 취득한 제3자**는 적법하게 취득한 근저당권의 일반적 효력으로서 물권적 청구권을 갖게 되고, 위 가등기말소청구소송의 소송물인 **패소자의 가등기말소청구권을 승계하여 갖는 것이 아니며,** 자신이 적법하게 **취득한 근저당권에 기한 물권적 청구권을 원인으로 소송상 청구**를 하는 것이므로, 위 제3자는 제218조 제1항에서 정한 확정판결의 기판력이 미치는 **'변론을 종결한 뒤의 승계인'에 해당하지 않는다.**

따라서 토지 **소유권에 기한 가등기말소청구소송**에서 **청구기각된 확정판결의 기판력은** 위 소송의 **변론종결 후** 토지 소유자로부터 **근저당권을 취득한 제3자**가 **근저당권에 기하여 같은 가등기에 대한 말소청구**를 하는 경우에는 **미치지 않는다.**

대법원 1996. 6. 25. 선고 96다8666 판결 [소유권이전등기말소]

부동산의 소유자에 대하여 소유권이전등기를 청구할 지위에 있기는 하지만 아직 그 소유권이전등기를 경료하지 않은 상태에서, **제3자가** 부동산의 **소유자를 상대로** 그 부동산에 관한 소유권이전등기절차 이행의 **확정판결**을 받아 **소유권이전등기를 경료한 경우**에는, **종전의 소유권이전등기청구권을 가지는 자**는 그 확정판결이 당연무효이거나 재심의 소에 의하여 취소되지 않는 한, 부동산의 소유자에 대한 소유권이전등기청구권을 보전하기 위하여 부동산의 **소유자를 대위하여 제3자 명의**의 소유권이전등기가 **원인무효임을 내세워** 그 **등기의 말소를 구하는 것은** 확정판결의 **기판력에 저촉**되고, 나아가 그 제3자 명의의 소유권이전등기 이후에 **그 등기를 바탕으로** 하여 **경료된 또 다른 소유권이전등기의 말소를 구하는 것도 역시 위 확정판결의 기판력에 저촉된다.**

대법원 1977. 7. 26. 선고 77다92 판결 [소유권이전등기말소]

제218조 2항은 **변론종결 전의 승계를 주장**하는 자에게 그 **입증책임**이 있다는 뜻을 규정한 것이므로 대위소송의 **변론종결 이전에** 대위의 원인이 된 토지에 관한 **양도계약이 해약된 사실을 인정한 이상** 변론종결시까지 당사자들의 **승계진술이 없어도** 당연히 **변론종결 전의 권리의 승계의 경우에 해당**한다.

3. 청구 목적물의 소지인(218조 1항)

4. 제3자소송담당의 권리귀속주체(218조 3항)

대법원 1975. 5. 13. 선고 74다1664 전원합의체 판결 [소유권이전등기말소]

채권자가 **채권자대위권**을 행사하는 방법으로 제3채무자를 상대로 소송을 제기하고 **판결**을 받은 경우에는 **어떠한 사유로 인하였든** 적어도 **채무자가** 채권자 **대위권에 의한 소송이 제기된 사실을 알았을 경우**에는 그 **판결**의 **효력**은 **채무자에게 미친다.**

대법원 1992. 11. 10. 선고 92다30016 판결 [소유권이전등기말소]

채권자대위권은 채무자가 제3채무자에 대한 권리를 행사하지 아니하는 경우에 한하여 채권자가 자기의 채권을 보전하기 위하여 행사할 수 있는 것이어서 채권자가 대위권을 행사할 당시는 **이미 채무자가 권리를 재판상 행사**하였을 때에는 **설사 패소의 본안판결**을 받았더라도 **채권자는 채무자를 대위하여** 채무자의 권리를 행사할 **당사자적격이 없다.**

대법원 1979. 3. 13. 선고 76다688 판결 [소유권이전등기말소등]

채권자가 채무자를 대위하여 제3자를 상대로 제기한 소송과 **이미 판결확정**이 되어 있는 **채무자와 그 제3자 간의 기존 소송**이 당사자만 다를 뿐 실질적으로 동일 내용의 소송이라면, 위 확정판결의 **효력**이 **채권자 대위권 행사에 의한 소송에 미친다.**

대법원 2014. 3. 27. 선고 2013다91146 판결 [소유권이전등기등]

제3자가 명의수탁자 등을 상대로 한 **승소확정**판결에 의하여 **소유권이전등기**를 마친 경우, **다른 소유권이전등기청구권자가 명의수탁자나 기타 종전의 소유자를 대위하여 제3자 명의의 소유권이전등기가 원인무효임을 내세워 그 등기 및 그에 기초한 또 다른 등기의 말소를 구하는 것**은 확정판결의 **기판력에 저촉된다.**[34]

대법원 1994. 8. 12. 선고 93다52808 판결 [부당이득금]

어느 채권자가 채권자대위권을 행사하는 방법으로 제3채무자를 상대로 소송을 제기하여 **판결**을 받은 경우, **어떠한 사유로든 채무자가 채권자대위소송이 제기된 사실을 알았을 경우**에 한하여 그 판결의 효력이 채무자에게 미치므로, 이러한 경우에는 그 후 **다른 채권자가 동일한 소송물**에 대하여 **채권자대위권에 기한 소를 제기**하면 전소의 **기판력을 받게 된다**고 할 것이지만, **채무자가** 전소인 채권자대위소송이 제기된 사실을 **알지 못하였을 경우에는** 전소의 기판력이 **다른 채권자가 제기한 후소인 채권자대위소송에 미치지 않는다.**

대법원 2014. 1. 23. 선고 2011다108095 판결 [대여금]

제218조 제3항은 '다른 사람을 위하여 원고나 피고가 된 사람에 대한 확정판결은 그 다른 사람에 대하여도 효력이 미친다.'고 규정하고 있으므로, 채권자가 채권자대위권을 행사하는 방법으로 제3채무자를 상대로 소송을 제기하고 판결을 받은 경우 채권자가 채무자에 대하여 민법 제405조 제1항에 의한 보존행위 이외의 권리행사의 통지, 또는 제84조에 의한 소송고지 혹은 비송사건절차법 제49조 제1항에 의한 법원에 의한 재판상 대위의 허가를 고지하는 방법 등 어떠한 사유로 인하였든 적어도 채권자대위권에 의한 소송이 제기된 사실을 채무자가 알았을 때에는 그 판결의 효력이 채무자에게 미친다고 보아야 한다. 이때 **채무자에게도 기판력이 미친다는 의미**는 **채권자대위소송의 소송물인 피대위채권의 존부에 관하여 채무자에게도 기판력**이 인정된다는 것이고, 채권자대위소송의 소송요건인 피보전채권의 존부에 관하여 당해 소송의 당사자가 아닌 채무자에게 기판력이 인정된다는 것은 아니다. 따라서 채권자가 **채권자대위권**을 행사하는 방법으로 제3채무자를 상대로 **소송을 제기하였다가** 채무자를 대위할 **피보전채권이 인정되지 않는다는 이유로 소각하 판결을 받아 확정**된 경우 그 판결의 기판력이 채권자가 채무자를 상대로 피보전채권

---

34 대위소송 이전에 제3채무자가 소이등청구의 승소 확정판결을 받은 후 채권자가 대위소송으로 제3채무자가 마친 그 등기의 말소를 구하는 것은 모순관계로서 기판력이 미침

의 이행을 구하는 소송에 미치는 것은 아니다.

대법원 2002. 5. 10. 선고 2000다55171 판결 [소유권말소등기]

채권자가 채권자대위권의 법리에 의하여 채무자에 대한 채권을 보전하기 위하여 채무자의 제3자에 대한 권리를 대위행사하기 위하여는 채무자에 대한 채권을 보전할 필요가 있어야 할 것이고, 그러한 보전의 필요가 인정되지 아니하는 경우에는 소가 부적법하므로 법원으로서는 이를 각하하여야 할 것인바, 만일 **채권자가 채무자를 상대로 소를 제기**하였으나 **패소의 확정판결**을 받은 종전 소유권이전등기절차 이행 소송의 청구원인이 채권자대위소송에 있어 피보전권리의 권원과 동일하다면 **채권자로서는 위 종전 확정판결의 기판력으로 말미암아 더 이상 채무자에 대하여 위 확정판결과 동일한 청구원인으로는 소유권이전등기청구를 할 수 없게 되었고,** 가사 채권자가 채권자대위소송에서 승소하여 제3자 명의의 소유권이전등기가 말소된다 하여도 채권자가 채무자에 대하여 동일한 청구원인으로 다시 소유권이전등기절차의 이행을 구할 수 있는 것도 아니므로, 채권자로서는 채무자의 제3자에 대한 권리를 **대위행사함으로써 위 소유권이전등기청구권을 보전할 필요가 없게 되었다고 할 것**이어서 채권자의 **채권자대위소송**은 **부적법**한 것으로서 **각하**되어야 한다.

대법원 2001. 1. 16. 선고 2000다41349 판결 [건물철거등]

기판력이라 함은 기판력 있는 전소판결의 소송물과 동일한 후소를 허용하지 않는 것임은 물론, 후소의 소송물이 전소의 소송물과 동일하지 않다고 하더라도 전소의 소송물에 관한 판단이 후소의 선결문제가 되거나 모순관계에 있을 때에는 후소에서 전소판결의 판단과 다른 주장을 하는 것을 허용하지 않는 작용을 하는 것이다.

甲이 乙을 대위하여 丙을 상대로 취득시효 완성을 원인으로 한 소유권이전등기 소송을 제기하였다가 乙을 대위할 **피보전채권의 부존재를 이유로 소각하 판결**을 선고받고 **확정**된 후 **丙이 제기한 토지인도 소송**에서 **甲이 다시 위와 같은 권리가 있음을 항변사유로서 주장**하는 것은 **기판력에 저촉**되어 **허용될 수 없다**고 한 사례.

대법원 2020. 10. 29. 선고 2016다35390 판결 [추심금]

동일한 채권에 대해 복수의 채권자들이 압류·추심명령을 받은 경우 **어느 한 채권자가 제기한 추심금소송에서 확정된 판결의 기판력**은 그 소송의 **변론종결일 이전에 압류·추심명령을 받았던 다른 추심채권자에게 미치지 않는다.** 그 이유는 다음과 같다.

확정판결의 **기판력**이 미치는 **주관적 범위**는 신분관계소송이나 회사관계소송과 같이 **법률에 특별한 규정**이 있는 경우를 **제외하고는 원칙적으로 당사자, 변론을 종결한 뒤의 승계인** 또는 그를 위하여 청구의 **목적물을 소지한 사람**과 **다른 사람을 위하여 원고나 피고가 된 사람**이 확정판결을 받은 경우의 **그 다른 사람**에 **국한되고(제218조 제1항, 제3항) 그 밖의 제3자에게는 미치지 않는다.** 따라서 **추심채권자들이 제기하는 추심금소송의 소송물**이 채무자의 제3채무자에 대한 피압류채권의 존부로서 **서로 같더라도 소송당사자가 다른 이상** 그 확정판결의 **기판력이 서로에게 미친다고 할 수 없다.**

민사집행법 제249조 제3항, 제4항은 추심의 소에서 소를 제기당한 제3채무자는 집행력 있는 정본을 가진 채권자를 공동소송인으로 원고 쪽에 참가하도록 명할 것을 첫 변론기일까지 신청할 수 있고, 그러한 참가명령을 받은 채권자가 소송에 참가하지 않더라도 그 소에 대한 재판의 효력이 미친다고 정한다. **위 규정** 역시 **참가명령을 받지 않은 채권자에게는 추심금소송의 확정판결의 효력이 미치지 않음을 전제로** 참가명령을 통해 판결의 효력이 미치는 범위를 확장할 수 있도록 한 것이다.

제3채무자는 추심의 소에서 다른 압류채권자에게 위와 같이 참가명령신청을 하거나 패소한 부분에 대해 **변제 또는 집행공탁을 함으로써**, 다른 채권자가 **계속 자신을 상대로 소를 제기하는 것을 피할 수 있다.** 따라서 어느 한 채권자가 제기한 추심금소송에서 확정된 판결의 효력이 다른 채권자에게 미치지 않는다고 해도 제3채무자에게 부당하지 않다.

확정된 화해권고결정에는 **재판상 화해**와 **같은 효력**이 있다(**제231조**). 위에서 본 추심금소송의 확정판결에 관한 법리는 추심채권자가 제3채무자를 상대로 제기한 추심금소송에서 화해권고결정이 확정된 경우에도 마찬가지로 적용된다. 따라서 **어느 한 채권자가 제기한 추심금소송**에서 **화해권고결정이 확정**되었더라도 화해권고결정의 **기판력**은 **화해권고결정 확정일 전에 압류·추심명령을 받았던 다른 추심채권자에게 미치지 않는다.**[35]

5. 채권자취소송과 기판력

대법원 1984. 11. 24.자 84마610 결정 [부동산경락허가결정]

채무자와 **수익자만을 상대로 한 사해행위 취소소송**에서 채무자와 수익자간의 법률행위를 취소하고 수익자 명의로 된 소유권이전등기의 말소를 명하는 **판결이 확정**되었다고 하여도 그 **판결의 효력은 전득자에게 미칠 수 없다.**

대법원 2001. 5. 29. 선고 99다9011 판결 [배당이의]

사해행위취소의 효력은 상대적이기 때문에 **소송당사자인 채권자와 수익자 또는 전득자 사이에만 발생할 뿐** 소송의 상대방 아닌 **제3자에게는 아무런 효력을 미치지 아니한다.**

대법원 2017. 4. 7. 선고 2016다204783 판결 [구상금및사해행위취소]

채권자가 사해행위의 취소와 함께 수익자 또는 전득자로부터 **책임재산의 회복을 명하는 사해행위취소의 판결**을 받은 경우 **수익자 또는 전득자가 채권자에 대하여** 사해행위의 취소로 인한 **원상회복 의무를 부담**하게 될 뿐, **채권자와 채무자 사이에서 취소로 인한 법률관계가 형성되는 것**

---

35 위 판결은 "압류·추심명령 있으면 민집법 229조 2항 따라 대위절차 없이 압류채권을 직접 추심할 권능 취득 → 추심채권자는 추심권 포기 가능(민집법 240조 1항), 그러나 집행채권이나 피압류채권에 아무런 영향 없음, 추심채권자는 추심 목적 넘는 행위 ✕(피압류채권의 면제·포기·기한유예·채권양도 등 불허) → 추심금소송에서 추심채권자가 제3채무자와 '피압류채권 중 일부 금액 지급하고 나머지 청구 포기'하는 내용의 재판상 화해(혹은 화해권고결정 확정)가 이뤄진 경우, 이는 자신의 '추심권' 포기 의미 ○, '피압류채권' 자체 포기 ✕ → 위 재판상 화해(화해권고결정)의 효력은 별도 추심명령 기초로 추심권 행사하는 다른 추심채권자에게 미치지 ✕"라고 판시함
그렇다면 사실 본문과 같은 기판력 논증은 해당 판결을 선고함에 있어 불필요한 것이었음(私見). 실제 위 판결의 이유에서는 "**설령** 원심과 같이 소외 2가 선행 **추심금소송에서 피압류채권 자체를 포기한 것으로 보더라도** 이 사건 화해권고결정 확정일 전에 위 채권에 대하여 제1 채권압류 및 추심명령을 받은 원고에게 화해권고결정의 **기판력이 미치지 않는다.**"라고 설시하여, 원심의 잘못된 법리를 가정하고 다시 판단하였음

은 아니다. 따라서 위와 같이 **채무자와 수익자 사이의 소송절차에서 확정판결 등을 통해 마쳐진 소유권이전등기가 사해행위취소로 인한 원상회복으로써 말소**된다고 하더라도, 그것이 **확정판결 등의 효력에 반하거나 모순되는 것이라고는 할 수 없다.**

6. 소송탈퇴자

« 판결 »

1. 서설

2. 일부판결과 잔부판결, 재판누락과 추가판결

대법원 2011. 2. 24. 선고 2009다43355 판결 [보험금]

주관적·예비적 공동소송은 동일한 법률관계에 관하여 모든 공동소송인이 서로간의 다툼을 하나의 소송절차로 한꺼번에 **모순 없이** 해결하는 소송형태로서 모든 공동소송인에 대한 청구에 관하여 판결을 하여야 하고(제70조 제2항), 그 중 일부 공동소송인에 대하여만 판결을 하거나 남겨진 자를 위하여 **추가판결**을 하는 것은 **허용되지 않는다.** 그리고 주관적·예비적 공동소송에서 주위적 공동소송인과 예비적 공동소송인 중 **어느 한 사람**이 **상소를 제기**하면 **다른 공동소송인**에 관한 청구 부분도 **확정이 차단**되고 상소심에 **이심**되어 **심판대상**이 되고, 이러한 경우 상소심의 심판대상은 주위적·예비적 공동소송인들 및 상대방 당사자 간 결론의 **합일확정** 필요성을 고려하여 판단하여야 한다.

대법원 2003. 5. 30. 선고 2003다13604 판결 [소유권말소등기]

재판의 탈루가 있는지 여부는 우선 주문의 기재에 의하여 판정하여야 하고, **주문**에 청구의 **전부**에 대한 **판단**이 기재되어 있으나 **이유** 중에 청구의 **일부**에 대한 **판단이 빠져 있는 경우**에는 이유를 붙이지 아니한 위법이 있다고 볼 수 있을지언정 **재판의 탈루가 있다고 볼 수는 없는바,** 청구를 기각하는 판결의 경우 주문에 청구 전부에 대한 판단이 기재되어 있는지 여부는 청구취지와 판결이유의 기재를 참작하여 판단하여야 한다.[36]

36 3필지의 토지에 대한 각 소유권이전등기말소청구사건에서 제1심판결상 '원고의 청구를 기각한다.'는 주문의 기재가 있으나 청구취지에 3필지의 토지 중 1필지 토지에 관한 소유권이전등기 말소청구의 기재가 누락되어 있고, 판결이유에도 나머지 2필지의 토지에 관한 설시만 있고 1필지 토지에 관하여는 아무런 설시가 없는 경우 위 주문을 청구 전부에 대한 판단이라고 볼 수 없으므로 청구취지와 판결이유에서 누락된 1필지 토지에 관하여는 판단이 없다고 한 사례.

대법원 2004. 8. 30. 선고 2004다24083 판결 [건물철거등]

판결에는 법원의 판단을 분명하게 하기 위하여 결론을 주문에 기재하도록 되어 있으므로 **재판의 누락**이 있는지 **여부**는 우선 **주문의 기재에 의하여 판정하여야** 하고, **판결이유**에서 청구가 이유 없다고 **설시하고** 있더라도 **주문**에서 **설시가 없으면** 특별한 사정이 없는 한 **재판의 누락**이 있다고 보아야 하며, 재판의 누락이 있는 경우 그 부분 소송은 **아직 원심에 계속중**이라고 보아야 할 것이어서 적법한 **상고의 대상이 되지 아니**하므로 그 부분에 대한 **상고**는 **부적법**하다.

대법원 2015. 6. 23. 선고 2013므2397 판결 [혼인의무효]

이혼 과정에서 친권자 및 자녀의 양육책임에 관한 사항을 의무적으로 정하도록 한 민법 제837조 제1항, 제2항, 제4항 전문, 제843조, 제909조 제5항의 문언 내용 및 이혼 과정에서 자녀의 복리를 보장하기 위한 위 규정들의 취지와 아울러, 이혼 시 친권자 지정 및 양육에 관한 사항의 결정에 관한 민법 규정의 개정 경위와 변천 과정, 친권과 양육권의 관계 등을 종합하면, **재판상 이혼**의 경우에 **당사자의 청구가 없다 하더라도 법원은 직권으로 미성년자인 자녀에 대한 친권자 및 양육자를 정하여야** 하며, 따라서 법원이 **이혼 판결을 선고하면서** 미성년자인 자녀에 대한 **친권자 및 양육자를 정하지 아니하였다면 재판의 누락**이 있다.

대법원 1997. 10. 10. 선고 97다22843 판결 [부당이득금반환]

원고가 실제로 **감축한다고 진술한 것보다 더 많은 부분을 감축한 것으로 보아 판결을 선고**한 경우, 원고가 감축한 금액을 제외한 **나머지 부분**에 관한 청구에 관하여는 **아무런 판결을 하지 아니한 셈**이고, 이는 결국 **재판의 탈루**에 해당하여 이 부분 청구는 **여전히 원심에 계속중**이라 할 것이므로, 원고로서는 원심법원에 그 부분에 관한 **추가판결**을 신청할 수 있음은 별론으로 하고, 그 부분에 관한 아무런 판결도 없는 상태에서 제기한 **상고**는 **상고의 대상이 없어 부적법**하다.

3. 판결의 확정시기

대법원 2016. 1. 14. 선고 2015므3455 판결 [이혼]

항소의 취하가 있으면 소송은 **처음부터 항소심에 계속되지 아니한 것으로** 보게 되나(제393조 제2항, 제267조 제1항), 항소취하는 소의 취하나 항소권의 포기와 달리 **제1심 종국판결이 유효하게 존재**하므로, **항소기간 경과 후에 항소취하가** 있는 경우에는 **항소기간 만료 시로 소급하여** 제1심판결이 **확정**되나, **항소기간 경과 전에 항소취하**가 있는 경우에는 판결은 **확정되지 아니하고 항소기간 내라면** 항소인은 **다시 항소의 제기가 가능**하다.

대법원 2014. 10. 15. 선고 2013다25781 판결 [손해배상(기)]

판결은 상소를 제기할 수 있는 기간 또는 그 기간 이내에 적법한 상소제기가 있을 때에는 확정되지 아니하며(제498조), **부적법한 상소**가 제기된 경우에는 그 부적법한 **상소**를 **각하**하는 재판이 **확정**되면 **상소기간이 지난 때에 소급하여 확정**된다.

대법원 2006. 5. 2.자 2005마933 결정 [낙찰자지위확인]

상대방이 전부 승소하여 항소의 이익이 없는 경우에는 **항소권을 가진 패소자만 항소포기**를 하면

비록 상대방의 항소기간이 만료하지 않았더라도 **제1심판결은 확정**된다.[37]

대법원 2011. 7. 28. 선고 2009다35842 판결 [부당이득금반환]

피고가 수개의 청구를 인용한 제1심판결 중 **일부**에 대하여만 **항소를 제기**한 경우, 항소되지 않은 **나머지 부분**도 **확정이 차단**되고 항소심에 **이심**은 되나, 피고가 **변론종결시까지 항소취지를 확장하지 않는 한** 나머지 부분에 관하여는 불복한 적이 없어 **항소심의 심판대상이 되지 않고 항소심의 판결선고와 동시에 확정**되어 소송이 종료된다.

4. 판결의 무효 기타

대법원 1995. 6. 19.자 95그26 결정 [판결경정]

판결의 경정이란 일단 선고된 판결에 대하여 그 **내용을 실질적으로 변경하지 않는 범위 내**에서 판결의 표현상의 **기재 잘못**이나 **계산의 착오** 또는 이와 유사한 잘못을 법원 스스로가 결정으로써 **정정 또는 보충**하여 강제집행이나 호적의 정정 또는 등기의 기재 등 넓은 의미의 집행에 지장이 없도록 하자는 데 그 취지가 있다.

판결경정사유가 있는데도 경정신청을 배척하였다면 특별항고의 사유가 된다.

민사소송법상 판결서에는 당사자를 기재하도록 되어 있고, 일반적으로 당사자의 표시에 관하여는 당사자의 특정 및 송달의 편의를 위하여 당사자의 주소를 병기하고 있으며, 만일 당사자의 표시에 있어서 **주소를 누락**한 것은 **판결경정**의 대상이 된다.

채권자대위소송에 있어서 **채무자가** 어떤 경위로든지 간에 소송이 제기된 사실을 **알았을 경우**에는 그 **판결의 효력이 채무자에게도 미치므로**, 채권자대위소송에 있어서는 판결의 효력이 미치는 **주관적 범위를 확정하기 위하여도** 판결주문에 기재된 **채무자는 당사자에 준하여 특정되어야 할 필요성**이 있고, 이를 위하여 판결주문상 **채무자의 주소나 주민등록번호를 보충**하여 달라는 **판결경정신청**은 **허용**되어야 한다.

대법원 1999. 10. 22. 선고 98다21953 판결 [소유권이전등기]

항소심에서 청구의 **교환적 변경**이 이루어져 항소심이 그 판결의 청구취지로 변경된 청구를 기재하고 판결 이유에서 변경된 청구에 대하여 판단하였음에도 주문에서 **'원고의 항소를 기각한다'고 기재**한 경우, 그 이유의 결론 및 주문에서 원고의 항소를 기각한다고 기재한 것은 항소심에서 교환적으로 변경된 **원고의 청구를 기각한다고 할 것을 잘못 표현한 것이 명백**하므로 항소심 법원은 그 판결의 주문과 이유의 결론 부분을 바로 잡는 **판결경정** 결정을 할 수 있다.

5. 판결의 편취

가. 의의

37 제1심에서 전부 패소한 당사자의 보조참가인이 보조참가인의 자격으로 제1심판결에 대한 항소를 제기하였다가, 그 당사자가 제1심법원에 항소포기서와 함께 보조참가인이 제기한 항소를 취하하는 항소취하서를 제출하자, 소외인들과 함께 독립당사자참가신청을 하면서 제1심판결에 대한 항소장

나. 유형

다. 소송법상 구제수단

대법원 1994. 10. 21. 선고 94다27922 판결 [토지소유권이전등기]

제1심판결 정본이 **공시송달**의 방법에 의하여 피고에게 송달되었다면 비록 피고의 **주소가 허위**이거나 그 **요건에 미비**가 있다 할지라도 그 **송달은 유효**한 것이므로 **항소기간의 도과**로 그 **판결**은 **형식적**으로 **확정**되어 **기판력**이 발생한다.

'가'항의 경우에 피고로서는 항소기간내에 항소를 제기할 수 없었던 것이 자신이 책임질 수 없었던 사유로 인한 것임을 주장하여 그 사유가 없어진 후로부터 2주일(피고가 외국에 있을 때는 30일) 내에 **추완항소**를 제기할 수 있으며, 여기서 그 사유가 없어진 때라 함은 피고가 당해 사건기록의 열람을 하는 등의 방법으로 제1심판결 정본이 공시송달의 방법으로 송달된 사실을 안 때를 의미한다.

대법원 1964. 11. 17. 선고 64다328 판결 [가옥명도]

제3자가 피고를 **참칭, 모용**하여 소송을 진행한 끝에 판결이 선고되었다면 **피모용자**인 피고는 그 소송에 있어서 적법히 대리되지 않는 타인에 의하여 소송절차가 진행됨으로 말미암아 결국 **소송관여의 기회를 얻지 못하였다** 할 것이니 피고는 **상소** 또는 **재심**의 소를 제기하여 그 판결의 취소를 구할 수 있다.[38]

대법원 1994. 1. 11. 선고 92다47632 판결 [소유권이전등기]

제451조 제1항 **제3호** 소정의 **재심사유**는 **무권대리인**이 대리인으로서 본인을 위하여 실질적인 소송행위를 하였을 경우뿐만 아니라 대리권의 흠결로 인하여 **본인**이나 그의 **소송대리인**이 **실질적인 소송행위를 할 수 없었던 경우**도 이에 해당한다.

법원이 **참칭대표자에게** 적법한 대표권이 있는 것으로 알고 그를 송달받을 자로 지정하여 소송서류 등을 **송달**하고 그 송달받을 자로 지정된 참칭대표자가 송달받은 경우에는 그 **송달이 무효라고 할 수는 없는 것**이므로 판결이 판결에서 종중의 대표자로 표시된 자를 송달받을 자로 하여 송달되었고 실제로 그가 보충송달의 방법에 의하여 송달을 받았다면 그때로부터 **항소기간이 진행**되고 그 **판결**은 항소기간이 만료된 때에 **확정**된다.[39]

대법원 1997. 5. 30. 선고 97다10345 판결 [토지소유권이전등기]

제1심 **판결정본**의 적법하게 **송달된 바 없으면** 그 판결에 대한 **항소기간은 진행되지 아니하므로**

---

38 본 판례는 성명모용소송에서 상소기간이 지나지 않은 경우를 전제로 하여 상소·재심을 구제수단으로 설시하였으나 상소기간이 경과했다면 추후보완상소·재심이 되는 것임

39 "그럼에도 불구하고 원심이 피고 종중의 대표자로 표시된 자가 판결의 기초되는 변론을 하지 아니하여 재심사유가 있다고 할 수 없고 재심대상판결은 피고 종중의 적법한 대표자에게 송달되지 아니하여 그 판결에 대한 항소기간이 진행되지 아니하고 따라서 그 판결이 확정되지 아니하였다고 판단하여 이 사건 재심의 소를 각하한 것은 제451조 제1항 제3호에 정한 재심사유 및 같은 법에 정한 송달에 관한 법리를 오해함으로써 판결에 영향을 미친 위법이 있다고 할 것이므로 이 점을 지적하는 논지는 이유 있다."

그 **판결은 형식적으로도 확정되었다고 볼 수 없고**, 따라서 **소송행위 추완의 문제는 나올 수 없으며** 그 판결에 대한 항소는 제1심 **판결정본 송달 전에 제기된 것**으로서 **적법**하다.[40]

다. 실체법상 구제수단

대법원 1995. 6. 29. 선고 94다41430 판결 [부당이득금반환]

대여금 중 일부를 **변제받고도** 이를 **속이고** 대여금 **전액**에 대하여 소송을 제기하여 **승소 확정판결**을 받은 후 **강제집행**에 의하여 위 **금원을 수령한 채권자에** 대하여, **채무자가** 그 일부 변제금 상당액은 법률상 원인 없는 이득으로서 반환되어야 한다고 주장하면서 **부당이득반환 청구**를 하는 경우, 그 **변제주장**은 대여금반환청구 소송의 **확정판결 전의 사유**로서 그 판결이 재심의 소 등으로 취소되지 아니하는 한 그 판결의 **기판력에 저촉**되어 이를 주장할 수 없으므로, 그 확정판결의 강제집행으로 교부받은 금원을 **법률상 원인 없는 이득이라고 할 수 없다**고 한 원심판결을 수긍한 사례.

대법원 1995. 12. 5. 선고 95다21808 판결 [손해배상(기)]

판결이 확정되면 기판력에 의하여 대상이 된 청구권의 존재가 확정되고 그 내용에 따라 집행력이 발생하는 것이므로, 그에 따른 **집행이 불법행위를 구성하기 위하여는** 소송당사자가 상대방의 권리를 **해할 의사**로 상대방의 **소송 관여를 방해**하거나 **허위의 주장**으로 **법원을 기망**하는 등 부정한 방법으로 실체의 권리관계와 다른 내용의 확정판결을 취득하여 집행을 하는 것과 같은 **특별한 사정이 있어야** 하고, 그와 같은 사정이 없이 확정판결의 내용이 단순히 실체적 권리관계에 배치되어 부당하고 또한 확정판결에 기한 **집행 채권자가 이를 알고 있었다는 것만으로는** 그 **집행행위가 불법행위를 구성한다고 할 수 없다**. 편취된 판결에 기한 강제집행이 불법행위로 되는 경우가 있다고 하더라도 당사자의 법적 안정성을 위해 확정판결에 기판력을 인정한 취지나 확정판결의 효력을 배제하기 위하여는 그 확정판결에 재심사유가 존재하는 경우에 재심의 소에 의하여 그 취소를 구하는 것이 원칙적인 방법인 점에 비추어 볼 때 불법행위의 성립을 쉽게 인정하여서는 아니 되고, 확정판결에 기한 강제집행이 불법행위로 되는 것은 **당사자의 절차적 기본권이 근본적으로 침해된 상태**에서 판결이 선고되었거나 확정판결에 **재심사유가 존재하는 등** 확정판결의 효력을 존중하는 것이 **정의에 반함이 명백**하여 이를 묵과할 수 없는 경우로 **한정하여야** 한다.[41]

대법원 1995. 5. 9. 선고 94다41010 판결 [소유권이전등기말소]

제소자가 **상대방의 주소를 허위로** 기재함으로써 그 **허위주소로 소송서류가 송달**되어 그로 인하여 **상대방 아닌 다른 사람이 그 서류를 받아 의제자백**의 형식으로 제소자 **승소**의 판결이 선고되고 그 **판결정본 역시 허위의 주소로 보내어져 송달된 것으로** 처리된 경우에는 상대방에 대한 **판결의 송달은 부적법**하여 **무효**이므로 **상대방은** 아직도 판결정본의 송달을 받지 않은 상태에 있어 이에 대하여 **상소를 제기할 수 있을 뿐만 아니라**, 위 **사위판결에 기하여** 부동산에 관한 **소유권이**

40 위 판결은 소송행위추완의 문제는 나올 수 없다고 하면서도, 그 이유에서 당사자가 추완항소를 제기하였음을 이유로 각하한 원심을 파기하고 항소로서 적법하다고 판시함

41 부동산을 매도하여 이전등기까지 마친 매도인이 매매가 아니라 양도담보였다는 허위 주장으로 정산금청구 소송을 제기하여 승소판결을 받아 강제집행을 한 경우, 불법행위의 성립을 부정한 사례.

전등기나 말소등기가 경료된 경우에는 **별소로서 그 등기의 말소를 구할 수도 있다.**[42]

대법원 1997. 5. 28. 선고 96다41649 판결 [소유권이전등기]

제451조 제1항 **제11호**의 **재심사유**인 상대방의 **주소가 분명함에도** 불구하고 재산을 **편취할 목적**으로 **고의로 소재불명이라 하여 법원을 속이고 공시송달**의 허가를 받아 상대방의 불출석을 기화로 **승소판결**을 받은 경우, 그 소송의 준비단계에서부터 판결확정시까지 문서위조 등 형사상 처벌을 받을 어떤 다른 위법사유가 전혀 개재되지 않았기 때문에 오로지 **소송사기**로밖에 처벌할 수 없는 경우라 하더라도, 형사상 처벌을 받을 타인의 행위로 인하여 공격 또는 방어방법의 제출이 방해되었음을 부정할 수 없으므로, 이러한 경우 제451조 제1항 **제5호**의 **재심사유**도 위 **제11호**의 **재심사유**와 **병존**하여 있다고 보아야 한다.

피고들이 **재심대상판결의 취소**와 그 **본소청구의 기각**을 구하는 외에, 원고와 승계인을 상대로 재심대상판결에 의하여 경료된 원고 명의의 소유권이전등기와 그 후 승계인의 명의로 경료된 **소유권이전등기의 각 말소를 구하는 청구**를 병합하여 제기하고 있으나, 그와 같은 청구들은 **별소로 제기하여야** 할 것이고 **재심의 소에 병합하여 제기할 수 없다.**

42 물론 등기말소청구가 승소하려면 편취판결 받은 자가 원인 없이 등기 마친 경우여야 하고, 만약 실체관계에 부합한 등기라면 편취판결이었어도 말소청구는 기각될 것임

Part 4
병합소송

04

제5편 병합소송

제1장 병합청구소송

« 청구의 병합 »

1. 의의

2. 모습, 판단

대법원 2008. 12. 11. 선고 2006다5550 판결 [손해배상(기)]

논리적으로 전혀 관계가 없어 순수하게 **단순병합으로 구하여야** 할 수개의 청구를 **선택적 청구로 병합하여 청구**하는 것은 **부적법**하여 허용되지 않는다 할 것인바, 원고가 그와 같은 형태로 소를 제기한 경우 **제1심법원이** 본안에 관하여 심리·판단하기 위해서는 **소송지휘권**을 적절히 행사하여 이를 **단순병합 청구로 보정하게 하는 등의 조치를 취하여야** 할 것이고, 법원이 **이러한 조치를 취함이 없이** 본안판결을 하면서 그 중 **하나의 청구에 대하여만 심리·판단하여 이를 인용**하고 **나머지 청구**에 대한 **심리·판단을 모두 생략**하는 내용의 판결을 하였다고 하더라도, 그로 인하여 청구의 병합 형태가 적법한 선택적 병합 관계로 바뀔 수는 없다 할 것이므로, 이러한 판결에 대하여 **피고만이 항소**한 경우 제1심법원이 **심리·판단하여 인용한 청구만이 항소심으로 이심**될 뿐, **나머지 심리·판단하지 않은 청구**는 **여전히 제1심에 남아 있게 된다.**

대법원 2009. 12. 24. 선고 2009다10898 판결 [손해배상(기)등]

논리적으로 전혀 관계가 없어 순수하게 **단순병합으로 구하여야** 할 수 개의 청구를 **예비적 청구로 병합하여 청구**하는 것은 **부적법**하여 **허용되지 않는다.** 따라서, 원고가 **주위적**으로 이 사건 계약의 **권리금 상당 손해배상**을 구하고, **예비적**으로 이 사건 계약의 **임대차보증금 상당 손해배상**을 구하는 내용으로 청구를 **병합**한 것을 제1심 법원이 **단순병합 청구로 보정하게** 하는 등의 조치를 취하지 **아니하고** 권리금 상당 손해배상청구 중 **일부만을 인용**하고 **나머지** 청구에 대한 **심리·판단을 모두 생략**하는 내용의 판결을 하였다 하더라도 그로 인하여 청구의 병합 형태가 예비적 병합 관계로 바뀔 수는 없다. 그러므로, 이에 대하여 **피고만이 항소**한 이 사건에서 제1심법원이 **심리·판단하지 않은** 임대차보증금 상당 **손해배상청구는 여전히 제1심에 남아 있게 된다.**

대법원 2008. 12. 11. 선고 2005다51471 판결 [손해배상(기)]

논리적으로 전혀 관계가 없어 순수하게 **단순병합으로 구하여야 할** 수개의 청구를 **선택적 또는 예비적 청구로 병합하여 청구**하는 것은 **부적법**하여 허용되지 않는다 할 것인바, 원고가 그와 같은 형태로 소를 제기한 경우 **제1심법원**이 그 **모든 청구**의 본안에 대하여 **심리**를 한 다음 그 중 **하나**의 청구만을 **인용**하고 **나머지** 청구를 **기각**하는 내용의 판결을 하였다면, 이는 법원이 위 청구의 병합관계를 **본래의 성질에 맞게 단순병합으로서 판단한 것**이라고 보아야 할 것이고, 따라서 **피고만**이 위 인용된 청구에 대하여 **항소**를 제기한 때에는 일단 단순병합관계에 있는 **모든 청**

구가 **전체적**으로 항소심으로 **이심**되기는 하나 **항소심**의 **심판범위**는 이심된 청구 중 피고가 **불복한 청구에 한정**된다.

대법원 1982. 7. 13. 선고 81다카1120 판결 [소유권이전등기]

청구의 **선택적 병합**이란 원고가 **양립할 수 있는** 수개의 경합적 청구권에 기하여 동일 취지의 급부를 구하거나 양립할 수 있는 수개의 형성권에 기하여 동일한 형성적 효과를 구하는 경우에 그 **어느 한 청구가 인용될 것을 해제조건으로** 하여 수개의 청구에 관한 **심판을 구하는 병합 형태**이므로 논리적으로 **양립할 수 없는 수개의 청구**는 성질상 선택적 병합으로 동일 소송절차내에서 동시에 심판될 수 없는 것이고 이러한 수개의 청구가 동일 소송절차내에서 모순없이 심리되기 위하여는 그 청구간에 **주위적, 예비적인 관계**가 있을 것을 요한다고 할 것인바, 이 사건에서 피고 명의의 위 각 등기가 **원인무효**임을 이유로 그 **말소를 구하는 청구**와 그 등기가 **유효한 명의신탁**등기이나 신탁이 **해지되었음**을 이유로 **소유권이전등기**를 구하는 청구는 **서로 양립할 수 없는 관계**에 있으므로 이들 청구에 대하여는 선택적 병합에 의한 병합심리를 할 수 없다고 할 것이고, 따라서 이와 같은 **선택적 병합으로 하는 청구의 변경**은 **직권으로 불허하여야** 할 것임에도 불구하고 이를 그대로 받아들인 원심의 조처는 필경 청구의 병합과 청구의 변경에 관한 법리를 오해한 것이어서 위법하다고 하지 않을 수 없다.

대법원 2002. 2. 8. 선고 2001다17633 판결 [소유권이전등기]

청구의 **예비적 병합**은 논리적으로 **양립할 수 없는** 수 개의 청구에 관하여 주위적 청구의 인용을 해제조건으로 예비적 청구에 대하여 심판을 구하는 형태의 병합이라 할 것이지만, 논리적으로 양립할 수 있는 수 개의 청구라 하더라도 **당사자가 심판의 순위를 붙여 청구를 할 합리적 필요성이 있는 경우**에는 **당사자가 붙인 순위에 따라서** 당사자가 먼저 구하는 청구를 심리하여 이유가 없으면, 다음 청구를 심리하여야 한다.

대법원 2002. 10. 25. 선고 2002다23598 판결 [손해배상(기)]

주위적 청구원인과 **예비적** 청구원인이 **양립 가능**한 경우에도 당사자가 심판의 순위를 붙여 청구를 할 **합리적인 필요성**이 있는 경우에는 **심판의 순위를 붙여 청구할 수 있다** 할 것이고, 이러한 경우 주위적 청구가 전부 인용되지 않을 경우에는 주위적 청구에서 인용되지 아니한 수액 범위 내에서의 예비적 청구에 대해서도 판단하여 주기를 바라는 취지로 **불가분적으로 결합시켜 제소할 수도 있는 것이므로,** 주위적 청구가 일부만 인용되는 경우에 나아가서 예비적 청구를 심리할 것인지의 여부는 소송에서의 당사자의 의사 해석에 달린 문제라 할 것이어서, 법원이 **주위적** 청구원인에 기한 청구의 **일부를 기각**하고 **예비적 청구취지보다 적은 금액만을 인용할 경우**에는, 원고에게 주위적 청구가 전부 인용되지 않을 경우에는 주위적 청구에서 **인용되지 아니한 수액 범위 내에서의 예비적 청구에 대해서도 판단하여 주기를 바라는 취지인지 여부를 석명하여** 그 결과에 따라 예비적 청구에 대한 판단 여부를 정하여야 할 것이다.[1]

예비적 병합의 경우에는 수개의 청구가 하나의 소송절차에 불가분적으로 결합되어 있기 때문에 **주위적** 청구에 대하여만 **판단**하고 **예비적** 청구에 대하여 **판단하지 아니한** 경우에도 그 판결에 대하여 **상소가 제기**되면 **판단이 누락된 예비적 청구 부분 역시 상소심으로 이심**이 되는 것이다.

---

1 비록 당사자 의사를 존중하여 주위적 청구부터 심리했지만, 원래 성질상으로는 양립이 가능한 점을 고려하여 예비적 청구의 금액이 더 큰 경우에는 그것을 구할 것인지 석명해야 하는 것임(私見)

대법원 2014. 5. 29. 선고 2013다96868 판결 [대여금반환]

병합의 형태가 **선택적 병합인지 예비적 병합인지**는 **당사자의 의사가 아닌 병합청구의 성질을 기준으로 판단하여야** 하고, 항소심에서의 심판 범위도 그러한 병합청구의 성질을 기준으로 결정하여야 한다. 따라서 **실질적으로 선택적 병합 관계**에 있는 두 청구에 관하여 **당사자가 주위적·예비적으로 순위를 붙여 청구**하였고, 그에 대하여 **제1심법원**이 **주위적 청구를 기각**하고 **예비적 청구만을 인용**하는 판결을 선고하여 **피고만이 항소를 제기**한 경우에도, **항소심으로서는 두 청구 모두를 심판의 대상으로** 삼아 판단하여야 한다.[2]

대법원 2020. 10. 15. 선고 2018다229625 판결 [부당이득반환청구등]

원고가 제1심에서 **선택적**으로 구한 두 개의 청구 중 **1개**의 청구가 **인용**되고 **피고가 항소**한 후, **원고가 항소심에서 병합의 형태를 변경**하여 제1심에서 심판되지 않은 청구 부분을 주위적 청구로, 제1심에서 인용된 위 청구 부분을 예비적 청구로 구함에 따라 **항소심이 주위적 청구 부분을 먼저 심리하여** 그 청구가 **이유 있다고 인정하는 경우**에는, 비록 **결론이 제1심판결의 주문과 동일하더라도** 피고의 항소를 기각하여서는 아니 되고 새로이 청구를 인용하는 주문을 선고하여야 한다.[3]

대법원 2021. 5. 7. 선고 2020다292411 판결 [손해배상(기) 청구의 소]

청구의 **예비적 병합**은 **논리적으로 양립할 수 없는** 수 개의 청구에 관하여 **주위적 청구의 인용을 해제조건으로 예비적 청구에 대하여 심판을 구하는 형태**의 병합이다. 그러나 논리적으로 양립할 수 있는 수 개의 청구라고 하더라도, **주위적으로 재산상 손해배상을 청구**하면서 그 손해가 인정되지 않을 경우에 예비적으로 같은 액수의 정신적 손해배상을 청구하는 것과 같이 수 개의 청구 사이에 논리적 관계가 밀접하고, **심판의 순위를 붙여 청구를 할 합리적 필요성**이 있다고 인정되는 경우에는, **당사자가 붙인 순위에 따라서** 당사자가 먼저 구하는 청구를 심리하여 이유가 없으면 다음 청구를 심리하는 **이른바 부진정 예비적 병합 청구의 소도 허용**된다.

예비적 병합의 경우에는 수 개의 청구가 하나의 소송절차에 불가분적으로 결합되어 있기 때문에 주위적 청구를 먼저 판단하지 않고 예비적 청구만을 인용하거나 주위적 청구만을 배척하고 예비적 청구에 대하여 판단하지 않는 등의 **일부판결은 예비적 병합의 성질에 반하는 것으로서 법률상 허용되지 않는다.** 그런데도 **주위적 청구를 배척하면서 예비적 청구에 대하여 판단하지 않은 판결**을 한 경우에는 그 판결에 대한 **상소가 제기되면 판단이 누락된 예비적 청구 부분도 상소심으로 이심**이 되고 그 부분이 재판의 누락에 해당하여 원심에 계속 중이라고 볼 것은 아니다. 이러한 법리는 부진정 예비적 병합의 경우에도 **달리 볼 이유가 없다.**[4]

---

2 합리적 필요성을 부정한 판례로 해석됨

3 제1심에서 불법행위 손해배상과 부당이득반환 선택적 병합 중 불법행위 손배 인용 → 피고가 항소하고, 항소심에서 원고가 예비적 병합 형태로 변경(부당이득반환이 주위적, 불법행위 손배가 예비적) → 항소심이 부당이득반환 인용할 때 금액이 제1심판결과 같아도 항소기각 ✕
한편 항소심에서 예비적 병합으로 변경할 때 부당이득반환청구와 불법행위 손해배상의 양립가능성 고려한다면 이는 '부진정 예비적 병합'으로 보이고, 대법원은 합리적 필요성을 인정한 것으로 보임(私見)

4 원고는 1심에서 재산상 손해배상만 구하다가, 항소심에 이르러 재산상 손해배상을 주위적 청구로, 정신적 손해배상을 예비적 청구로 변경하는 방법으로 예비적 청구 추가한 것인데 판례는 이러한 형태도 허용함 → 항소심은 판결서에 주위적 청구와 예비적 청구 모두 배척하는 이유 기재하면서 '항소기각'

대법원 2011. 8. 18. 선고 2011다30666 판결 [근저당권말소회복등기등·근저당권말소]

채권자가 **본래적 급부청구**에 이를 **대신할 전보배상을 부가**하여 **대상청구를 병합**하여 소구한 경우 대상청구는 본래적 급부청구권이 현존함을 전제로 하여 이것이 **판결확정 전에 이행불능**되거나 또는 **판결확정 후에 집행불능**이 되는 경우에 **대비하여 전보배상을 미리 청구**하는 경우로서 양자의 병합은 **현재 급부청구**와 **장래 급부청구**의 **단순병합**에 속하는 것으로 **허용**된다. 이러한 대상청구를 본래의 급부청구에 **예비적으로 병합한 경우에도 본래의 급부청구가 인용된다는 이유만으로 예비적 청구에 대한 판단을 생략할 수는 없다.**[5]

대법원 2010. 5. 13. 선고 2010다8365 판결 [손해배상(기)]

제1심판결 선고 전의 **명예훼손행위**에 관하여 **손해배상청구**를 하였으나 피고가 그 내용이 진실이라고 믿을 만한 **상당한 이유**가 있다는 이유로 청구를 **기각**당한 원고가 그 **항소심에서 청구취지를 변경하지 아니한 채** 피고가 **제1심판결 선고 후 행한 새로운 명예훼손행위**를 **청구원인**으로 **추가**하였다면 이는 다른 특별한 사정이 없는 한 피고의 새로운 명예훼손행위를 원인으로 하는 손해배상청구를 **선택적으로 병합**하는 취지라고 볼 것이다. 그러므로 그 **항소심**이 **새로운 명예훼손행위**를 원인으로 한 선택적 병합청구에 관하여 **아무런 판단도 하지 아니한 채** 원고의 청구를 **기각**하는 것은 **판단누락**에 해당한다.

대법원 2017. 2. 21. 선고 2016다225353 판결 [공유물분할등]

예비적 청구는 주위적 청구와 서로 **양립할 수 없는 관계에 있어야** 하므로, 주위적 청구와 동일한 목적물에 관하여 동일한 청구원인을 내용으로 하면서 **주위적 청구를 양적이나 질적으로 일부 감축하여 하는 청구**는 주위적 청구에 **흡수되는 것일 뿐** 소송상의 **예비적 청구라고 할 수 없다.**

3. 절차, 심판

대법원 1994. 12. 23. 선고 94다44644 판결 [소유권이전등기말소]

수개의 청구를 **모두 기각**한 **제1심판결에** 대하여 **원고**가 그중 **일부**의 청구에 대하여만 **항소**를 제기한 경우, **항소되지 않았던 나머지** 부분도 **항소로** 인하여 **확정이 차단**되고 항소심에 **이심**은 되나 원고가 그 **변론종결시까지 항소취지를 확장하지 아니하는 한** 나머지 부분에 관하여는 원고가 불복한 바가 없어 **항소심**의 **심판대상이 되지 아니하므로** 항소심으로서는 원고의 수개의 청구 중 항소하지 아니한 부분을 다시 인용할 수는 없다.[6]

주문만 표시하고 항소심에 추가된 청구(정신적 손해배상)에 '청구기각' 주문 표시하지 × → 위법

5 주위적으로 근저당권등기 회복등기청구, 예비적으로 등기 공모하여 불법말소 손해배상청구 → 1심이 주위 인용, 예비 기각 → 원고가 예비 기각에 항소 → 2심이 주위 인용으로 전부승소라서 항소이익 없다며 항소 각하 → 예비적 병합 아닌 단순병합이므로 항소각하 한 2심은 위법
한편 위 판결에서 '판결확정 전 이행불능'은 '변론종결 후'로서 판결확정 전으로 해석해야 함. 그렇지 않으면 현재 이행의 소로서 예비적 병합이 됨(私見)

6 이전등기말소청구와 금원청구를 모두 기각한 제1심판결에 대하여 원고가 말소청구 부분에 관하여만 항소하였을 뿐 그 변론종결시까지 항소취지를 확장한 바 없어 항소심의 심판범위는 말소청구 부분에 한하고 나머지 부분에 관하여는 환송 전 원심판결의 선고와 동시에 확정되어 소송이 종료되었

대법원 1998. 7. 24. 선고 96다99 판결 [지분소유권이전등기]

제1심법원이 원고의 **선택적 청구** 중 **하나만을 판단하여 기각**하고 **나머지 청구에 대하여는 아무런 판단을 하지 아니한 조치는 위법**한 것이고, 원고가 이와 같이 위법한 제1심판결에 대하여 **항소**한 이상 원고의 **선택적 청구 전부가 항소심으로 이심**되었다고 할 것이므로, 선택적 청구 중 판단되지 않은 청구 부분이 재판의 탈루로서 제1심법원에 그대로 계속되어 있다고 볼 것은 아니다.

대법원 1995. 2. 10. 선고 94다31624 판결 [소유권이전등기말소]

제1심 법원이 원고들의 주위적 청구와 예비적 청구를 병합 심리한 끝에 **주위적 청구는 기각**하고 **예비적 청구만을 인용**하는 판결을 선고한 데 대하여 피고만이 항소한 경우, 항소제기에 의한 **이심**의 효력은 당연히 **사건 전체**에 미쳐 **주위적 청구에 관한 부분도 항소심에 이심**되는 것이지만, **항소심의 심판범위**는 이에 관계없이 피고의 **불복신청의 범위에 한하는 것**으로서 예비적 청구를 인용한 제1심 판결의 당부에 그치고 원고들의 **부대항소가 없는 한 주위적 청구는 심판대상이 될 수 없다**.

대법원 2001. 12. 24. 선고 2001다62213 판결 [부당이득금]

원고의 **주위적 청구를 기각**하면서 **예비적 청구를 일부 인용**한 **환송 전 항소심판결**에 대하여 **피고만이 상고**하고 원고는 상고도 부대상고도 하지 않은 경우에, **주위적 청구**에 대한 항소심판단의 적부는 **상고심의 조사대상으로 되지 아니하고** 환송 전 항소심판결의 **예비적 청구 중 피고 패소 부분만이 상고심의 심판대상**이 되는 것이므로, 피고의 **상고에 이유가 있는 때**에는 상고심은 환송 전 **항소심판결 중 예비적 청구에 관한 피고 패소 부분만 파기하여야** 하고, **파기환송의 대상이 되지 아니한 주위적 청구부분**은 **예비적 청구에 관한 파기환송판결의 선고와 동시에 확정**되며 그 결과 **환송 후 원심에서의 심판범위**는 예비적 청구 중 피고 패소 부분에 **한정된다**.

대법원 1995. 1. 24. 선고 94다29065 판결 [소유권이전등기말소]

제1심에서 **주위적 청구를 기각**하고 예비적 청구를 인용한 판결에 대하여 **피고만이 항소**한 때에는, **이심**의 효력은 **사건 전체**에 미치더라도 **원고로부터 부대항소가 없는 한 항소심의 심판대상으로 되는 것은 예비적 청구에 국한**되는 것임에도 불구하고, **원심은** 심판의 대상으로 되지 않은 **주위적 청구에 대하여도** 제1심과 마찬가지로 원고의 청구를 기각하는 판결을 하였으나, 원심이 위와 같은 무의미한 판결을 하였다고 하여 원고가 그에 대하여 상고함으로써 주위적 청구부분이 상고심의 심판대상으로 되는 것은 아니므로, 원고의 **주위적 청구부분에 관한 상고**는 심판의 대상이 되지 않은 부분에 대한 상고로서 불복의 이익이 없어 **부적법**하다.

대법원 1992. 6. 9. 선고 92다12032 판결 [계약금반환]

제1심 법원이 원고의 주위적 청구와 예비적 청구를 병합심리한 끝에 **주위적 청구는 기각**하고 예비적 청구만을 인용하는 판결을 선고한 데 대하여 피고만 항소를 하더라도, 항소의 제기에 의한 **이심**의 효력은 피고의 불복신청의 범위와는 관계없이 **사건 전부**에 미쳐 **주위적 청구에 관한 부분도 항소심에 이심**되는 것이므로, 피고가 항소심의 변론에서 원고의 주위적 청구를 인낙하여

다 할 것임에도 환송 후 원심이 금원청구 부분까지 심리판단한 것은 잘못이라고 하여 원심판결 중 금원청구 부분을 파기하고 제437조 제1호에 의하여 대법원이 직접 그 부분에 관한 소송이 종료되었음을 선언한 사례.

그 인낙이 조서에 **기재**되면 그 조서는 **확정판결과 동일한 효력**이 있는 것이고, 따라서 그 인낙으로 인하여 주위적 청구의 인용을 해제조건으로 병합심판을 구한 **예비적 청구에 관하여는 심판할 필요가 없어** 사건이 그대로 **종결**되는 것이다.

대법원 1992. 9. 14. 선고 92다7023 판결 [소유권이전등기]

수개의 청구가 제1심에서 처음부터 **선택적으로 병합**되고 그중 어느 **한 개의 청구에 대한 인용**판결이 선고되어 **피고가 항소**를 제기한 경우는 물론, 원고의 청구를 인용한 판결에 대하여 피고가 항소를 제기하여 **항소심에 이심된 후** 청구가 **선택적으로 병합된** 경우에 있어서도 **항소심은 제1심에서 인용된 청구를 먼저 심리하여 판단할 필요는 없고**, 선택적으로 병합된 수개의 청구 중 **제1심에서 심판되지 아니한 청구를 임의로 선택하여 심판할 수 있다**고 할 것이나, 심리한 결과 **그 청구가 이유 있다고 인정**되고 그 결론이 제1심판결의 주문과 동일한 경우에도 피고의 **항소를 기각하여서는 안되며 제1심판결을 취소**한 다음 **새로이 청구를 인용하는 주문을 선고하여야** 할 것이다.

대법원 1993. 12. 21. 선고 92다46226 전원합의체 판결 [임대료]

선택적으로 병합된 수개의 청구를 **모두 기각하거나 소를 각하한 항소심판결**에 대하여 **원고가 상고**한 경우, 상고법원이 선택적 청구 중 **어느 하나의 청구에 관한 상고가 이유 있다고 인정**할 때에는 원심판결을 전부 파기하여야 할 것이므로, 원고 소송대리인의 나머지 상고이유 제1점에 대하여는 판단하지 아니한 채 선택적으로 병합된 수개의 청구에 관한 이 사건 소를 모두 각하한 원심판결을 전부 파기하고 다시 심리판단하게 하기 위하여 사건을 원심법원에 환송하기로, 대법관 박만호 대법관 박준서의 별개의 의견이 있는 외에는, 관여 법관의 의견이 일치되어 주문과 같이 판결한다.

대법원 2002. 10. 25. 선고 2002다23598 판결 [손해배상(기)]

주위적 청구원인과 **예비적** 청구원인이 **양립 가능**한 경우에도 당사자가 심판의 순위를 붙여 청구를 할 **합리적인 필요성**이 있는 경우에는 **심판의 순위를 붙여 청구할 수 있다** 할 것이고, 이러한 경우 주위적 청구가 전부 인용되지 않을 경우에는 주위적 청구에서 인용되지 아니한 수액 범위 내에서의 예비적 청구에 대해서도 판단하여 주기를 바라는 취지로 **불가분적으로 결합시켜 제소할 수도 있는 것이므로**, 주위적 청구가 일부만 인용되는 경우에 나아가서 예비적 청구를 심리할 것인지의 여부는 소송에서의 당사자의 의사 해석에 달린 문제라 할 것이어서, 법원이 **주위적** 청구원인에 기한 청구의 **일부를 기각**하고 **예비적 청구취지보다 적은 금액만을 인용할 경우**에는, 원고에게 주위적 청구가 전부 인용되지 않을 경우에는 주위적 청구에서 **인용되지 아니한 수액 범위 내에서의 예비적 청구에 대해서도 판단하여 주기를 바라는 취지인지** 여부를 **석명하여** 그 결과에 따라 예비적 청구에 대한 판단 여부를 정하여야 할 것이다.

예비적 병합의 경우에는 수개의 청구가 하나의 소송절차에 불가분적으로 결합되어 있기 때문에 **주위적** 청구에 대하여만 **판단**하고 **예비적** 청구에 대하여 **판단하지 아니한** 경우에도 그 판결에 대하여 **상소가 제기**되면 **판단이 누락**된 **예비적 청구 부분** 역시 상소심으로 **이심**이 되는 것이다.

대법원 2000. 4. 7. 선고 99다53742 판결 [물품대금]

원고의 **주위적** 청구원인이 이유 있다고 인정한 다음에 피고의 **일부** 항변을 받아들여 그 부분에 대한 원고의 청구를 **기각**하는 경우, 원고가 **주위적 청구의 일부를 특정하여 그 부분이 인용될 것을 해제조건으로 하여 그 부분에 대하여만 예비적 청구를 하였다는 등의 특별한 사정이 없는 한, 주위적** 청구원인에 기한 청구의 **일부가 기각될 운명**에 처하였다고 하여 **다시 그 부분에 대한 예비적** 청구원인이 이유 있는지의 여부에 관하여 나아가 **판단할 필요는 없다.**

대법원 2000. 11. 16. 선고 98다22253 전원합의체 판결 [근저당권설정등기회복]

청구의 예비적 병합이란 병합된 수개의 청구 중 주위적 청구(제1차 청구)가 인용되지 않을 것에 대비하여 그 인용을 해제조건으로 예비적 청구(제2차 청구)에 관하여 심판을 구하는 병합형태로서, 이와 같은 **예비적 병합**의 경우에는 **원고가 붙인 순위에 따라 심판하여야** 하며 **주위적 청구를 배척할 때**에는 **예비적 청구에 대하여 심판하여야** 하나 **주위적 청구를 인용할 때**에는 다음 순위인 **예비적 청구에 대하여 심판할 필요가 없는 것**이므로, **주위적 청구를 인용**하는 판결은 전부판결로서 이러한 판결에 대하여 **피고가 항소**하면 제1심에서 심판을 받지 않은 다음 순위의 **예비적 청구도 모두 이심**되고 **항소심이** 제1심에서 인용되었던 **주위적 청구를 배척할 때에는** 다음 순위의 **예비적 청구에 관하여 심판을 하여야** 하는 것이다.

예비적 병합의 경우에는 수개의 청구가 하나의 소송절차에 **불가분적으로 결합**되어 있기 때문에 **주위적 청구를 먼저 판단하지 않고 예비적 청구만을 인용**하거나 **주위적 청구만을 배척하고 예비적 청구에 대하여 판단하지** 않는 등의 **일부판결**은 예비적 병합의 성질에 반하는 것으로서 **법률상 허용되지 아니**하며, **그럼에도** 불구하고 주위적 청구를 배척하면서 **예비적 청구에 대하여 판단하지 아니하는 판결**을 한 경우에는 그 판결에 대한 **상소**가 제기되면 **판단이 누락된 예비적 청구 부분도 상소심으로 이**심이 되고 그 부분이 재판의 탈루에 해당하여 원심에 계속중이라고 볼 것은 아니다.

원고의 **주위적 청구 중 일부를 인용**하고 **예비적 청구를 모두 기각**한 제1심판결에 대하여 **피고가 불복 항소**하자 **항소심**이 피고의 항소를 받아들여 **제1심판결을 취소**하고 그에 해당하는 원고의 **주위적 청구를 기각**하는 경우, **항소심은 기각하는 주위적 청구 부분과 관련된 예비적 청구를 심판대상으로 삼아 판단하여**야 한다고 한 사례.

대법원 2007. 10. 11. 선고 2007다37790 판결

원심이 주문에서 **'원고 1의 청구를 기각한다.'**고 한 것은 원고 1의 **주위적 청구를 기각**한다는 것일 뿐, **예비적 청구를 기각한다는 취지까지 포함된 것으로 볼 수 없고**, 위와 같이 청구취지의 확장을 거치면서 **예비적 청구의 취하 여부가 분명하지 않게** 되었다면, 원심으로서는 원고 1에게 주위적 청구가 인용되지 아니할 경우 남아 있는 **예비적 청구도 판단하여 주기를 원하는 취지인지**, 또는 **예비적 청구는 취하하는 취지인지**에 대하여 **석명**을 구한 후 그 결과에 따라 예비적 청구에 대한 **판단 여부를 정하였어야** 할 것이다.

그럼에도 불구하고, 원심은 원고 1의 **주위적 청구를 기각하면서** 위 원고에게 어떠한 취지인지에 대하여 석명을 구하지 아니한 채 이 사건 부동산 중 1/6 지분에 관하여 유류분의 반환을 구하는 예비적 청구에 대하여 전혀 판단하지 아니하였는바, 원심판결에는 청구의 예비적 병합에 대한 법리를 오해하여 석명의무를 위반한 나머지 예비적 청구에 관한 판단을 유탈한 **위법**이 있고, 이는 판결 결과에 영향을 미쳤음이 분명하므로, 원고 1의 상고이유 중 이 점을 지적하는 부분은 이유 있다.

≪ 청구의 변경 ≫

1. 청구의 후발적 병합

2. 청구의 변경의 의의, 유형

대법원 1992. 6. 12. 선고 92다11848 판결 [가등기에기한본등기]

가등기에 기한 본등기청구를 하면서 그 등기원인을 매매예약완결이라고 주장하는 한편 위 가등기의 **피담보채권**을 처음에는 **대여금채권**이라고 주장하였다가 **나중에는 손해배상채권**이라고 주장한 경우 가등기에 기한 본등기청구의 등기원인은 위 주장의 변경에 관계없이 매매예약완결이므로 등기원인에 변경이 없어 **청구의 변경에 해당하지 아니하고**, 위 가등기로 담보되는 채권이 무엇인지는 **공격방어방법에 불과**하다.

대법원 2003. 5. 27. 선고 2001다13532 판결 [사해행위취소등]

채권자가 **사해행위의 취소를 청구**하면서 그 **보전하고자 하는 채권을 추가하거나 교환**하는 것은 그 사해행위취소권을 이유 있게 하는 **공격방법에 관한 주장을 변경하는 것일 뿐**이지 소송물 또는 청구 자체를 변경하는 것이 아니므로 **소의 변경이라 할 수 없다.**[7]

3. 교환적 변경

대법원 1987. 6. 9. 선고 86다카2600 판결 [가등기에기한본등기]

소의 **교환적 변경**은 **신청구의 추가적 병합**과 **구청구의 취하**의 **결합형태**로 볼 것이므로 본안에 관한 **종국판결이 있은 후**에 구청구를 신청구로 **교환적 변경**을 한 다음 **다시 본래의 구청구로 교환적 변경**을 한 경우에는 종국판결이 있은 후 소를 **취하하였다가 동일한 소를 다시 제기**한 경우에 해당하여 **부적법**하다.

소의 변경이 **교환적**인가 **추가적**인가 또는 **선택적**인가의 여부는 기본적으로 당사자의 **의사해석**에 의할 것이므로 당사자가 구청구를 취하한다는 명백한 표시없이 새로운 청구취지를 항소장에 기재하는 등으로 그 **변경형태가 불명할 경우**에는 사실심 **법원으로서는** 과연 청구변경의 취지가 교환적인가 추가적인가 또는 선택적인가의 점에 대하여 **석명**으로 이를 밝혀 볼 **의무**가 있다.

대법원 1970. 2. 24. 선고 69다2172 판결 [위자료]

청구의 기초에 변경이 없고 소송절차를 지연시키는 것이 아닌 경우에는, **항소심에서도 청구를 변경**할 수 있는 것이니, 이 사건에 있어 소론과 같은 **원고의 청구변경을 허용**한 원심조치는 정당하고 거기에 소론과 같은 위법이 있다고 할 수 없으며, 원판결이, 그와 같은 청구의 변경을 시기에 늦은 공격방법으로 보지 아니한 것에 잘못이 있다고 인정할 수 있는 자료 없다.[8]

---

7 제척기간 내에 소를 제기했다가 제척기간 경과 후에 피보전채권을 추가했더라도 제척기간을 도과한 것이 아니라는 판결

8 해당 판결은 교환적 변경에 취하의 실질이 있긴 하지만 본안에 관하여 변론한 피고라 하더라도 교

대법원 2003. 1. 24. 선고 2002다56987 판결 [손해배상(기)]

소의 **교환적 변경**으로 구청구인 손해배상청구는 취하되고 신청구인 정리채권확정청구가 심판의 대상이 되었음에도 **신청구에** 대하여는 **아무런 판단도 하지 아니한 채 구청구에** 대하여 **심리·판단**한 **원심판결을 파기**하고 **구청구에** 대하여 **소송종료선언**을 한 사례.

대법원 2018. 5. 30. 선고 2017다21411 판결 [정산금 등]

청구의 교환적 변경은 **기존 청구의 소송계속을 소멸**시키고 **새로운 청구**에 대하여 법원의 판단을 받고자 하는 소송법상 행위이다. 항소심의 소송절차에는 특별한 규정이 없으면 제1심의 소송절차에 관한 규정이 준용되므로(**제408조**), **항소심에서도 청구의 교환적 변경을 할 수 있다.**

청구의 변경 신청이나 항소취하는 법원에 대한 소송행위로서, 청구취지의 변경은 서면으로 신청하여야 하고(제262조 제2항), 항소취하는 서면으로 하는 것이 원칙이나 변론 또는 변론준비기일에서 말로 할 수도 있다(제393조 제2항, 제266조 제3항).

항소심에서 청구의 교환적 변경 신청이 있는 경우 그 시점에 **항소취하서가 법원에 제출되지 않은 이상** 법원은 특별한 사정이 없는 한 **제262조에서 정한 청구변경의 요건**을 갖추었는지에 따라 허가 여부를 결정하면 된다.

항소심에서 청구의 **교환적 변경**이 적법하게 이루어지면, 청구의 교환적 변경에 따라 항소심의 심판대상이었던 **제1심판결이 실효**되고 항소심의 **심판대상은 새로운 청구로** 바뀐다. 이러한 경우 **항소심은** 제1심판결이 있음을 전제로 한 **항소각하 판결을 할 수 없고, 사실상 제1심으로서 새로운 청구의 당부를 판단하여야** 한다.

대법원 1989. 3. 28. 선고 87다카2372 판결 [소유권이전등기말소등]

우리나라 민사항소심은 **속심제**로서 **항소심에서도** 소의 **교환적 변경**이 가능하며 이 경우에는 구청구의 취하의 효력이 발생할 때에 그 소송계속은 소멸되는 것이므로 **항소심에서는** 구 청구에 대한 제1심 판결을 취소할 필요 없이 **신청구에 대하여만 제1심으로서 판결**을 하게 된다.

대법원 2017. 2. 21. 선고 2016다45595 판결 [부당이득금]

항소심에서 청구가 **교환적**으로 **변경**된 경우에는 구 청구는 취하되고 신 청구가 심판의 대상이 되는 것이므로, 원고의 2016. 1. 5.자 소의 교환적 변경으로 구 청구인 부당이득반환청구는 취하되고 신 청구인 소유권이전등기청구가 심판의 대상이 되었음에도, **원심이 신 청구에 대하여는 아무런 판단도 하지 아니한 채**(**재판의 누락**에 해당되고 신 청구에 관한 소송은 **원심에 그대로 계속되어 있다**) 오히려 **구 청구에 대하여 판단한 것**은 소의 변경의 효력에 관한 법리를 오해한 위법을 저지른 데 해당한다.

대법원 1997. 6. 10. 선고 96다25449 판결 [소유권확인]

항소심에 이르러 소가 추가적으로 변경된 경우와 소가 **교환적으로 변경**된 경우에는 항소심은 신 청구에 대하여 재판하여야 하고, 위 두 경우에 제1심이 원고의 청구를 기각하였고, 항소심이 추가된 신 소와 교환적으로 변경된 **신 청구를 기각할 경우**라 하더라도 '원고의 **청구를 기각한다**'는

환적 변경을 하면서 그의 동의는 필요 없다는 판례로 소개되고 있음(다만 판례에 대한 해석은 나뉘고 있음)

주문 표시를 하여야 하고, **'항소를 기각한다'**는 **주문 표시를 하여서는 아니된다.**

대법원 1995. 1. 24. 선고 93다25875 판결 [소유권이전등기]

피고의 항소로 인한 **항소심**에서 소의 **교환적 변경**이 적법하게 이루어졌다면 제1심판결은 소의 교환적 변경에 의한 소취하로 실효되고, 항소심의 심판대상은 새로운 소송으로 바뀌어지고 항소심이 사실상 제1심으로 재판하는 것이 되므로, 그 뒤에 피고가 **항소를 취하**한다 하더라도 항소취하는 그 **대상이 없어 아무런 효력을 발생할 수 없다.**

대법원 1987. 6. 9. 선고 86다카2600 판결 [가등기에기한본등기]

소의 **교환적 변경**은 **신청구의 추가적 병합**과 **구청구의 취하**의 **결합형태**로 볼 것이므로 본안에 관한 **종국판결이 있은 후**에 구청구를 신청구로 **교환적 변경**을 한 다음 **다시 본래의 구청구로 교환적 변경**을 한 경우에는 종국판결이 있은 후 소를 **취하하였다가 동일한 소를 다시 제기**한 경우에 해당하여 **부적법**하다.

소의 변경이 **교환적**인가 **추가적**인가 또는 **선택적**인가의 여부는 기본적으로 당사자의 **의사해석**에 의할 것이므로 당사자가 구청구를 취하한다는 명백한 표시없이 새로운 청구취지를 항소장에 기재하는 등으로 그 **변경형태가 불명할 경우**에는 사실심 **법원으로서는** 과연 청구변경의 취지가 교환적인가 추가적인가 또는 선택적인가의 점에 대하여 **석명**으로 이를 밝혀 볼 **의무**가 있다.

대법원 2003. 1. 10. 선고 2002다41435 판결 [토지소유권이전등기]

소유권보존등기의 **말소등기청구소송**의 제1심에서 **승소한 원고**가 원심인 **항소심에서** 자기 앞으로 소유권을 표상하는 **등기가 되어 있지 않았고 법률에 의하여 소유권을 취득하지도 않았다는 종전의 주장을 그대로 유지한 채 진정명의회복**을 위한 **소유권이전등기**절차의 **이행을 청구하는 새로운 청구를 제기**한 경우, **원심으로서는** 원고의 **소변경신청에 법률적 모순이 있음을 지적**하고 원고에게 **의견을 진술할 기회를 부여**함으로써 원고로 하여금 청구와 주장을 법률적으로 합당하게 정정할 수 있는 기회를 부여하여야 함에도 **이러한 조치를 취하지 아니한 위법**이 있다는 이유로 원심판결을 파기한 사례.

대법원 2009. 5. 28. 선고 2007다354 판결 [저작권침해금지등]

항소심에 이르러 **새로운 청구가 추가**된 경우, 항소심은 추가된 청구에 대하여는 **실질상 제1심으로서 재판하여야** 하므로, 제1심이 기존의 청구를 일부 인용한 데 대하여 쌍방이 항소하였고, **항소심**이 **기존의 청구에** 관하여는 **제1심에서 인용된 부분을 넘어 추가로 일부를 더 인용**하고 **항소심에서 추가된 청구는 배척**할 경우 단순히 **제1심판결 중** 항소심이 **추가로 인용**하는 부분에 해당하는 **원고 패소 부분을 취소**하고 **원고의 나머지 항소**와 **피고의 항소**를 **각 기각**한다는 주문표시만 하여서는 안 되고, **이와 함께** 항소심에서 **추가된 청구**에 대하여 "원고의 **청구를 기각**한다."는 **주문 표시를 하여야** 한다. 또한 판결에는 법원의 판단을 분명하게 하기 위하여 결론을 주문에 기재하도록 되어 있어 재판의 누락이 있는지 여부는 주문의 기재에 의하여 판정하여야 하므로, **판결이유에** 청구가 이유 없다고 **설시**되어 있더라도 **주문에** 그 **설시가 없으면** 특별한 사정이 없는 한 **재판의 누락**이 있다고 보아야 하며, 재판의 누락이 있으면 그 부분 소송은 **아직 원심에 계속중**이라고 할 것이어서 상고의 대상이 되지 아니하므로 그 부분에 대한 **상고**는 **부적법**하다 할 것이다.[9]

9 제1심에서 저작재산권침해 손해배상 일부 인용하자 쌍방 항소 → 원고는 저작인격권침해로 인한 손

대법원 2004. 8. 30. 선고 2004다24083 판결 [건물철거등]

항소심에 이르러 **새로운 청구가 추가**된 경우, 항소심은 **추가된 청구에 대하여는 실질상 제1심으로서 재판하여야** 하므로 제1심이 기존의 청구를 배척하면서 "원고의 청구를 기각한다."고 판결하였는데, **항소심이 기존의 청구와 항소심에서 추가된 청구를 모두 배척할 경우 단순히 "항소를 기각한다."는 주문 표시만 하면 되는 것은 아니고, 이와 함께** 항소심에서 **추가된 청구에 대하여 "원고의 청구를 기각한다."는 주문 표시를 하여야** 하며, 한편 판결에는 법원의 판단을 분명하게 하기 위하여 결론을 주문에 기재하도록 되어 있으므로 **재판의 누락**이 있는지 **여부는 우선 주문의 기재에 의하여 판정하여야** 하고, **판결이유에서** 청구가 이유 없다고 **설시하고 있더라도 주문에서 설시가 없으면** 특별한 사정이 없는 한 **재판의 누락**이 있다고 보아야 하며, 재판의 누락이 있는 경우 그 부분 소송은 **아직 원심에 계속중**이라고 보아야 할 것이어서 적법한 **상고의 대상이 되지 아니**하므로 그 부분에 대한 **상고**는 **부적법**하다.

4. 청구기초의 동일성

대법원 1998. 4. 24. 선고 97다44416 판결 [소유권이전등기말소]

청구의 변경은 **소송절차를 지연함이 현저한 경우가 아닌 한 청구의 기초에 변경이 없는 한도**에서 **사실심의 변론종결시까지** 할 수 있는 것이고, **동일한 생활 사실 또는 동일한 경제적 이익에 관한 분쟁에 있어서 그 해결 방법에 차이가 있음에 불과**한 청구취지 및 청구원인의 변경은 **청구의 기초에 변경이 없다**고 할 것이며, 또 새로운 청구의 심리를 위하여 **종전의 소송자료를 대부분 이용할 수 있는 경우**에는 소송절차를 **지연케 함이 현저하다고 할 수 없다.**

대법원 1982. 1. 26. 선고 81다546 판결 [대여금]

청구의 기초의 변경에 대하여 피고가 **지체 없이 이의를 진술하지 아니하고** 변경된 청구에 관한 **본안의 변론**을 한 때에는 피고는 **책문권을 상실**하여 다시 **이의를 제기하지 못한다.**

5. 소송절차 현저 지연 않을 것

대법원 1998. 4. 24. 선고 97다44416 판결 [소유권이전등기말소]

원고는 1994. 9. 16. 이 사건 지분이전등기는 피고가 원고 명의의 증여계약서를 위조하여 경료한 **원인무효의 등기**라고 주장하며 **말소를 구하는** 이 사건 소를 제기하여, 1995. 12. 12. 제1심에서 **승소판결**을 선고받았고, 그 후 1997. 5. 26. **항소심**인 원심법원에 제출한 청구취지및청구원인정정(추가)신청서에 의하여, 당초의 **위 청구를 주위적 청구로** 하고, 예비적 청구로서 이 사건 지분이전등기가 원인무효가 아니더라도 이는 명의신탁에 의한 것이라고 주장하며 **명의신탁해지를 원인으로 한 말소등기청구를 추가**하였는바, 위와 같은 소 변경은 **동일한 생활 사실 또는 동일한 경제적 이익에 관한 분쟁에 있어서 그 해결 방법을 달리**하고 있을 뿐이어서 **청구의 기초**에 변경

해배상을 '예비적' 추가 → 항소심이 저작재산권침해 손배 추가 인용하며 원고 패소 부분 취소, 원고 나머지 항소 및 피고 항소의 각 기각 주문표시만 → 원심은 추가된 청구에 기각 주문 있었어야 (∵ 당사자는 예비적으로 병합했어도 단순병합 성질 그대로) → 재판누락, 원심 계속 중 → 상고 부적법

이 있다고 볼 수 없고, 또한 새로운 청구의 심리를 위하여 **종전의 소송자료를 대부분 이용**할 수 있기 때문에 소송절차를 **현저히 지연케 한다고 할 수도 없다.** 따라서 원심이 예비적 청구에 나아가 심리·판단한 것은 **적법**하다.

6. 청구취지 확장과 항소이익

대법원 1969. 10. 28. 선고 68다158 판결 [토지인도등]

제1심에서 **승소한 자**라도 **부대항소**의 제기에 **의하지 않고 항소심에서 청구를 확장**할 수 있다.

대법원 1980. 7. 22. 선고 80다982 판결 [손해배상]

피고만이 항소를 한 경우에 **원고가 항소심에서 청구취지를 확장**하였다면 그 한도에서 **부대항소를 한 것**으로 의제된다.

대법원 1992. 12. 8. 선고 91다43015 판결 [해임처분무효확인]

제1심에서 **원고가 전부 승소**하여 **피고만이 항소**한 경우에 **원고는 항소심에서도 청구취지를 확장할 수 있고** 이는 **부대항소를 한 것**으로 의제된다.

대법원 1997. 10. 24. 선고 96다12276 판결 [퇴직금]

가분채권에 대한 이행청구의 소를 제기하면서 그것이 나머지 부분을 유보하고 **일부만 청구**하는 것이라는 취지를 **명시하지 아니한 경우**에는 그 확정판결의 **기판력**은 **나머지** 부분에까지 **미치는 것**이어서 별소로써 **나머지** 부분에 관하여 **다시 청구할 수는 없으므로, 일부 청구**에 관하여 **전부 승소**한 채권자는 **나머지 부분**에 관하여 **청구를 확장하기 위한 항소가 허용**되지 아니한다면 나머지 부분을 소구할 기회를 상실하는 불이익을 입게 되고, 따라서 이러한 경우에는 예외적으로 전부 승소한 판결에 대해서도 나머지 부분에 관하여 청구를 확장하기 위한 **항소의 이익을 인정**함이 상당하다.

대법원 1994. 6. 28. 선고 94다3063 판결 [손해배상(자)]

상소는 자기에게 불이익한 재판에 대하여 유리하게 취소변경을 구하기 위하여 하는 것이므로 전부 승소한 판결에 대하여는 항소가 허용되지 않는 것이 원칙이나, 하나의 소송물에 관하여 형식상 전부 승소한 당사자의 상소이익의 부정은 절대적인 것이라고 할 수도 없는바, 원고가 **재산상 손해(소극적 손해)**에 대하여는 **형식상 전부 승소**하였으나 **위자료**에 대하여는 **일부 패소**하였고, 이에 대하여 **원고가 원고 패소부분에 불복하는 형식으로 항소를 제기**하여 사건 전부가 확정이 차단되고 소송물 전부가 항소심에 계속되게 된 경우에는, 더욱이 불법행위로 인한 손해배상에 있어 **재산상 손해나 위자료는 단일한 원인에 근거한 것인데 편의상 이를 별개의 소송물로 분류하고 있는 것에 지나지 아니한 것이므로** 이를 **실질적으로 파악**하여, **항소심에서** 위자료는 물론이고 **재산상 손해(소극적 손해)에 관하여도 청구의 확장을 허용**하는 것이 상당하다.[10]

---

10 피고가 재산적 손해에 대해 항소를 하지 않은 사안이어서, 손해 3분설에 따라 별개 소송물임을 강조한다면 재산적 손해를 전부승소한 원고로서는 재산적 손해에 대해서는 부대항소도 할 수 없는 상황이었음

7. 절차, 효력

대법원 1982. 7. 13. 선고 82다카262 판결 [토지소유권이전등기]

청구취지의 변경은 서면으로 신청하여야 하므로 서면에 의하지 아니한 청구취지 변경은 잘못이나 이에 대하여 피고가 이의를 한 흔적이 없다면 **책문권의 상실로 그 잘못은 치유**된다.

대법원 1965. 4. 6. 선고 65다170 판결 [임야소유권이전등기]

항소법원에 대하여 **여하한 판결을 구하느냐의 신청은 반드시 서면에 의할 필요가 없으므로 항소장에 기재하지 아니한 예비적 청구도 구두로서 진술하면 불복항소의 범위에 포함**되어 이심의 효력이 있다.[11]

대법원 1992. 9. 25. 선고 92누5096 판결 [도시계획결정처분무효확인등]

청구취지변경을 불허한 결정에 대하여는 **독립하여 항고할 수 없고 종국판결에 대한 상소로써만 다툴 수 있다.**

대법원 2009. 2. 12. 선고 2008다84229 판결 [손해배상(기)]

아파트입주자대표회의가 직접 **하자보수에 갈음한 손해배상청구의 소를 제기**하였다가 구분소유자들로부터 **손해배상채권을 양도받아 양수금청구를 하는 것으로 청구원인을 변경**하였다면, 소를 제기한 때가 아니라 **청구원인을 변경하는 취지의 준비서면을 제출한 때에 소멸시효 중단의 효과가 발생**한다.

대법원 2004. 11. 25. 선고 2004두7023 판결 [사도개설허가취소신청거부처분취소]

취소소송은 처분 등이 있음을 **안 날부터 90일** 이내에 제기하여야 하고, **처분 등이 있은 날부터 1년**을 경과하면 제기하지 못하며(행정소송법 제20조 제1항, 제2항), **청구취지를 변경**하여 구 소가 취하되고 새로운 소가 제기된 것으로 변경되었을 때에 새로운 소에 대한 **제소기간의 준수 등은 원칙적으로 소의 변경이 있은 때를 기준으로** 하여야 한다.

11 청구원인의 변경은 구두로 족하다는 판결

반소

1. 반소의 의의, 요건

대법원 2007. 4. 13. 선고 2005다40709 판결 [대여금]

반소청구에 **본소청구의 기각을 구하는 것 이상의 적극적 내용이 포함되어 있지 않다면 반소청구로서의 이익이 없고**, 어떤 채권에 기한 **이행의 소에** 대하여 동일 채권에 관한 **채무부존재확인의 반소를 제기**하는 것은 그 청구의 내용이 실질적으로 본소청구의 기각을 구하는 데 그치는 것이므로 **부적법**하다.

대법원 1999. 6. 8. 선고 99다17401 판결 [채무부존재확인·손해배상(기)]

소송요건을 구비하여 적법하게 제기된 본소가 **그 후에 상대방이 제기한 반소로 인하여 소송요건에 흠결이 생겨 다시 부적법하게 되는 것은 아니므로**, 원고가 피고에 대하여 **손해배상채무의 부존재확인**을 구할 이익이 있어 본소로 그 확인을 구하였다면, 피고가 그 후에 그 손해배상채무의 **이행을 구하는 반소를 제기**하였다 하더라도 그러한 사정만으로 **본소청구에 대한 확인의 이익이 소멸하여 본소가 부적법하게 된다고 볼 수는 없다.**[12]

대법원 1991. 3. 27. 선고 91다1783 판결 [임대료등,소유권이전등기]

항소심에서 피고가 반소장을 진술한 데 대하여 **원고가 "반소기각 답변"을 한 것만으로는 제412조 제2항** 소정의 **"이의없이 반소의 본안에 관하여 변론을 한 때"에 해당한다고 볼 수 없다.**

2. 반소의 절차, 심판

대법원 1970. 9. 22. 선고 69다446 판결 [소유권확인(반소)]

반소가 적법히 제기된 이상 그 후 본소가 취하되더라도 반소의 소송계속에는 아무런 영향이 없다.

대법원 2003. 6. 13. 선고 2003다16962 판결 [건물명도등·손해배상(기)]

피고가 본소에 대한 **추완항소를 하면서 항소심에서 비로소 반소를 제기**한 경우에 **항소가 부적법 각하되면 반소도 소멸**한다.

대법원 1984. 7. 10. 선고 84다카298 판결 [통행방해배제]

제271조의 규정은 원고가 반소의 제기를 유발한 본소는 스스로 취하해 놓고 그로 인하여 유발된 반소만의 유지를 상대방에게 강요한다는 것은 **공평치 못하다는 이유**에서 원고가 **본소를 취하**한 때에는 **피고도 원고의 동의없이 반소를 취하**할 수 있도록 한 규정이므로 **본소가 원고의 의사와 관계없이 부적법**하다 하여 **각하**됨으로써 종료된 경우에까지 **유추적용 할 수 없고, 원고의 동의가 있어야만 반소취하의 효력**이 발생한다 할 것이다.

---

12 판례의 주쟁점은 본소가 부적법해지지 않는다는 점이었으나, 반소는 당연히 적법함을 전제로 하고 있음

대법원 2015. 5. 29. 선고 2014다235042 판결 [토지인도등청구의소·매매대금등반환·손해배상]

피고가 **원고 이외의 제3자를 추가하여 반소피고로** 하는 반소는 **원칙적으로 허용되지 아니하고, 다만** 피고가 제기하려는 **반소가 필수적 공동소송**이 될 때에는 **제68조의 필수적 공동소송인 추가의 요건을 갖추면 허용**될 수 있다.

3. 예비적 반소

대법원 2006. 6. 29. 선고 2006다19061 판결 [동의절차이행]

피고의 **예비적 반소**는 **본소청구가 인용될 것을 조건으로 심판을 구하는 것**으로서 **제1심**이 원고의 **본소청구를 배척한 이상** 피고의 **예비적 반소는 제1심의 심판대상이 될 수 없는 것**이고, 이와 같이 심판대상이 될 수 없는 소에 대하여 **제1심이 판단하였다고 하더라도 그 효력이 없다**고 할 것이므로, **피고가 제1심에서 각하된 반소에 대하여 항소를 하지 아니하였**다는 사유만으로 이 사건 예비적 반소가 원심의 심판대상으로 될 수 없는 것은 아니라고 할 것이고, 따라서 원심으로서는 원고의 **항소를 받아들여 원고의 본소청구를 인용한 이상 피고의 예비적 반소청구를 심판대상으로 삼아 이를 판단하였어야** 한다.[13]

대법원 2021. 2. 4. 선고 2019다202795 판결 [소유권이전등기, 토지인도]

점유자가 점유의 침탈을 당한 때에는 그 물건의 반환 등을 청구할 수 있고 이러한 점유회수의 청구에 있어서는 점유를 침탈당하였다고 주장하는 당시에 점유하고 있었는지의 여부만을 살피면 된다(민법 제204조 제1항). 여기서 **점유**란 물건이 **사회통념상 그 사람의 사실적 지배에 속한다고 보여지는 객관적 관계**에 있는 것을 말하고 사실상의 지배가 있다고 하기 위하여는 반드시 물건을 물리적, 현실적으로 지배하는 것만을 의미하는 것이 아니고 물건과 사람과의 시간적, 공간적 관계와 본권관계, 타인지배의 배제가능성 등을 고려하여 **사회관념에 따라 합목적적으로 판단**하여야 한다.

점유권에 기인한 소와 본권에 기인한 소는 서로 영향을 미치지 아니하고, 점유권에 기인한 소는 본권에 관한 이유로 재판하지 못하므로 **점유회수의 청구**에 대하여 **점유침탈자가 점유물에 대한 본권이 있다는 주장으로 점유회수를 배척할 수 없다(민법 제208조).** 그러므로 점유권에 기한 본소에 대하여 **본권자가 본소청구 인용에 대비하여 본권에 기한 예비적 반소를 제기**하고 양 청구가 **모두 이유 있는 경우,** 법원은 **점유권에 기한 본소와 본권에 기한 예비적 반소**를 **모두 인용해야** 하고 점유권에 기한 **본소를 본권에 관한 이유로 배척할 수 없다.**

점유회수의 본소에 대하여 본권자가 소유권에 기한 인도를 구하는 반소를 제기하여 본소청구와 예비적 반소청구가 **모두 인용되어 확정**되면, 점유자가 본소 확정판결에 의하여 집행문을 부여받아 강제집행으로 물건의 점유를 회복할 수 있다. 본권자의 소유권에 기한 반소청구는 본소의 의무 실현을 정지조건으로 하므로, **본권자는 위 본소 집행 후 집행문을 부여받아 비로소 반소 확정판결에 따른 강제집행으로 물건의 점유를 회복**할 수 있다. 이러한 과정은 애당초 본권자가 허

13 위 판결은 제1심에서 본소청구를 기각하면서 예비적 반소를 각하하였는데, 예비적 반소의 성질상 본소청구를 기각하는 경우라면 예비적 반소는 판단하지 않는 것이 옳고, 그런 의미에서 위 판결도 제1심의 예비적 반소 각하판결이 아무 효력이 없다고 판시하고 있음. 이러한 의미에서, 위 판결은 사실관계가 그대로 출제되기보다는 "본소청구 기각, 예비적 반소 불판단"으로 출제될 가능성이 더 큼

용되지 않는 자력구제로 점유를 회복한 데 따른 것으로 그 과정에서 본권자가 점유 침탈 중 설치한 장애물 등이 제거될 수 있다. 다만 점유자의 점유회수의 집행이 **무의미한 점유상태의 변경을 반복**하는 것에 불과할 뿐 아무런 실익이 없거나 본권자로 하여금 점유회수의 집행을 수인하도록 하는 것이 **명백히 정의에 반하여 사회생활상 용인할 수 없다**고 인정되는 경우, 또는 점유자가 점유권에 기한 본소 승소 확정판결을 **장기간 강제집행하지 않음으로써** 본권자의 예비적 반소 승소 확정판결까지 조건불성취로 강제집행에 나아갈 수 없게 되는 등 **특별한 사정**이 있다면 **본권자는** 점유자가 제기하여 승소한 **본소 확정판결에 대한 청구이의의 소**를 통해서 **점유권에 기한 강제집행을 저지할 수 있다.**

대법원 2021. 3. 25. 선고 2019다208441 판결 [건물명도(인도)]

점유권을 기초로 한 본소에 대하여 본권자가 본소청구의 인용에 대비하여 본권에 기초한 장래이행의 소로서 예비적 반소를 제기하고 양 청구가 모두 이유 있는 경우, 법원이 점유권에 기초한 본소와 본권에 기초한 **예비적 반소**를 모두 인용해야 하고 점유권에 기초한 본소를 본권에 관한 이유로 배척할 수 없다는 법리는, 점유를 침탈당한 자가 점유권에 기한 점유회수의 소를 제기하고 **본권자가** 그 점유회수의 소가 인용될 것에 대비하여 **본권에 기초한 장래이행의 소로서 별소를 제기한 경우에도 마찬가지**로 적용된다.

« 중간확인의 소 »

대법원 1973. 9. 12. 선고 72다1436 판결 [소유권이전등기말소]

소유권 이전등기나 그 **말소등기**절차 이행청구의 **소가 계속 중** 당해 부동산에 대한 **소유권 확인** 청구를 **추가**하는 소변경을 **제2심에서도 유효**하게 할 수 있고, 또 소유권 이전등기나 말소등기 이행청구에 관한 판결의 **기판력**은 **소유권확인청구에는 미치지 아니한다.**

대법원 2008. 11. 27. 선고 2007다69834 판결 [부당이득금반환]

재심의 소송절차에서 중간확인의 소를 제기하는 것은 재심청구가 인용될 것을 전제로 하여 재심대상소송의 본안청구에 대하여 **선결관계에 있는 법률관계의 존부의 확인을 구하는 것**이므로, 재심사유가 인정되지 않아서 **재심청구를 기각하는 경우에는 중간확인의 소의 심판대상인 선결적 법률관계의 존부에 관하여 나아가 심리할 필요가 없으나,** 한편 중간확인의 소는 단순한 공격방어방법이 아니라 **독립된 소**이므로 이에 대한 판단은 판결의 이유에 기재할 것이 아니라 종국판결의 주문에 기재하여야 할 것이므로 재심사유가 인정되지 않아서 재심청구를 기각하는 경우에는 **중간확인의 소를 각하**하고 이를 판결 **주문에 기재하여야** 한다.[14]

14 이를 누락하면 판단누락이 아닌 재판누락

공동소송

1. 다수당사자소송 개관

2. 공동소송의 일반요건(65조)

대법원 1991. 4. 12. 선고 90다9872 판결 [소유권이전가등기말소등]

순차경료된 등기 또는 **수인 앞으로 경료된 공유등기**의 **말소청구소송**은 권리관계의 합일적인 확정을 필요로 하는 필요적 공동소송이 아니라 **보통공동소송**이며, 이와 같은 보통공동소송에서는 공동당사자들 상호간의 공격 방어 방법의 차이에 따라 **모순되는 결론이 발생할 수 있고**, 이는 **변론주의**를 원칙으로 하는 소송제도 아래서는 **부득이**한 일로서 판결의 이유모순이나 이유불비가 된다고 할 수 없다.

3. 통상공동소송(66조)

대법원 1994. 12. 23. 선고 94다40734 판결 [소유권보존등기말소등]

통상의 공동소송에 있어 공동당사자 **일부만이 상고를 제기**한 때에는 **피상고인**은 상고인인 공동소송인 이외의 **다른 공동소송인을 상대방으로 하거나 상대방으로 보태어 부대상고**를 제기할 수는 **없다.**[15]

대법원 1994. 5. 10. 선고 93다47196 판결 [소유권보존등기말소]

제66조의 명문의 규정과 우리 민사소송법이 취하고 있는 **변론주의 소송구조** 등에 비추어 볼 때, **통상의 공동소송**에 있어서 이른바 **주장공통의 원칙**은 **적용되지 아니한다**.

대법원 1997. 2. 28. 선고 96다53789 판결 [소유권이전등기]

제150조에 의하면 당사자가 공시송달에 의하지 아니한 적법한 소환을 받고도 변론기일에 출석하지 아니하고 답변서 기타 준비서면마저 제출하지 아니하여 상대방이 주장한 사실을 명백히 다투지 아니한 때에는 그 사실을 자백한 것으로 간주하도록 되어 있으므로, 그 결과로 **의제자백이 된 피고들**과 원고의 주장을 **다툰 피고들** 사이에서 동일한 실체관계에 대하여 **서로 배치되는 내용의 판단**이 내려진다고 하더라도 이를 **위법하다고 할 수 없는 것**이다.

대법원 1959. 2. 19.자 4291민항231 결정

공동소송에서 **증명** 그 밖의 행위가 행위자를 구속할 뿐 **다른 당사자에게는 영향을 줄 수 없는 것이 원칙**이다.

15 통상의 공동소송에서는 공동소송인별로 판결이 '분리확정'

대법원 1976. 8. 24 선고 75다2152 판결 [부동산소유권이전등기말소]

필요적 공동소송이 아닌 경우 **공동피고**가 한 **자백은 다른 피고의 소송관계에 직접적으로 무슨 효력을 발생할 수 없고 다만 변론취지**로서의 증거자료가 된다고 할 것이다.

4. 필수적 공동소송

5. 고유필수적 공동소송

가. 매매예약완결권

대법원 2012. 2. 16. 선고 2010다82530 전원합의체 판결 [가등기의본등기절차이행]

수인의 채권자가 각기 채권을 담보하기 위하여 채무자와 **채무자 소유의 부동산에** 관하여 수인의 채권자를 **공동매수인으로 하는 1개의 매매예약**을 체결하고 그에 따라 **수인의 채권자 공동명의로 그 부동산에 가등기**를 마친 경우, 수인의 채권자가 **공동으로 매매예약완결권**을 가지는 관계인지 아니면 채권자 각자의 지분별로 별개의 **독립적인 매매예약완결권**을 가지는 관계인지는 **매매예약의 내용에 따라야** 하고, 매매예약에서 그러한 내용을 명**시적으로 정하지 않은 경우에는** 수인의 채권자가 공동으로 매매예약을 체결하게 된 동기 및 경위, 매매예약에 의하여 달성하려는 담보의 목적, 담보 관련 권리를 공동 행사하려는 의사의 유무, **채권자별 구체적인 지분권의 표시 여부** 및 **지분권 비율과 피담보채권 비율의 일치 여부**, 가등기담보권 설정의 관행 등을 **종합적으로 고려하여 판단하여야** 한다.

나. 합유

대법원 2011. 6. 24. 선고 2009다8345 판결 [소유권이전등기등]

상속인이 유언집행자가 되는 경우를 포함하여 유언집행자가 수인인 경우에는, 유언집행자를 지정하거나 지정위탁한 유언자나 유언집행자를 선임한 법원에 의한 임무의 분장이 있었다는 등의 특별한 사정이 없는 한, **유증 목적물**에 대한 **관리처분권**은 유언의 본지에 따른 유언의 집행이라는 공동의 임무를 가진 **수인의 유언집행자에게 합유적으로 귀속**되고, 그 관리처분권 행사는 과반수의 찬성으로써 합일하여 결정하여야 하므로, 유언집행자가 수인인 경우 유언집행자에게 **유증의무의 이행을 구하는 소송**은 **유언집행자 전원을 피고로** 하는 **고유필수적 공동소송**으로 봄이 상당하다.

수인의 유언집행자 중 1인만을 피고로 하여 유증의무 이행을 구하는 소송을 제기한 사안에서, 유언집행자 지정 또는 제3자의 지정 위탁이 없는 한 상속인 전원이 유언집행자가 되고, 유증의무자인 유언집행자에 대하여 민법 제1087조 제1항 단서에 따라 유증의무의 이행을 구하는 것은 유언집행자인 상속인 전원을 피고로 삼아야 하는 고유필수적 공동소송이라고 한 사례.

대법원 1991. 11. 22. 선고 91다30705 판결 [계약금]

조합의 채권자가 조합원에 대하여 조합재산에 의한 공동책임을 묻는 것이 아니라 **각 조합원의 개인적 책임**에 기하여 당해 채권을 행사하는 경우에는 **조합원 각자를 상대로** 하여 그 **이행의 소를 제기할 수 있다.**

대법원 1994. 4. 26. 선고 93다31825 판결 [예금]

은행에 **공동명의로 예금**을 하고 은행에 대하여 그 권리를 함께 행사하기로 한 경우에 그 공동명의 예금채권자들은 은행을 상대로 하여서는 **공동으로 이행의 청구나 변제의 수령**을 함이 **원칙**이라고 할 것이나, 그렇다고 하여 공동명의 예금채권자들의 은행에 대한 **예금반환청구소송**이 항상 필수적 공동소송으로서 그 예금채권자 전원이 당사자가 되어야만 한다고 할 수는 없을 것이다.
만일 동업자들이 **동업자금**을 공동명의로 예금한 경우라면 채권의 **준합유관계**에 있어 합유의 성질상 은행에 대한 예금반환청구가 **필수적 공동소송**에 해당한다고 볼 것이나, 공동명의 예금채권자들 중 1인이 전부를 출연하거나 또는 각자가 분담하여 출연한 돈을 **동업 이외의 특정목적**을 위하여 공동명의로 예치해 둠으로써 그 목적이 달성되기 전에는 공동명의 예금채권자가 자신의 예금에 대하여도 **혼자서는 인출할 수 없도록 방지, 감시하고자 하는 목적**으로 공동명의로 예금을 개설한 경우에는 그 **예금에 관한 관리처분권**까지 공동명의 예금채권자 **전원에게 공동으로 귀속된다고 볼 수 없을 것**이므로, 이러한 경우에는 은행에 대한 예금반환청구가 민사소송법상의 **필수적 공동소송에 해당한다고 할 수 없다.**
후자의 경우 소송법상으로는 필수적 공동소송에 해당하지 아니한다고 하더라도 공동명의 예금채권자는 그 예금을 개설할 때에는 은행과의 사이에 예금채권자들이 **공동하여 예금반환청구를 하기로 한 약정에는 당연히 구속**되는 것이므로, 그 **예금채권자 중 1인이 은행을 상대로** 자신의 예금의 반환을 청구함에 있어서는 다른 공동명의 예금채권자와 **공동으로 그 반환을 청구하는 절차를 밟아야만** 은행으로부터 예금을 반환받을 수 있음은 물론인바,[16] 이 경우 만일 **다른 공동명의 예금채권자**가 그 공동반환청구절차에 **협력하지 않을 때에는, 예금주는 먼저 그 사람을 상대로** 제소하여 예금주 **단독으로 하는 반환청구에 관하여 승낙의 의사표시를 하라**는 등 공동반환절차에 협력하라는 취지의 판결을 얻은 다음 이 판결을 은행에 제시함으로써 예금을 반환받을 수 있고, 이와 같은 방식에 의하여 **약정에 의한 공동반환청구의 요건이 충족되었음에도 불구하고 은행이 정당한 이유 없이 예금의 반환을 거절**하는 경우에는[17] 그 예금주가 **은행을 상대로 단독으로 예금의 반환을 소구**할 수밖에 없을 것이고, **미리 청구할 필요**가 있을 때에는 **다른 공동명의 예금채권자와 은행을 공동피고로** 하여[18] 위와 같은 취지의 제소를 할 수도 있다.

대법원 2015. 9. 10. 선고 2014다73794 판결 [소유권이전등기·소유권말소등기절차이행]

합유로 소유권이전등기가 된 부동산에 관하여 **명의신탁 해지**를 원인으로 한 **소유권이전등기절차의 이행**을 구하는 소송은 조합재산인 **합유물의 처분에 관한 소송**으로서 **합유자 전원을 피고로 하여야** 할 뿐 아니라 합유자 전원에 대하여 **합일적으로 확정되어야** 하는 **고유필수적 공동소송에** 해당하며, 그 명의신탁 해지를 구하는 당사자가 합유자 중의 1인이라는 사유만으로 달리 볼 것은 아니다.

---

16 이렇게 하지 않는 경우, 필수적 공동소송 위반은 아니므로 각하할 것은 아니고, '기각'판결이 내려짐

17 즉, 다른 공동명의자의 승낙을 받았음에도 은행이 거절하는 경우를 의미함 → 이는 결국 장래이행청구의 '미리 청구할 필요'에서 '다른 공동명의자의 승낙을 받아오더라도 은행이 거절할 것으로 보이는 경우'로 해석하면 됨

18 이 경우 공동피고는 통상의 공동소송관계

다. 총유

대법원 2005. 9. 15. 선고 2004다44971 전원합의체 판결 [소유권말소등기]

민법 제276조 제1항은 "**총유물**의 관리 및 처분은 사원총회의 결의에 의한다.", 같은 조 제2항은 "각 사원은 정관 기타의 규약에 좇아 총유물을 사용·수익할 수 있다."라고 규정하고 있을 뿐 공유나 합유의 경우처럼 **보존행위**는 그 구성원 **각자가 할 수 있다는** 민법 제265조 단서 또는 제272조 단서와 같은 **규정을 두고 있지 아니한바**, 이는 법인 아닌 사단의 소유형태인 총유가 공유나 합유에 비하여 **단체성**이 강하고 구성원 개인들의 총유재산에 대한 지분권이 인정되지 아니하는 데에서 나온 당연한 귀결이라고 할 것이므로 **총유재산에 관한 소송**은 **법인 아닌 사단이 그 명의로** 사원총회의 결의를 거쳐 하거나 또는 그 **구성원 전원이 당사자가 되어 필수적 공동소송의 형태로** 할 수 있을 뿐 그 사단의 **구성원**은 설령 그가 사단의 **대표자**라거나 **사원총회의 결의**를 거쳤다 하더라도 그 **소송의 당사자가 될 수 없고**, 이러한 법리는 총유재산의 **보존행위**로서 소를 제기하는 경우에도 **마찬가지**라 할 것이다.

라. 공유

대법원 2003. 12. 12. 선고 2003다44615 판결 [공유물분할등]

공유물분할청구의 소는 분할을 청구하는 공유자가 원고가 되어 다른 공유자 전부를 공동피고로 하여야 하는 **고유필수적 공동소송**이고, 공동소송인과 상대방 사이에 판결의 합일확정을 필요로 하는 고유필수적 공동소송에 있어서는 **공동소송인 중 일부가 제기한 상소는 다른 공동소송인에게도 그 효력이 미치는 것**이므로 공동소송인 **전원에 대한 관계에서 판결의 확정이 차단**되고 그 소송은 **전체로서 상소심에 이심**되며, 상소심판결의 효력은 상소를 하지 아니한 공동소송인에게 미치므로 **상소심으로서는 공동소송인 전원에 대하여 심리·판단하여야** 한다.

대법원 1994. 11. 11. 선고 94다35008 판결 [소유권확인등]

공유자의 지분은 다른 공유자의 지분에 의하여 일정한 비율로 제한을 받는 것을 제외하고는 **독립한 소유권**과 같은 것으로 **공유자는 그 지분을 부인하는 제3자에 대하여 각자 그 지분권을 주장하여 지분의 확인을 소구**하여야 하는 것이고, 공유자 일부가 제3자를 상대로 다른 공유자의 지분의 확인을 구하는 것은 타인의 권리관계의 확인을 구하는 소에 해당한다고 보아야 할 것이므로 그 **타인 간의 권리관계가 자기의 권리관계에 영향을 미치는 경우에 한하여 확인의 이익**이 있다고 할 것이며, **공유물 전체에 대한 소유관계 확인**도 이를 **다투는 제3자를 상대로 공유자 전원이 하여야 하는 것**이지 공유자 일부만이 그 관계를 대외적으로 주장할 수 있는 것이 아니므로, 아무런 특별한 사정이 없이 **다른 공유자의 지분의 확인을 구하는 것은 확인의 이익이 없다.**
공유자가 다른 공유자의 지분권을 대외적으로 주장하는 것을 공유물의 멸실·훼손을 방지하고 공유물의 현상을 유지하는 사실적·법률적 행위인 **공유물의 보존행위에 속한다고 할 수 없다.**

대법원 2007. 8. 24. 선고 2006다40980 판결 [공유지분권확인청구]

공동상속인이 다른 공동상속인을 상대로 어떤 재산이 상속재산임의 확인을 구하는 소는 이른바 **고유필수적 공동소송**이라고 할 것이고, 고유필수적 공동소송에서는 **원고들 일부의 소 취하** 또는 **피고들 일부에 대한 소 취하**는 특별한 사정이 없는 한 그 **효력이 생기지 않는다.**[19]

---

19 "공동상속인 사이에 어떤 재산이 피상속인의 상속재산에 속하는지 여부에 관하여 다툼이 있어 일부

대법원 2010. 2. 25. 선고 2008다96963 판결 [주주총회결의부존재확인·주권발행]

공동상속재산의 지분에 관한 지분권존재확인을 구하는 소송은 필수적 공동소송이 아니라 통상의 공동소송이다.

6. 유사필수적 공동소송

대법원 2021. 7. 22. 선고 2020다284977 전원합의체 판결 [임시주주총회결의무효확인 등]

주주총회결의의 부존재 또는 무효 확인을 구하는 소의 경우, **상법 제380조에 의해 준용되는 상법 제190조 본문**에 따라 **청구를 인용하는 판결은 제3자에 대하여도 효력이 있다.**[20] 이러한 소를 **여러 사람이 공동으로 제기한 경우 당사자 1인이 받은 승소판결의 효력이 다른 공동소송인에게 미치므로** 공동소송인 사이에 **소송법상 합일확정의 필요성**이 인정되고, 상법상 회사관계소송에 관한 **전속관할이나 병합심리 규정(상법 제186조, 제188조)**도 당사자 간 **합일확정을 전제로** 하는 점 및 **당사자의 의사**와 **소송경제** 등을 함께 고려하면, 이는 **제67조가 적용되는 필수적 공동소송**에 해당한다.[21]

7. 필수적 공동소송의 심판

가. 소송요건

나. 소송자료

다. 소송진행

대법원 2017. 9. 21. 선고 2017다233931 판결 [청구이의]

공유물분할청구의 소는 분할을 청구하는 공유자가 원고가 되어 다른 공유자 전부를 공동피고로 하여야 하는 **고유필수적 공동소송**이고, 공동소송인과 상대방 사이에 **판결의 합일확정**을 필요로

공동상속인이 다른 공동상속인을 상대로 그 재산이 상속재산임의 확인을 구하는 소를 제기한 경우, 이는 그 재산이 현재 공동상속인들의 상속재산분할 전 공유관계에 있음의 확인을 구하는 소송으로서, 그 승소확정판결에 의하여 그 재산이 상속재산분할의 대상이라는 점이 확정되어 상속재산분할 심판 절차 또는 분할심판이 확정된 후에 다시 그 재산이 상속재산분할의 대상이라는 점에 대하여 다툴 수 없게 되고, 그 결과 공동상속인 간의 상속재산분할의 대상인지 여부에 관한 분쟁을 종국적으로 해결할 수 있으므로 확인의 이익이 있다."

20 상법 제380조(결의무효 및 부존재확인의 소) 제186조 내지 제188조, 제190조 본문, 제191조, 제377조와 제378조의 규정은 총회의 결의의 내용이 법령에 위반한 것을 이유로 하여 결의무효의 확인을 청구하는 소와 총회의 소집절차 또는 결의방법에 총회결의가 존재한다고 볼 수 없을 정도의 중대한 하자가 있는 것을 이유로 하여 결의부존재의 확인을 청구하는 소에 이를 준용한다.
상법 제190조(판결의 효력) 설립무효의 판결 또는 설립취소의 판결은 제3자에 대하여도 그 효력이 있다. 그러나 판결확정전에 생긴 회사와 사원 및 제3자간의 권리의무에 영향을 미치지 아니한다.

21 〈별개의견〉 4인은 기각이 제3자에게 효력이 없는 점, 합일확정이나 소송자료·소송진행을 통일할 필요가 없는 점 등을 근거로 통상 공동소송으로 보았음

하는 고유필수적 공동소송에서는 **공동소송인 중 일부가 제기한 상소**는 **다른 공동소송인에게도 효력**이 미치므로 공동소송인 **전원에 대한 관계**에서 판결의 **확정이 차단**되고 소송은 **전체로서 상소심에 이심**된다. 따라서 공유물분할 판결은 **공유자 전원에 대하여 상소기간이 만료되기 전에는 확정되지 않고, 일부 공유자에 대하여 상소기간이 만료되었다고 하더라도 그 공유자에 대한 판결 부분이 분리·확정되는 것은 아니다.**

라. 본안재판

대법원 2003. 12. 12. 선고 2003다44615 판결 [공유물분할·소유권이전등기절차등]

공유물분할청구의 소는 분할을 청구하는 공유자가 원고가 되어 다른 공유자 전부를 공동피고로 하여야 하는 **고유필수적 공동소송**이고, 공동소송인과 상대방 사이에 판결의 **합일확정**을 필요로 하는 고유필수적 공동소송에 있어서는 공동소송인 중 **일부가 제기한 상소는 다른 공동소송인에게도 그 효력이 미치는 것**이므로 공동소송인 **전원에 대한 관계**에서 판결의 **확정이 차단**되고 그 **소송은 전체로서 상소심에 이심**되며, **상소심판결의 효력은 상소를 하지 아니한 공동소송인에게 미치므로 상소심으로서는 공동소송인 전원에 대하여 심리·판단하여야** 한다.

8. 예비적·선택적 공동소송

대법원 2008. 3. 27. 선고 2005다49430 판결 [사해행위취소]

제70조 제2항은 같은 조 제1항의 **예비적·선택적 공동소송**에서는 **모든 공동소송인에 관한 청구에 대하여 판결을 하도록** 규정하고 있으므로, 이러한 공동소송에서 **일부 공동소송인에 관한 청구에 대하여만 판결**을 하는 경우 이는 일부판결이 아닌 흠이 있는 **전부판결**에 해당하여 상소로써 이를 다투어야 하고, 그 판결에서 누락된 공동소송인은 이러한 **판단유탈**을 시정하기 위하여 **상소**를 제기할 이익이 있다.

대법원 2009. 3. 26. 선고 2006다47677 판결 [외화대납금반환등]

부진정연대채무 관계는 **서로 별개의 원인으로 발생한 독립된 채무**라 하더라도 **동일한 경제적 목적**을 가지고 있고 서로 중첩되는 부분에 관하여 일방의 채무가 변제 등으로 소멸할 경우 타방의 채무도 소멸하는 관계에 있으면 성립할 수 있고, 반드시 양 채무의 발생원인, 채무의 액수 등이 서로 동일할 것을 요한다고 할 수는 없다. 그리고 부진정연대채무의 관계에 있는 채무자들을 **공동피고로** 하여 이행의 소가 제기된 경우 그 공동피고에 대한 **각 청구가 서로 법률상 양립할 수 없는 것이 아니므로** 그 소송을 제70조 제1항 소정의 **예비적·선택적 공동소송이라고 할 수 없다.**

대법원 2007. 6. 26.자 2007마515 결정 [피고추가불허결정에대한재항고]

제70조 제1항에 있어서 **'법률상 양립할 수 없다'**는 것은, **동일한 사실관계**에 대한 **법률적인 평가를 달리하여** 두 청구 중 **어느 한 쪽**에 대한 **법률효과가 인정**되면 **다른 쪽**에 대한 **법률효과가 부정**됨으로써 **두 청구가 모두 인용될 수는 없는 관계**에 있는 경우나, 당사자들 사이의 **사실관계 여하에 의하여** 또는 **청구원인을 구성하는 택일적 사실인정에 의하여** 어느 **일방**의 **법률효과를 긍정하거나 부정**하고 이로써 **다른 일방의 법률효과를 부정하거나 긍정**하는 **반대의 결과**가 되는 경우로서, 두 청구들 사이에서 **한 쪽 청구에 대한 판단 이유가 다른 쪽 청구에 대한 판단 이유에 영**

향을 주어 **각 청구에 대한 판단 과정이 필연적으로 상호 결합되어 있는 관계**를 의미하며, **실체법적**으로 서로 양립할 수 없는 경우뿐 아니라 **소송법상**으로 서로 양립할 수 없는 경우를 포함하는 것으로 봄이 상당하다.

법인 또는 비법인 등 당사자능력이 있는 단체의 대표자 또는 구성원의 지위에 관한 확인소송에서 그 대표자 또는 구성원 개인뿐 아니라 그가 소속된 단체를 공동피고로 하여 소가 제기된 경우에 있어서는, **누가 피고적격을 가지는지에 관한 법률적 평가에 따라** 어느 **한 쪽**에 대한 청구는 **부적법**하고 **다른 쪽**의 청구만이 **적법**하게 될 수 있으므로 이는 제70조 제1항 소정의 **예비적·선택적 공동소송의 요건**인 **각 청구가 서로 법률상 양립할 수 없는 관계**에 해당한다.

아파트 입주자대표회의 구성원 **개인을 피고로** 삼아 제기한 **동대표지위 부존재확인의 소의 계속 중**에 **아파트 입주자대표회의를 피고로 추가**하는 **주관적·예비적 추가가 허용**된다고 한 사례.

대법원 2008. 7. 10. 선고 2006다57872 판결 [손해배상(기)]

제70조 제1항에 있어서 **'법률상 양립할 수 없다'**는 것은, 동일한 사실관계에 대한 법률적인 평가를 달리하여 두 청구 중 어느 한쪽에 대한 법률효과가 인정되면 다른 쪽에 대한 법률효과가 부정됨으로써 두 청구가 모두 인용될 수는 없는 관계에 있는 경우나, 당사자들 사이의 사실관계 여하에 의하여 또는 청구원인을 구성하는 택일적 사실인정에 의하여 어느 일방의 법률효과를 긍정하거나 부정하고 이로써 다른 일방의 법률효과를 부정하거나 긍정하는 반대의 결과가 되는 경우로서, 두 청구들 사이에서 한쪽 청구에 대한 판단이유가 다른 쪽 청구에 대한 판단이유에 영향을 주어 **각 청구에 대한 판단과정이 필연적으로 상호 결합되어 있는 관계**를 의미하며, 실체법적으로 서로 양립할 수 없는 경우뿐 아니라 소송법상으로 서로 양립할 수 없는 경우를 포함하는 것으로 봄이 상당하다.[22]

대법원 2014. 3. 27. 선고 2009다104960 판결 [소유권이전등기·부당이득반환]

제70조 제1항 본문이 규정하는 **'공동소송인 가운데 일부에 대한 청구'**를 반드시 '공동소송인 가운데 일부에 대한 **모든 청구'라고 해석할 근거는 없으므로, 주위적 피고에 대한 주위적·예비적 청구 중 주위적 청구 부분이 인용되지 아니할 경우** 그와 **법률상 양립할 수 없는 관계에 있는 예비적 피고에 대한 청구를 인용하여 달라는 취지로 결합**하여 소를 제기하는 것도 **가능**하다.

주관적·예비적 공동소송은 동일한 법률관계에 관하여 모든 공동소송인이 서로간의 다툼을 하나의 소송절차로 **한꺼번에 모순 없이 해결**하는 소송형태로서 **모든 공동소송인에 대한 청구에 관하여 판결을 하여야** 하고(제70조 제2항), 그중 **일부 공동소송인에 대하여만 판결**을 하거나 남겨진 자를 위하여 **추가판결**을 하는 것은 **허용되지 아니한다.** 그리고 주관적·예비적 공동소송에서 주위적 공동소송인과 예비적 공동소송인 중 **어느 한 사람이 상소를 제기**하면 **다른 공동소송인에 관한 청구 부분도 확정이 차단**되고 상소심에 **이심**되어 **심판대상**이 된다.

대법원 2009. 3. 26. 선고 2006다47677 판결 [외화대납금반환등]

제70조 제1항 본문이 규정하는 '공동소송인 가운데 일부에 대한 청구'를 반드시 '공동소송인 가운데 일부에 대한 모든 청구'라고 해석할 근거는 없으므로, 주위적 피고에 대한 주위적·예비적

22 차량대금지급을 전제로 주위적 피고인 자동차판매회사에 대해 차량미인도 채무불이행 내지 사용자책임을 물으면서, 예비적 피고인 카드회사에 대해 할부금채무부존재확인 및 기납입대금반환을 구하는 식의 예비적·선택적 공동소송 O

청구 중 주위적 청구 부분이 인용되지 아니할 경우 그와 법률상 양립할 수 없는 관계에 있는 예비적 피고에 대한 청구를 인용하여 달라는 취지로 결합하여 소를 제기하는 것도 가능하고, 이 경우 **주위적 피고에 대한 예비적 청구**와 예비적 피고에 대한 청구가 **서로 법률상 양립할 수 있는 관계**에 있으면 양 청구를 병합하여 **통상의 공동소송**으로 보아 심리·판단할 수 있다.

대법원 2018. 2. 13. 선고 2015다242429 판결 [임차권확인등]

민사소송법은 **주관적·예비적 공동소송**에 대하여 **필수적 공동소송에 관한 규정인 제67조 내지 제69조를 준용**하도록 하면서도 **소의 취하의 경우에는 예외를 인정**하고 있다(**제70조 제1항 단서**). 따라서 공동소송인 중 **일부가 소를 취하**하거나 **일부 공동소송인에 대한 소를 취하**할 수 있고, 이 경우 **소를 취하하지 않은 나머지 공동소송인에 관한 청구 부분은 여전히 심판의 대상**이 된다.

대법원 2015. 3. 20. 선고 2014다75202 판결 [대여금등]

제70조에서 정한 **주관적·예비적 공동소송**에는 **제67조 내지 제69조가 준용**되어 소송자료 및 소송진행의 **통일이 요구**되지만, **청구의 포기·인낙, 화해 및 소의 취하**는 **공동소송인 각자**가 할 수 있는데, 이에 비추어 보면, **조정을 갈음하는 결정**이 확정된 경우에는 재판상 화해와 동일한 효력이 있으므로 그 결정에 대하여 **일부 공동소송인이 이의하지 않았다면 원칙적으로 그 공동소송인에 대한 관계에서는 조정을 갈음하는 결정이 확정**될 수 있다. **다만**, 조정을 갈음하는 **결정에서 분리 확정을 불허**하고 있거나, 그렇지 않더라도 그 결정에서 정한 사항이 공동소송인들에게 공통되는 법률관계를 형성함을 전제로 하여 이해관계를 조절하는 경우 등과 같이 결정 사항의 취지에 비추어 볼 때 **분리 확정을 허용할 경우 형평에 반하고 또한 이해관계가 상반**된 공동소송인들 사이에서의 소송진행 통일을 목적으로 하는 제70조 제1항 본문의 **입법 취지에 반하는 결과가 초래되는 경우**에는 **분리 확정이 허용되지 않는다**. 이러한 법리는 이의신청 기간 내에 이의신청이 없으면 재판상 화해와 동일한 효력을 가지는 **화해권고결정**의 경우에도 **마찬가지로 적용**된다.

대법원 2011. 2. 24. 선고 2009다43355 판결 [보험금]

주관적·예비적 공동소송에서 주위적 공동소송인과 예비적 공동소송인 중 **어느 한 사람이 상소**를 제기하면 **다른 공동소송인**에 관한 청구 부분도 **확정이 차단**되고 상소심에 **이심**되어 **심판대상**이 되고, 이러한 경우 상소심의 심판대상은 주위적·예비적 공동소송인들 및 상대방 당사자 간 **결론의 합일확정 필요성을 고려**하여 판단하여야 한다.

대법원 2009. 4. 9. 선고 2008다88207 판결 [매매대금반환]

원고들의 제1예비적 청구는 제70조에 정한 예비적 공동소송에 해당하는 것으로 **예비적 공동소송인 중 어느 한 사람의 상고가 이유 있어 원심판결을 파기**하는 경우에는 **합일확정의 필요**에 의하여 **상고가 이유 없는 다른 한 사람의 청구 부분도 함께 파기하여야** 할 것이므로, 원심판결 중 원고들의 제1예비적 청구에 관한 패소 부분 전부가 파기를 면할 수 없다.

9. 추가적 공동소송

대법원 1993. 9. 28. 선고 93다32095 판결 [토지사용료]

필요적 공동소송이 아닌 사건에 있어 소송 도중에 피고를 추가하는 것은 그 경위가 어떻든 간에 허용될 수 없다.

선정당사자

1. 의의

2. 요건

대법원 1997. 7. 25. 선고 97다362 판결 [근저당권설정등기말소]

공동의 이해관계가 있는 다수자는 **선정당사자**를 선정할 수 있는 것인바, 이 경우 공동의 이해관계란 다수자 상호간에 **공동소송인이 될 관계**에 있고, 또 **주요한 공격방어방법을 공통으로** 하는 것을 의미한다고 할 것이므로 다수자의 **권리·의무가 동종이며 그 발생원인이 동종인 관계에 있는 것만으로는** 공동의 이해관계가 있는 경우라고 할 수 없을 것이어서 선정당사자의 선정을 허용할 것은 아니다.[23]

원고 등이 각 그 해당 근저당권자를 상대로 한 근저당권설정등기말소청구사건을 병합한 것으로서 소송의 목적이 된 권리가 동종이고 발생원인이 **동종인 것에 불과**하여 다수자 상호간에 **공동소송인이 될 관계에는 있다 할 것이나, 주요한 공격방어방법을 공통으로 하는 경우에는 해당하지 아니하여** 공동의 이해관계가 있다고 볼 수는 없으므로 **선정당사자를 선정할 공동의 이해관계가 있다고 할 수 없다.**

대법원 1999. 8. 24. 선고 99다15474 판결 [보증금반환등]

그러나[24] **임차인들이 甲을 임대차계약상의 임대인이라고 주장하면서** 甲에게 그 **각 보증금**의 전

23 "저당권자가, 저당권설정자가 임의로 선정한 아파트의 등기부등본만 확인하고 직접 아파트를 확인하지 않은 채 금원을 대여하고 아파트에 관하여 근저당권설정등기를 경료한 경우, 저당권자가 근저당권설정계약 당시에 **아파트의 분양이 끝나 입주자들이 곧 입주할 예정으로 되어 있는 사정을 알고 있었다고 쉽게 추정할 수는 없을 뿐** 아니라 **가사 저당권자들이 이를 알고 있었다고 하더라도 저당권설정자의 배임행위에 적극 가담하여 근저당권설정을 요청하거나 유도하는 등의 행위가 없었다면 근저당권설정계약이 반사회적 법률행위로 무효로 볼 수는 없다**고 하여, 저당권설정계약이 반사회적 법률행위로서 무효라고 본 원심판결을 심리미진이나 법리오해의 위법이 있다는 이유로 파기한 사례"

24 판결 원문에 '그러나'는 없지만 앞의 판결요지와 연결되면서 예외적으로 인정되기에 임의로 기재하였음

부 내지 일부의 **반환을 청구**하는 경우, 그 사건의 **쟁점**은 甲이 임대차계약상의 **임대인으로서 계약당사자인지 여부**에 있으므로, 그 임차인들은 상호간에 공동소송인이 될 관계가 있을 뿐 아니라 **주요한 공격방어 방법을 공통으로** 하는 경우에 해당함이 분명하다고 할 것이어서, 제53조 소정의 **공동의 이해관계**가 있어 **선정당사자를 선정할 수 있다.**

3. 선정의 방법, 절차

대법원 1995. 10. 5.자 94마2452 결정 [손해배상(자)]

공동의 이해관계가 있는 다수자가 당사자를 선정한 경우에는 선정된 당사자는 당해 소송의 종결에 이르기까지 총원을 위하여 소송을 수행할 수 있고, 상소와 같은 것도 역시 이러한 당사자로부터 제기되어야 하는 것이지만, 당사자 선정은 총원의 합의로써 장래를 향하여 이를 취소, 변경할 수 있는 만큼 당초부터 특히 어떠한 **심급을 한정하여** 당사자인 자격을 보유하게끔 할 목적으로 **선정**을 하는 것도 역시 **허용**된다.
선정당사자의 제도가 당사자 다수의 소송에 있어서 소송절차를 간소화, 단순화하여 소송의 효율적인 진행을 도모하는 것을 목적으로 하고, 선정된 자가 당사자로서 **소송의 종료에 이르기까지 소송을 수행하는 것**이 그 **본래의 취지**임에 비추어 보면, 제1심에서 제출된 **선정서에** 사건명을 기재한 다음에 **'제1심 소송절차에 관하여'** 또는 **'제1심 소송절차를 수행하게 한다'**라는 **문언이 기재되어 있는 경우라 하더라도**, 특단의 사정이 없는 한, 그 기재는 사건명 등과 더불어 선정당사자를 선정하는 **사건을 특정하기 위한 것으로 보아야** 하고, 따라서 그 선정의 효력은 **제1심의 소송에 한정하는 것이 아니라 소송의 종료에 이르기까지 계속하는 것으로 해석**함이 상당하다고 본 사례.

4. 선정당사자, 선정자의 지위

대법원 2003. 5. 30. 선고 2001다10748 판결 [추심금]

선정당사자는 선정자들로부터 소송수행을 위한 **포괄적인 수권을 받은 것**으로서 **일체의 소송행위**는 물론 소송수행에 **필요한 사법상의 행위**도 할 수 있는 것이고 개개의 소송행위를 함에 있어서 **선정자의 개별적인 동의가 필요한 것은 아니다.**

대법원 2010. 5. 13. 선고 2009다105246 판결 [부당이득금반환]

선정당사자가 선정자로부터 **별도의 수권 없이 변호사 보수에 관한 약정**을 하였다면 선정자들이 이를 추인하는 등의 특별한 사정이 없는 한 **선정자에 대하여 효력이 없다**고 할 것이며, 뿐더러 그와 같은 보수약정을 하면서 향후 변호사 보수와 관련하여 다투지 않기로 **부제소합의**를 하거나 약정된 보수액이 과도함을 이유로 선정자들이 제기한 별도의 소송에서 **소취하합의**를 **하더라도** 이와 관련하여 선정자들로부터 **별도로 위임받은 바가 없다면 선정자에 대하여 역시 그 효력을 주장할 수 없다.**

대법원 2013. 1. 18.자 2010그133 결정 [집행문부여거부처분에대한이의]

공동의 이해관계가 있는 여러 사람은 제53조에서 정한 바에 따라 그 가운데에서 모두를 위하여 당사자가 될 **선정당사자**를 선정할 수 있고, 이와 같이 선정된 선정당사자는 선정자들로부터 소송수행을 위한 **포괄적인 수권**을 받은 **당사자**로서 선정자들 모두를 위한 **일체의 소송행위**를 할 수 있으며, **선정자들**은 **소송수행권을 상실**하고 **소송관계에서 탈퇴**하게 된다.

대법원 2007. 7. 12. 선고 2005다10470 판결 [소유권이전등기]

다수자 사이에 공동소송인이 될 관계에 있기는 하지만 주요한 공격방어방법을 공통으로 하는 것이 아니어서 **공동의 이해관계가 없는 자가 선정당사자로 선정**되었음에도 법원이 그러한 선정당사자 자격의 **흠을 간과**하여 그를 당사자로 한 **판결이 확정**된 경우, **선정자가 스스로** 당해 소송의 공동소송인 중 1인인 선정당사자에게 소송수행권을 수여하는 **선정행위를 하였다면** 그 선정자로서는 **실질적인 소송행위를 할 기회** 또는 적법하게 당해 **소송에 관여할 기회**를 **박탈당한 것이 아니므로**, 비록 그 선정당사자와의 사이에 공동의 이해관계가 없었다고 하더라도 그러한 사정은 제451조 제1항 **제3호**가 정하는 **재심사유**에 **해당하지 않는 것**으로 봄이 상당하고, 이러한 법리는 그 선정당사자에 대한 판결이 확정된 경우뿐만 아니라 그 선정당사자가 청구를 **인낙**하여 인낙조서가 확정된 경우에도 **마찬가지**라 할 것이다.

보조참가

1. 제3자의 소송참가 요건 개관

2. 보조참가의 의의

대법원 2002. 9. 24. 선고 99두1519 판결 [건설업면허취소처분취소]

타인 사이의 항고소송에서 소송의 결과에 관하여 이해관계가 있다고 주장하면서 제71조에 의한 **보조참가를 할 수 있는 제3자**는 **민사소송법상의 당사자능력 및 소송능력을 갖춘 자이어야** 하므로 그러한 당사자능력 및 소송능력이 없는 **행정청**으로서는 민사소송법상의 **보조참가를 할 수는 없고** 다만 행정소송법 제17조 제1항에 의한 소송참가를 할 수 있을 뿐이다(행정청에 불과한 **서울특별시장의 보조참가신청**을 **부적법**하다고 한 사례).

3. 보조참가의 요건(71조)

가. 타인 간 소송**계**속 중

대법원 **2018**. 11. 29. 선고 2018므14210 판결 [친생자 부인]

판결 확정 후 재심사유가 있을 때에는 **보조참가인**이 피참가인을 보조하기 위하여 **보조참가신청과 함께 재심의 소를 제기**할 수 있다. **그러나** 보조참가인의 **재심청구 당시 피참가인인 재심청구인이**

이미 사망하여 당사자능력이 없다면, 이를 허용하는 규정 등이 없는 한 **보조참가인**의 **재심청구는 허용되지 않는다.** 이는 신분관계에 관한 소송에서 소송의 상대방이 될 자가 존재하지 않는 경우 이해관계인들의 이익을 위하여 공익의 대표자인 검사를 상대방으로 삼아 소송을 할 수 있도록 하는 경우(민법 제849조, 제864조, 제865조, 가사소송법 제24조 제3항, 제4항)와는 구별된다.

나. 소송결과에 이해관계 있을 것 (=참가이유)

대법원 1999. 7. 9. 선고 99다12796 판결 [손해배상(자)]

특정 소송사건에서 당사자의 일방을 보조하기 위하여 **보조참가**를 하려면 당해 **소송의 결과에** 대하여 **이해관계**가 있어야 하고, 여기에서 말하는 이해관계라 함은 **사실상, 경제상 또는 감정상의 이해관계가 아니라 법률상의 이해관계**를 가리킨다

대법원 1979. 8. 28. 선고 79누74 판결 [매립공사준공인가유보처분취소]

보조참가의 요건으로서 **소송의 결과에 대한 이해관계**라 함은 법률상의 이해관계를 말하고 이는 당해소송의 **판결의 기판력이나 집행력을 당연히 받는 경우** 또는 **당해 소송의 판결의 효력이 직접 미치지 아니한다고 하더라도**, 적어도 **그 판결을 전제로** 하여 **보조참가를 하려는 자의 법률상의 지위가 결정되는 관계**에 있는 경우를 말한다.

대법원 2018. 7. 26. 선고 2016다242440 판결 [반환금등청구]

피고들 보조참가인은 원고가 주식회사 스웨이브 이앤티(이하 '스웨이브'라 한다)로부터 채권을 양수한 행위 중 일부가 **사해행위로 취소되었고** 그런데도 원고가 승소하여 **채권을 변제받으면** 피고들 보조참가인이 채무자인 스웨이브를 **대위하여 채권을 행사할 수 없기 때문**에 소송 결과에 이해관계가 있다는 이유로 보조참가를 신청하였다. 그러나 이러한 사정은 **사실적·경제적 이해관계에 불과**하고 이 사건 소송 결과에 대한 **법률적 이해관계라고 할 수 없다.** 이 사건 **보조참가 신청**은 참가의 요건을 갖추지 못한 것으로서 **부적법**하다.[25]

대법원 1999. 7. 9. 선고 99다12796 판결 [손해배상(자)]

불법행위로 인한 손해배상책임을 지는 자는 피해자가 다른 공동불법행위자들을 상대로 제기한 손해배상 청구소송의 결과에 대하여 법률상의 이해관계를 갖는다고 할 것이므로, 위 소송에 **원고를 위하여 보조참가**를 할 수가 있고, 피해자인 원고가 패소판결에 대하여 상소를 하지 않더라도 **원고의 상소기간 내라면 보조참가와 동시에 상소를 제기**할 수도 있다.[26]

---

25 채권양도를 사해행위 취소한 후 취소채권자가 채권자대위 할 수 없다는 판례와도 상통

26 원고들에게 이 사건 사고로 인한 손해배상책임을 지는 원고들 보조참가인[원심 공동피고(甲보험사)]이 다른 공동불법행위자인 피고들(乙보험사 및 한국도로공사)에 대한 원고의 패소판결이 확정되는 것을 방지하기 위하여 원고의 상고기간 내에 이 사건 보조참가신청과 아울러 상고를 제기한 것은 적법하다.
원고(피해자)가 제2심에서 피고1 보험회사를 상대로 일부인용, 피고2 도로공사를 상대로 기각판결 → 원고가 피고2에게 상고제기 하지 않자 피고1은 원고의 상고제기 기간 내에 보조참가신청과 함께 상고제기 O(72조 3항)

다. 소송절차를 현저히 지연시키지 않을 것

4. 보조참가의 절차·재판(72~75조)

대법원 2007. 11. 16. 선고 2005두15700 판결 [주택조합설립인가취소처분의취소]

당사자가 **보조참가에 대하여 이의를 신청한 때**에는, 법원은 참가를 허가할 것인지 아닌지를 결정하여야 하고, 다만 이를 결정이 아닌 종국판결로써 심판하였더라도 위법한 것은 아니다.

대법원 1976. 12. 28. 선고 76다797 판결 [소유권이전등기]

참가소가 있는 경우에 참가소를 각하하는 판결을 할 때는 원, 피고간의 본안 재판을 참가소의 귀결이 날 때까지 기다려야 한다 함은 독자적 견해로 취할 바 못 되며, **참가인의 독립당사자 참가소를 보조참가로 보지 아니하였다 하여 허물할 바 아니므로** 이점에 관한 소론의 논지 이유 없다.

5. 보조참가인의 소송상 지위(76조)

대법원 1995. 8. 25. 선고 94다27373 판결 [소유권이전등기말소]

보조참가인은 피참가인인 당사자의 승소를 위한 **보조자일 뿐** 자신이 **당사자가 되는 것이 아니므로** 소송 계속중 **보조참가인이 사망하더라도** 본소의 소송절차는 **중단되지 아니한다.**

대법원 2007. 2. 22. 선고 2006다75641 판결 [소유권이전등기]

보조참가인의 **소송수행권능**은 **피참가인으로부터 유래된 것이 아니라 독립의 권능**이라고 할 것이므로 피참가인과는 **별도로** 보조참가인에 대하여도 **기일의 통지, 소송서류의 송달** 등을 행하여야 하고, 보조참가인에게 기일통지서 또는 출석요구서를 **송달하지 아니함**으로써 변론의 기회를 부여하지 아니한 채 행하여진 **기일의 진행**은 **적법한 것으로 볼 수 없다.**

기일통지서를 송달받지 못한 보조참가인이 변론기일에 **직접 출석하여 변론할 기회**를 가졌고, 위 변론 당시 기일통지서를 송달받지 못한 점에 관하여 **이의를 하지 아니하였다면**, 기일통지를 하지 않은 절차진행상의 **흠이 치유**된다.

대법원 2007. 9. 6. 선고 2007다41966 판결 [전부금등(양수금·대위변제금)]

피고 **보조참가인은** 참가할 때의 소송의 진행 정도에 따라 **피참가인이 할 수 없는 소송행위를 할 수 없으므로**, 피고 보조참가인이 상고장을 제출한 경우에 피고 **보조참가인에 대하여** 판결정본이 송달된 때로부터 기산한다면 **상고기간 내의 상고라 하더라도** 이미 **피참가인인 피고에 대한 관계**에 있어서 **상고기간이 경과한 것이라면** 피고 보조참가인의 상고 역시 상고기간 경과 후의 것이 되어 피고 **보조참가인**의 **상고**는 **부적법**하다.

대법원 2018. 11. 29. 선고 2018므14210 판결 [친생자 부인]

통상의 보조참가인은 참가 당시의 소송상태를 전제로 **피참가인을 보조하기 위하여 참가**하는 것이므로 참가할 때의 소송 진행정도에 따라 **피참가인이 할 수 없는 행위는 할 수 없다**(**제76조 제1항 단서** 참조). **공동소송적 보조참가인도** 원래 **당사자가 아니라** 보조참가인이므로 위와 같은 점에서는 통상의 보조참가인과 **마찬가지**이다.

대법원 1984. 12. 11. 선고 84다카659 판결 [공유토지분할]

제70조 제2항 규정의 취지는 **피참가인**들의 소송행위와 **보조참가인**들의 **소송행위**가 **서로 저촉**될 때는 **피참가인의 의사가 우선**하는 것을 뜻하는 것이라 할 것이므로 **피참가인은** 참가인의 행위와 저촉되는 행위를 할 수 있고, 따라서 **보조참가인들이 제기한 항소**를 **포기 또는 취하할 수도 있다.**

대법원 2007. 11. 29. 선고 2007다53310 판결 [소유권이전등기]

제76조 제2항이 규정하는 **참가인**의 소송행위가 **피참가인**의 **소송행위**에 **어긋나는 경우**라 함은 참가인의 소송행위가 피참가인의 행위와 **명백히 적극적으로 배치되는 경우**를 말하고 **소극적으로만 피참가인의 행위와 불일치하는 때에는 이에 해당하지 않는 것**인바, **피참가인인 피고가** 원고가 주장하는 사실을 **명백히 다투지 아니하여 제150조에 의하여 그 사실을 자백한 것으로 보게 될 경우**라도 **참가인이 보조참가를 신청하면서 그 사실에 대하여 다투는 것**은 피참가인의 행위와 명백히 적극적으로 배치되는 경우라 할 수 없어 그 소송행위의 **효력**이 없다고 할 수 없다.

대법원 2002. 8. 13 선고 2002다20278 판결 [양수금]

제76조 제2항이 규정하는 **저촉**이라 함은 참가인의 소송행위가 피참가인의 행위와 **명백히 적극적으로 배치되는 경우**를 말하고 소극적으로만 피참가인의 행위와 불일치하는 때에는 이에 해당하지 아니하는 것인바, 이 사건에 있어서 **피고들**이 제출한 **항소장은 단지 '지연손해금 부분에 대하여 불복이므로 항소한다'라고만** 되어 있을 뿐 원금 부분에 대한 항소권을 포기한다거나 참가인이 제기한 항소중 원금 부분을 취하한다는 등의 의사가 명시되어 있지 아니한 이상, 이는 **소극적으로만 참가인의 행위와 불일치**하는 것일 뿐 이로 인하여 참가인의 항소가 피참가인인 피고들의 항소와 명백히 **적극적으로 배치되어 저촉되는 경우라고는 할 수 없다.**

대법원 1994. 4. 29. 선고 94다3629 판결 [손해배상(산)]

보조참가인의 **증거신청행위**가 **피참가인의 소송행위와 저촉되지 아니하고**(즉, 피참가인이 증거신청행위와 저촉되는 소송행위를 한 바 없고), 그 증거들이 **적법한 증거조사절차**를 거쳐 법원에 현출되었다면 **법원이** 이들 증거에 터잡아 **피참가인에게 불이익한 사실을 인정**하였다 하여 그것이 **제70조 제2항에 위배된다고 할 수 없다.**

대법원 1989. 4. 25. 선고 86다카2329 판결 [소유권이전등기]

보조참가인은 기존의 소송을 전제로 하여 피참가인을 승소시키기 위하여 참가하는 것이므로 **소의 변경**과 같은 **기존의 소송형태를 변경시키는 행위는 할 수 없다.**

대법원 1992. 10. 9. 선고 92므266 판결 [인지]

제451조 제1항 각호 소정의 **재심사유**는 **각각 별개의 청구원인**에 해당한다.

보조참가인은 피참가인이 당사자로 되어 있는 기존의 소송을 전제로 피참가인을 승소시키기 위하여 참가하는 것이기 때문에 소의 변경과 같이 **기존의 소송형태를 변형시키는 행위는 할 수 없으므로,** 보조참가인은 별개의 청구원인에 해당하는 위의 **재심사유를 주장하여 재심청구를 추가할 수 없다.**

6. 참가적 효력(77조)

대법원 1997. 9. 5. 선고 95다42133 판결 [보상금]

보조참가인이 피참가인을 **보조하여 공동으로 소송을 수행하였으나 피참가인이 소송에서 패소**한 경우에는 **형평**의 원칙상 **보조참가인이 피참가인에게 패소판결이 부당하다고 주장할 수 없도록 구속력**을 미치게 하는 이른바 **참가적 효력**이 인정되지만, 전소 확정판결의 참가적 효력은 **전소 확정판결의 결론의 기초가 된 사실상 및 법률상의 판단**으로서 **보조참가인이 피참가인과 공동이익으로 주장하거나 다툴 수 있었던 사항에 한하여** 미치고, 전소 확정판결에 필수적인 요소가 아니어서 **결론에 영향을 미칠 수 없는 부가적 또는 보충적인 판단이나 방론 등에까지 미치는 것은 아니다.**

대법원 2020. 1. 30. 선고 2019다268252 판결 [손해배상]

소송고지를 받은 사람이 참가하지 않은 경우라도 참가할 수 있었을 때에 참가한 것으로 보기 때문에(제86조, 제77조) **소송고지를 받은 사람에게도 위와 같은 효력이 미친다.**

대법원 2015. 5. 28. 선고 2012다78184 판결 [구상금]

보조참가인이 피참가인을 보조하여 공동으로 소송을 수행하였으나 피참가인이 소송에서 패소한 경우에는 형평의 원칙상 보조참가인이 피참가인에게 패소판결이 부당하다고 주장할 수 없도록 구속력을 미치게 하는 이른바 **참가적 효력**이 인정되지만, 전소 확정판결의 참가적 효력은 전소 확정판결의 결론의 기초가 된 사실상 및 법률상의 판단으로서 보조참가인이 피참가인과 공동이익으로 주장하거나 다툴 수 있었던 사항에 한하여 미친다. 이러한 법리에 비추어 보면 전소가 확정판결이 아닌 **화해권고결정에 의하여 종료된 경우**에는 확정판결에서와 같은 법원의 **사실상 및 법률상의 판단이 이루어졌다고 할 수 없으므로 참가적 효력이 인정되지 아니한다.**

대법원 2019. 6. 13. 선고 2016다221085 판결 [하자보수보증금등청구의소]

마찬가지 법리에서, 전소가 확정판결이 아닌 **조정에 갈음하는 결정에 의하여 종료된 경우**에는 확정판결에서와 같은 법원의 **사실상, 법률상의 판단이 이루어졌다고 할 수 없으므로 참가적 효력이 인정되지 아니한다.**

대법원 1974. 6. 4. 선고 73다1030 판결 [배당이의]

71조의 규정에 의한 보조참가의 경우에 그 재판이 참가인에게 미치는 **참가적 효력**은 **참가인과 피참가인 사이에만** 발생되고 **참가인과 피참가인의 상대방 간에는 미치지 않는다.**

대법원 1988. 12. 13. 선고 86다카2289 판결 [소유권이전등기등]

보조참가인이 피참가인을 보조하여 공동으로 소송을 수행하였으나 피참가인이 그 소송에서 패소한 경우에는 형평의 원칙상 **보조참가인이 피참가인에게 그 패소판결이 부당하다고 주장할 수 없도록 구속력**을 미치게 하는 이른바 참가적 효력이 있음에 불과하므로 **피참가인과 그 소송상대방간의 판결의 기판력**이 참가인과 피참가인의 상대방과의 사이에까지는 미치지 아니한다.

甲이 원고가 되어 乙을 피고로 한 양도담보약정을 원인으로 한 지분권이전등기청구소송에 丙이 乙의 보조참가인으로 참가하여 그 사실을 부인하였음에도 불구하고 乙이 이를 인낙하였다면 그 인낙조서의 효력은 丙에게까지 미칠 수 없다.

« 공동소송적 보조참가 »

대법원 2012. 11. 29. 선고 2011두30069 판결 [부당해고등구제재심판정취소]

공동소송적 보조참가를 한 참가인이 **적법하게 상고를 제기**하고 그 **상고이유서 제출기간 내에 상고이유서를 제출**하였다면, **상고를 제기하지 않은 피참가인**인 피고의 **상고이유서 제출기간이 도과하였다고 하더라도**, 그 **상고이유서의 제출**은 **적법**하다고 보아야 할 것이다.

대법원 2020. 10. 15. 선고 2019두40611 판결 [부당징계및부당노동행위 구제재심판정취소]

공동소송적 보조참가를 한 참가인은 상고를 제기하지 않은 채 피참가인이 상고를 제기한 부분에 대한 상고이유서를 제출할 수 있지만 이 경우 **상고이유서 제출기간을 준수하였는지는 피참가인을 기준으로 판단하여야** 한다. 따라서 **상고하지 않은 참가인이 피참가인의 상고이유서 제출기간이 지난 후 상고이유서를 제출**하였다면 적법한 기간 내에 제출한 것으로 볼 수 없다. 이러한 법리는 상고이유의 주장에 대해서도 마찬가지여서, **상고하지 않은 참가인이 적법하게 제출된 피참가인의 상고이유서에서 주장되지 않은 내용을 피참가인의 상고이유서 제출기간이 지난 후 제출한 서면에서 주장하였더라도** 이는 **적법한 기간 내에 제출된 상고이유의 주장이라고 할 수 없다.**
공동소송적 보조참가를 한 참가인과 **피참가인**이 서로 원심에 대해 **불복하는 부분을 달리하여 각각 상고**하는 경우, **'피참가인만이 불복한 부분'**에 대하여 **참가인은 '상고하지 않은 참가인'의 지위**에 있게 된다. 따라서 **'피참가인만이 불복한 부분'에 대하여**, 피참가인이 상고이유서에서 주장하지 않은 새로운 내용을 참가인이 **피참가인의 상고이유서 제출기간이 지난 후에 주장**한다면 이는 **적법한 기간 내에 제출된 상고이유의 주장이라고 할 수 없다.**

대법원 2013. 3. 28.자 2012아43 결정 [집행정지]

공동소송적 보조참가는 그 성질상 필수적 공동소송 중에서는 이른바 **유사필수적 공동소송에 준한다** 할 것인데 유사필수적 공동소송의 경우에는 원고들 중 **일부가 소를 취하**하는 데 다른 공동소송인의 **동의를 받을 필요가 없다.** 또한 소취하는 판결이 확정될 때까지 할 수 있고 취하된 부분에 대해서는 소가 처음부터 계속되지 아니한 것으로 간주되며(제267조) 본안에 관한 종국판결이 선고된 경우에도 그 판결 역시 처음부터 존재하지 아니한 것으로 간주되므로, 이는 재판의 효력과는 직접적인 관련이 없는 소송행위로서 **공동소송적 보조참가인에게 불이익이 된다고 할 것도 아니다.** 따라서 **피참가인이 공동소송적 보조참가인의 동의 없이 소를 취하**하였다 하더라도 이는 **유효**하다.

대법원 2015. 10. 29. 선고 2014다13044 판결 [청구이의]

재심의 소를 취하하는 것은 통상의 **소를 취하하는 것과는 달리** 확정된 종국판결에 대한 **불복의 기회를 상실**하게 하여 **더 이상 확정판결의 효력을 배제할 수 없게** 하는 행위이므로, 이는 재판의 효력과 직접적인 관련이 있는 소송행위로서 확정판결의 효력이 미치는 **공동소송적 보조참가인에 대하여는 불리한 행위**이다. 따라서 **재심의 소에 공동소송적 보조참가인이 참가**한 후에는 **피참가인이 재심의 소를 취하하더라도** 공동소송적 보조참가인의 동의가 없는 한 **효력이 없다.** 이는 재심의 소를 피참가인이 제기한 경우나 통상의 보조참가인이 제기한 경우에도 마찬가지이다. 특히 **통상의 보조참가인이 재심의 소를 제기한 경우**에는 **피참가인이 통상의 보조참가인에 대한**

관계에서 재심의 소를 취하할 권능이 있더라도 이를 통하여 **공동소송적 보조참가인에게 불리한 영향을 미칠 수는 없으므로** 피참가인의 재심의 소 취하로 재심의 소 제기가 무효로 된다거나 부적법하게 된다고 볼 것도 아니다.

« 공동소송참가 »

대법원 2002. 3. 15. 선고 2000다9086 판결 [손해배상(기)]

공동소송참가는 **항소심에서도** 할 수 있는 것이고, 항소심절차에서 공동소송참가가 이루어진 이후에 **피참가소가 소송요건의 흠결로 각하된다고 할지라도** 소송의 목적이 당사자 일방과 제3자에 대하여 **합일적**으로 **확정**될 경우에 한하여 인정되는 **공동소송참가의 특성**에 비추어 볼 때, **심급이익 박탈의 문제는 발생하지 않는다.**

대법원 2015. 7. 23. 선고 2013다30301 판결 [매매대금반환·매매대금반환]

채권자대위소송이 **계속 중**인 상황에서 **다른 채권자**가 **동일한 채무자를 대위하여** 채권자대위권을 행사하면서 **공동소송참가신청**을 할 경우, 양 청구의 **소송물이 동일하다면 제83조 제1항**이 요구하는 '소송목적이 한쪽 당사자와 제3자에게 **합일적으로 확정되어야** 할 경우'에 해당하므로 참가신청은 **적법**하다. 이때 양 청구의 **소송물**이 동일한지는 채권자들이 각기 대위행사하는 **피대위채권이 동일한지**에 따라 결정되고, 채권자들이 각기 자신을 이행 상대방으로 하여 금전의 지급을 청구하였더라도 채권자들이 채무자를 대위하여 변제를 수령하게 될 뿐 자신의 채권에 대한 변제로서 수령하게 되는 것이 아니므로 이러한 채권자들의 청구가 서로 소송물이 다르다고 할 수 없다. 여기서 **원고가 일부 청구임을 명시**하여 피대위채권의 일부만을 청구한 것으로 볼 수 있는 경우에는 참가인의 청구금액이 **원고의 청구금액을 초과하지 아니하는 한** 참가인의 청구가 원고의 청구와 **소송물이 동일**하여 중복된다고 할 수 있으므로 소송목적이 원고와 참가인에게 **합일적으로 확정되어야 할 필요성**을 인정할 수 있어 참가인의 공동소송참가신청을 **적법**한 것으로 보아야 한다.[27]

대법원 2002. 3. 15. 선고 2000다9086 판결 [손해배상(기)]

주주의 대표소송에 있어서 원고 주주가 원고로서 제대로 소송수행을 하지 못하거나 혹은 상대방이 된 이사와 결탁함으로써 회사의 권리보호에 미흡하여 **회사의 이익이 침해될 염려**가 있는 경우 그 **판결의 효력**을 받는 **권리귀속주체**인 **회사**가 이를 막거나 자신의 권리를 보호하기 위하여 **소송수행권한을 가진 정당한 당사자**로서 그 소송에 참가할 필요가 있으며, 회사가 대표소송에 당사자로서 참가하는 경우 **소송경제**가 도모될 뿐만 아니라 판결의 **모순·저촉**을 유발할 가능성도 없다는 사정과, **상법 제404조 제1항**에서 특별히 참가에 관한 규정을 두어 주주의 대표소송의

27 다른 대위채권자가 원고의 청구금액 초과한 경우에 관한 판례의 태도는 알 수 없으나, 초과하는 경우라고 하여 공소참 자체가 부적법하다고 볼 수는 없고, 초과 부분을 별소로 볼 여지가 있음(私見)

특성을 살려 회사의 권익을 보호하려한 입법 취지를 함께 고려할 때, **상법 제404조 제1항**에서 규정하고 있는 **회사의 참가**는 **공동소송참가**를 의미하는 것으로 해석함이 타당하고, 나아가 이러한 해석이 **중복제소를 금지하고 있는 제259조에 반하는 것도 아니다.**

비록 원고 주주들이 주주대표소송의 **사실심 변론종결시까지 대표소송상의 원고 주주요건을 유지하지 못하여** 종국적으로 **소가 각하되는 운명에 있다고 할지라도** 회사인 원고 공동소송참가인의 **참가시점에서는 원고 주주들이 적법한 원고적격**을 가지고 있었다고 할 것이어서 회사인 원고 **공동소송참가인의 참가는 적법**하다고 할 것이고, 뿐만 아니라 원고 주주들의 주주대표소송이 확정적으로 각하되기 전에는 여전히 그 소송계속 상태가 유지되고 있는 것이어서, 그 각하판결 선고 이전에 회사가 원고 공동소송참가를 신청하였다면 그 참가 당시 피참가소송의 계속이 없다거나 그로 인하여 **참가가 부적법하게 된다고 볼 수는 없다.**[28]

대법원 2001. 7. 13. 선고 2001다13013 판결 [이사회결의무효확인]

공동소송참가는 **타인간**의 **소송의 목적**이 당사자 **일방**과 **제3자**에 대하여 **합일적으로 확정될 경우** 즉, 타인간의 소송의 **판결의 효력이 제3자에게도 미치게 되는 경우에 한하여** 그 제3자에게 허용되는바, **학교법인의 이사회의 결의에 하자**가 있는 경우에 관하여 법률에 별도의 규정이 없으므로 그 결의에 무효사유가 있는 경우에는 이해관계인은 언제든지 또 어떤 방법에 의하든지 그 무효를 주장할 수 있고, 이와 같은 무효주장의 방법으로서 **이사회결의무효확인소송**이 제기되어 **승소확정판결**이 난 경우, 그 **판결의 효력**은 위 **소송의 당사자 사이에서만 발생**하는 것이지 **대세적 효력이 있다고 볼 수는 없으므로,** 이사회결의무효확인의 소는 그 소송의 목적이 당사자 일방과 제3자에 대하여 **합일적으로 확정될 경우가 아니어서 제3자는 공동소송참가를 할 수 없다.**

소송고지

대법원 2020. 1. 30. 선고 2019다268252 판결 [손해배상]

보조참가인이 피참가인을 보조하여 공동으로 소송을 수행하였으나 피참가인이 소송에서 패소한 경우에는 형평의 원칙상 **보조참가인이 피참가인에게 패소판결이 부당하다고 주장할 수 없도록 구속력**을 미치게 하는 **참가적 효력**이 인정된다. 전소 확정판결의 참가적 효력은 **전소 확정판결의 결론의 기초가 된 사실상·법률상 판단으로서 보조참가인이 피참가인과 공동이익으로 주장하거나 다툴 수 있었던 사항**에 미친다. **소송고지를 받은 사람이 참가하지 않은 경우라도 참가할 수 있었을 때에 참가한 것**으로 보기 때문에(제86조, 제77조) **소송고지를 받은 사람에게도 위와 같은 효력이 미친다.**

대법원 1986. 2. 25. 선고 85다카2091 판결 [구상금]

소송고지제도는 **소송의 결과에 대하여 이해관계**를 가지는 **제3자**로 하여금 **보조참가**를 하여 그

28 주주대표소송에 대한 상법 404조 1항 회사의 참가의 성질에 대하여, 1) 중복소송이므로 '공동소송적 보조참가'라는 견해 있으나, 2) 판례는 중복소송이 될 수 없고 '공동소송참가'라는 입장

이익을 옹호할 기회를 부여함과 아울러 한편으로는 **고지자가 패소한 경우의 책임을 제3자에게 분담**시켜 후일에 고지자와 피고지자간의 소송에서 피고지자가 패소의 결과를 무시하고 전소확정판결에서의 인정과 판단에 반하는 주장을 못하게 하기 위해 둔 제도이므로 **피고지자가 후일의 소송에서 주장할 수 없는 것**은 **전소확정판결의 결론의 기초가 된 사실상, 법률상의 판단에 반하는 것**으로서 피고지자가 **보조참가를 하여** 상대방에 대하여 고지자와 **공동이익으로 주장하거나 다툴 수 있었던 사항에 한한다.**

대법원 2015. 5. 14. 선고 2014다16494 판결 [손해배상(자)]

소송고지의 **요건이 갖추어진 경우**에 **소송고지서에** 고지자가 피고지자에 대하여 **채무의 이행을 청구하는 의사가 표명**되어 있으면 **민법 제174조**에 정한 **시효중단사유로서의 최고의 효력**이 인정된다. 나아가 시효중단제도는 제도의 취지에 비추어 볼 때 기신점이나 만료점을 원권리자를 위하여 너그럽게 해석하는 것이 바람직하고, **소송고지에 의한 최고**는 **보통의 최고와는 달리 법원의 행위를 통하여 이루어지는 것**이므로 만일 법원이 소송고지서의 송달사무를 우연한 사정으로 지체하는 바람에 소송고지서의 송달 전에 시효가 완성된다면 고지자가 예상치 못한 불이익을 입게 된다는 점 등을 고려하면, 소송고지에 의한 최고의 경우에는 **제265조**를 **유추 적용**하여 **당사자가 소송고지서를 법원에 제출한 때에 시효중단의 효력**이 발생한다.

대법원 2009. 7. 9. 선고 2009다14340 판결 [보험금]

소송에 참가할 수 있는 **제3자를 상대로 소송고지**를 한 경우에 그 피고지자는 그가 실제로 그 소송에 참가하였는지 여부와 관계없이 후일 고지자와의 소송에서 전소 확정판결에서의 결론의 기초가 된 사실상·법률상의 판단에 반하는 것을 주장할 수 없어 그 소송의 결과에 따라서는 피고지자에 대한 참가적 효력이라는 일정한 **소송법상의 효력까지 발생함에 비추어** 볼 때, 고지자로서는 **소송고지를 통하여 당해 소송의 결과에 따라 피고지자에게 권리를 행사하겠다는 취지의 의사를 표명한 것**으로 볼 것이므로, **당해 소송이 계속중인 동안**은 **최고**에 의하여 **권리를 행사하고 있는 상태가 지속**되는 것으로 보아 **민법 제174조**에 규정된 **6월의 기간**은 **당해 소송이 종료된 때로부터 기산**되는 것으로 해석하여야 한다.

독립당사자참가

1. 의의

대법원 1991. 1. 25. 선고 90다4723 판결 [소유권확인등(당사자참가)]

독립당사자참가소송에서 **본소가 적법하게 취하**된 경우에는 **삼면소송관계는 소멸**하고, 그 이후부터는 **당사자참가인의 원·피고들에 대한 청구**가 **일반 공동소송으로 남아 있게** 되므로, 당사자참가인의 원·피고에 대한 소가 독립의 소로서의 소송요건을 갖춘 이상, 그 **소송계속은 적법**하며, 종래의 **삼면소송 당시에 필요하였던** 당사자 **참가요건의 구비여부**는 **가려 볼 필요가 없다.**

2. 요건(79조)

대법원 1994. 2. 22. 선고 93다43682 판결 [소유권이전등기]

독립당사자참가는 **실질에 있어서 소송제기의 성질**을 가지고 있으므로 **상고심에서는 독립당사자참가를 할 수 없다.**

대법원 1992. 5. 26. 선고 91다4669 판결 [소유권이전등기,소유권확인등(당사자참가)]

참가인이 **독립당사자참가신청을 함에** 있어 원고와 피고가 **사해소송을 수행하고 있다는 등의 특별한 주장을 한 바 없다면** 이는 제79조 제1항 후단의 이른바 사해방지참가가 아닌 같은 조항 전단의 이른바 **권리주장참가를 한 것으로 보아야** 할 것이고, 제1심 판결도 참가인의 위 참가신청이 권리주장참가의 요건을 갖추지 못하였다 하여 이를 각하한 것이라면 위 **확정된 각하판결**은 원고의 피고에 대한 청구에 대하여 참가인의 **권리주장참가**는 그 **참가요건을 갖추지 못하여 부적법하다는 점에 한하여 기판력**을 가진다.

대법원 1994. 11. 25. 선고 94다12517 판결 [소유권이전등기]

독립당사자참가이유가 **참가인은 피고의 선대로부터 토지를 매수한 자로부터 그 토지를 매수하여 이를 점유하고** 있는데도 **원고가 피고를 상대로** 그 토지에 관하여 **소유권이전등기절차의 이행을 구하는 본소를 제기**하였으므로 본소에 참가한다는 것이라면, 그 참가이유 속에는 원고와 피고 등은 참가인을 **사해할 의사**로 본소를 제기하기로 한 것이라는 **주장이 포함**되어 있다고 볼 여지가 있을 뿐만 아니라, **제1심**에서 **본소**에 관하여 **의제자백에 의한 원고의 승소판결**이 선고된 점으로 미루어 볼 때 본소가 참가인을 사해할 의사로 제기되었을 가능성도 없지 않다 할 것인데, **참가인이** 그 참가가 권리주장참가인지 또는 사해방지참가인지의 여부를 **명백히 밝히고 있지 않다면**, 원심으로서는 **석명권의 행사를 통하여** 그 참가가 **권리주장참가인지 사해방지참가인지의 여부를 명백히 한 연후에 참가의 적법 여부를 심리하였어야** 할 것임에도 불구하고 이를 **밝혀 보지도 아니한 채** 참가인이 **사해방지참가를 하는 것으로는 보이지 아니한다고** 판단한 원심판결에는 석명권 불행사로 인한 **심리미진의 위법**이 있다고 한 사례.[29]

---

29 본 판결은 별소로 대위소송 계속 중인 채권자가 다른 소송에 독립당사자참가 신청하여 동일한 내용의 대위소송을 제기한 경우 중복소송으로서 부적법 각하한 사안 → 즉, 독립당사자참가신청은 소제

3. 권리주장참가(79조 1항 전단)

대법원 2007. 8. 23. 선고 2005다43081 판결 [전부금·부당이득금반환및예금청구]

독립당사자참가는 **소송의 목적의 전부나 일부가 자기의 권리임을 주장**하거나, **소송의 결과에 의하여 권리침해를 받을 것을 주장**하는 제3자가 당사자로서 소송에 참가하여 **3당사자 사이**에 서로 대립하는 권리 또는 법률관계를 **하나의 판결로써 서로 모순 없이 일시에 해결하려는 것이므로**, 독립당사자참가인은 우선 참가하려는 소송의 당사자 양쪽 또는 한쪽을 상대방으로 하여 **원고의 본소청구와 양립할 수 없는 청구를 하여야** 하고,[30] 그 청구는 **소의 이익**을 갖추는 외에 그 **주장 자체에 의하여 성립할 수 있음을 요한다**.

대법원 1998. 7. 10. 선고 98다5708 판결 [소유권확인]

소유권확인을 구하는 원고들의 **본소청구에** 대하여 **참가인**은 **피고에 대하여** 토지에 대한 피고 명의의 **소유권보존등기말소** 및 그 토지가 참가인 및 선정자들의 **소유권임의 확인**을 구하고 **원고들에 대하여도** 위와 같은 **소유권 확인**을 구하고 있으므로, 참가인은 피고에 대하여 일정한 청구를 하고 있음은 물론이고 원고들에 대하여도 일정한 청구를 하고 있으며,[31] 원고들의 청구와 참가인의 청구는 **서로 양립할 수 없는 관계**에 있으므로 **독립당사자참가**는 **적법**하다.

대법원 1982. 12. 14. 선고 80다1872 판결 [소유권이전등기]

원고의 **피고에** 대한 **본소청구**인 1975. 7. 4. **매매를 원인**으로 한 **소유권이전등기**절차 이행청구와 **참가인**의 **피고에** 대한 청구인 1977. 9. 10. **취득시효완성을 원인**으로 한 **소유권이전등기**절차 이행청구는 **합일확정**을 필요로 하는 동일한 권리관계에 관한 것이 **아니어서 서로 양립될 수 있으므로 독립당사자참가**는 **부적법**하다.[32]

대법원 1997. 9. 12. 선고 95다25886 판결 [소유권확인·소유권이전등기]

원고가 토지에 대한 **점유취득시효가 완성**되었음을 이유로 **피고를 상대로 소유권이전등기**를 구하는 **본소에** 대하여, 그 소유권의 귀속을 다투는 **원고와 피고를 상대로 그 토지가 자신의 소유라는 확인**을 구함과 아울러 원고에게 그 토지 중 원고가 점유하고 있는 부분의 **인도**를 구하는 **독립당사자참가**를 한 경우, 원고의 본소 청구와 참가인의 청구는 그 **주장 자체에서 서로 양립할 수 없는 관계**에 있어 그들 사이의 분쟁을 **1개의 판결로 모순 없이 일시에 해결**할 경우에 해당하므로 **독립당사자참가**로서의 요건을 갖춘 **적법**한 것이다.

대법원 1996. 6. 28. 선고 94다50595 판결 [부동산소유권이전등기등]

甲이 乙에 대하여 취득시효 완성을 원인으로 한 **소유권이전등기**를 구하는 **본소에** 대하여, **丙이**

기 실질 가지므로 중복소송금지 준수 등 소송요건도 갖춰야

30 이 부분의 표현은 권리주장참가만을 염두에 둔 것으로 보임(私見)

31 쌍면참가만이 허용되던 구법하에서의 표현임

32 위 판결은 양립가능하여 '권리주장참가'가 부적법하다고 하면서도, 참가인의 예비적 청구인 '사해방지참가'를 검토함 ∵ 사해방지참가는 양립 가능하더라도 사해의사와 권리침해 염려 있으면 적법하므로 가능 → 다만 사안에서는 적극가담 인정되지 않아 사해소송 아니므로 사해방지참가도 부적법 판단되었음

乙에 대하여는 **취득시효 완성**을 원인으로 한 **소유권이전등기**를, 그리고 **甲에 대하여는 관리위탁 계약의 해제**를 이유로 토지의 **인도**를 **각 청구**한 경우, 甲의 乙에 대한 청구와 丙의 乙에 대한 청구는 주장하는 권리가 **채권적인 권리인 등기청구권이기는 하나** 어느 **한 쪽**의 청구권이 **인정되면 다른 한 쪽**의 청구권은 **인정될 수 없는 것**으로서 각 청구가 **서로 양립할 수 없는 관계**에 있으므로, **丙의 독립당사자참가 신청**은 **적법**하다고 한 사례.[33]

대법원 1988. 3. 8. 선고 86다148 [소유권이전등기등]

甲(원고)은 乙(피고)과의 사이에 체결된 매매계약의 **매수당사자가 甲이라고 주장**하면서 그 **소유권이전등기절차이행을 구하고** 있고 이에 대하여 **丙(참가인)은 자기가 그 매수당사자라고 주장하는 경우**라면 丙은 甲에 의하여 자기의 권리 또는 법률상의 지위를 부인당하고 있는 한편 그 불안을 제거하기 위하여서는 매수인으로서의 권리의무가 丙에 있다는 **확인의 소**를 제기하는 것이 **유효적절한 수단**이라고 보여지므로 결국 **丙이 乙에 대하여 그 소유권이전등기**절차의 이행을 구함과 동시에 **甲에 대하여 소유권이전등기청구권 등 부존재확인**의 소를 구하는 것은 **확인의 이익이 있는 적법**한 것이라고 할 것이다.[34]

4. 사해방지참가(79조 1항 후단)

대법원 2001. 8. 24. 선고 2000다12785 판결 [근저당권설정등기회복등기·독립당사자참가소]

제79조가 규정한 독립당사자참가 중 제1항 후단의 **사해방지참가**는 **원고와 피고**가 당해 **소송을 통하여 제3자를 해할 의사, 즉 사해의사**를 갖고 있다고 객관적으로 인정되고 그 소송의 결과 제3자의 권리 또는 법률상의 지위가 침해될 염려가 있다고 **인정**되는 경우에 그 참가의 요건이 갖추어 진다고 할 것이다.

근저당권설정등기의 불법말소를 이유로 그 **회복등기**를 구하는 본안소송에서 **원고가 승소판결을 받는다고 하더라도** 그 **후순위 근저당권자가 있는 경우**에는 바로 회복등기를 할 수 있는 것은 아니고 부동산등기법 제59조에 의하여 **이해관계 있는 제3자인** 후순위 근저당권자의 승낙서 또는 이에 대항할 수 있는 재판의 등본을 첨부하여야 하므로 원고로서는 **후순위 근저당권자를 상대로 승낙을 구하는 소송을 별도로 제기하여 승소판결을 받아야** 하고, 따라서 본안소송에서 **원고가 승소판결을 받는다고 하더라도** 그 **기판력은** 회복등기에 대한 **승낙을 구하는 소송에는 미치지 아니하므로 후순위 근저당권자는 그 소송에서** 위 근저당권이 불법으로 말소되었는지의 여부를 **다툴 수 있는 것이기는 하지만**, 말소회복등기소송에서의 사실인정관계가 승낙의사표시 청구소송에서도 유지되어 후순위 근저당권자는 선순위 근저당권을 수인하여야 할 것이기에 **본안소송의 결과**는 **당연히 후순위 근저당권자를 상대로 승낙을 구하는 소에 사실상 영향**을 미치게

33 사안과 달리, 丙이 甲에 대해서는 점유침탈을 이유로 204조 점유물반환을 구하는 경우도 생각해볼 수 있음

34 권리주장참가의 요건 외에 확인의 이익도 검토한 판결이며, 한편 甲에 대하여 적극적인 '丙의 소이등청구권 존재확인'이 아니라 소극적인 '甲의 소이등청구권 부존재확인'을 구한 것이 의문일 수 있으나(확인의 소 단원의 '확인의 이익' 부분 참조), 각자의 소이등청구권이 양립할 수도 있는 것이어서 이런 경우에는 丙으로서는 자신의 소이등청구권의 존재를 인정받는 것만으로는 권리구제에 충분치 않고 甲의 소이등청구권 자체가 부정될 필요가 있을 것으로 보임(私見)

됨으로써 **후순위 근저당권자**의 **권리의 실현 또는 법률상의 지위가 침해될 염려**가 있다 할 것이다. 따라서 **후순위 근저당권자**에게는 **원·피고들에** 대한 **근저당권부존재확인청구라는 참가소송**을 통하여 후일 발생하게 될 이러한 불안 내지 염려를 사전에 차단할 필요가 있는 것이고, 이러한 참가소송은 사해판결로 인하여 초래될 이러한 장애를 방지하기 위한 **유효적절한 수단**이 된다고 할 것이다.

대법원 2014. 6. 12. 선고 2012다47548 판결 [소유권이전등기·사해행위취소]

채권자가 **사해행위의 취소**와 함께 수익자 또는 전득자로부터 **책임재산의 회복**을 명하는 사해행위취소의 **판결**을 받은 경우 **취소의 효과**는 **채권자와 수익자 또는 전득자 사이에만** 미치므로, **수익자 또는 전득자**가 **채권자에 대하여** 사해행위의 취소로 인한 **원상회복 의무를 부담**하게 될 뿐, **채권자와 채무자 사이에서** 취소로 인한 **법률관계가 형성되거나 취소의 효력이 소급하여 채무사의 책임재산으로 복구되는 것은 아니다.**

이러한 **사해행위취소의 상대적 효력**에 의하면, **원고의 피고에 대한 청구의 원인행위가 사해행위라는 이유로 원고에 대하여 사해행위취소를 청구하면서 독립당사자참가신청**을 하는 경우, 독립당사자참가인의 **청구가 그대로 받아들여진다 하더라도 원고와 피고 사이의 법률관계에는 아무런 영향이 없고**, 따라서 그러한 참가신청은 **사해방지참가의 목적을 달성할 수 없으므로 부적법**하다.

대법원 2017. 4. 26. 선고 2014다221777 판결 [근저당권이전등기, 근저당권이전등기]

甲 소유의 부동산과 **채무자인 乙 소유**의 부동산을 **공동저당**의 목적으로 하여 **丙 은행** 앞으로 **선순위근저당권**이 설정된 후 **甲 소유**의 부동산에 관하여 **丁 앞으로 후순위근저당권**이 설정되었는데, **甲 소유**의 부동산에 관하여 **먼저 경매**절차가 진행되어 **丙 은행이 채권 전액을 회수**하였고, 이에 **丁이** 甲 소유의 부동산에 대한 **후순위저당권자로서** 물상보증인에게 이전된 근저당권으로부터 우선하여 변제를 받을 수 있다고 주장하며 **丙 은행 등을 상대로 근저당권설정등기의 이전을 구하자**, 甲이 乙에 대해 취득한 **구상금 채권이 상계로 소멸하였다고 주장하며 乙이 丙 은행을 상대로 근저당권설정등기의 말소를 구하는 독립당사자 참가신청**을 한 사안에서, 乙의 **말소등기 청구는 등기의 이전을 구하는 丁의 청구**와 동일한 권리관계에 관하여 주장 자체로 **양립되지 않는 관계에 있지 않으므로** 제79조 제1항 전단에 따른 **권리주장참가의 요건을 갖추지 못하였고**, 丁과 丙 은행이 **소송을 통하여 乙의 권리를 침해할 의사가 있다고 객관적으로 인정하기도 어려우므로** 제79조 제1항 후단에 따른 **사해방지참가의 요건을 갖추었다고 볼 수도 없다**는 이유로 **乙의 독립당사자 참가신청**을 **각하**한 사례.[35]

---

35 위 판결은 '채무자가 물상보증인에 대한 반대채권으로 구상채권과 상계'하였다는 사실을 들어 물보 소유 후순위저당권자에게 대항할 수 없다는 독당의 본안판단도 하였음
"**공동저당**에 제공된 채무자 소유의 부동산과 물상보증인 소유의 부동산 가운데 **물상보증인 소유의 부동산이 먼저 경매되어** 매각대금에서 **선순위공동저당권자가 변제를 받은 때**에는 물상보증인은 채무자에 대하여 구상권을 취득함과 동시에 변제자대위에 의하여 채무자 소유의 부동산에 대한 선순위공동저당권을 대위취득한다. **물상보증인 소유의 부동산에 대한 후순위저당권자**는 **물상보증인이 대위취득한 채무자 소유의 부동산에 대한 선순위공동저당권에** 대하여 **물상대위**를 할 수 있다. 이 경우에 **채무자는 물상보증인에 대한 반대채권이 있더라도** 특별한 사정이 없는 한 **물상보증인의 구상금 채권과 상계함으로써 물상보증인 소유의 부동산에 대한 후순위저당권자에게 대항할 수 없다.**

5. 참가절차

6. 심판(62조·72조 준용)

대법원 1991. 3. 22. 선고 90다19329 판결 [소유권이전등기말소등]

제79조에 의한 소송은 동일한 권리관계에 관하여 원고, 피고 및 참가인이 서로간의 다툼을 **하나의 소송절차로 한꺼번에 모순없이 해결**하는 소송형태로서 원·피고, 참가인간의 소송에 대하여 본안판결을 할 때에는 위 **삼당사자**를 **판결의 명의인**으로 하는 **하나의 종국판결을 내려야만** 하는 것이지 위 당사자의 **일부**에 관하여만 **판결**을 하거나 남겨진 자를 위한 **추가판결**을 하는 것들은 모두 **허용되지 않는 것**이므로 제1심에서 **원고 및 참가인 패소, 피고 승소**의 본안판결이 선고된 데 대하여 **원고만이 항소**한 경우 원고와 참가인 그리고 피고간의 **세 개의 청구**는[36] **당연히 항소심의 심판대상**이 되어야 하는 것이므로 항소심으로서는 **참가인의 원·피고에 대한 청구에 대하여도** 같은 판결로 **판단을 하여야** 한다.

대법원 1993. 3. 12. 선고 92다48789 판결 [소유권이전등기말소등기,소유권확인]

소론은, **당사자참가신청이 부적법**하다 하더라도, 그 신청이 종전 당사자들을 상대로 하여 새로운 소를 제기하는 실질을 갖추고 있고, 당사자참가인이본소와 함께 일거에 전면적으로 해결하려는 뜻을 강하게 표시하지 아니하는 한, 이를 각하하기보다는 **본소에 병합하여 통상공동소송의 형태로 심리**함이 온당하고 소송경제를 위하여도 바람직하다 할 것임에도, 원심이 당사자참가신청을 각하한 데에는 당사자참가에 대한 법리를 오해한 위법이 있다는 것인바, 이는 독자적인 견해로서 **받아들일 수 없다**.

대법원 1976. 12. 28. 선고 76다797 판결 [소유권이전등기]

참가소가 있는 경우에 참가소를 각하하는 판결을 할 때는 원, 피고간의 본안 재판을 참가소의 귀결이 날 때까지 기다려야 한다 함은 독자적 견해로 취할 바 못 되며, **참가인의 독립당사자 참가소를 보조참가로 보지 아니하였다 하여 허물할 바 아니므로** 이점에 관한 소론의 논지 이유 없다.

대법원 2009. 1. 30. 선고 2007다9030 판결 [위탁관리업체지위확인등]

제79조에 의한 소송은 동일한 권리관계에 관하여 원고, 피고 및 참가인 상호간의 다툼을 **하나의 소송절차로 한꺼번에 모순 없이 해결**하려는 소송형태로서 **두 당사자 사이의 소송행위**는 **나머지 1인에게 불이익**이 되는 한 **두 당사자 간에도 효력이 발생하지 않는다**고 할 것인바, 소외 1이 피고의 대표자로서 제출한 준비서면에 원고가 이 사건 아파트에 대한 관리업자의 지위에 있다는 점에 대하여 피고가 **다투지 않는다는 취지로 기재되어 있다고 하더라도**, 참가인이 원·피고에 대하여 이 사건 아파트에 대한 관리업자로서의 지위의 확인을 구하고 있어 3당사자 사이에 판결의 합일확정을 필요로 하는 이 사건에 있어서 위와 같은 진술은 그 효력이 없다고 할 것이므로, 원

채무자는 선순위공동저당권자가 **물상보증인 소유의 부동산에 대해 먼저 경매를 신청한 경우에 비로소 상계**할 것을 기대할 수 있는데, 이처럼 **우연한 사정에 의하여 좌우되는 상계에 대한 기대**가 물상보증인 소유의 부동산에 대한 **후순위저당권자가 가지는 법적 지위에 우선할 수 없다**."(상세한 설명은 「로스쿨 민법의 정석 The Basic」 등 참조)

36 반드시 세 개의 청구라기보다는 '세 사람 사이의 모든 청구'를 의미하는 것으로 보아야 함(私見)

심이 그 **진술에 기속되어 판단하여야 하는 것은 아니다.**

대법원 2005. 5. 26. 선고 2004다25901 판결 [소유권이전등기]

제79조에 의한 소송은 동일한 권리관계에 관하여 원고, 피고 및 참가인 상호간의 다툼을 하나의 소송절차로 **한꺼번에 모순 없이** 해결하려는 소송형태로서 두 당사자 사이의 소송행위는 나머지 1인에게 불이익이 되는 한 두 당사자 간에도 효력이 발생하지 않는다고 할 것이므로, **원·피고 사이에만 재판상 화해**를 하는 것은 **3자 간의 합일확정의 목적에 반하기** 때문에 **허용되지 않는다.**
독립당사자참가인이 **화해권고결정에 대하여 이의**한 경우, 이의의 효력이 **원·피고 사이에도 미친다**고 한 사례.

대법원 2007. 10. 26. 선고 2006다86573 판결 [어업면허권이전]

제79조에 의한 독립당사자참가소송은 동일한 권리관계에 관하여 원고, 피고, 참가인이 서로간의 다툼을 하나의 소송절차로 **한꺼번에 모순 없이** 해결하는 소송형태로서, 독립당사자참가가 적법하다고 인정되어 원고, 피고, 참가인간의 소송에 대하여 본안판결을 할 때에는 위 **세 당사자를 판결의 명의인으로 하는 하나의 종국판결**을 선고함으로써 위 세 당사자들 사이에서 **합일확정적인 결론을 내려야** 하고, 이러한 본안판결에 대하여 **일방이 항소**한 경우에는 **제1심판결 전체의 확정이 차단**되고 **사건 전부에 관하여 이심**의 효력이 생긴다. 그리고 이러한 경우 항소심의 심판대상은 실제 항소를 제기한 자의 항소 취지에 나타난 **불복범위에 한정하되** 위 세 당사자 사이의 결론의 합일확정의 필요성을 고려하여 그 심판의 범위를 판단하여야 하고, 이에 따라 항소심에서 심리·판단을 거쳐 결론을 내림에 있어 위 세 당사자 사이의 결론의 **합일확정을 위하여 필요한 경우에는** 그 한도 내에서 **항소 또는 부대항소를 제기한 바 없는 당사자에게 결과적으로 제1심판결보다 유리한 내용으로 판결이 변경**되는 것도 배제할 수는 없다.[37]

대법원 1974. 2. 12. 선고 73다820 판결 [강제집행에대한제3자이의]

제1심에서 각각 1부씩 패소한 **원고**와 **독립당사자참가인**은 **항소를 하지 않았고** 원고와 참가인에 대하여 모두 패소한 **피고만이 항소**를 한 경우 그 **항소장에 원고만을 피항소인으로 표시**하고 또 그 항소취지에 "원판결을 취소한다. **원고의 청구를 기각한다.** 소송비용은 1,2심 모두 원고의 부담으로 한다"라고 기재되어 있다면, 피고의 위 항소는 원고가 제1심에서 승소한 부분에 관하여서만 불복을 신청한 것으로 보여지므로 **참가인의 승소부분**은 **피고의 불복범위 밖이라** 할 것이고 또 원고도 제1심 판결의 변경을 구한 바 없으므로 위 참가인 승소부분은 **항소심의 심판대상에서**

---

37 "원심은 **원고의 항소** 및 **참가인의 부대항소** 중 ① '참가인의 피고에 대한 제1심 승소 부분'의 취소를 구하는 원고의 참가인에 대한 항소 및 '원고의 피고에 대한 제1심 승소 부분'의 취소를 구하는 참가인의 원고에 대한 부대항소를 **각 인용**하여, 제1심판결 중 **피고의 원고 및 참가인에 대한 각 패소부분을 취소**하고, 그 부분에 해당하는 **원고 및 참가인의 피고에 대한 청구를 각 기각**하고, ② '원고의 피고에 대한 제1심 패소 부분'의 취소를 구하는 원고의 피고에 대한 항소 및 '참가인의 피고에 대한 제1심 패소 부분'의 취소를 구하는 참가인의 피고에 대한 부대항소를 각 기각함으로써, **결국 제1심판결에서 각 일부씩 인용되었던 원고의 피고에 대한 청구와 참가인의 피고에 대한 청구 부분까지 원심에서 모두 기각되는 결과**가 되어, 제1심판결에 대하여 **항소 또는 부대항소를 제기한 바 없는 피고에 대하여 제1심판결보다 더 유리한 내용의 원심판결**이 선고"된 것은 불이익변경금지원칙에 위배된 **위법이 없다**고 판시함

제외된다.

대법원 2007. 12. 14. 선고 2007다37776 판결 [배당이의]

제79조 제1항에 따라 원·피고, 독립당사자참가인 간의 소송에 대하여 본안판결을 할 때에는 위 3당사자를 판결의 명의인으로 하는 하나의 종국판결만을 내려야 하는 것이지 위 당사자의 **일부**에 관해서만 **판결**을 하는 것은 **허용되지 않고**, 같은 조 제2항에 의하여 제67조가 준용되는 결과 독립당사자참가소송에서 **원고승소의 판결**이 내려지자 이에 대하여 **참가인만이 상소**를 한 경우에도 **판결 전체의 확정이 차단되고 사건 전부에 관하여 이심**의 효력이 생긴다.

독립당사자참가소송에서 원고승소 판결에 대하여 **참가인만이 상소**를 했음에도 상소심에서 **원고의 피고에 대한 청구인용 부분을 원고에게 불리하게 변경**할 수 있는 것은 참가인의 참가신청이 적법하고 나아가 **합일확정의 요청상 필요한 경우에 한한다.**

독립당사자참가소송에서 **원고의 피고에 대한 청구를 인용**하고 참가인의 참가신청을 각하한 제1심판결에 대하여 **참가인만이 항소**하였는데, **참가인의 항소를 기각하면서** 제1심판결 중 **피고가 항소하지도 않은 본소 부분을 취소**하고 **원고의 피고에 대한 청구를 기각**한 것은 **부적법**하다고 한 사례.

대법원 1992. 5. 26. 선고 91다4669 판결 [소유권이전등기,소유권확인등(당사자참가)]

제1심 판결에서 참가인의 **독립당사자참가신청을 각하**하고 **원고의 청구를 기각**한 데 대하여 참가인은 항소기간 내에 항소를 제기하지 아니하였고, 원고만이 항소한 경우 위 **독립당사자참가신청을 각하한 부분**은 원고의 항소에도 불구하고 피고에 대한 본소청구와는 **별도로 이미 확정**되었다 할 것이다.

참가인은 원고의 피고에 대한 청구가 원심에 계속중 원고와 피고가 참가인을 해할 의사로 통모하여 소송을 수행하고 있다고 주장하면서 제79조 제1항 후단의 **사해방지참가신청**을 하고 **그 후** 제79조 제1항 전단의 **권리주장참가도 아울러 주장**한 경우 위 권리주장참가에 있어 피고에 대한 참가취지는 제1심에서의 참가취지와 동일하고, 원고와 참가인 사이에 매매계약이 존재하지 아니함의 확인을 구하는 원고에 대한 참가취지도 위 매매를 원인으로 하는 소유권이전등기청구권이 존재하지 아니함의 확인을 구한 제1심에서의 원고에 대한 참가취지와 별개의 것이라고 볼 수 없어 실질적으로 제1심에서의 권리주장참가와 동일한 것이라고 할 것이고, 따라서 **제1심에서의 권리주장참가가 참가요건을 갖추지 못하여 부적법하다는 점에 관하여 확정된 제1심 판결에 의하여 기판력이 발생**한 이상 **원심으로서는** 원심에서의 참가인의 권리주장참가에 대하여도 그 적법함을 전제로 판단하여서는 아니되고 참가인의 **사해방지참가에 대하여만 심리하였어야** 할 것인데 원심이 참가인의 **권리주장참가가 적법하다고 판단하여 이를 인용**한 것은 권리주장참가를 각하하는 판결의 기판력에 관한 **법리를 오해**한 **위법**이 있다 하여 원심판결을 파기한 사례.

대법원 1981. 12. 8. 선고 80다577 판결 [소유권이전등기말소등]

독립당사자 참가신청의 성질은 소(訴)이고 따라서 그 **취하**에는 **제266조 제2항이 적용**되어 상대방인 **원·피고 쌍방의 동의**를 얻지 아니하면 그 효력이 없다 할 것이며 이는 제1심에서 패소한 후에 취하하는 경우에도 다를 것이 없다고 할 것인바, 위에서 본 바와 같이 이 사건에서는 **참가신청 취하에** 대하여 **원고의 동의만** 있었을 뿐 **피고들의 동의는 없었으므로** 위 참가신청 취하는 **효력이 없는 것**이라고 할 것이다.

대법원 1991. 1. 25. 선고 90다4723 판결 [소유권확인등(당사자참가)]

독립당사자참가소송에서 **본소가 적법하게 취하**된 경우에는 **삼면소송관계는 소멸**하고, 그 이후부터는 **당사자참가인의 원·피고들에 대한 청구**가 **일반 공동소송으로 남아 있게** 되므로, 당사자참가인의 원·피고에 대한 소가 독립의 소로서의 소송요건을 갖춘 이상, 그 **소송계속은 적법**하며, 종래의 **삼면소송 당시에 필요하였던** 당사자 **참가요건의 구비여부는 가려 볼 필요가 없다.**

임의적 당사자변경

1. 임의적 당사자변경

대법원 2003. 3. 11. 선고 2002두8459 판결 [사본공개거부처분취소]

정보공개거부처분을 받은 개인이 자신의 명의로 취소소송을 제기하였다가 **항소심에서 원고의 표시를 개인에서 시민단체로 정정**하면서 그 단체의 **대표자로 자신의 이름**을 기재한 **당사자표시 정정신청**이 **임의적 당사자변경신청에 해당**하여 **허용될 수 없다.**[38]

2. 피고의 경정(260조)

대법원 1997. 10. 17.자 97마1632 결정 [피고경정신청]

제266조 제1항 소정의 **'피고를 잘못 지정한 것이 명백한 때'**라고 함은 **청구취지**나 **청구원인**의 **기재 내용 자체로 보아** 원고가 **법률적 평가를 그르치는 등**의 이유로 **피고의 지정이 잘못된 것**이 명백하거나 **법인격의 유무에 관하여 착오**를 일으킨 것이 **명백한 경우** 등을 말한다 할 것이고, 이 사건과 같이 원고가 **공사도급계약상의 수급인**은 그 계약 명의인인 피고라고 하여 피고를 상대로 소송을 제기하였다가 심리 도중 변론에서 피고측 답변이나 증거에 따라 이를 번복하여 수급인이 피고보조참가인이라고 하면서 피고경정을 구하는 경우에는 **계약 명의인이 아닌 실제상의 수급인이 누구인지**는 **증거조사를 거쳐 사실을 인정하고**, 그 인정 사실에 터잡아 **법률 판단을 하여야 인정할 수 있는 사항이므로**, 위 법규정 소정의 **'피고를 잘못 지정한 것이 명백한 때'에 해당한다고 볼 수 없고**, 피고가 공시송달중인 상태에서 피고보조참가인이 자신이 수급인이라고 주장하였다 하여 달리 볼 수도 없다.

대법원 1990. 1. 12. 선고 89누1032 판결 [하천부지점용허가처분취소]

행정소송에서 원고가 처분청이 아닌 행정관청을 **피고로 잘못 지정**하였다면 **법원으로서는 석명권을 행사하여** 원고로 하여금 피고를 처분청으로 **경정하게 하여 소송을 진행케 하여야 할 것**이다.

---

38 해당 판결은 '원고의 경정'이라는 명문의 규정이 없는 한 허용될 수 없다는 취지였는데, 설령 명문 규정이 있는 '피고 경정'이라고 하더라도 '항소심'이었기 때문에 어차피 허용될 수 없었을 것임(후술)

대법원 2009. 10. 15. 선고 2009다49964 판결 [상속채무금]

원고가 피고의 **사망 사실을 모르고 사망자를 피고로 표시하여 소를 제기**한 경우에, 청구의 내용과 원인사실, 당해 소송을 통하여 분쟁을 실질적으로 해결하려는 원고의 소제기 목적 내지는 사망 사실을 안 이후 원고의 피고표시정정신청 등 여러 사정을 종합하여 볼 때에, **실질적인 피고**는 당사자능력이 없어 소송당사자가 될 수 없는 사망자가 아니라 **처음부터 사망자의 상속자**이고 다만 그 표시에 잘못이 있는 것에 지나지 않는다고 인정되면 사망자의 상속인으로 피고의 **표시를 정정**할 수 있다 할 것인바, 상속개시 이후 상속의 포기를 통한 상속채무의 순차적 승계 및 그에 따른 상속채무자 확정의 곤란성 등 상속제도의 특성에 비추어 위의 법리는 채권자가 채무자의 사망 이후 그 **1순위 상속인의 상속포기 사실을 알지 못하고 1순위 상속인을 상대로 소를 제기한 경우에도** 채권자가 의도한 실질적 피고의 동일성에 관한 위 전제요건이 충족되는 한 **마찬가지로 적용**이 된다.

변경 전후 당사자의 동일성이 인정됨을 전제로 진정한 당사자를 확정하는 표시정정의 대상으로서의 성질을 지니는 이상 비록 소송에서 피고의 표시를 바꾸면서 **피고경정의 방법을 취하였다 해도 피고 표시정정으로서의 법적 성질 및 효과**는 잃지 않는다고 보아야 할 것이다. 따라서 진정한 당사자로 확정되는 피고들이 상속한 대여금채무는 그 **소멸시효기간이 지나기 전의 소의 제기로써 시효의 진행이 중단된 것**으로 보아야 할 것이다.

3. 고유필수적 공동소송인의 추가, 예비적·선택적 공동소송인의 추가(68조, 70조)

대법원 2008. 4. 10. 선고 2007다86860 판결 [고용계약서상퇴직금조항의무효확인등]

공동소송인 가운데 **일부에** 대한 청구가 **다른 공동소송인에** 대한 청구와 **법률상 양립할 수 없는 경우**에는 **필수적 공동소송에 관한 제67조 내지 제69조의 규정이 준용**되는 결과(**제70조 제1항**), **주위적·예비적 공동소송인 가운데 일부가 누락**된 경우에는 **제1심의 변론을 종결할 때까지** 원고의 **신청에 따라 결정으로 피고를 추가하도록 허가**할 수 있고(제68조 제1항 본문), 그 허가결정을 한 때에는 그 허가결정의 정본을 **당사자 모두에게 송달하여야** 하고, **추가될 당사자에게는 소장 부본도 송달하여야** 하며(같은 조 제2항), **추가된 당사자**에 대한 관계에서는 **처음의 소가 제기된 때에 소가 제기된 것**으로 **간주**된다(같은 조 제3항).

한편, 위와 같은 **주위적·예비적 공동소송**에 있어서는 **모든 공동소송인에 관한 청구에** 대하여 **판결을 하여야** 한다(제70조 제2항).

따라서 원고가 **어느 한 사람을 피고로 지정하여 소를 제기하였다가 다른 사람이 주위적 또는 예비적 피고의 지위에 있다고 주장하면서 그에 대한 청구를 아울러** 하는 경우에, 그것이 주위적 또는 예비적 피고를 추가하는 취지라면 법원은 위에서 적시한 바와 **같은 조치**를 취하여야 할 것이다.

« 소송승계 »

1. 소송승계(81조, 82조)

대법원 1983. 9. 27. 선고 83다카1027 판결 [청구에관한이의]

청구이의의 소가 제기되기 전에 그 집행권원에 표시된 **청구권을 양수한 자**의 **권리승계 참가신청**은 **부적법**한 것이다.[39]

2. 당연승계

3. 특정승계(= 소송물의 양도)

대법원 1983. 3. 22.자 80마283 결정 [소송인수참가신청각하결정에대한재항고]

부동산**소유권이전등기 청구소송계속 중** 그 소송목적이 된 부동산에 대한 이전등기이행채무 자체를 승계함이 없이 **단순히 같은 부동산에** 대한 **소유권이전등기**(또는 **근저당설정등기**)가 **제3자 앞으로 경료**되었다 하여도 이는 **제81조 제1항** 소정의 **"그 소송의 목적이 된 채무를 승계한 때"에 해당한다고 할 수 없으므로** 위 **제3자에** 대하여 **등기말소를 구하기 위한 소송의 인수**는 **허용되지 않는다.**[40]

대법원 2014. 1. 29. 선고 2013다78556 판결 [공유물분할]

공유물분할에 관한 소송계속 중 변론종결일 전에 공유자 중 1인인 甲의 **공유지분**의 일부가 乙 및 丙 주식회사 등에게 **이전**된 사안에서, **변론종결 시까지 제81조**에서 정한 **승계참가**나 **제82조**에서 정한 **소송인수** 등의 방식으로 **일부 지분권을 이전받은 자가 소송의 당사자가 되었어야** 함에도 **그렇지 못하였으므로** 위 **소송 전부가 부적법**하게 되었다고 한 사례.[41]

대법원 1971. 7. 6.자 71다726 결정 [건물철거등]

소송당사자가 **제3자로 하여금 그 소송을 인수하게** 하기 위하여서는 그 제3자에 대하여 **인수한 소송의 목적된 채무이행을 구하는 경우에만 허용**된다.[42]

---

39 '소송계속 중'이 아니기 때문임

40 소송물이 채권적 청구권이기 때문에 계쟁물 승계는 소송승계 부정

41 위 판결은 '계쟁물 승계' 사안임에도 소송승계의 가능성을 긍정했으므로, 결국 공유물분할청구소송의 소송물은 물권적 청구권에 준하는 것으로 판단한 것이고(私見), 한편 공유물분할청구소송은 고유필수적 공동소송으로서 소송승계 방식으로 들어오지 못한 공유자(지분양수인)가 있는 한 전체가 부적법 각하된 것임

42 사안은 '건물철거' 소송 중 '등기말소' 구하기 위한 인수승계신청이어서 불허됨 → 인수승계신청 각하
단, 실무에서는 등기말소청구 계속 중 순차등기 마친 자를 추가하는 추가적 승계는 예외적으로 허용하고 있음(A명의등기말소청구에 B명의등기말소청구가 추가된 것임에도). 만일 진명소이등청구 계속 중 순차등기를 마친 자라면 논란 없이 허용될 것임(양자에 대한 청구가 모두 원고 앞으로의 진

4. 참가승계, 인수승계

대법원 1969. 12. 9. 선고 69다1578 판결 [건물명도]

권리승계인의 소송참가의 경우는 독립당사자참가의 경우와 같은 **3면소송관계가 성립되지 아니한다.**[43]

대법원 1981. 10. 29.자 81마357 결정 [소송인수명령]

소송인수를 명하는 결정은 승계인의 적격을 인정하여 이를 당사자로서 취급하는 취지의 **중간적 재판**이므로 이에 불복이 있으면 **본안에 대한 판결과 함께 상소할 수 있을 뿐**이고, 승계인이 위 결정에 대하여 **독립하여 불복할 수 없으므로**, 고등법원의 위 결정에 대한 재항고는 부적법하다.

대법원 2005. 10. 27. 선고 2003다66691 판결 [예금]

소송 계속중에 **소송목적인 의무의 승계**가 있다는 이유로 하는 **소송인수신청**이 있는 경우 신청의 **이유로서 주장하는 사실관계 자체에서 그 승계적격의 흠결이 명백하지 않는 한 결정으로 그 신청을 인용하여야** 하는 것이고, 그 승계인에 해당하는가의 여부는 피인수신청인에 대한 **청구의 당부와 관련하여 판단할 사항**으로 심리한 결과 **승계사실이 인정되지 않으면 청구기각의 본안판결**을 하면 되는 것이지 **인수참가신청 자체가 부적법하게 되는 것은 아니다.**

대법원 2012. 7. 5. 선고 2012다25449 판결 [대여금]

소송이 법원에 계속되어 있는 동안에 **제3자가 소송목적인 권리의 전부나 일부를 승계**하였다고 주장하며 독립당사자참가의 규정에 따라 **참가**를 한 경우에, **승계참가인은** 소송절차를 **현저히 지연시키는 경우가 아닌 한** 승계한 권리와 **청구의 기초가 바뀌지 아니하는 한도** 안에서 **청구의 취지 또는 원인을 바꿀 수 있다**(제81조, 제262조). 그리고 승계참가를 한 경우라고 하여 그 **변경**하고자 하는 청구의 **내용**이 **반드시 종전 원고로부터 권리승계를 한 것이어야만 한다거나 이에 관해서도 승계참가의 요건을 갖추어야만 한다고 볼 것은 아니다.** 일단 승계참가가 이루어진 이상 기존의 청구와 사이에 **청구의 기초에 변경이 없는 한** 상대방에 대한 **자기 고유의 권리를 주장하는 것도 무방**하다고 할 것이다. **다만** 이 경우 **제81조에서 시효의 중단 또는 법률상 기간준수의 효력이 처음 소가 제기된 때에 소급하여 생긴다**고 한 부분은 권리승계를 주장하는 청구에 한정하여 적용된다 할 것이다.[44]

명소이등청구로서 당사자만 교환된 것임, 이상 모두 私見)

43 위 판결의 사안은 피승계인이 '다투지 않은' 경우였고, 이 경우에는 피참가인과 참가인을 동일한 변호사가 소송대리 하였어도 쌍방대리금지에 저촉되지 않는다고 본 사안임

44 "**원고승계참가인은 당초** 승계참가를 할 때는 원고의 피고들에 대한 대여금채권에 관하여 채권압류 및 추심명령을 받은 **추심채권자라고 주장하였다가 그 후** 제1심에서 위 대여금채권과 관련된 약정금채권을 양수한 **채권양수인이라고 주장하여** 그 권리승계 사유와 승계한 권리의 내용을 모두 달리하는 **청구를 추가하는 청구의 변경**을 하였고, 이어 원심에서는 원고의 위 약정금채권을 채권자대위권에 기하여 행사한다는 내용의 선택적 청구를 또 다시 추가하였는바, 원고승계참가인이 원심에서 추가한 약정금채권에 관하여 **채권자대위권을 행사한다는 청구**와 당초 승계참가의 내용인 대여금채권의 **추심채권자로서의 청구** 및 제1심에서 추가한 약정금채권의 **채권양수인으로서의 청구**는 모두 **동일한 생활사실 내지 동일한 경제적 이익에 관한 분쟁**으로서 원고승계참가인이 권리를 주장하는 **법**

5. 소송탈퇴(82조 3항, 80조)

대법원 2012. 4. 26. 선고 2011다85789 판결 [부당이득금반환]

甲이 乙을 상대로 제기한 **부당이득금반환청구소송 계속 중** 丙이 甲으로부터 소송목적인 부당이득금반환**채권을 양도받았다고 주장하며 승계참가신청**을 하였고 **甲은 乙의 승낙을 받아 소송에서 탈퇴**하였는데, **제1심법원이 丙의 승계참가가 적법함을 전제로** 丙의 乙에 대한 **청구를 기각하는 판결**을 선고하자 **丙이 항소**를 제기한 사안에서, 丙이 제1심소송 계속 중 소송수행을 위하여 甲의 乙에 대한 **부당이득금반환채권을 양수한 것은 무효**이므로 **참가요건을 갖추지 못하였다고 판단**하여, **제1심판결을 취소**하고 **丙의 승계참가신청을 각하**하고, **甲의 청구의 당부에 관하여는 판단하지 아니한 원심법원**의 조치가 **정당하다**고 한 사례

제81조에 의하면, 소송이 법원에 계속되어 있는 동안에 제3자가 소송 목적인 권리 또는 의무의 전부 또는 일부를 승계한 경우 그 제3자는 소송이 계속된 법원에 승계참가신청을 할 수 있는바, 이러한 승계참가신청은 일종의 소의 제기에 해당하고 참가요건은 소송요건에 해당하므로 참가요건에 흠이 있는 때에는 변론을 거쳐 판결로 참가신청을 각하하여야 하고(대법원 2007. 8. 23.자 2006마1171 결정 참조), 이때 **승계참가인의 부적법한 참가신청**을 **각하하는 판결**을 반드시 **원래의 당사자 사이의 소송에 대한 판결과 함께 하여야 하는 것은 아니다.**

한편 **소송 계속 중**에 승계참가인에게 소송목적인 **권리나 의무를 양도한 피참가인은 상대방의 승낙을 받아 소송에서 탈퇴**할 수 있고, **탈퇴한 당사자에 대하여도 판결의 효력이 미치는바**(제80조), 이러한 소송의 **탈퇴는 승계참가가 적법한 경우에만 허용**되는 것이므로, 승계참가가 부적법한 경우에는 피참가인의 소송 탈퇴는 허용되지 않고 피참가인과 상대방 사이의 **소송관계가 유효하게 존속**한다. 따라서 **승계참가인의 참가신청이 부적법**함에도 불구하고 **법원**이 이를 **간과**하여 승계참가인의 참가신청과 피참가인의 **소송 탈퇴가 적법함을 전제로 승계참가인과 상대방 사이의 소송에 대해서만 판결**을 하였는데 상소심에서 승계참가인의 참가신청이 부적법하다고 밝혀진 경우, **피참가인과 상대방 사이의 소송은 여전히 탈퇴 당시의 심급에 계속되어** 있으므로 **상소심법원은 탈퇴한 피참가인의 청구에 관하여 심리·판단할 수 없다.**

대법원 2019. 10. 23. 선고 2012다46170 전원합의체 판결 [정산금 등]

승계참가에 관한 민사소송법 **규정**과 2002년 민사소송법 개정에 따른 다른 다수당사자 소송제도와의 정합성, 원고 **승계참가인**(이하 '승계참가인'이라 한다)과 **피참가인**인 원고의 중첩된 청구를 **모순 없이 합일적으로 확정할 필요성** 등을 종합적으로 고려하면, 소송이 법원에 계속되어 있는 동안에 제3자가 소송목적인 권리의 전부나 일부를 승계하였다고 주장하며 **제81조에 따라 소송에 참가**한 경우, **원고가 승계참가인의 승계 여부에 대해 다투지 않으면서도 소송탈퇴, 소 취하 등을 하지 않거나 이에 대하여 피고가 부동의하여 원고가 소송에 남아 있다면** 승계로 인해 **중첩**

적 구성만을 달리하고 있을 뿐임을 알 수 있다. 따라서 원고승계참가인이 제1심에서 추심채권자 내지 채권양수인의 지위에서 구하던 청구와 원심에서 채권자대위권의 행사를 전제로 하여 추가한 청구는 그 **청구의 기초에 변경이 있다고 볼 수 없고**, 위 채권자대위권에 기한 청구의 심리를 위하여 **종전의 소송자료를 대부분 이용할 수 있기 때문**에 소송절차를 **현저히 지연시키는 경우에 해당한다고도 보이지 않는다.**" → 한편 시효중단 효력은 승계한 청구에 한하여 소제기 당시에 소급하여 효력이 있고, 추가한 청구의 소멸시효 중단은 청구변경서 제출 시에 중단될 것임

된 원고와 승계참가인의 청구 사이에는 **필수적 공동소송에 관한 제67조가 적용**된다.[45]

45 A의 B에 대한 정산금청구소송 중 위 채권에 전부명령 받은 C가 승계참가 → 제1심 A청구 기각, C청구 일부인용 → B·C는 각 항소, A는 항소하지 않음 → 항소심에서 B가 "C의 전부명령 송달 전에 D의 가압류 송달되어 C의 전부명령이 무효"라고 주장하자 A가 이를 원용하며 부대항소 → A·C 사이 관계를 '통공'으로 보게 되면 A는 이미 분리확정 된 것이어서 위와 같은 부대항소 자체가 불허될 것임 → 그러나 대법원 전원합의체판결은 A·C 관계에 '필공' 규정을 준용('적용'이라고 표현했으나 '준용'이 정확할 것임)하여 A의 위 부대항소를 인정하였음(다만 대법원은 이 경우 독당인지 예선공인지 밝히지는 않음)

Part 5 상소, 재심

05

《 상소 》

1. 상소요건

대법원 1981. 9. 8. 선고 81다86 판결 [대여금]

증인신문조서의 기재에 관하여 불복이 있으면 제164조의 규정에 의한 **이의의 방법에 의하여야** 한다. 따라서 증인신문조서에 증인들의 증언내용과 현저히 다르게 기재되어 있고, 증언한 바 없는 내용도 기재되어 있어 잘못이라는 이유를 **상고 이유로 삼을 수는 없**다.

대법원 2019. 8. 30. 선고 2018다259541 판결 [손해배상(기)]

제268조 제4항에서 정한 **항소취하 간주**는 그 규정상 요건의 성취로 법률에 의하여 **당연히 발생하는 효과**이고 법원의 **재판이 아니므로** 상고의 **대상이 되는 종국판결**에 **해당하지 아니한다**. 항소취하 간주의 효력을 **다투려면 민사소송규칙 제67조, 제68조**에서 정한 절차에 따라 **항소심 법원에 기일지정신청**을 할 수는 있으나 **상고를 제기할 수는 없다**.

대법원 1981. 10. 13. 선고 81누230 판결 [행정처분(면직처분)무효확인]

상고장이 대법원에 바로 제출되었다가 **다시 원심법원에 송부**된 경우에는 상고장이 **원심법원에 접수된 때를 기준**하여 **상고 제기기간 준수 여부**를 따져야 한다.

2. 상소권포기, 불상소합의

대법원 2002. 10. 11. 선고 2000다17803 판결 [부당이득금반환]

구체적인 사건의 소송 계속중 그 소송 당사자 쌍방이 **판결선고 전에 미리 상소하지 아니하기로 합의**하였다면 그 **판결은 선고와 동시에 확정**되는 것이므로, 이러한 합의는 소송당사자에 대하여 상소권의 사전포기와 같은 **중대한 소송법상의 효과**가 발생하게 되는 것으로서 **반드시 서면**에 의하여야 할 것이며, 그 서면의 문언에 의하여 당사자 쌍방이 상소를 하지 아니한다는 취지가 명백하게 표현되어 있을 것을 요한다.

대법원 1987. 6. 23. 선고 86다카2728 판결 [소유권이전등기말소등]

구체적인 어느 특정 법률관계에 관하여 당사자 **쌍방이 제1심판결선고 전에 미리 항소하지 아니하기로 합의**하였다면, **제1심판결은 선고와 동시에 확정**되는 것이므로 **그 판결선고 후에는** 당사자의 **합의에 의하더라도 그 불항소합의**[1]**를 해제하고 소송계속을 부활시킬 수 없다.**
불항소의 합의는 심급제도의 이용을 배제하여 간이신속하게 분쟁을 해결하고자 하는 당사자의

1 이는 엄밀히는 '불상소합의'를 의미하며, 이처럼 판례는 '불상소합의'를 '불항소합의'라는 용어로 혼용하고 있지만 후술하는 것처럼 강학상의 의미는 다름

의사를 존중하여 인정되는 제도이므로 당사자의 **일방만이 항소를 하지 아니하기로 약정**하는 합의는 **공평에 어긋나** 불항소 합의로서의 **효력이 없다**.

항소권의 포기는 불이익한 판결에 대하여 그 심사 변경을 구할 이익이 있는 **항소권자가 법원에 대하여 서면으로 그 권리를 포기하는 의사를 표시하는 단독행위**이므로 **항소포기의 의사를 표시하는 서면이 법원에 제출되기 전에 그 약정을 해제하기로 다시 합의하고 항소를 제기**하였다면 그 합의 해제의 효력에 따라 위 **항소는 적법**하다 할 것이다.

3. 상소이익

대법원 1987. 4. 14. 선고 86누233 판결 [국유화조치처분취소]

상소는 자기에게 불이익한 재판에 대하여 유리하게 취소변경을 구하기 위하여 하는 것이므로 **승소판결**에 대한 **불복상소**는 **허용할 수 없고**, 재판이 상소인에게 **불이익한 것인지의 여부**는 원칙적으로 **재판의 주문을 표준으로** 하여 판단하여야 하며 상소인의 **청구가 전부 인용**되었다면 그 판결이유에 불만이 있더라도 **상소의 이익이 없다**.

대법원 2002. 9. 6. 선고 2002다34666 판결 [약정금]

원심은 원고의 **청구원인**사실을 모두 **인정**한 다음 피고의 **상계항변**을 **받아들여** 상계 후 잔존하는 원고의 **나머지 청구부분만을 일부 인용**하였는데, 이 경우 **피고들로서는** 원심판결 이유 중 **원고의 소구채권을 인정하는 전제에서 피고의 상계항변이 받아들여진 부분에** 관하여도 **상고를 제기할 수 있고**, 상고심에서 원고의 소구채권 자체가 인정되지 아니하는 경우 더 나아가 피고의 상계항변의 당부를 따져볼 필요도 없이 원고 청구가 배척될 것이므로, 결국 원심판결은 그 전부에 대하여 파기를 면치 못한다.

대법원 2018. 8. 30. 선고 2016다46338 판결 [부당이득금반환, 부당이득금반환]

소송상 방어방법으로서의 **상계항변**은 통상 **수동채권의 존재가 확정되는 것을 전제로** 하여 행하여지는 일종의 **예비적 항변**으로서, 소송상 상계의 의사표시에 의해 확정적으로 그 효과가 발생하는 것이 아니라 당해 소송에서 **수동채권의 존재 등 상계에 관한 법원의 실질적 판단이 이루어지는 경우에 비로소 실체법상 상계의 효과가 발생**한다. 따라서 원고의 소구채권 자체가 인정되지 않는 경우 더 나아가 피고의 상계항변의 당부를 따져볼 필요도 없이 원고 청구가 배척될 것이므로, '원고의 **소구채권 그 자체를 부정하여 원고의 청구를 기각한 판결**'과 '**소구채권의 존재를 인정하면서도 상계항변을 받아들인 결과 원고의 청구를 기각한 판결**'은 제216조에 따라 **기판력의 범위를 서로 달리하고, 후자의 판결에 대하여 피고는 상소의 이익**이 있다.

대법원 1992. 3. 27. 선고 91다40696 판결 [소유권이전등기]

원고가 **매매를 원인으로 한 소유권이전등기를 청구**한 데 대하여 원심이 양도담보약정을 원인으로 한 소유권이전등기를 명하였다면 판결주문상으로는 원고가 전부 승소한 것으로 보이기는 하나, 매매를 원인으로 한 소유권이전등기청구와 양도담보약정을 원인으로 한 소유권이전등기청구와는 **청구원인사실이 달라 동일한 청구라 할 수 없음**에 비추어, 원심은 원고가 주장하지도 아니한 양도담보약정을 원인으로 한 소유권이전등기청구에 관하여 심판하였을 뿐, 정작 원고가 주장한 매매를 원인으로 한 소유권이전등기청구에 관하여는 심판을 한 것으로 볼 수 없어 결국 원고의 청구는 실질적으로 인용한 것이 아니어서 판결의 결과가 불이익하게 되었으므로 원심판결에 **처분권주의를 위반한 위법**이 있고 따라서 그에 대한 **원고의 상소의 이익**이 인정된다고 한 사례.

대법원 1997. 10. 24. 선고 96다12276 판결 [퇴직금]

상소는 자기에게 불이익한 재판에 대하여 유리하게 취소 변경을 구하는 것이므로 **전부 승소한 판결에 대하여는 항소를 허용하지 아니하는 것이 원칙**이고 재판이 항소인에게 불이익한 것인지 여부는 원칙적으로 재판의 주문을 표준으로 하여 판단한다.
가분채권에 대한 이행청구의 소를 제기하면서 그것이 나머지 부분을 유보하고 **일부만 청구하는 것이라는 취지를 명시하지 아니한 경우**에는 그 확정판결의 기판력은 나머지 부분에까지 미치는 것이어서 별소로써 **나머지 부분에 관하여 다시 청구할 수는 없으므로**, 일부 청구에 관하여 **전부 승소한 채권자는 나머지 부분에 관하여 청구를 확장하기 위한 항소**가 **허용**되지 아니한다면 나머지 부분을 소구할 기회를 상실하는 불이익을 입게 되고, 따라서 이러한 경우에는 **예외적으로 전부 승소한 판결에 대해서도 나머지 부분에 관하여 청구를 확장하기 위한 항소의 이익을 인정**함이 상당하다.

대법원 1994. 6. 28. 선고 94다3063 판결 [손해배상(자)]

상소는 자기에게 불이익한 재판에 대하여 유리하게 취소변경을 구하기 위하여 하는 것이므로 전부 승소한 판결에 대하여는 항소가 허용되지 않는 것이 원칙이나, 하나의 소송물에 관하여 형식상 전부 승소한 당사자의 상소이익의 부정은 절대적인 것이라고 할 수도 없는바, 원고가 **재산상 손해(소극적 손해)**에 대하여는 **형식상 전부 승소**하였으나 **위자료**에 대하여는 **일부 패소**하였고, 이에 대하여 **원고가 원고 패소부분에 불복하는 형식으로 항소를 제기**하여 사건 전부가 확정이 차단되고 소송물 전부가 항소심에 계속되게 된 경우에는, 더욱이 불법행위로 인한 손해배상에 있어 **재산상 손해나 위자료는 단일한 원인에 근거한 것인데 편의상 이를 별개의 소송물로 분류하고 있는 것에 지나지 아니한 것이므로** 이를 **실질적으로 파악**하여, **항소심에서** 위자료는 물론이고 **재산상 손해(소극적 손해)에 관하여도 청구의 확장을 허용**하는 것이 상당하다.[2]

4. 상소불가분의 원칙

대법원 2002. 2. 5. 선고 2001다63131 판결 [손해배상(기)]

원고의 청구를 **일부 인용**하는 제1심판결에 대하여 **원고는 항소**하였으나 **피고는 항소나 부대항소를 하지 아니한 경우**, 제1심판결의 **원고 승소부분**은 원고의 항소로 인하여 **항소심에 이심**은 되었으나, 항소심의 심판대상은 되지 않았다 할 것이고, 따라서 항소심이 원고의 **항소를 일부 인용하여 제1심판결의 원고 패소 부분 중 일부를 취소**하고 그 부분에 대한 원고의 청구를 인용하였다면, 이는 제1심에서의 원고 패소 부분에 한정된 것이며 **제1심판결 중 원고 승소부분에 대하여는 항소심이 판결을 한 바 없어** 이 부분은 **피고의 상고대상이 될 수 없다**고 할 것이고, 항소심에서의 변경판결은 실질적으로는 항소가 이유 있는 부분에 대하여는 항소를 인용하여 제1심판

2 피고가 재산적 손해에 대해 항소를 하지 않은 사안이어서, 손해 3분설에 따라 별개 소송물임을 강조한다면 재산적 손해를 전부승소한 원고로서는 재산적 손해에 대해서는 부대항소도 할 수 없는 상황이었음

결 중 일부를 취소하고 항소가 이유 없는 부분에 대하여는 항소를 기각하는 일부취소의 판결과 동일한 것인데 다만 주문의 내용이 복잡하게 되는 것을 피하고 주문의 내용을 알기 쉽게 하기 위한 편의상의 요청을 좇은 것에 불과한 것이므로, 원고 일부 승소의 제1심판결에 대하여 아무런 불복을 제기하지 않은 피고는 항소심이 변경판결을 한 경우에도 마찬가지로 제1심판결에서 원고가 승소한 부분에 관하여는 상고를 제기할 수 없다.

5. 항소

가. 항소 일반론

나. 항소취하

대법원 2017. 1. 12. 선고 2016다241249 판결 [주주권확인, 주권인도 및 명의개서절차이행]

항소의 취하는 **항소의 전부에** 대하여 하여야 하고 **항소의 일부 취하**는 **효력이 없으므로** 병합된 수개의 청구 전부에 대하여 불복한 항소에서 그중 **일부** 청구에 대한 **불복신청**을 **철회**하였더라도 그것은 **단지 불복의 범위를 감축**하여 심판의 대상을 변경하는 효과를 가져오는 것에 지나지 아니하고, 항소인이 **항소심의 변론종결시까지 언제든지 서면 또는 구두진술**에 의하여 **불복의 범위를 다시 확장**할 수 있는 이상 **항소 자체의 효력에 아무런 영향이 없다.**

대법원 1980. 8. 26. 선고 80다76 판결 [소유권이전등기]

적법한 **항소취하서가 제출되면 그때에 취하의 효력이 발생**하는 것이고, 제393조 제2항에서 제266조 제4항을 준용하여 **항소취하서를 상대방에게 송달하도록 한 취지는 항소취하를 알려주라는 뜻**이지 그 통지를 항소취하의 요건 내지 효력으로 한다는 취지는 아니다.

대법원 1995. 3. 10. 선고 94다51543 판결 [손해배상(자)]

항소는 항소심의 종국판결이 있기 전에 취하할 수 있는 것으로서(393조 제1항), 일단 **항소심의 종국판결이 있은 후라도** 그 종국판결이 **상고심에서 파기되어 사건이 다시 항소심에 환송된 경우에는** 먼저 있은 종국판결은 그 효력을 잃고 그 종국판결이 없었던 것과 같은 상태로 돌아가게 되므로 **새로운 종국판결이 있기까지는 항소인은 피항소인이 부대항소를 제기하였는지 여부에 관계 없이 항소를 취하할 수 있고,** 그 때문에 **피항소인이 부대항소의 이익을 잃게 되어도** 이는 그 이익이 **본래 상대방의 항소에 의존한 은혜적인 것으로 주된 항소의 취하에 따라 소멸되는 것**이어서 어쩔 수 없다 할 것이므로, 이미 부대항소가 제기되어 있다 하더라도 주된 항소의 취하는 그대로 유효하다.
위와 같은 이유로 **소송종료선언**을 한 사례

대법원 2016. 1. 14. 선고 2015므3455 판결 [이혼]

항소의 취하가 있으면 소송은 **처음부터 항소심에 계속되지 아니한 것**으로 보게 되나(제393조 제2항, 제267조 제1항), 항소취하는 소의 취하나 항소권의 포기와 달리 **제1심 종국판결이 유효하게 존재**하므로, **항소기간 경과 후에 항소취하**가 있는 경우에는 **항소기간 만료 시로 소급**하여 **제1심판결이 확정**되나, **항소기간 경과 전에 항소취하**가 있는 경우에는 **판결은 확정되지 아니**하고

항소기간 내라면 항소인은 다시 항소의 제기가 가능하다.

다. 부대항소

대법원 1980. 7. 22. 선고 80다982 판결 [손해배상]

피고만이 항소를 한 경우에 **원고가 항소심에서 청구취지를 확장**하였다면 그 한도에서 **부대항소를 한 것**으로 의제된다.

대법원 1992. 12. 8. 선고 91다43015 판결 [해임처분무효확인]

제1심에서 **원고가 전부 승소**하여 **피고만이 항소**한 경우에 **원고는 항소심에서도 청구취지를 확장할 수 있고** 이는 **부대항소를 한 것**으로 의제된다.

대법원 1995. 3. 10. 선고 94다51543 판결 [손해배상(자)]

항소는 항소심의 종국판결이 있기 전에 취하할 수 있는 것으로서(제393조 제1항), 일단 항소심의 종국판결이 있은 후라도 그 종국판결이 **상고심에서 파기되어 사건이 다시 항소심에 환송**된 경우에는 먼저 있은 종국판결은 그 효력을 잃고 그 종국판결이 없었던 것과 같은 상태로 돌아가게 되므로 **새로운 종국판결이 있기까지는 항소인은 피항소인이 부대항소를 제기하였는지 여부에 관계 없이 항소를 취하**할 수 있고, 그 때문에 **피항소인이 부대항소의 이익을 잃게 되어도** 이는 그 이익이 본래 **상대방의 항소에 의존한 은혜적인 것**으로 **주된 항소의 취하에 따라 소멸되는 것**이어서 어쩔 수 없다 할 것이므로, 이미 부대항소가 제기되어 있다 하더라도 주된 항소의 취하는 그대로 유효하다.

대법원 1994. 12. 23. 선고 94다40734 판결 [소유권보존등기말소등]

통상의 공동소송에 있어 공동당사자 **일부만이 상고를 제기**한 때에는 **피상고인**은 상고인인 공동소송인 이외의 **다른 공동소송인을 상대방으로 하거나 상대방으로 보태어 부대상고**를 제기할 수는 **없다**.

대법원 2003. 9. 26. 선고 2001다68914 판결 [구상금]

부대항소란 피항소인의 **항소권이 소멸하여 독립하여 항소를 할 수 없게 된 후**에도 상대방이 제기한 항소의 존재를 전제로 이에 부대하여 원판결을 자기에게 유리하게 변경을 구하는 제도로서, 피항소인이 **부대항소를 할 수 있는 범위**는 항소인이 **주된 항소에 의하여 불복을 제기한 범위에 의하여 제한을 받지 아니한다**.

원고의 **청구가 모두 인용된 제1심판결**에 대하여 피고가 지연손해금 부분에 대하여만 항소를 제기하고, **원금 부분에 대하여는** 항소를 제기하지 아니하였다고 하더라도 제1심에서 전부 승소한 **원고가 항소심 계속중 부대항소로서 청구취지를 확장할 수 있는 것**이므로, **항소심이 원고의 부대항소를 받아들여 제1심판결의 인용금액을 초과하여 원고 청구를 인용하였더라도** 거기에 불이익변경금지의 원칙이나 항소심의 심판범위에 관한 **법리오해의 위법이 없다**.

라. 항소심의 종국재판

대법원 2021. 4. 22.자 2017마6438 전원합의체 결정 [항소장각하명령(약정금)]

대법원은 **항소심에서 항소장 부본을 송달할 수 없는 경우 항소심재판장**은 제402조 제1항, 제2항에 따라 항소인에게 **상당한 기간**을 정하여 그 기간 이내에 피항소인의 **주소를 보정하도록 명하여야** 하고, **항소인이 그 기간 이내에 피항소인의 주소를 보정하지 아니한 때**에는 **명령으로 항소장을 각하**하여야 한다는 법리를 선언하여 왔고, 항소장의 송달불능과 관련한 법원의 실무도 이러한 법리를 기초로 운용되어 왔다. 위와 같은 대법원 판례는 타당하므로 그대로 유지되어야 한다.

소장 부본이 **송달불능**에 이른 경우 **재판장**이 **주소보정명령**을 하고 원고가 이를 이행하지 **아니한 때 소장각하명령**을 하여야 하는 것과 **마찬가지**로 항소장 부본이 송달불능에 이른 경우에는 재판장이 주소보정명령을 하고 항소인이 이를 이행하지 아니한 때 항소장각하명령을 하여야 한다고 해석함이 타당하다.

현재의 판례는 **항소인이 항소심재판 진행에 필요한 최소한의 요건을 갖추지 않는 데 대한 제재의 의미**라고 이해할 수 있다.[3]

대법원 2009. 2. 26. 선고 2007다83908 판결 [손해배상(기)등]

항소심에 이르러 소가 **교환적으로 변경**된 경우에는 **구 청구는 취하**되어 그에 해당하는 **제1심판결은 실효**되고 **신 청구만이 항소심의 심판대상**이 되는 것이므로, 제1심이 원고의 **청구**를 **일부 인용**한 데 대하여 **쌍방이 항소**하였고 항소심이 제1심이 인용한 금액보다 추가로 인용하는 경우, 항소심은 제1심판결 중 항소심이 추가로 인용하는 부분에 해당하는 **원고 패소부분을 취소**한다거나 **피고의 항소를 기각**한다는 **주문 표시를 하여서는 아니 된다.**

6. 불이익변경금지의 원칙(415조)

대법원 2005. 8. 19. 선고 2004다8197 판결 [건물명도등]

항소심은 당사자의 **불복신청범위 내에서** 제1심판결의 **당부를 판단**할 수 있을 뿐이므로, 설사 제1심판결이 부당하다고 인정되는 경우라 하더라도 그 판결을 **불복당사자의 불이익으로 변경**하는 것은 당사자가 신청한 불복의 한도를 넘어 제1심판결의 당부를 판단하는 것이 되어 **허용될 수 없다** 할 것인바, 원고만이 항소한 경우에 항소심으로서는 제1심보다 원고에게 불리한 판결을 할 수는 없고, 한편 **불이익하게 변경된 것인지 여부**는 기판력의 범위를 기준으로 하나 공동소송의 경우 원·피고별로 각각 판단하여야 하고, 동시이행의 판결에 있어서는 원고가 그 반대급부를 제공하지 아니하고는 판결에 따른 집행을 할 수 없어 비록 피고의 **반대급부이행청구에 관하여 기판력이 생기지 아니하더라도 반대급부의 내용이 원고에게 불리하게 변경된 경우에는 불이익변경금지 원칙에 반하게** 된다.

---

3 당시 〈반대의견〉은 항소장 부본 송달불능은 소송계속 중 소송서류 송달불능에 불과, 항소인이 항소장 부본 송달불능 초래한 것 아님, 소장과 항소장은 각각 각하명령이 본질적 다른 재판인 점 등에 비추어 항소장 부본의 송달불능의 경우에는 항소심재판장의 주소보정명령·항소장각하명령 등이 불허된다고 보았음

대법원 2010. 12. 23. 선고 2010다67258 판결 [투자금반환]

항소심은 당사자의 불복신청범위 내에서 제1심판결의 당부를 판단할 수 있을 뿐이므로, 설사 제1심판결이 부당하다고 인정되는 경우라 하더라도 그 판결을 불복당사자의 불이익으로 변경하는 것은 당사자가 신청한 불복의 한도를 넘어 제1심판결의 당부를 판단하는 것이 되어 허용될 수 없는바, **제1심판결이 원고가 청구한 채권의 발생을 인정**한 후 피고가 한 **상계항변을 받아들여** 원고의 **청구를 기각**하고 이에 대하여 **원고만이 항소한 경우**에 항소심이 제1심과는 다르게 원고가 **청구한 채권의 발생이 인정되지 않는다는 이유로 원고의 청구를 기각하는 것**은 항소인인 원고에게 불이익하게 제1심판결을 **변경하는 것**이 되어 **허용되지 아니한다.**

대법원 1995. 9. 29. 선고 94다18911 판결 [약정금]

피고의 **상계항변을 인용한 제1심 판결**에 대하여 피고만이 항소하고 원고는 항소를 제기하지 아니하였는데, **항소심이** 피고의 상계항변을 판단함에 있어 **제1심이 자동채권으로 인정하였던 부분을 인정하지 아니하고 그 부분에 관하여 피고의 상계항변을 배척하였다면,** 그와 같이 항소심이 제1심과는 다르게 그 자동채권에 관하여 피고의 상계항변을 배척한 것은 **항소인인 피고에게 불이익하게** 제1심 판결을 **변경한 것**에 해당한다.

대법원 2003. 7. 22. 선고 2001다76298 판결 [보증금등]

재심은 **상소와 유사한 성질**을 갖는 것으로서 **부대재심이 제기되지 않는 한 재심원고에 대하여 원래의 확정판결보다 불이익한 판결을 할 수 없다.**

대법원 1995. 7. 11. 선고 95다9945 판결 [소유권이전등기]

소를 부적법하다 하여 각하한 원심판결을 파기한다 하더라도[4] 확정판결의 기판력에 저촉되어 **어차피 청구가 기각될 운명**에 있다면, **불이익변경금지의 원칙을 적용**하여 이 부분에 관한 **상고를 기각하여야** 한다.

대법원 1995. 7. 25. 선고 95다14817 판결 [소유권확인]

원고의 수 개의 청구 중 **하나의 청구를 인용**하고 **나머지 청구를 기각**한 제1심판결에 대하여 **원고만이 항소**를 제기하고 피고가 부대항소를 하지 아니하였다고 하더라도 **원고 승소 부분**은 원고의 항소로 인하여 **항소심에 이심**되는 것이고, **제1심판결의 변경은 불복신청의 한도에서 할 수 있다는 제415조**의 규정은 **법원이 당사자의 신청과는 관계없이 직권으로 조사하여야 할 사항에는 그 적용이 없는 것**이므로, 항소심이 원고들이 **불복하지 않은 청구에 대하여도 확인의 이익의 유무를 조사하여 원고들의 청구를 각하**한 조치는 **정당**하고, **불이익변경금지의 원칙에 반하지 않는다.**

대법원 1995. 6. 30. 선고 94다58261 판결 [손해배상(의)]

제1심에서 전부 승소한 원고도 항소심 계속중 그 청구취지를 확장·변경할 수 있고, 그것이 피고에게 불리하게 하는 한도 내에서는 부대항소를 한 취지로도 볼 수 있다.

---

4 소가 적법하다는 판단이 들은 경우를 의미함

대법원 1991. 11. 22. 선고 91다18132 판결 [손해배상(자)]

피고만이 상고하여 원심판결 중 **피고패소 부분이 파기환송**된 경우 원심에 환송되는 사건의 심판범위는 위 패소 부분을 넘을 수 없고 따라서 이 한도를 초과하여 피고에게 불이익한 판결을 할 수는 없다.

환송 후 항소심의 소송절차는 **환송 전 항소심의 속행**이므로 당사자는 원칙적으로 **새로운 사실과 증거를 제출**할 수 있음은 물론, **소의 변경, 부대항소의 제기 이외에 청구의 확장 등 그 심급에서 허용되는 모든 소송행위**를 할 수 있고, 이러한 이유로 또한 민사소송법에는 **형사소송법 제368조와 같은 불이익변경의 금지 규정도 없는 이상, 환송 전의 판결보다 상고인에게 불리한 결과**가 생기는 것은 **불가피**하다.

피고만의 상고로 피고패소 부분이 **파기환송된 후 원고가 청구취지를 확장**함으로써 환송 전의 원심보다 환송 후의 원심에서 **청구금액이 더 많이 인용**된 사례.

7. 상고

가. 상고의 의의

대법원 2000. 10. 13. 선고 99다18725 판결 [건물명도]

매매예약완결권의 제척기간이 도과하였는지 여부는 소위 **직권조사 사항**으로서 이에 대한 당사자의 **주장이 없더라도 법원이 당연히 직권으로 조사**하여 재판에 고려하여야 하므로, 상고법원은 매매예약완결권이 제척기간 도과로 인하여 소멸되었다는 주장이 적법한 **상고이유서 제출기간 경과 후에 주장되었다 할지라도** 이를 **판단하여야** 한다.

나. 상고이유

대법원 2012. 4. 26. 선고 2011다87174 판결 [손해배상(기)]

판결서의 **이유**에는 주문이 정당하다는 것을 인정할 수 있을 정도로 당사자의 주장, 그 밖의 공격·방어방법에 관한 판단을 표시하면 되고 당사자의 **모든 주장이나 공격·방어방법에 관하여 판단할 필요가 없다**(제208조). 따라서 법원의 판결에 당사자가 주장한 사항에 대한 구체적·직접적인 판단이 표시되어 있지 않더라도 판결 이유의 전반적인 취지에 비추어 그 주장을 **인용**하거나 **배척**하였음을 **알 수 있는 정도라면 판단누락이라고 할 수 없고, 설령 실제로 판단을 하지 아니하였다고 하더라도 그 주장이 배척될 경우임이 분명**한 때에는 **판결 결과에 영향이 없어** 판단누락의 **위법**이 있다고 할 수 **없다.**[5]

5 甲 학교법인이 소속 교수인 乙의 강의중단 행위로 인한 손해배상을 구하였는데, 원심이 乙의 강의중단 행위와 甲 학교법인 주장의 적극적·소극적 손해 사이의 인과관계 존재 여부에 관하여는 판단 이유를 구체적으로 기재하였으나, 乙의 강의중단 행위와 甲 학교법인 주장의 위자료 손해 사이의 인과관계 존재 여부에 관하여는 명시적으로 판단 이유를 기재하지 아니한 사안에서, 乙의 강의중단 행위와 甲 학교법인 주장의 손해 사이에 인과관계를 인정할 수 없다고 전제한 뒤에 개별적인 판단에 나아간 원심판단에는 乙의 강의중단 행위와 甲 학교법인 주장의 위자료 손해 사이에 인과관계가 인정되지 아니한다는 취지가 포함되었다고 볼 수 있고, 또한 乙의 강의중단 행위로 인하여 甲 학교법인의 사회적 명성·신용이 훼손되었다고 인정하기 어려워 위 청구는 배척될 경우임이 분명하므로

다. 상고이유서의 제출

대법원 1971. 3. 23. 선고 71므5 판결 [이혼,위자료]

원판결의 **어떤 부분이 어떻게 법령에 위배되었는가를 구체적으로 명시하지 아니 하였다면 상고이유의 제출이 있었다고 할 수 없다.**

대법원 1998. 12. 11. 선고 97재다445 판결 [구상금]

우체국 집배원의 배달 착오로 **상고인인 원고(재심원고)가 소송기록접수통지서를 송달받지 못하여 상고이유서 제출기간 내에 상고이유서를 제출하지 않았다는 이유로** 제429조, 상고심절차에 관한특례법 제5조에 의하여 원고의 **상고가 기각**된 경우, 원고는 적법하게 소송에 관여할 수 있는 기회를 부여받지 못하였으므로, 이는 **제451조 제1항 제3호**에 규정된 '법정대리권, 소송대리권 또는 대리인이 소송행위를 함에 필요한 수권의 흠결이 있는 때'에 준하여 재심사유에 해당한다고 봄이 상당하다.[6]

라. 부대상고

대법원 2007. 4. 12. 선고 2006다10439 판결 [상표사용금지청구등]

부대상고를 제기할 수 있는 시한은 항소심에서의 변론종결시에 대응하는 상고이유서 제출기간 만료시까지이다.[7]

대법원 2006. 10. 13. 선고 2006다39720 판결 [임대차보증금]

피상고인은 상고권이 소멸된 후에도 부대상고를 할 수 있지만, 상고이유서 제출기간 내에 부대상고를 제기하고 부대상고이유서를 제출하여야 하는바, 기록에 의하면 피고는 부대상고장에 부대상고이유를 기재하지 아니하였고 상고이유서 제출기간 내에 부대상고이유서를 제출하지도 않았으므로, 피고의 부대상고는 기각을 면할 수 없다.

마. 상고심의 종국재판

바. 파기환송 후의 심리

대법원 1991. 11. 22. 선고 91다18132 판결 [손해배상(자)]

피고만이 상고하여 원심판결 중 **피고패소 부분이 파기환송**된 경우 원심에 환송되는 사건의 심판범위는 위 패소 부분을 넘을 수 없고 따라서 이 한도를 초과하여 피고에게 불이익한 판결을 할

원심의 판단누락이 판결 결과에 영향을 미쳤다고도 볼 수 없다고 한 사례.

6 상고이유서 제출기간이 불변기간이 아니므로 추후보완은 불가하고 재심만 되는 경우임

7 "기록에 의하면 **원고는 상고소송기록 접수통지서가 상고인인 피고에게 송달된 2006. 2. 20.로부터 20일이 지난 2006. 4. 25. 부대상고를 제기하였음이 명백**하므로 원고의 이 사건 **부대상고는 부적법**한 것으로서 그 흠결을 보정할 수 없는 것이다."라며 부대상고를 각하한 사례 → **즉, 피상고인은** 자신이 상고소송기록접수통지서를 받은 시점이 아니라, **상고인이 상고소송기록접수통지서를 받은 시점으로부터 20일 내에** 자신의 **부대상고 및 부대상고이유서를 모두 제출하여야** 함

수는 없다.

환송 후 항소심의 소송절차는 **환송 전 항소심의 속행**이므로 당사자는 원칙적으로 **새로운 사실과 증거를 제출**할 수 있음은 물론, **소의 변경, 부대항소의 제기 이외에 청구의 확장 등 그 심급에서 허용되는 모든 소송행위**를 할 수 있고, 이러한 이유로 또한 민사소송법에는 **형사소송법 제368조와 같은 불이익변경의 금지 규정도 없는 이상, 환송 전의 판결보다 상고인에게 불리한 결과**가 생기는 것은 **불가피**하다.

피고만의 상고로 피고패소 부분이 **파기환송된 후 원고가 청구취지를 확장**함으로써 **환송 전의 원심보다 환송 후의 원심에서 청구금액이 더 많이 인용**된 사례.

대법원 2013. 2. 28. 선고 2011다31706 판결 [양수금]

원고의 청구가 **일부 인용된 환송 전 원심판결**에 대하여 **피고만이 상고**하고 상고심은 이 상고를 받아들여 **원심판결 중 피고 패소부분을 파기환송**하였다면 피고 패소부분만이 상고되었으므로 위의 상고심에서의 심리대상은 이 부분에 국한되었으며, **환송되는 사건**의 범위, 다시 말하자면 **환송 후 원심의 심판 범위**도 환송 전 원심에서 **피고가 패소한 부분에 한정**되는 것이 원칙이고, 환송 전 **원심판결 중 원고 패소부분은 확정**되었다 할 것이므로 **환송 후 원심으로서는 이에 대하여 심리할 수 없다. 그러나 환송 후 원심의 소송절차는 환송 전 항소심의 속행**이므로 당사자는 원칙적으로 **새로운 사실과 증거를 제출**할 수 있음은 물론, **소의 변경, 부대항소의 제기뿐만 아니라 청구의 확장 등 그 심급에서 허용되는 모든 소송행위**를 할 수 있고, 이때 소를 **교환적으로 변경**하면, 제1심판결은 소취하로 실효되고 **항소심의 심판대상**은 **교환된 청구**에 대한 **새로운 소송**으로 바뀌어 항소심은 **사실상 제1심으로 재판**하는 것이 된다.

환송 전 원심이 원고의 **예비적 청구인 부당이득반환청구를 일부 인용**하였고 **피고만이 상고**하여 환송판결이 **피고 패소부분을 파기환송**하였는데, **원고가 원심에서 예비적 청구의 청구원인과 청구금액을 같이하는 파산채권확정의 소로 청구를 교환적으로 변경**한 사안에서, 환송 전 원심판결의 예비적 청구 중 일부 인용한 금액을 초과하는 부분은 원고 패소로 확정되었지만, **원심에서 교환적으로 변경된 예비적 청구는 전체가 원심의 심판대상**이 되는데, **환송 전 원심판결의 예비적 청구 중 일부 인용한 금액을 초과하는 부분은 원고 패소로 확정되었으므로** 이와 실질적으로 동일한 소송물인 파산채권확정청구에 대하여도 다른 판단을 할 수 없다는 이유로, 이와 달리 보아 교환적으로 변경된 예비적 청구 중 환송 전 원심판결에서 인용한 금액을 초과하는 부분을 인용한 원심판결을 파기하고 자판한 사례.

대법원 1991. 5. 24. 선고 90다18036 판결 [손해배상(자)]

원고의 청구가 **일부 인용**된 **환송 전 원심판결에** 대하여 **원고만이 상고**하고 상고심은 이 상고를 받아들여 원심판결 중 **원고 패소부분**을 **파기 환송**하였다면 원고 패소부분만이 상고되었으므로 위의 **상고심에서의 심리대상**은 이 부분에 국한되었으며, **환송되는 사건의 범위**, 다시 말하자면 **환송 후 원심의 심판범위**도 **환송 전 원심에서 원고가 패소한 부분**과 **환송 후 원심에서 확장된 청구부분**에 한정되고, **환송 전 원심판결 중 원고의 승소부분은 확정**되었다 할 것이므로 환송 후 원심으로서는 이에 대하여 심리할 수 없다.

사. 파기환송판결의 기속력

대법원 1995. 2. 14. 선고 93재다27 전원합의체 판결 [건물철거등·소유권이전등기]

환송판결은 **재심의 대상**을 규정한 제451조 제1항 소정의 **"확정된 종국판결"**에는 **해당하지 아니하는 것**으로 보아야 할 것이어서, 환송판결을 대상으로 하여 제기한 이 사건 **재심**의 소는 **부적법**하므로 이를 **각하**하여야 한다.

대법원 1991. 10. 25. 선고 90누7890 판결 [간접보상금부과처분취소]

행정소송법 제8조 제2항에 따라 준용되는 제436조 제2항에 의하여 환송받은 법원이 기속되는 **"상고법원이 파기이유로 한 법률상의 판단"**에는 상고법원이 명시적으로 설시한 법률상의 판단뿐 아니라 **명시적으로 설시하지 아니하였다 하더라도 파기이유**로 한 부분과 **논리적·필연적 관계**가 있어서 상고법원이 **파기이유의 전제로서 당연히 판단**하였다고 볼 수 있는 법률상의 판단도 **포함**되는 것으로 보아야 할 것이다.

대법원 1981. 2. 24. 선고 80다2029 전원합의체 판결 [경매매득금우선변제]

상고법원이 파기이유로 한 법률상의 판단은 항소심 뿐만 아니라 **상고법원도 기속**하는 것이므로 **당해사건**에 관하여 **상고법원**도 그와 **다른 견해를 취할 수 없다.**

종전의 **대법원판례를 변경**하는 내용의 **파기환송판결**이 전원합의체가 아닌 **소부**에서 행해졌다고 하더라도 **파기이유**로 한 **법률상의 판단**은 **하급심** 및 **상고심**을 모두 **기속**한다.

대법원 2001. 3. 15. 선고 98두15597 전원합의체 판결 [손실보상금재결처분취소]

상고심으로부터 사건을 환송받은 법원은 그 사건을 재판함에 있어서 상고법원이 파기이유로 한 사실상 및 법률상의 판단에 대하여, 환송 후의 심리과정에서 새로운 주장이나 입증이 제출되어 기속적 판단의 기초가 된 사실관계에 변동이 생기지 아니하는 한 이에 기속을 받는다고 할 것이다. 따라서 환송 후 원심판결이 환송 전후를 통하여 사실관계에 아무런 변동이 없음에도 불구하고 환송판결이 파기이유로 한 법률상의 판단에 반하는 판단을 한 것은 일응 환송판결의 기속력에 관한 법리를 오해한 위법을 저지른 것이라고 아니할 수 없다. 그런데 행정소송법 제8조 제2항에 의하여 행정소송에 준용되는 **제436조 제2항**이, 사건을 **환송받은 법원**은 **상고법원이 파기이유로 한 법률상의 판단 등에 기속**을 받는다고 규정하고 있는 취지는, 사건을 환송받은 법원이 자신의 견해가 상고법원의 그것과 다르다는 이유로 이에 따르지 아니하고 다른 견해를 취하는 것을 허용한다면 법령의 해석적용의 통일이라는 상고법원의 임무가 유명무실하게 되고, 사건이 하급심법원과 상고법원 사이를 여러 차례 왕복할 수밖에 없게 되어 분쟁의 종국적 해결이 지연되거나 불가능하게 되며, 나아가 심급제도 자체가 무의미하게 되는 결과를 초래하게 될 것이므로, 이를 방지함으로써 **법령의 해석적용의 통일**을 기하고 **심급제도를 유지**하며 당사자의 **법률관계의 안정**과 **소송경제**를 도모하고자 하는 데 있다고 할 수 있다. 따라서 위와 같은 환송판결의 하급심법원에 대한 기속력을 절차적으로 담보하고 그 취지를 관철하기 위하여서는 원칙적으로 하급심법원뿐만 아니라 **상고법원 자신도 동일 사건**의 **재상고심**에서 환송판결의 법률상 판단에 **기속된다**고 할 것이다.

대법원은 법령의 정당한 해석적용과 그 통일을 주된 임무로 하는 최고법원이고, **대법원의 전원합의체는 종전에 대법원에서 판시한 법령의 해석적용에 관한 의견을 스스로 변경할 수 있는 것**

인바(법원조직법 제7조 제1항 제3호), 환송판결이 파기이유로 한 법률상 판단도 여기에서 말하는 '대법원에서 판시한 법령의 해석적용에 관한 의견'에 포함되는 것이므로 **대법원의 전원합의체가 종전의 환송판결의 법률상 판단을 변경할 필요가 있다고 인정하는 경우에는, 그에 기속되지 아니하고** 통상적인 법령의 해석적용에 관한 의견의 변경절차에 따라 **이를 변경할 수 있다고 보아야** 할 것이다. 환송판결이 한 법률상의 판단을 변경할 필요가 있음에도 불구하고 대법원의 전원합의체까지 이에 기속되어야 한다면, 그것은 전원합의체의 권능 행사를 통하여 법령의 올바른 해석적용과 그 통일을 기하고 무엇이 정당한 법인가를 선언함으로써 **사법적 정의를 실현**하여야 할 임무가 있는 대법원이 자신의 책무를 스스로 포기하는 셈이 될 것이고, 그로 인하여 하급심법원을 비롯한 사법전체가 심각한 혼란과 불안정에 빠질 수도 있을 것이며 **소송경제**에도 반하게 될 것임이 분명하다. 그리고 이와 같은 환송판결의 자기기속력의 부정은 법령의 해석적용에 관한 의견변경의 권능을 가진 대법원의 전원합의체에게만 그 권한이 주어지는 것이므로 그로 인하여 사건이 대법원과 원심법원을 여러 차례 왕복함으로써 사건의 종국적 해결이 지연될 위험도 없다고 할 것이다.

대법원 **2020. 11. 26. 선고 2019다2049 판결 [손해배상(기)]**

상고심법원이 환송 전 원심판결을 **파기하는 이유로 삼은 사실상 및 법률상의 판단**은 사건의 환송을 받은 원심은 물론 **상고심법원도 기속**한다. **그러나** 환송판결 선고 이후 **헌법재판소**가 **환송판결의 기속적 판단의 기초가 된 법률 조항을 위헌으로 선언하여 그 법률 조항의 효력이 상실된 때**에는 **그 범위에서 환송판결의 기속력은 미치지 않고**, 환송 후 원심이나 그에 대한 상고심에서 위헌결정으로 효력이 상실된 법률 조항을 적용할 수 없어 환송판결과 다른 결론에 이른다고 하더라도 환송판결의 기속력에 관한 **법원조직법 제8조에 저촉되지 않는다.**

8. 심리불속행제도(상고심절차에 관한 특례법)

《 재심 》

1. 의의

2. 적법요건

대법원 2016. 12. 27. 선고 2016다35123 판결 [대여금]

재심은 **확정된 종국판결에** 대하여 제기할 수 있는 것이므로, 확정되지 아니한 판결에 대한 재심의 소는 부적법하고, **판결 확정 전에 제기한 재심의 소**가 **부적법**하다는 이유로 **각하되지 아니하고 있는 동안에 판결이 확정되었더라도**, 재심의 소는 **적법한 것으로 되는 것이 아니다**.

대법원 1994. 12. 9. 선고 94다16564 판결 [소유권이전등기]

원래 재심의 소는 종국판결의 확정력을 제거함을 그 목적으로 하는 것으로 확정된 판결에 대하여서만 제기할 수 있는 것이므로 소송수계 또는 당사자표시 정정 등 절차를 밟지 아니하고 **사망한 사람을 당사자로** 하여 **선고된 판결**은 **당연무효**로서 **확정력이 없어** 이에 대한 **재심**의 소는 **부적법**하다.

대법원 1995. 2. 14. 선고 93재다27 전원합의체 판결 [건물철거등·소유권이전등기]

재심제도의 본래의 목적에 비추어 볼 때 **재심의 대상**이 되는 **"확정된 종국판결"**이란 당해 사건에 대한 **소송절차를 최종적으로 종결시켜** 그것에 **하자가 있다고 하더라도 다시 통상의 절차로는 더 이상 다툴 수 없는 기판력이나 형성력, 집행력을 갖는 판결**을 뜻하는 것이라고 이해하여야 할 것이다. **대법원의 환송판결**은 **형식적으로 보면 "확정된 종국판결"**에 해당하지만, 여기서 종국판결이라고 하는 의미는 **당해 심급의 심리를 완결하여 사건을 당해 심급에서 이탈시킨다는 것**을 의미하는 것일 뿐이고 실제로는 환송받은 하급심에서 다시 심리를 계속하게 되므로 소송절차를 **최종적으로 종료시키는 판결은 아니며**, 또한 환송판결도 동일절차 내에서는 철회, 취소될 수 없다는 의미에서 기속력이 인정됨은 물론 법원조직법 제8조, 제436조 제2항 후문의 규정에 의하여 하급심에 대한 **특수한 기속력은 인정되지만** 소송물에 관하여 직접적으로 재판하지 아니하고 원심의 재판을 파기하여 다시 심리판단하여 보라는 종국적 판단을 유보한 재판의 성질상 직접적으로 **기판력이나 실체법상 형성력, 집행력이 생기지 아니한다**고 하겠으므로 이는 중간판결의 특성을 갖는 판결로서 **"실질적으로 확정된 종국판결"이라 할 수 없다**. 종국판결은 당해 심급의 심리를 완결하여 심급을 이탈시킨다는 측면에서 상소의 대상이 되는 판결인지 여부를 결정하는 기준이 됨은 분명하지만 **종국판결에 해당하는 모든 판결이 바로 재심의 대상이 된다고 이해할 아무런 이유가 없다**. 통상의 불복방법인 상소제도와 비상의 불복방법인 재심제도의 본래의 목적상의 차이에 비추어 보더라도 당연하다. 따라서 **환송판결**은 **재심의 대상을 규정한 제451조 제1항 소정의 "확정된 종국판결"에는 해당하지 아니하는 것**으로 보아야 할 것이어서, 환송판결을 대상으로 하여 제기한 이 사건 **재심의 소는 부적법**하므로 이를 **각하**하여야 한다.

대법원 2015. 12. 23. 선고 2013다17124 판결 [소유권이전등기]

제451조 제1항은 '확정된 종국판결'에 대하여 재심의 소를 제기할 수 있다고 규정하고 있는데, **재심의 소에서 확정된 종국판결**도 위 조항에서 말하는 **'확정된 종국판결'**에 해당하므로 확정된 재심판결에 위 조항에서 정한 **재심사유**가 있을 때에는 **확정된 재심판결에 대하여 재심의 소를 제기할 수 있다.**

제454조 제1항은 "재심의 소가 적법한지 여부와 재심사유가 있는지 여부에 관한 심리 및 재판을 본안에 관한 심리 및 재판과 분리하여 먼저 시행할 수 있다."고 규정하고, **제459조 제1항**은 "본안의 변론과 재판은 재심청구이유의 범위 안에서 하여야 한다."고 규정하고 있는데, 확정된 재심판결에 대한 재심의 소에서 **재심판결에 재심사유가 있다고 인정하여 본안에 관하여 심리한다는 것**은 **재심판결 이전의 상태로 돌아가 전 소송인 종전 재심청구에 관한 변론을 재개하여 속행하는 것**을 말한다. 따라서 원래의 확정판결을 취소한 재심판결에 대한 재심의 소에서 **원래의 확정판결에 대하여 재심사유를 인정한 종전 재심법원의 판단에 재심사유**가 있어 **종전 재심청구에 관하여 다시 심리한 결과 원래의 확정판결에 재심사유가 인정되지 않을 경우**에는 **재심판결을 취소**하고 **종전 재심청구를 기각**하여야 하며, 그 경우 **재심사유가 없는 원래의 확정판결 사건의 본안에 관하여 다시 심리와 재판을 할 수는 없다.**

대법원 1997. 5. 28. 선고 96다41649 판결 [소유권이전등기]

재심대상판결의 **소송물**은 **취득시효 완성**을 이유로 한 **소유권이전등기청구권**으로서 **채권적 청구권**인 경우, 그 **변론종결 후**에 **원고로부터 소유권이전등기**를 경료받은 승계인은 기판력이 미치는 **변론종결 후의 제3자에 해당하지 아니하고**, 따라서 피고들은 재심대상판결의 기판력을 배제하기 위하여 승계인에 대하여도 재심의 소를 제기할 필요는 없으므로 **승계인에 대한 재심의 소는 부적법**하다.[8]

3. 재심사유

대법원 2000. 5. 18. 선고 95재다199 전원합의체 판결 [직위해제및면직무효확인청구]

법원조직법 제7조 제1항에 의하면 대법원의 심판권은 **대법관 전원의 3분의 2 이상의 합의체**에서 이를 행하되, 다만 같은 항 **각 호**의 경우에 해당하는 경우가 **아니면 대법관 3인 이상**으로 구성된 부에서 **사건을 먼저 심리**하여 의견이 일치된 경우에 한하여 그 부에서 심판할 수 있도록 하고 있으며, 같은 항 **제3호**는 '**종전**에 **대법원**에서 판시한 헌법·법률·명령 또는 규칙의 해석적용에 관한 **의견**을 **변경**할 필요가 있음을 인정하는 경우'를 규정하고 있으므로, **재심대상판결**에서 판시한 법률 등의 해석적용에 관한 의견이 그 전에 선고된 **대법원 판결에서 판시한 의견을 변경하는 것임에도** 대법관 전원의 3분의 2에 미달하는 대법관만으로 구성된 부에서 그 재심대상판결을 심판하였다면 이는 제451조 제1항 **제1호**의 '법률에 의하여 **판결법원을 구성하지 아니한 때**'의 **재심사유**에 해당된다.

8 전소 확정판결 취소하는 재심을 제기한 전소의 피고들이 전소의 원고로부터 소이등을 마친 자를 재심피고로 하였는데, 전소 확정판결의 소송물이 채권적 청구권이어서 소이등 마친 계쟁물 승계인은 변종 후 승계인이 될 수 없고, 그렇다면 확정판결의 기판력이 미치지 않아 재심 각하된 사안

대법원 2000. 12. 22. 선고 2000재다513 판결 [소유권이전등기]

민사소송법에서 **법정대리권 등의 흠결**을 **재심사유**로 규정한 취지는 원래 그러한 대표권의 흠결이 있는 **당사자측을 보호**하려는 데에 있으므로, 그 **상대방이 이를 재심사유로** 삼기 위하여는 그러한 사유를 주장함으로써 **이익을 받을 수 있는 경우에 한하고**, 여기서 이익을 받을 수 있는 경우란 위와 같은 **대표권 흠결 이외의 사유로도** 종전의 판결이 종국적으로 **상대방의 이익으로 변경될 수 있는 경우**를 가리킨다.

대법원 1980. 7. 22. 선고 79다2148 판결 [소유권이전등기말소]

재심대상 판결의 소송절차(**항소심)에서** 피고 **본인이 그 변론기일에 출석하여 소송관계를 표명하고 증거조사의 결과를 진술하였다면** 피고는 그 제1심 소송절차에서 이루어진 모든 공격 방어방법과 증거조사의 결과를 항소심에서 그대로 원용한 것이라고 볼 것이므로 본건 재심대상 판결의 **제1심 소송절차에서** 피고를 대리하여 소송행위를 한 **변호사가 가사 적법한 소송대리인이 아니었다고 하더라도** 그러한 소송절차상의 **하자는 그로써 모두 치유되었다**고 보아야 할 것이다.[9]

대법원 1985. 1. 29. 선고 84다카1430 판결 [토지소유권이전등기]

재심대상사건에 관한 **공격방어방법이 담긴 합의각서**를 동 **소송계속 중 제3자가 반환**을 **거부**하였다면 그 반환을 거부한 소위는 **공격방어방법의 제출을 방해한 것**이라고 못볼 바 아니고 그 반환거부로 인하여 동인이 **횡령의 유죄확정판결**을 받았다면 이는 제451조 제1항 **제5호 소정의 재심사유**에 해당한다.

대법원 1993. 11. 9. 선고 93다39553 판결 [토지인도등]

제451조 제1항 제5호 소정의 **"공격 또는 방어방법의 제출이 방해된 때"**라 함은 타인의 **형사상 처벌받을 행위로 인하여 그 재심대상판결의 소송절차에서 당사자의 공격방어방법의 제출이 직접 방해받은 경우만**을 말하는 것이지, 재심대상판결의 소송절차가 아닌 **다른 사건의 소송절차에서 사실을 잘못 인정하는 등의 위법이 있는 판결의 판결서가 증거로 제출됨으로써 패소의 판결이 확정**되고, 그에 따라 **그 사건소송의 제기에 의하여 점유로 인한 부동산소유권취득기간의 진행이 중단되었다는 주장이 재심대상판결에서 배척되었다는 등의 사유**는 위와 같은 **재심사유에 해당하는 것이 아니다.**

대법원 2000. 4. 11. 선고 99재다746 판결 [소유권이전등기]

상고심의 판결에 대하여 **재심의 소**를 제기하려면, 상고심의 소송절차 또는 판결에 제451조 소정의 사유가 있는 경우에 한하는 것인바, 상고심에는 직권조사 사항이 아닌 이상 사실인정의 직책은 없고 다만, 사실심인 제2심법원이 한 증거의 판단과 사실인정의 적법 여부를 판단할 뿐이고, 사실심에서 적법하게 확정한 사실은 상고심을 기속하는 바이므로, **재심사유** 가운데 **사실인정 자체에 관한 것**, 예컨대 제451조 제1항 **제6호**의 **서증의 위조·변조**에 관한 것이나 **제7호**의 **허위진술**에 관한 것 등에 대하여는 **사실심의 판결에 대한 재심사유**는 될지언정 **상고심 판결에 대하여서는 재심사유로 삼을 수 없다.**

---

9 무권대리를 재심사유로 제기한 재심의 소는 재심사유 인정되지 않아 기각판결

대법원 1992. 6. 12. 선고 91다33179 판결 [소유권이전등기말소,소유권이전등기말소등(참가)]

제451조 제1항 **제7호** 소정의 **"증인의 허위진술이 판결의 증거로 된 때"**라 함은 그 **증인이 직접 그 재심의 대상이 된 소송사건을 심리하는 법정에서 허위로 진술**하고, 그 허위진술이 **판결주문의 이유가 된 사실인정의 자료가 된 경우**를 가리키는 것이지 그 증인이 그 재심대상이 된 소송사건 이외의 **다른 민·형사 관련사건에서 증인으로서 허위진술을 하고 그 진술을 기재한 조서가 재심대상판결에서 서증으로 제출되어 이것이 채용**된 경우는 위 **제7호 소정의 재심사유에 포함될 수 없다.**

위와 같은 법조 소정의 **"판결의 증거로 된 때"**라 함은 그 증인의 허위진술이 판결주문을 유지하는 근거가 된 사실을 인정하는 자료로써 증거로 채택되어 판결서에 구체적으로 기재되어 있는 경우를 말하고, 가사 법관의 심증에 영향을 주었을 것이라고 추측되는 자료가 된다 하여도 **그것이 증거로 채택되어 사실인정의 직접적 또는 간접적인 자료가 된 바 없는 것이라면 이는 재심사유가 될 수 없다.**

대법원 1997. 12. 26. 선고 97다42922 판결 [소유권이전등기말소]

제451조 제1항 **제7호** 소정의 재심사유인 **'증인의 허위 진술이 판결의 증거가 된 때'**라 함은, 증인의 허위 진술이 **판결 주문에 영향을 미치는 사실인정의 자료가 된 경우**를 의미하고, 판결 주문에 영향을 미친다는 것은 만약 그 허위 진술이 없었더라면 판결 주문이 달라질 수도 있었을 것이라는 개연성이 있는 경우를 말하고 변경의 **확실성을 요구하는 것은 아니며,** 그 경우에 있어서 사실인정의 자료로 제공되었다 함은 **그 허위 진술이** 직접적인 증거가 된 때뿐만 아니라 **대비증거로 사용되어 간접적으로 영향을 준 경우도 포함**되지만, 허위 진술을 제외한 **나머지 증거들만에 의하여도 판결 주문에 아무런 영향도 미치지 아니하는 경우**에는 비록 그 허위 진술이 **위증으로 유죄의 확정판결을 받았다고 하더라도 재심사유에는 해당되지 않는다.**

대법원 2019. 10. 17. 선고 2018다300470 판결 [소유권이전등기]

재심은 **확정된 종국판결에** 대하여 판결의 효력을 인정할 수 없는 **중대한 하자**가 있는 경우 **예외적으로** 판결의 확정에 따른 **법적 안정성을 후퇴시켜** 그 하자를 시정함으로써 **구체적 정의를 실현**하고자 마련된 것이다.

제451조 제1항 **제8호**는 **"판결의 기초**가 된 **민사나 형사의 판결, 그 밖의 재판** 또는 **행정처분**이 **다른 재판이나 행정처분에 따라 바뀐 때"**를 재심사유로 정하고 있다. 이는 판결의 기초가 된 재판이나 행정처분이 그 후의 다른 재판이나 행정처분에 따라 **확정적이고 또한 소급적으로 변경된 경우**를 말한다. 여기에서 재판이 **판결의 기초**가 되었다고 함은 재판이 확정판결에 **법률적으로 구속력을 미치는 경우** 또는 재판내용이 확정판결에서 **사실인정의 자료가 되었고** 그 재판의 변경이 확정판결의 **사실인정에 영향을 미칠 가능성**이 있는 경우를 말한다.

재심사유는 그 **하나하나의 사유가 별개의 청구원인**을 이루는 것이므로, **여러 개의 유죄판결**이 **재심대상판결의 기초**가 되었는데 이후 **각 유죄판결이 재심을 통하여 효력을 잃고 무죄판결이 확정**된 경우, **어느 한 유죄판결이 효력을 잃고 무죄판결이 확정되었다는 사정은** 특별한 사정이 없는 한 **별개의 독립된 재심사유**라고 보아야 한다. 재심대상판결의 기초가 된 각 유죄판결에 대하여 형사재심에서 인정된 **재심사유가 공통된다거나 무죄판결의 이유가 동일하다고 하더라도** 달리 볼 수 없다.

대법원 1985. 8. 27. 선고 85사43 판결 [부동산경락허가결정]

준재심에 관한 제461조에 의하여 준용되는 제451조 제1항 **제9호** 소정의 이른바 판결에 영향을 미칠 중요한 사항에 관하여 **판단을 유탈한 때**라 함은 그것이 **직권조사사항에 속하는 것이냐의 여부를 불문**하고 그 판단 여하에 따라 판결결과에 영향을 미치는 것으로 **당사자가 이를 주장하거나 또는 직권조사를 촉구하여 그 판단을 구하였음에도 불구하고 이에 대한 판단을 유탈한 때**를 말하는 것으로 **당사자가 주장하지 아니하거나 그 조사를 촉구하지 아니한 사항은 이에 해당하지 아니하고** 더구나 법률의 일반적 규정이나 관련이 있다고 보여지는 판례 등에 대하여서 까지 반드시 판단을 하여야 하는 것도 아니다 .

대법원 1997. 1. 24. 선고 96다32706 판결 [원인무효로인한소유권이전등기말소]

기판력 있는 전소판결과 저촉되는 후소판결이 그대로 확정된 경우에도 전소판결의 기판력이 실효되는 것이 아니고 **재심의 소에 의하여 후소판결이 취소될 때까지 전소판결과 후소판결은 저촉되는 상태 그대로 기판력을 갖는 것**이고 또한 후소판결의 기판력이 전소판결의 기판력을 복멸시킬 수 있는 것도 아니어서, 기판력 있는 전소판결의 변론종결 후에 이와 저촉되는 후소판결이 확정되었다는 사정은 변론종결 후에 발생한 새로운 사유에 해당되지 않으므로, 그와 같은 사유를 들어 전소판결의 기판력이 미치는 자 사이에서 전소판결의 기판력이 미치지 않게 되었다고 할 수 없다.

대법원 1994. 7. 29. 선고 92다25137 판결 [토지소유권이전등기말소등기등]

甲과 乙 등 사이에 **제1화해**가 **성립한 후**에 甲과 乙 사이에 다시 제1화해와 **모순·저촉되는 제2화해가 성립**하였다 하여도 제1화해가 조서에 기재되어 확정판결과 동일하게 기판력이 발생한 이상 제2화해에 의하여 **제1화해가 당연히 실효되거나 변경되고** 나아가 제1화해조서의 집행으로 마쳐진 **乙 명의의 소유권이전등기 등이 무효로 된다고 볼 수는 없다**.

대법원 2011. 12. 22. 선고 2011다73540 판결 [대여금]

당사자가 상대방의 주소 또는 거소를 **알고 있었음에도 소재불명 또는 허위의 주소**나 거소로 하여 소를 제기한 탓으로 **공시송달**의 방법에 의하여 판결(심판)정본이 송달된 때에는 **제451조 제1항 제11호**에 의하여 **재심**을 제기할 수 있음은 물론이나 또한 **제173조**에 의한 **소송행위 추완**에 의하여도 **상소**를 제기할 수도 있다.

대법원 1997. 5. 28. 선고 96다41649 판결 [소유권이전등기]

제451조 제1항 **제11호**의 **재심사유**인 상대방의 **주소가 분명함에도** 불구하고 재산을 **편취할 목적**으로 **고의로 소재불명이라 하여 법원을 속이고 공시송달**의 허가를 받아 상대방의 불출석을 기화로 **승소판결**을 받은 경우, 그 소송의 준비단계에서부터 판결확정시까지 문서위조 등 형사상 처벌을 받을 어떤 다른 위법사유가 전혀 개재되지 않았기 때문에 오로지 **소송사기**로밖에 처벌할 수 없는 경우라 하더라도, 형사상 처벌을 받을 타인의 행위로 인하여 공격 또는 방어방법의 제출이 방해되었음을 부정할 수 없으므로, 이러한 경우 제451조 제1항 **제5호**의 **재심사유**도 위 **제11호**의 **재심사유**와 **병존**하여 있다고 보아야 한다.

대법원 1999. 5. 25. 선고 99두2475 판결 [불법건축물자진철거명령처분취소]

제451조 제1항 **제6호** 소정의 **문서의 위조**에는 형사상 처벌될 수 있는 **허위공문서작성**도 **포함**된다. **제451조 제2항** 소정의 **'증거흠결 이외의 이유**로 **유죄의 확정판결**이나 과태료의 확정재판을 **할 수 없을 때'**라 함은, 증거흠결 이외의 사유, 즉, **범인의 사망, 사면, 공소시효의 완성, 심신상실의 경우 등이 없었더라면 유죄판결**을 받을 수 있었을 경우를 말하므로, 허위공문서작성의 피의사건에 관하여 **범죄의 혐의가 없다**는 이유로 **불기소처분**을 한 경우는 본조 제2항에서 말하는 증거흠결 이외의 이유로 유죄의 확정판결을 할 수 없는 때에 **해당한다고 할 수 없다.**

대법원 1989. 10. 24. 선고 88다카29658 판결 [소유권이전등기말소등]

제451조 제1항 **제4호 내지 제7호** 소정의 재심사유에 관하여 **제2항**의 **요건이 불비**되어 있는 때에는 **재심의 소 자체가 그 부적법**한 것이 되므로 재심사유 자체에 대하여 그 유무의 판단에 나아갈 것도 없이 **각하**되어야 하는 것이고 반면에 위 제2항 소정의 요건에 해당하는 사실이 존재하는 경우에는 당해 요건사실 즉 그 판결들이나 처분 등에 관한 판단내용 자체에 대해서는 그 당부를 따질 것 없이 재심의 소는 적법요건을 갖춘 것으로 보아야 하나, 나아가 위 4호 내지 7호 소정의 재심 사유의 존부에 대해서는 위에서 본 판결이나 처분내용에 밝혀진 판단에 구애받음이 없이 독자적으로 심리판단을 할 수 있는 것이고, **제2항** 소정의 **적법요건 해당사실**은 같은 제1항 제4호 내지 7호 소정의 **재심의 소를 제기한 당사자가 증명해야** 한다.

피의자의 **소재불명**을 이유로 검사가 **기소중지결정**을 한 경우는 **기소유예처분의 경우와는 달리** 제451조 **제2항의 요건에 해당하지 않는다.**

4. 재심사유의 **보충성**

대법원 1985. 10. 22. 선고 84후68 판결 [거절사정]

제451조 제1항 단서 소정의 「**이를 알고 주장하지 아니한 때**」라 함은 당사자가 **재심사유**의 존재를 **알았음에도** 불구하고 상소를 제기하면서 이를 **상소심에서 주장하지 아니한 경우** 뿐만 아니라, **상소를 제기하지 아니하여 판결을 확정시킨 경우**도 **포함**한다.[10]

5. 재심**기**간

대법원 1999. 10. 22. 선고 98다46600 판결 [소유권이전등기]

비법인사단의 **대표자**가 **총유물의 처분에 관한 소송행위**를 하려면 특별한 사정이 없는 한 **민법 제276조 제1항**에 의하여 **사원총회의 결의**가 있어야 하는 것이지만, 그 **결의 없이** 소송행위를 하였다고 하더라도 이는 소송행위를 함에 **필요한 특별수권을 받지 아니한 경우**로서, 제451조 제1항 **제3호** 소정의 **재심사유**에 해당하되, 전연 대리권을 갖지 아니한 자가 소송행위를 한 **대리권 흠결의 경우와 달라서 제457조는 적용되지 아니한다.**

10 "그렇다면 항고심판청구인이 이 사건에서 재심사유로 내세운 판단유탈은 특별한 사정의 주장, 입증이 없으므로 재심대상 심결정본의 송달에 의하여 알았던 것이고, 이를 알고도 상소에 의하여 주장하지 아니한 경우에 해당되어 그 사유를 이유로 한 재심청구는 할 수 없다."

대법원 1980. 12. 9. 선고 80다584 판결 [소유권가등기말소]

주식회사의 **대표이사**가 **금원을 차용함에** 있어 **주주총회의 특별결의 없이 제소전화해**를 하였다면 이는 소송행위를 함에 있어서 **필요한 특별수권을 얻지 않고 한 셈**이 되어 제451조 제1항 **제3호** 소정의 **재심사유**에 해당되는 것이지만 전연 대리권을 갖지 아니한 자가 소송대리를 한 **대리권 흠결의 경우와는 달라서 제457조가 적용되지 아니한다.**

대법원 2006. 10. 12. 선고 2005다72508 판결 [소유권이전등기말소]

판결의 증거가 된 **문서가 위조된 것**이 **분명**하고 **공소시효의 완성**으로 그 문서의 위조행위의 범인에 대하여 **유죄판결을 할 수 없게 되었다면,** 그 위조행위의 범인이 구체적으로 특정되지 않았다고 하더라도 제451조 **제2항**의 **'증거부족 외의 이유로 유죄의 확정판결을 할 수 없을 때'**에 해당한다.

제451조 제1항 단서에 따라 당사자가 **상소에 의하여 재심사유를 주장하였다고 하기 위하여서는** 단지 증거인 문서가 **위조되었다는 등 제451조 제1항 각 호의 사실만 주장하는 것으로는 부족**하고 재심의 대상이 되는 상태, 즉 **유죄판결이 확정되었다거나 증거부족 외의 이유로 유죄판결을 할 수 없다는 등 같은 조 제2항의 사실도 아울러 주장하였어야** 한다.

재심대상판결의 증거로 된 문서가 위조되었다 하여 재심원고가 위조한 사람을 고소하여 검사가 수사한 결과 위조사실이 인정되는지 여부에 관하여는 판단하지 아니한 채 **공소시효 완성으로 인하여 공소권이 없다는 이유로 불기소처분**을 한 경우 제456조 제1항의 재심의 제소기간은 문서 위조 등 고소사실에 관하여 증거흠결 이외의 이유로 유죄의 확정판결을 할 수 없다는 사실을 안 날, 즉 **공소시효의 완성으로 인한 검사의 불기소처분이 내려진 것을 안 날부터 진행**한다.

대법원 1997. 4. 11. 선고 97다6599 판결 [소유권보존등기말소등]

재심 대상이 된 확정판결에 제451조 제1항 **제5호, 제6호**의 사유가 있다고 하여 고소를 제기하였으나 검사가 이에 대하여는 **공소시효가 완성되어 공소권이 없다는 이유로 불기소처분**을 하고 당사자가 검사의 불기소처분에 불복하여 **검찰청법상의 항고절차**나 **형사소송법상의 재정신청절차**를 거친 경우에는 **항고나 재정신청에 대한 결정이 있었던 것을 안 날** 즉, 그 **결정의 통지를 받은 날**에 **재심사유를 알았다**고 본다.

대법원 1991. 6. 25. 선고 91다1561 판결 [소유권이전등기말소]

제456조 제3항, 제4항의 **재심제기기간**은 당사자 사이에 일어나는 법적 불안상태를 막기 위하여 마련한 **제척기간**이다.

제451조 제1항 제6호, **제2항 후단**에 기한 재심의 소의 **제척기간**은 위 규정에 따라 계산함에 있어서는 **피의자의 사망, 공소권의 시효소멸, 사면 등의 사실**이 **재심대상판결 확정 전에 생긴 때**에는 그 **판결 확정시부터 기산**하여야 하고 그때부터 **5년**이 경과된 후에는 재심의 소를 제기할 수 없다고 보아야 한다.

6. 재심 기타사항

판례 색인

저자소개

변호사 **정연석**

저자약력

- 서울대학교 법학과 졸업
- 제50회 사법시험 합격
- 사법연수원 제40기 수료
- 금융권 · 공공기관 민사법 출제위원
- 법무법인(유한) 정률 Partner변호사
- 現 법무법인 중용 대표변호사
- 現 메가로이어스 민사법 대표강사

특강 및 저서(출간 확정 포함)

- 변호사특강 (서울대 법학과, 강원대/경북대/부산대/서강대/서울시립대/인하대/전남대/전북대/중앙대/충남대/충북대 로스쿨)
- 로스쿨이야기(필통북스, 2017)
- 로스쿨 민법의 정석 The Basic(도서출판 정독, 제2판, 2022)
- 로스쿨 민사소송법의 정석 The Basic(도서출판 정독, 2022)
- 로스쿨 민법의 정석(도서출판 정독, 제5판, 2022)
- 로스쿨 민사소송법의 정석(도서출판 정독, 제4판, 2022)
- 로스쿨 가족법의 정석(도서출판 정독, 제4판, 2022)
- 정연석 변호사의 Daily TEST - 민법(도서출판 정독, 제4판, 2022)
- 정연석 변호사의 Daily TEST - 민사소송법(도서출판 정독, 제4판, 2022)
- 로스쿨 민사기록형의 정석(필통북스, 제3판, 2022)
- 로스쿨 민사기록형의 정석 기출문제 완전분석(필통북스, 제3판, 2022)
- 로스쿨 민사사례형의 정석 기출문제 완전분석(필통북스, 제2판, 2022)
- 로스쿨 선택형의 정석 기출문제 완전분석 [민법](필통북스, 2022)
- 로스쿨 선택형의 정석 기출문제 완전분석 [민사소송법](필통북스, 2022)
- 로스쿨 민법의 정석 판례총정리(도서출판 정독, 2022)
- 로스쿨 민사소송법의 정석 판례총정리(도서출판 정독, 2022)

로스쿨 민사소송법의 정석 판례총정리

초판 발행 2022년 8월 25일

지은이 정연석
펴낸이 김중용
편 집 심성보
펴낸곳 도서출판 정독
경기도 고양시 일산서구 하이파크로 113, 102-204
등록 제406-2014-000093호

전 화 031)924-7203 팩 스 02)718-8554
홈페이지 www.jeongdok.co.kr 이메일 admin@jeongdok.co.kr
ISBN 979-11-6858-073-2 93360

정 가 15,000원